Kronprinz Rudolf in seinem 30. Lebensjahr (1888). Im selben Jahr wurde das 40-jährige Thronjubiläum von Kaiser Franz Joseph I. begangen.

Rudolf R. Novak

Das Mayerling-Netz

Verborgene Zusammenhänge entdeckt

Umschlag nach einem Ölbild (27 × 36 cm) des Herrn Ponfickl in Alland, 1920 von seiner Frau dem Stadtarchiv Baden übergeben.

Dieses Buch entstand mit freundlicher Unterstützung von:

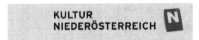

Impressum
© Verlag Berger Horn/Wien
www.verlag-berger.at
Autor: Rudolf R. Novak
Covergestaltung und Layout: Martin Spiegelhofer
Lektorat: Mag. Ulrike Jalali-Romanovsky
Druck: Ferdinand Berger & Söhne GmbH, 3580 Horn

2. Auflage 2015
ISBN 978-3-85028-730-2

Das Werk ist urheberrechtlich geschützt. Die dadurch begründeten Rechte, insbesondere die der Übersetzung, des Nachdruckes, des öffentlichen Vortrags, der Entnahme von Abbildungen, der Verwendung für Rundfunk, Film und Fernsehen, der Wiedergabe auf fotomechanischem oder ähnlichem Wege, der Wiedergabe im Internet und der Speicherung in Datenverarbeitungsanlagen, bleiben, auch bei nur auszugsweiser Verwendung, vorbehalten.

Inhalt

Vorwort 5

I. Kronprinz Rudolf, Mary Vetsera und Mayerling 11
    Kronprinz Rudolf in der Zeit vor Mayerling 12
    Warum ein Schloss in Mayerling? 21
    Eine Brüsseler Hypothek 23
    Graf Bombelles, nicht nur ein Obersthofmeister 38
    Mayerling als Besitz des Kronprinzen 44
    Die letzte Fahrt nach Mayerling 59
    Das Drama von Mayerling nach den Erinnerungen des
    Hoftelegrafisten Schuldes 62
    Andere Zeugnisse des Geschehens 67
    Rudolfs Weg in den Tod 72
    Baden und der Tod des Kronprinzen 89
    Die Tragödie im Spiegel der Badener Zeitungsberichte 95
    Die Todesnachrichten im Gedenkbuch der Pfarre St. Helena in
    Baden 99
    Der Bezirkshauptmann Dr. Ernst Oser 111
    Die Beerdigung von Mary Vetsera 114
    „Der Rest ist Schweigen" 130
    Marys unruhige Totenruhe 134
    Der Hoftelegrafist Julius Schuldes 142

II. Mary Vetsera: ihre Familie und deren Vorfahren 153
    Die Herkunft von Mutter Helene 155
    Marys Vater Albin Vetsera und seine Familie 159
    Marys Tanten und Onkel 165
    Onkel Heinrich und Gräfin Larisch 172
    Mary und ihre Familie in Wien 175
    Die Denkschrift von Helene Vetsera 186
    Helene Vetsera nach 1889 190
    Die Onkel Baltazzi bleiben im Sattel 193
    Onkel Heinrich in Baden 196
    Marys Cousin Heinrich Baltazzi-Scharschmid 201

III. Nachforschungen zum Drama von Mayerling **207**
   Dr. Hermann Anton Zerzawy – ein k.u.k. Offizier sucht Spuren . 209
   Das „Kronprinz-Rudolf-Museum" von Dr. Zerzawy................... 213
   Zerzawy und die „Geheimehe" des Kronprinzen........................... 219
   Zerzawy und seine These vom Totschlag 222
   Ein Brief von Robert Doblhoff als „Beweis" 227
   Der mögliche Ursprung des Totschlaggerüchtes 240
   Ein Arzt sucht Spuren: Dr. med. Gerd Holler................................ 245
   Die Mayerling-Forschungen von
   Dr. Gerd Holler und seine These.. 249
   Hermann Swistun – ein Journalist im Mayerling-Netz................ 259
   Die „Förster-Geschichte" von Mayerling als Gerücht und Legende 264

IV. Zeugnisse der Erinnerung.. **269**
   Ein Kloster zum Gedächtnis 270
   Mündlich überlieferte Erinnerungen in der Umgebung von
   Mayerling.. 274
   Poetische Erinnerungen an die Mayerlingtragödie 277
   Das Kronprinz-Rudolf-Denkmal von Korfu 283

Stammbaum Habsburg-Lothringen **286**

Stammbaum Sachsen-Coburg **288**

Anhang **291**
   Literatur 292
   Namenregister... 296
   Bildnachweis 304
   Danksagung.. 305
   Rudolf R. Novak 306

Vorwort

*„Im grünen Wald von Mayerling
Ein schöner Traum zu Ende ging."*

Mit diesen Worten beginnt ein Wienerlied, das Josef Petrak 1979 gedichtet hat. Bis heute beschäftigt der Tod des Kronprinzen Rudolf in seinem Jagdschloss in Mayerling am 30. Jänner 1889 Journalisten, Filmemacher, Autoren und Historiker. Die im Safe einer Wiener Bank im Juli 2015 entdeckten Originalbriefe von Mary Vetsera, deren Inhalt aus der Schrift ihrer Mutter Helene bekannt war, weckten abermals das Interesse an dieser Geschichte.

Zum Zeitpunkt des Ereignisses bedeutete Rudolfs Ende sowohl für die kaiserliche Familie als auch für die Bevölkerung ein tief erschütterndes Ereignis, das Zukunftsängste weckte. Hoffnungsfroh war der Kronprinz von vielen seiner Zeitgenossen betrachtet worden, kritisch, wenn nicht gar ablehnend von seiner unmittelbaren Umgebung und den Trägern der politischen Macht. Sein tragisches Ende wurde durch die Tatsache belastet, dass er nicht allein, sondern gemeinsam mit seiner jungen Geliebten Mary Vetsera in den Tod gegangen war, was unbedingt vertuscht werden sollte. Diese Tat verzerrte das Bild seiner Persönlichkeit, die fortan zahlreiche Menschen nur noch unter diesem Blickwinkel sahen. Mayerling wurde förmlich zum Synonym seines Lebens, das man nur noch aus der Perspektive seines Endes betrachtete, was zu Pauschalurteilen und Klischeevorstellungen führte.

Die wahren Gründe, Hintergründe und Tatsachen über sein tragisches Ende blieben vorerst unbekannt, da die kaiserliche Familie und die politisch Verantwortlichen diesem katastrophalen Ereignis überrascht und kopflos gegenüberstanden. Starre Konventionen und eine unbeholfene Verschleierungstaktik über die Umstände seines Todes führten zur Ungewissheit. Daraus ergab sich eine Fülle von Vermutungen und Annahmen, die kein klares Bild der Vorgänge zuließen. Die strikte Zensur aller Mitteilungen, die den offiziellen Bekanntmachungen widersprachen (ausländische Zeitungen mit Berichten darüber wurden konfisziert), führte dazu, dass bis zum Ende der Monarchie viele Vermutungen und Gerüchte in Umlauf blieben. In der ungarischen Reichshälfte war die Zensur geringer, doch wurden die von dort kommenden Meldungen in der österreichischen Reichshälfte sofort unterdrückt. Das heizte die Gerüchteküche nur noch weiter an.

Viel Beachtung fand das bereits im Sommer 1899 erschienene Buch „Die volle Wahrheit über Kronprinz Rudolf"[1] von Ernst Alfons Edlem von der Planitz (1857–1935). Sein Werk über den Kronprinzen erfuhr bis 1903 insgesamt 50 – fortwährend verbesserte – Auflagen und wurde wegen seiner ernsthaften Nachforschungen sehr geschätzt. Die Publikation durfte in Österreich nicht erscheinen, doch wurden zahlreiche Exemplare eingeschmuggelt. Erst mit dem Ende der Monarchie war ein freier Verkauf möglich. Nach 1918 erschien dann eine Flut von Zeugenaussagen als Sensationsberichte oder Mitteilungen von „Eingeweihten" in Zeitungsartikeln und Broschüren, die entweder nur vorangehende Vermutungen untermauerten oder ihnen widersprachen, aber keine Klärung der Umstände des Dramas brachten.

Die erste dokumentarisch belegte Biografie des Kronprinzen erschien 1928 aus der Feder von Dr. Oskar Freiherr von Mitis, der als Direktor des Haus-, Hof- und Staatsarchivs die dort vorhandenen Dokumente auswertete und auf dieser Grundlage erstmals ein verlässliches Bild des Kronprinzen und seiner Lebensumstände zeichnete.[2] Daneben kamen weiterhin Publikationen auf den Markt, die an Stelle belegter Tatsachen nur Vermutungen und vermutete Zusammenhänge wiedergaben.

Eine Sensation stellte 1955 die Veröffentlichung der amtlichen Aufzeichnungen des Wiener Polizeipräsidenten Franz Freiherr von Krauß aus dem Jahre 1889 über den Tod des Kronprinzen dar. Dieser streng geheime Akt war im Verwaltungsarchiv und nicht im Haus-, Hof- und Staatsarchiv aufbewahrt worden, weshalb er Mitis unbekannt blieb. Er kam 1938 nach Berlin, von wo er 1955 auf abenteuerliche Weise wieder zurück nach Wien gelangte.[3] Die Publikation dieser Aufzeichnungen bedeutete einen entscheidenden Schritt in der Mayerlingforschung, denn nun galt die Tatsache von Mord und Selbstmord des Kronprinzen nicht mehr als Vermutung, sondern als ein belegtes Faktum.

---

[1] Ernst Edler von der Planitz: Die volle Wahrheit über den Tod des Kronprinzen Rudolf von Österreich nach amtlichen und publicistischen Quellen, sowie den hinterlassenen Papieren von Ernst Edler von der Planitz. Berlin 1889. Die Verweise im hier vorliegenden Buch beziehen sich für den 1. Band auf die 48. Auflage (mit dem Vorwort der 46. Auflage), Berlin 1900; für den 2. Band auf die 47. Auflage des Werkes, Berlin 1901.

[2] Oskar Freiherr von Mitis: Das Leben des Kronprinzen Rudolf. Mit Briefen und Schriften aus dessen Nachlass. Leipzig 1928. – Unter dem gleichen Titel neu herausgegeben und eingeleitet von Adam Wandruszka, mit dem Anhang „Kronprinz Rudolf und Theodor Billroth", Wien 1971. (In dieser Arbeit immer zitiert mit: Mitis/Wandruszka, a.a.O.)

[3] Das Mayerling-Original. Offizieller Akt des k.k. Polzeipräsidiums. Facsimila der Dokumente. Der authentische Bericht. München/Stuttgart/Wien/Zürich 1955.(In dieser Arbeit immer zitiert mit: Krauß, a.a.O.).

Im Jahre 1968 erschien die Studie des Hobbyhistorikers Fritz Judtmann – ein bis heute gültiges Grundlagenwerk.[4]

1978 schrieb Brigitte Hamann, Schülerin des Wiener Historikers Univ.-Prof. Dr. Adam Wandruszka, eine umfangreiche, auf genauer Dokumentenforschung beruhende Biografie über Rudolf.[5] Ihre Arbeit ist ein Grundlagenwerk ähnlich wie jenes von Mitis, das seit seinem Erscheinen nichts an Bedeutung eingebüßt hat.

Mitis, Judtmann, Hamann – das sind die Grundpfeiler jeder sachlichen Auseinandersetzung mit Kronprinz Rudolf und seinem tragischen Lebensende. Die Ergebnisse ihrer Forschungen lassen kaum noch Fragen offen. Und dort, wo es noch welche gibt, kann angesichts fehlender Dokumente keine schlüssige Antwort gefunden werden.

Der erste Anstoß für die vorliegende Studie war das Werk von Fritz Judtmann, der dafür den Cousin von Mary Vetsera, Heinrich Baltazzi-Scharschmid, in Baden und dessen Cousine Ferdinanda (Nancy) Vetsera in Wien befragt hat. Er erwähnt erstmals die Aufzeichnungen des Telegrafenbeamten Julius Schuldes im Badener Stadtarchiv, Zeugnisse des Badener Bezirkshauptmannes Dr. Ernst Oser und die Aufzeichnungen des Pfarrers von St. Helena in Baden, die für vorliegende Studie Anlass für genauere Nachforschungen waren.

Eine weitere Motivation ergab sich aus dem Umstand, dass ich Heinrich Baltazzi-Scharschmid, persönlich kannte. Er war in jenem Schloss Leesdorf in Baden aufgewachsen, in dessen unmittelbaren Nähe auch ich groß geworden bin. Man wusste von seiner Familie, über die Eltern und Bekannte abenteuerliche Geschichten in Bezug auf Mayerling erzählten, welche auch mich neugierig machten. 1980 publizierte Baltazzi-Scharschmid gemeinsam mit dem Journalisten Hermann Swistun das Buch über seine Familiengeschichte.[6] Letzterer forschte dann auch über Mary Vetseras Leben nach.[7]

In Baden lebten zwei weitere Kronprinz-Rudolf- und Mayerling-Forscher, die miteinander in Kontakt standen und die ich ebenfalls persönlich kannte: der ehemalige k.u.k. Oberst Dr. Hermann Zerzawy und der Arzt

---

[4] Fritz Judtmann: Mayerling ohne Mythos. Ein Tatsachenbericht. Wien 1968. (Eine englische Ausgabe erschien 1971 in London unter dem Titel: Mayerling. The facts behind the legend.) 1982 publizierte seine Witwe Margot Judtmann gemeinsam mit Hermann Swistun in Wien eine ergänzte Auflage.

[5] Brigitte Hamann: Rudolf. Kronprinz und Rebell. Wien 1978 (fünfte Auflage 2005).

[6] Heinrich Baltazzi-Scharschmid und Hermann Swistun: Die Familien Baltazzi-Vetsera im kaiserlichen Wien. Wien 1980.

[7] Hermann Swistun: Mary Vetsera. Gefährtin für den Tod. Wien 1983. – Erweiterte Neuauflage Wien 1999.

Dr. Gerd Holler, der zwei Bücher verfasst hat.[8] Zerzawy war für seine bedeutende Kronprinz-Rudolf-Sammlung bekannt. Er, Baltazzi und Holler kannten einander gut, sind aber in ihrem Zusammenhang bisher nicht dargestellt worden.

Die Entdeckung eines bisher unbekannten Porträts des jungen Kronprinzen von Josef Kriehuber auf einem Pariser Flohmarkt im Jahre 1981 weckte mein spezielles Interesse an der Biografie des Kaisersohnes, für die ich mich seit der großen Ausstellung „Rudolf. Ein Leben im Schatten von Mayerling" in der Hermesvilla in Wien 1989 in immer steigendem Maße interessiert habe.

Viele Fragen bezüglich der Vorgänge in Mayerling und ihrer Vorgeschichte haben mich beschäftigt: Wer waren die Personen in Rudolfs Umfeld, welche Bezüge hatte er selbst zu Mayerling, zum daneben gelegenen Alland und zu Baden, in dessen Verwaltungsbezirk sich Mayerling befindet? Warum wählte der Kronprinz Mayerling als Jagdsitz? Wie war das mit der ominösen Damenbegleitung bei seiner Brautfahrt nach Brüssel? Stimmt es, dass Marys Mutter, Helene Vetsera, geb. Baltazzi, alleine die ehrgeizig treibende Kraft war, um ihre Tochter in höchste Adelskreise einzuführen, um von der „Zweiten" in die „Erste Gesellschaft" zu gelangen? Wie entstand die gesellschaftliche Bedeutung der Familien Baltazzi und Vetsera, wie kam es zu ihren vielfältigen Beziehungen und Verschwägerungen mit Adelskreisen? Wer aller war mit der „Beseitigung der Frauenleiche in Mayerling" (Mary Vetsera) befasst? Welche Rolle spielte der Badener Bezirkshauptmann für ihre Beerdigung? Wer waren die Personen, die unmittelbar nach dem Tod des Kronprinzen mit den Umständen seines Ablebens in Verbindung standen oder gebracht worden sind oder die sich damit später befasst haben? Wie sind Meinungen, Vermutungen und Gerüchte über den Tathergang entstanden und verbreitet worden? Welche Erinnerungen an den Kronprinzen sind erhalten?

Diese und andere Fragen und Zusammenhänge werden in der folgenden Studie erörtert. Sie geht wenig bekannten oder bisher verborgen gebliebenen Hinweisen nach, versucht die Hintergründe der agierenden Personen verständlich zu machen. Bisher nicht oder wenig beachtete Teilaspekte werden beleuchtet und damit der Versuch unternommen, das Bild der Epoche zu erhellen und das Verständnis für Hintergründe zu wecken.

Der dargestellte Personenkreis umfasst drei Generationen, die in ihrer Verflechtung bisher nicht dargestellt worden sind. Zur ersten Generation gehören Marys Mutter Helene Vetsera mit ihrer Familie, der Hoftelegrafist Julius Schuldes, der Badener Bezirkshauptmann Ernst Oser und

---

[8] Gerd Holler: Mayerling. Die Lösung des Rätsels. Der Tod des Kronprinzen Rudolf und der Baronesse Vetsera aus medizinischer Sicht. Wien 1980.
Ders.: Mayerling. Neue Dokumente zur Tragödie 100 Jahre danach. Wien 1988.

der Chronist der Pfarre St. Helena bei Baden. Zur zweiten Generation zählen der Cousin Marys, Heinrich Baltazzi-Scharschmid, und Oberst Dr. Hermann Zerzawy; zur dritten Generation der Arzt Dr. Gerd Holler und der Journalist Hermann Swistun. Dabei wurde ein bisher unbekanntes Netzwerk von Beziehungen, Bekanntschaften, Freundschaften und Verwandtschaften entdeckt. Es werden damit jene Menschen und Ereignisse dargestellt, die in Zusammenhang mit den Geschichten um Kronprinz Rudolf und Mayerling eher im Hintergrund standen, die aber diese Epoche anschaulich machen und die Kenntnis über die Lebensumstände des Thronfolgers erweitern. An Hand detailreicher, bisher unveröffentlichter Biografien soll eine lebendige Vorstellung vom Gesellschaftsleben seiner Epoche gegeben werden.

Besonders spannend erscheinen auch die mit dem Kronprinzen und mit Mayerling entstandenen oder erfundenen Gerüchte und deren Nachleben. Insbesondere den wiederholten Behauptungen über den Tod Rudolfs durch fremde Hand (Totschlagsthese) wird nachgegangen, ebenso anderen abenteuerlichen Erklärungen.

Ganz allgemein liegt das Ziel der vorliegenden Arbeit in der Darstellung verborgener, oder wenig bekannter Zusammenhänge, die ein Netzwerk ergeben, das bisher unbeachtet geblieben ist. Dadurch soll der Forschungsstand über Kronprinz Rudolf und über Mayerling durch neue Details bereichert werden.

Abschließend noch ein Wort zur Frage nach dem Titel „Kronprinz" oder „Erherzog Thronfolger": Der unmittelbare Nachkomme des Herrschers hatte den Titel Kronprinz. Gab es keinen solchen und ging die Thronfolge auf einen anderen Verwandten über, dann war dies der Thronfolger (wie beispielsweise Erzherzog Ferdinand). Den Titel Erzherzog/Erzherzogin trugen alle Familienmitglieder des Hauses Habsburg.

Rudolf R. Novak

I.
Kronprinz Rudolf, Mary Vetsera und Mayerling

Kronprinz Rudolf in der Zeit vor Mayerling

Kronprinz Rudolf kam nicht erst durch die Schaffung seines Jagdschlosses in Mayerling nach Baden, ins Helenen- und ins Schwechattal, sondern war schon früh mit dieser Stadt und ihrer Umgebung vertraut. Zahlreiche Mitglieder des Kaiserhauses hatten bis 1918 in Baden ihre Sommerresidenzen, weshalb auch Kronprinz Rudolf seit seiner frühen Jugend oft zu Besuch in der Kurstadt weilte. Hier ein kurzer Überblick, wer von ihnen hier gelebt hat:

Erzherzog Albrecht (1817–1895), der älteste Sohn von Erzherzog Karl (Bruder von Kaiser Franz I. und österreichischer Heerführer in den napoleonischen Kriegen) verbrachte seit seiner Jugend mit Eltern und Geschwistern alljährlich den Sommer in der vom Architekten Joseph Kornhäusel für seinen Vater erbauten seinerzeitigen Weilburg im Helenental. Als Doyen der Kaiserfamilie und als Generalinspektor des österreichischen Heeres genoss er höchstes Ansehen in Familie und Staat. Seine konservative Haltung führte nach anfänglicher Sympathie zu schweren Konflikten mit Kronprinz Rudolf, seinem Großneffen. Da ohne männlichen Erben, adoptierte er den älteren Sohn seines Bruders Karl Ferdinand, Erzherzog Friedrich. Dieser erbte die Weilburg und lebte dort bis 1919. (Das Schloss brannte 1945 aus, die Ruine wurde 1964 demoliert.)

Erzherzog Wilhelm (1827–1894, der jüngste Sohn von Erzherzog Karl, Großmeister des Deutschen Ritterordens und Generalinspektor der Artillerie), hatte nahe der Weilburg 1883/84 nach Plänen des Architekten Franz Ritter von Neumann vom Hofbaumeister Paul Wasserburger eine Villa errichten lassen und 1886 bezogen. (Im selben Jahr schufen übrigens Kronprinz Rudolf das Jagdschloss Mayerling und Kaiserin Elisabeth die Hermesvilla als ihr Refugium). Nach Wilhelms unerwartetem Tod (er starb bei einem Reitunfall in Baden) erbte sein Neffe, Erzherzog Eugen (jüngerer Sohn von Erzherzog Karl Ferdinand) die Villa, die daher bis heute den Namen „Eugenvilla" trägt.

Erzherzog Rainer (1827–1913, Sohn von Erzherzog Rainer-Josef, Vizekönig der Lombardei, dieser ebenfalls ein Bruder von Kaiser Franz I.) lebte seit 1874 in der vom Architekten Otto Wagner erbauten vormaligen Villa Epstein in der Karlsgasse 2. Er war mit Erzherzogin Karolina verheiratet, der jüngsten Tochter von Erzherzog Karl.

Im „Kaiserhaus" am Hauptplatz in Baden, wo bereits Kaiser Franz I. von 1813 bis 1834 den Sommer verbracht hatte, weilten Verwandte der toscanischen Linie, insbesondere die Familie von Erzherzog Karl Salvator Habsburg-Lothringen (1839–1892). Zwei seiner zehn Kinder, Maria Immaculata Raineria und Ferdinand, wurden hier geboren.

Zahlreiche Besuche von Mitgliedern der Habsburgerfamilie in Baden während der Sommermonate waren daher an der Tagesordnung. Auch Kronprinz Rudolf kam bei solchen Fahrten schon früh hierher. Das erste Mal ist sein Aufenthalt am 12. Juni 1867 überliefert, als er anlässlich des Todes der Tochter von Erzherzog Albrecht, Mathilde (sie wurde angeblich beim heimlichen Zigarettenrauchen überrascht, setzte ihr Kleid in Brand und starb an den Folgen der Verbrennungen), zu einem Kondolenzbesuch in die Weilburg kam.

Am 5. Juli 1874 war er abermals mit seinem Vater in der Weilburg, von wo aus beide nach Bad Vöslau weiterfuhren.[9]

Die Hochzeit des Kronprinzen am 10. Mai 1881 bot auch für die kaisertreue Stadt Baden den Anlass für zahlreiche Feierlichkeiten. Am 6. Mai fand im Stadttheater eine Akademie statt, einen Tag später folgten eine Kirchenparade der Veteranen und ein Gottesdienst im israelitischen Tempel in der Grabengasse. Der Erzherzog-Albrecht-Veteranenverein veranstaltete am 9. Mai, dem Vorabend der Hochzeit, einen musikalischen Zapfenstreich mit Fackelzug. Das Rathaus war beflaggt und mit einem Transparent „Hoch Kronprinz Rudolf und Prinzessin Stephanie" geschmückt, viele Häuser zierten Fahnen und Blumen, in der Kirche erfolgte eine Schulfeier mit Hochamt, ebenso ein Festakt für die Schüler im Turnsaal. Bei einer Armenbeteilung wurde an 72 Pfründner in der Boldrinistiftung und an 20 im Bürgerspital je ein Gulden ausbezahlt.

Nur eine Woche nach seiner Heirat, am 16. Mai 1881, besuchte das Kronprinzenpaar das Stift Heiligenkreuz. Es überrascht, dass der angeblich so kirchenferne Rudolf mit seiner jungen Frau ausgerechnet Stift Heiligenkreuz für den ersten Ausflug wählte. Die Fahrt ging von Laxenburg über die Brühl bei Mödling nach Heiligenkreuz, wo man einer heiligen Messe beiwohnte, das Mittagessen einnahm und das Stift eingehend besichtigte. Auch der Bezirkshauptmann von Baden, Erich Graf Kielmansegg, und der Badener Bürgermeister, Oskar Alexander Graf Christalnigg, waren dabei anwesend. Christalnigg verließ Heiligenkreuz vorzeitig und mobilisierte Baden für einen allfälligen Zwischenstopp des Kronprinzenpaares. Innerhalb weniger Stunden war die Stadt beflaggt und die Schulkinder von Weikersdorf mit Lehrern, den Gemeindevertretern und Pfarrer Josef Seher – alle in Sonntagskleidung – erwarteten das Paar zur Begrüßung an der

---

[9] Viktor Wallner: Kaiser, Kuren und Kommandos. Baden 1999, S. 30, und „Vöslauer Gedenkbuch" (Archiv der Stadt Vöslau).

Mautschranke von Weikersdorf (im Helenental nahe dem Urtelstein, neben dem Gasthof „Jammerpepi"). Vor dem Rathaus hatte sich die Mehrzahl der Gemeindevertreter versammelt und am Pfarrplatz der Lehrkörper der dortigen Schule Aufstellung genommen. Das hohe Paar nahm von Heiligenkreuz kommend folgende Route: Helenenstraße, Gutenbrunnerstraße, Josefsplatz, Frauengasse, Hauptplatz, Pfarrgasse, Antonsgasse, Wiener Straße Richtung Traiskirchen. Im ersten Wagen der Kolonne fuhr Graf Kielmansegg mit Mutter, dahinter der vom Kronprinzen selbst gelenkte Wagen (ein sogenannter Phaeton, ein offener Wagen mit aufklappbarem Dach) mit Stephanie, im nächsten saßen der Obersthofmeister Graf Bombelles und die Obersthofmeisterin von Stephanie, Gräfin Sita Nostiz-Rinek (geb.Thun), in einem vierten Wagen folgten Hofdamen. Allerdings fuhr der Tross von Heiligenkreuz mit großer Verspätung ab, denn offenbar hatte die Gesellschaft sich mit den Patres gut unterhalten. Wegen einer in Laxenburg angesagten Serenade des Wiener Singvereines blieb nicht viel Zeit, sodass die Wagen, sehr zum Leidwesen der Gratulanten, ohne anzuhalten durch die festlich geschmückte Stadt fuhren. Dennoch war alles auf den Beinen, um den Thronfolger und seine junge Frau zu sehen.[10]

Die in diesem Jahr auf Initiative des „Badener Verschönerungsvereines" am Gamingerberg errichtete Jausenstation, die „Berghof" heißen sollte, wurde aus diesem Anlass noch vor der Eröffnung am 21. Mai 1881 in „Rudolfshof" umbenannt. (Der heutige Bau stammt aus dem Jahre 1900, als nach einem Dachbrand 1899 das ursprünglich ebenerdige Gebäude einstöckig wieder aufgebaut wurde.)

Im Juni 1883 unternahm der Kronprinz von Laxenburg aus einen Tagesausflug nach Baden zu „den hier weilenden hohen Herrschaften" (höchstwahrscheinlich in der Weilburg).

Im Mai 1884 berichten die *Badener Blätter* über einen Besuch von Rudolf und Stephanie bei Mitgliedern der kaiserlichen Familie in der Weilburg. Am 22. Mai 1884 besuchte der Kronprinz im Hotel Sacher – am Beginn des Helenentals in Baden – die Königin von Serbien, Nathalie, die dort gemeinsam mit ihrem Sohn Alexander (dem späteren König) weilte.[11]

1886 traf Rudolf König Nikolaus von Montenegro in Schloss Gutenbrunn.[12] Am 20. Dezember desselben Jahres begleitete er seinen kaiserlichen Vater zum Begräbnis von dessen früheren Generaladjutanten, Friedrich Freiherr von Mondel, am Badener Stadtpfarrfriedhof.

Am 26. Juni 1887 war der Kronprinz bei Erzherzog Wilhelm in Baden zu Gast, worüber er seiner Frau Stephanie einen Tag später aus Wien nach

---

[10] *Badener Bezirks-Blatt* Nr. 21 vom 21.5.1881.
[11] Paul Tausig: Berühmte Besucher Badens. Wien 1912, S. 48.
[12] Wallner, a.a.O., S. 51.

Laxenburg berichtete: „... speiste um 3 Uhr bei Onkel Wilhelm in seinem neuen Haus; ... Das Diner war recht gut, nur die Getränke nicht kalt genug, worüber ich sehr gekränkt war; nach dem Diner ging und saß man im Haus, im Stall und im Garten herum, dann fuhr alles in den Gassen von Baden herum, kurioses Vergnügen bei dem Staub und Gestank, und dann nach Vöslau, ... zum Schluß begleiteten sie mich alle an die Bahn; ich kam abends nach Wien ..."[13]

Am 3. August 1887 wurde der 70. Geburtstag von Erzherzog Albrecht in der Weilburg festlich begangen, bei welchem Anlass die kaiserliche Familie einschließlich des Kronprinzenpaares anwesend war.

Anlässlich der Taufe des am 2. Juni im Kaiserhaus geborenen Erzherzogs Ferdinand Salvator kamen Kaiser Franz Joseph und das Kronprinzenpaar am 6. Juni 1888 ein weiteres Mal nach Baden. Die Stadtpolizei und die Gendarmerie standen am Bahnhof Spalier, als um 11:40 Uhr der Zug mit den hohen Gästen ankam. Da es sich um eine Familienfeier handelte, war kein offizieller Empfang vorgesehen, dennoch begrüßten die Behördenvertreter und Vereine den hohen Besuch. In der „Hofkirche" (der heutigen Frauenkirche) drängten sich um den Kaiser und das Kronprinzenpaar der umfangreiche Hofstaat mit vielen Erzherzoginnen. Der Wiener Erzbischof Kardinal Joseph Cölestin Ganglbauer führte die Taufe durch. Anschließend wurde zur Hoftafel mit 30 Gedecken in die Weilburg geladen. Nach dem Essen fuhr der Kaiser zum Bahnhof, um den Zug nach Wien zu nehmen.

Am 9. August 1888 reiste das Kronprinzenpaar zu einem Tagesausflug abermals nach Baden in die Weilburg.[14]

Unabhängig von diesen sporadischen Familienbesuchen kam der Kronprinz schon früh in das kaiserliche Jagdgebiet von Alland, insbesondere nach der Rückkehr von seiner Prager Dienstzeit im August 1883, die vor allem wegen Stephanies bevorstehender Niederkunft erfolgte (die Tochter Elisabeth wurde am 2. September 1883 in Laxenburg geboren). In Alland und Umgebung handelte es sich genau genommen um das Jagdrevier seines Onkels, des Erzherzogs Karl Ludwig, dem jüngeren Bruder von Kaiser Franz Joseph, der auch Rudolfs Taufpate war. Er bevorzugte aber Reichenau, wohin bereits vor ihm Kaiser Franz Joseph und seine Familie auf Sommerfrische gekommen waren. 1871 ließ er vom Architekten Heinrich Ferstl die heute noch bestehende Villa Wartholz erbauen, wo er von Mai bis Oktober lebte.[15] Reichenau wurde durch diesen „allerhöchsten Aufenthalt" rasch zu einem

---

[13] Zitiert nach: Hans Flesch-Brunningen: Die letzten Habsburger in Augenzeugenberichten, Düsseldorf 1967, S. 160.
[14] Ingrid Haslinger: „Rudolf war immer ein guter Sohn". Mayerling war ganz anders. Wien 2009, S. 255.
[15] Norbert Toplitsch: Habsburger in Reichenau. Ternitz 2003, S. 88 ff.

Ansicht von Alland, ca. 1870

bei der Aristokratie beliebten Sommerort, wo beispielsweise auch der Außenminister Ladislaus Graf Szögyény-Marich, Baron Nathaniel Rothschild oder der Hofmaler Heinrich von Angeli ihre Villen hatten. Carl Ludwig war mehr an künstlerischen und religiösen Themen interessiert als an der Jagd. 1873 hatte er in dritter Ehe die um 22 Jahre jüngere portugiesische Prinzessin Maria Theresia von Braganza geheiratet, zu welcher der junge Kronprinz bald eine schwärmerische Verehrung entwickelte (sie war nur um drei Jahre älter als er). Das führte bald zu einem gespannten Verhältnis zwischen Neffen und Onkel, dem Rudolf wegen seiner kirchenfeindlichen Haltung zusätzlich suspekt war.[16]

Das umfangreiche Jagdrevier des Erzherzogs Carl Ludwig im Wienerwald erstreckte sich über die Gemeindegebiete von St. Corona, Alland und Klausen-Leopoldsdorf (heute Bundesforste).[17] In *Hugo's Jagd-Zeitung*[18]

[16] Brigitte Hamann: a.a.O., S. 85 f.
[17] „Das Gebiet des Schwechatflusses in Nieder-Oesterreich. Topographisch-statistisch dargestellt von der Handels- und Gewerbekammer Wien." Wien 1878, S. 397.
[18] Herausgeber war der Verleger Adolph W. Künast in Wien, der ein vertrauensvolles Verhältnis zu Kronprinz Rudolf hatte.

wird oftmals über Rudolfs Jagden in den dortigen Revieren Gaisrücken, Glashütten, Hollergraben, Krottenbach, Klostergraben, Lammerau und Schöpfelgitter berichtet. Dieses ausgedehnte Gebiet war schon seit langer Zeit ein kaiserliches Jagdrevier, weshalb sich bis heute in Alland das sogenannte kleine Förster- oder Forsthaus in der Kirchengasse 14 befindet (ein großes wurde im 19. Jahrhundert weiter oben im Wald gebaut). An dessen straßenseitigen Gartenmauer steht die „Jägerkapelle", die vom kaiserlichen Jäger Paulus Danelli (gest. 1720) gestiftet worden war.[19] Kronprinz Rudolf wohnte bei seinen Jagdaufenthalten in diesem einfachen Forsthaus, seine Gäste waren im ehemaligen Gasthof „Zum Löwen" untergebracht (rund 100 m davon, rechts neben der Kirche an der Kreuzung Heiligenkreuzer Straße – Mayerlinger Straße; wurde 2015 abgebrochen).

Ab Juli 1884 sind im Badener Stadtarchiv mehrfach Zeitungsberichte über Jagdbesuche des Kronprinzen in Alland erhalten, bemerkenswert jener, wonach das Kronprinzenpaar „seit einiger Zeit" allwöchentlich zwei Tage (Samstagnachmittag bis Montag) von Laxenburg über Baden kommend im alten Forsthaus in Alland verbringt. Ein weiterer Bericht vom 19. Jänner 1886 meldet einen Besuch von Kaiser Franz Joseph als Jagdgast des Kronprinzen in Alland. Man fuhr vom Badener Bahnhof mit dem Schlitten dorthin, jagte im nahen „Schwemmforst" und speiste im Forsthaus. Rudolfs Leibjäger Püchl hat über diesen Jagdausflug berichtet und dabei eine Zeichnung angefertigt, die in der Sammlung von Univ.-Prof. Dr. Karl Zweymüller in Baden erhalten ist.[20]

Kronprinz Rudolf war also schon seit vielen Jahren mit dieser Gegend vertraut. In dem von ihm herausgegebenen und geleiteten Werk „Die Österreichisch-Ungarische Monarchie in Wort und Bild" (24 Bände, die zwischen 1886 und 1902 erschienen sind), dem sogenannten „Kronprinzenwerk", hat er selbst das Helenental sowie die Landschaft von Mayerling und Heiligenkreuz ausführlich beschrieben.[21] Diese Darstellung aus seiner gewandten Feder gibt uns eine Vorstellung von der damaligen idyllischen Atmosphäre dieser Gegend, die heute, angesichts der nahen Autobahn (A 23) und ihrer diversen Zubringer mit ihrem enormen Verkehrsaufkommen, kaum mehr erahnt werden kann. Nach einem Blick auf Mödling schreibt er:

„Und wohl noch schöner ist das von höheren, schon in manchen Details an die Nähe des Hochgebirges mahnenden Bergen eingeschlossene Helenen-

---

[19] Hinweis in: Erich und Christl Dorffner: Allerhand über Alland. Alland 1989, S. 110.
[20] Rudolf Püchl: Meine Jagderlebnisse mit Kronprinz Rudolf. Herausgegeben von Elisabeth Koller-Glück. St. Pölten 1978, Kapitel „Kaiser Franz Joseph auf Hochwildjagd in Alland", S. 108 ff.
[21] Kronprinz Rudolf (Herausgeber): Die Österreichisch-Ungarische Monarchie in Wort und Bild. 2. Abteilung. Niederösterreich. Wien 1886, S. 16 ff.

thal, an dessen Ausgang auf felsiger Zinke die alten Raubnester Rauhenstein und Rauheneck als zu Wegelagererzwecken geeignete Thalsperren liegen. Baden, dieser reizende Kurort mit seinen so berühmten Quellen, erstreckt sich zwischen Gärten und schattigen Promenadewegen vom Fuße der Berge bis in die Ebene hinaus.

… Ein lohnender Waldweg führt über Siegenfeld hinab in das enge, felsige Helenenthal; die Fahrstraße längs der Schwechat an der malerischen Cholerakapelle, der schattenreichen Krainer- und Augustinerhütte vorbei gehört zu den interessantesten in diesem Gebiete; gegen Norden wird das enge Thal eingeschlossen von jäh ansteigenden waldigen Hügeln, während in südlicher Richtung sich das Gebirgsmassiv des 831 m hohen Eisernen Thores und des nur wenig niedrigeren Lindkogls mit großen Holzschlägen, Fichten-, Föhren-, Lärchen- und Tannenbeständen, kahlen Felswänden und öden Geröllhalden erhebt, das den vollen Typus des hohen Mittelgebirgs-Charakters verräth.

Beim Sattelbach-Wirtshaus theilen sich die Straßen, die eine führt an den Felsen des Ungersteines und an dem reizend gelegenen Mayerling, mit der großen Kirche[22] und dem schlossartigen Besitzthum des Stiftes Heiligenkreuz, vorüber in den freundlich grünen Thalkessel von Alland, die andere, nach Nordwesten abzweigende passirt ein enges, waldiges Thal, an dessen nördlichen Ende das Stift Heiligenkreuz liegt. 1136 beurkundete Markgraf Leopold III., er habe den aus Morimond herbeigerufenen Cisterciensern, wie es ihm sein Sohn Otto vorschlug, der selber dem Cistercienser-Orden angehörte, den Ort Sattelbach, jetzt Heiligenkreuz, eingeräumt und ihnen mit Zustimmung seiner Gemalin Agnes und seiner Söhne Albert, Heinrich, Leopold und Ernst das umliegende ihm angehörige Gebiet als Stiftungsgut übergeben. In der Urkunde werden die Grenzen des geschenkten Gebietes genau bezeichnet, und zwar mit Flur- und Ortsnamen, die noch heute bestehen, z. B. die Höhen: Privaton, Hausruck, Hocheck, Ebenberg, die Bäche: Sattelbach, Sparbach, Dornbach, Schwechat, die Orte Mayerling (Murlingen) und Sittendorf (Sichendorf), woraus hervorgeht, daß in diesem Theile des Wienerwaldes die Colonisierung damals schon weit vorgeschritten war. Heiligenkreuz ist die zweite Klosterstiftung Leopolds III., und gerade so wie die erste, Klosterneuburg, hat es auch dieses Kloster verstanden, durch die lange Reihe von Jahrhunderten bis auf unsere Tage sich in vollem Glanze zu erhalten. Dieses große Waldstift, welches mit der ganzen Geschichte Niederösterreichs und insbesondere des Wienerwaldes eng verbunden ist, gehört zu den interessantesten Klöstern des Landes. Der mächtige Bau mit

---

[22] Gemeint ist die bis zum Bau des Karmels (1890) bestehende Laurenziuskirche aus dem Jahre 1412, die nach der Zerstörung durch die Türken 1683 wiederhergestellt worden war.

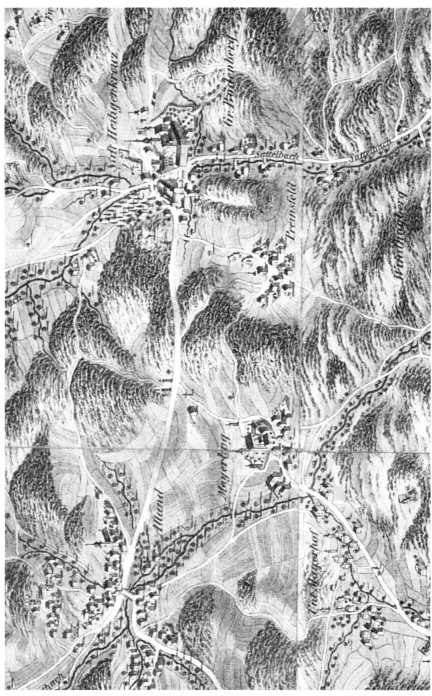

Karte von Mayerling und Umgebung nach Franz Xaver Schweickhardt, ca. 1840. Deutlich erkennbar die Laurenziuskirche.

der hochragenden Kirche, umgeben von Mauern und vielen Wirthschaftsgebäuden, einem blühenden Garten mit uralten Bäumen, erfreut das Auge. Nicht weniger sehenswerth ist das Innere der Kirche: der berühmte Kreuzgang, die Stiegen, Säle und die lehrreichen Sammlungen, welche die zu allen Zeiten Wissenschaft und Kunst pflegenden Mönche dieses Stifters in gutem Stande zu erhalten wußten.

An einem schönen Juni-Abend, wenn die Sonne mit ihren letzten Strahlen die Kuppen der Berge vergoldet und in zarten Tönen das lichte Grün der Buchen und Eichen sich abhebt vom feinen Colorit der Lärchen und den dunklen Farben der Tannen und Fichten und unten im Thale die saftigen blumenreichen Wiesen an den Ufern des plätschernden Baches schon in die langen Schatten der heranrückenden Nacht gehüllt sind, in den buschigen Kastanien und knorrigen Linden des Klostergartens der Abendwind durch die Zweige rauscht, da thront das mächtige Stift mit seinen blendenden Mauern inmitten dieser lieblichen Landschaft als eine Burg des Friedens, an der Jahrhunderte spurlos vorübergingen. Vom hochragenden Thurme erschallt in hellen Tönen das Ave Maria-Läuten, sich mengend mit dem melancholischen Klange des Hirtenhorns; die Sonne verschwindet hinter den grünen Hügeln, und wir genießen das Bild einer Waldlandschaft, die man sich schöner kaum vorstellen kann." (Vermutlich hat er hier einen Topos aus seiner „Orientreise" [1881] aufgenommen, wo er im 7. Kapitel beim Abschied von Bethlehem schreibt: „Der Abend war sehr schön, die Sonne ging unter, Herden kamen vorbei, von malerischen Hirten begleitet, der Ton der Glocken vermengte sich mit schwermütigen Gesängen und von Bethlehem her klang das Ave-Maria-Geläute herüber.")

In der anschaulichen Beschreibung des Stiftes klingt eine Erinnerung an seinen dortigen Besuch im Jahre 1881 nach. Die eindrucksvolle und genau beobachtende Darstellung (man könnte meinen, es handle sich um eine Naturschilderung von Joseph von Eichendorff oder von Adalbert Stifter) zeigt, wie sehr dem Kronprinzen diese Gegend durch oftmalige Jagdaufenthalte im Revier von Alland ans Herz gewachsen war, die ihm durch den im selben Jahr erworbenen Besitz von Mayerling noch vertrauter wurde.

Warum ein Schloss in Mayerling?

Man kann sich die Frage stellen, warum ausgerechnet diese kaum bekannte Ansiedlung den Kronprinzen zur Anschaffung eines Jagdschlosses bewogen hat, da er ja ohnehin im Forsthaus des nahe gelegenen Alland abstieg. Wahrscheinlich entsprach die damals noch wenig besiedelte Landschaft seiner Natursehnsucht, die er bereits im Vorwort seiner „Donaureise" zum Ausdruck gebracht hatte. Er sieht die freie Natur als die den Geist immer neu belebende Heimat des Menschen an, als eine Quelle der Veredlung und als Schutz vor bloß materiellen Interessen. „Diese Ideen haben mich immer in den grünen Wald hinausgedrängt, die Einsamkeit entlegener Gegenden hat mich stets mächtig angezogen."[23]

Sein bevorzugter Jagdsitz war das Schloss Orth, inmitten der wildreichen Donauauen, das er bereits 1873 für seine Aufenthalte erneuern und ausstatten ließ. Ebenso standen ihm die Jagdschlösser seines Vaters zur Verfügung, in Alland das Forsthaus seines Onkels, das er auch tatsächlich genützt hat. Offensichtlich gefiel ihm die Gegend von Alland besonders gut, da er in dessen Umgebung im Laufe der Jahre mehrere Liegenschaften und Waldstücke angekauft hatte. Durch seine Jagdaufenthalte in Alland war ihm das nur 2 ½ Kilometer davon entfernt gelegene kleine Mayerling bekannt, das er in seiner Beschreibung des Wienerwaldes daher auch erwähnt hat. Um 1880 standen dort bloß vierzehn Häuser mit der aus dem 15. Jahrhundert stammenden Laurenziuskirche und dem dazu gehörigen Gutshof des Stiftes Heiligenkreuz. Diese im Jahre 1412 geweihte Kirche, nach Bränden wiederholt renoviert, war lange Zeit ein beliebter Wallfahrtsort, denn der hl. Laurenzius, der auf einem Feuerrost zu Tode gemartert wurde, sollte insbesondere vor dem „ewigen Feuer" bewahren. Er wurde aber auch als Schutzpatron von jenen Handwerkern verehrt, die mit dem Feuer zu tun hatten, wie den Köhlern, Pechern (Terpentinbrenner), Kalkbrennern, Glasbläsern und Schmieden in der Gegend. Neben dem hl. Laurenzius wurden auch die Pestheiligen St. Rochus und St. Sebastian verehrt, eine eigene Bruderschaft kümmerte sich um die Pflege des Wallfahrtsortes, der vom nahe gelegenen Stift Heiligenkreuz aus betreut wurde. Im stiftlichen Gutshof befand sich daher auch eine Gastwirtschaft. Erst durch die Reformen von Kaiser Joseph II. hat der Wallfahrtsort seine Bedeutung verloren. Was mag nun den Kronprinzen bewogen haben, ausgerechnet Mayerling für einen Jagdsitz zu wählen?

---

[23] „Fünfzehn Tage auf der Donau", Wien 1878, Vorwort S. XI.

Ansicht des Heiligenkreuzer Gutshofes mit der Laurenziuskirche in Mayerling Ende 18. Jh. Neben der Kirche die Hl. Grab-Kapelle, vorne der noch erhaltene Gartenpavillon.

Wenn man die erhaltenen Dokumente und Informationen richtig deutet, so liegt die Ursache in einer amourösen Verwicklung des Kronprinzen. Denn in Mayerling hatte ein gewisser Reinhard August Graf zu Leiningen-Westerburg ein Anwesen für seine Jagdaufenthalte erworben. Dieser Graf Leiningen war in erster Ehe mit jener ehemaligen Liebhaberin Rudolfs verheiratet, die den Kronprinzen zur Brautschau nach Brüssel begleitet hatte.

Wenn nun der Kronprinz bei seinen Fahrten nach Alland in Begleitung seiner Frau bei der Villa des Grafen in Mayerling stehen blieb, so war die Begegnung mit ihm und seiner „Verflossenen" jedes Mal eine peinliche Angelegenheit (wusste Stephanie davon oder war es nur ihre übliche Eifersucht?). Auch unter der Ortsbevölkerung sprach man davon, dass in der Villa eine ehemalige Geliebte des Kronprinzen wohne.

Rudolf hatte jedenfalls 1886 Leiningen nahegelegt, ihm seinen Besitz zu verkaufen und anderswohin zu ziehen. Das geschah auch, Leiningen zog mit seiner Frau nach Kärnten, in das von ihm erworbene Schloss Harbach östlich von Klagenfurt. Der Kronprinz war damit unmittelbarer Nachbar des Gutshofes von Stift Heiligenkreuz geworden und kaufte noch im selben Jahr dieses Anwesen. Doch darüber später.

Eine Brüsseler Hypothek

Wer war nun diese ominöse „Verflossene", die der unmittelbare Anlass für den Grunderwerb des Kronprinzen in Mayerling gewesen ist? Darüber gibt es mehrere konkrete Einzelhinweise, die sich nach und nach zu einem zusammenhängenden Netz verweben ließen.

Wiederholt ist in den Biografien über Kronprinz Rudolf von einer weiblichen Begleitung bei seiner Brautfahrt nach Brüssel die Rede, die wie eine Hypothek auf ihm lastet. Tatsächlich findet man im erwähnten Mayerling-Akt des Wiener Polizeipräsidenten Krauß[24] vom Februar 1889 zwei Konfidentenberichte, die eine Liebhaberin nennen, welche den Kronprinzen 1880 nach Brüssel begleitet haben soll.

Der eine lautet: „In Prag hatte R.[udolf] mit einer jungen hübschen und feschen Jüdin, namens Böhm, die er auch auf der Fahrt nach Brüssel in seinem Schlafwagen mitnahm. [sic!]. Später heirathete sie einen Grafen Leiningen, der in Mayerling und in Wien einige Häuser und Waldgründe besaß. Die Böhm wusste den Kr.[onprinzen] zu bewegen, dass er diese Besitzungen zu einem „guten" Preis erwarb und das Jagdschloss einrichten ließ, das er als sein ‚buen retiro' benützte."

Der zweite Bericht, gezeichnet vom Konfidenten Milarov (nur selten zeichneten Konfidenten mit ihrem Namen), lautet: „Wenn ich das vielfach Gehörte zu richtiger Kombination gebracht, dürften manche Broschüren die Liaison mit der Schauspielerin Pick (ehemals Badener Theater) bringen; erzählen, wie diese Mayerling zum Geschenk erhalten, nachdem sie sogar Kronprinzen auf Brautschaureise begleitet. Dann habe diese Dame ein Baron geheirathet. Als dieser gestorben, bekam sie Graf Leiningen zum Gatten. Beide hätten Kronprinzen gepreßt und behelligt, bis er Mayerling um 80.000 fl abgekauft, dann wäre das Paar weggewiesen worden."

Ein dritter Hinweis findet sich in der Chronik der Pfarre St. Helena. Dort wird in einer Eintragung vom 5. Mai 1889 berichtet, dass der Kronprinz ein Verhältnis mit der Baronin von Leiningen gehabt habe. Sie sei „eine jüdische Trafikantentochter aus Brünn, wurde katholisch und heiratete den Baron von Leiningen. Zuletzt wurde sie protestantisch und wohnte in Gaden (sic!) mit ihrem Mann namens Böhm. Jetzt lebt sie in Deutschland."

---

[24] Krauß, a.a.O., S. 134 f. und S. 136.

Auch Prinzessin Stephanie erwähnt in ihren Memoiren bei der Schilderung ihrer Verlobung diese Episode: „Ich konnte ja nicht ahnen, daß ich damals schon verraten war. Erst viel, viel später ließ man mich wissen, daß mein Bräutigam nicht allein nach Brüssel gekommen war, sondern daß seine Freundin, eine gewisse Frau F., ihn begleitet hatte."[25] Möglicherweise hat sie diese Information aus der Publikation eines anonymen Autors bekommen, der ebenfalls eine „Frau F." als Begleiterin des Kronprinzen erwähnt.[26] Stephanie hat ihre, von Vorurteilen belasteten Erinnerungen allerdings erst 55 Jahre nach Mayerling geschrieben.

Eine weitere Variante berichtet Josef Doblhoff 1951 in einem Brief: Sein Vater hatte 1903 Erzherzog Ludwig Victor auf dessen Schloss in Kleßheim bei Salzburg besucht. Dieser erzählte ihm, dass nach den Verlobungsfeierlichkeiten in Brüssel Stephanie und ihre Mutter unangesagt am Bahnhof erschienen seien, um ihm nochmals Adieu zu sagen. „Zur peinlichen Überraschung der beiden hohen Damen erblickten sie hinter der Spiegelscheibe des Salonwagens, in dem Rudolf bereits Platz genommen hatte, auch dessen Maitresse, eine Wiener Halbweltdame, die sich der Kronprinz zur Unterhaltung mitgenommen hatte."[27] Erzherzog Ludwig Victor ist zwar für seine Tratschereien bekannt, doch ist es interessant zu sehen, wie diese Geschichte noch 70 Jahre später weiter erzählt wurde.

Die weibliche Begleitung des Kronprinzen bei seiner Fahrt nach Brüssel wird oft als Beweis für sein frivoles Verhältnis zu Frauen angeführt. Es soll aber nicht vergessen werden, dass es sich bei dieser Reise um eine „Brautschau" gehandelt hat, deren Ausgang ungewiss war. In einer offiziellen Mitteilung hieß es, der Kronprinz würde nach einem kurzen Aufenthalt in München über Brüssel zu seiner in Irland weilenden Mutter reisen.[28] Und der österreichische Gesandte am Brüsseler Hof, Bohuslav Graf Chotek von Chotkowa und Wogin (1829–1896), der die Vorbereitungen der Reise Rudolfs zu treffen hatte, schrieb in einem Geheimbericht an Kaiser Franz Joseph, er habe dem belgischen Königspaar klargemacht, dass es sich bei

---

[25] Prinzessin Stephanie von Belgien, Fürstin von Lonyay: Ich sollte Kaiserin werden. Lebenserinnerungen der letzten Kronprinzessin von Österreich-Ungarn. Leipzig 1935, S. 64 f.

[26] Es handelt sich um die Schrift: „Der Mord an Kronprinz Rudolf von Österreich. Von einem Eingeweihten." Frankfurt am Main, o. J., Verlag J. B. Müller Herfurt, 63 S. Erhalten im Selekt Kronprinz Rudolf, Kart. 22 Nr. 12, im Haus-, Hof- und Staatsarchiv. Aus einer Fußnote auf S. 33 wird die Scheidung der Ehe der Gräfin Larisch im Jahre 1897 erwähnt, woraus geschlossen werden kann, dass diese Broschüre danach gedruckt worden ist.

[27] Brief Doblhoff an Hermann Zerzawy vom 30.8.1951.

[28] Irmgard Schiel: Stephanie. Kronprinzessin im Schatten von Mayerling. Eine Biographie. Stuttgart 1978, S. 65.

Prinz Philipp von Sachsen-Coburg-Gotha

der beabsichtigten Reise des Kronprinzen nur um eine „bedingungsweise Brautschau" handle.[29]

Man fragt sich natürlich, warum ausgerechnet eine Tochter aus dem belgischen Königshaus für eine Hochzeit des Kronprinzen in Erwägung gezogen worden ist. Sicherlich war es der hohe Rang des katholischen belgischen Königs aus dem Hause Coburg mit seinen vielfältigen Verschwägerungen in Europa. Hinzu kam die Freundschaft mit Prinz Philipp von Sachsen-Coburg und Gotha (1844–1921) in Wien, der 1875 die ältere Tochter von König Leopold II., Louise (1858–1924) geheiratet hatte (die Ehe war von Anfang an unglücklich und wurde 1906 geschieden). Kronprinz Rudolf war ihr bald schwärmerisch zugetan, sie wurde seine Vertraute, die ihm ihre jüngere Schwester Stephanie empfohlen hatte. Er war daher schon vor seiner Reise nach Brüssel positiv auf die Begegnung mit Stephanie eingestellt.

An dieser Stelle sei das verwickelte Netzwerk der Verwandtschaftsbeziehungen zwischen dem Kaiserhaus Habsburg und dem Hause Sachsen-Coburg-Gotha näher dargestellt.

Prinz Philipps Urgroßvater war Herzog Franz Friedrich von Sachsen-Coburg-Saalfeld (1750–1806), von dessen zahlreicher Nachkommenschaft

---

[29] Ebenda, S. 72.

hier zwei Söhne zu nennen sind: Leopold Georg Christian (1790–1865) und Ferdinand Georg August von Sachsen-Coburg-Saalfeld (1785–1851). Letzterer stand seit 1803 im österreichischen Militärdienst. Er war General der Kavallerie und hatte sich bei den Schlachten von Aspern, Wagram und Kulm ausgezeichnet. 1815 heiratete er die ungarische Prinzessin Maria Antonie Gabriele von Koháry (1797–1862), und durch sie erhielt er ein so enormes Erbe, dass die Familie Coburg bis 1918 zu einer der drei reichsten Grundbesitzer von Ungarn zählte. Um eine ebenbürtige Heirat zu ermöglichen, hatte Kaiser Franz I. ihren Vater, Ferenc József Graf Koháry, in den Fürstenstand erhoben. Der protestantische Ferdinand Georg war für diese Ehe zum katholischen Glauben übergetreten und begründete damit die katholische, österreichische Linie des Hauses Coburg. Der Wohnsitz wurde das von ihm erbaute und bis heute bestehende Palais Coburg in Wien.

Sein erster Sohn war Ferdinand August (1816–1885), der durch die Heirat mit Maria von Portugal 1836 König von Portugal wurde, womit eine Verwandtschaft mit jenem späteren Miguel von Braganza entstand, der ebenfalls ein Jagdfreud von Kronprinz Rudolf war.

Sein zweiter Sohn, August Ludwig (1818–1881) heiratete die vierte Tochter des französischen Königs Louis-Philippe, Clémentine von Orléans. Dieser Ehe entstammten fünf Kinder. Davon war der älteste Sohn der vorhin genannte Prinz Philippe von Sachsen-Coburg und Gotha in Wien. Er wurde der Schwager und langjährige Jagdgefährte von Kronprinz Rudolf. Der jüngste Sohn dieser Ehe war Ferdinand (1861–1948), der im Verlaufe der so genannten Bulgarienkrise (1885–1888) zum König von Bulgarien gewählt wurde und sich 1908 zum Zaren von Bulgarien erklärte (bis 1918).

Der zuvor genannte Leopold Georg Christian (Bruder des „Wiener" Ferdinand Georg August von Sachsen-Coburg-Saalfeld) trug seit 1826 den Titel von Sachsen-Coburg und Gotha. Er wurde nach der Trennung Belgiens von Holland 1831 der belgische König Leopold I., der 1832 in zweiter Ehe die älteste Tochter des französischen Königs Louis-Philippe, heiratete, Louise Marie von Orléans.

Dieser Ehe entstammten vier Kinder. Der älteste Sohn, Leopold Ludwig Philipp, wurde als Leopold II. sein Nachfolger, die einzige Tochter Charlotte (1840–1927) ehelichte 1856 Erzherzog Ferdinand Max (Bruder von Kaiser Franz Joseph), den späteren Kaiser Maximilian von Mexiko.

König Leopold II. (1835–1909) war mit Erzherzogin Marie-Henriette von Österreich (1836–1902) verheiratet. Sie war die jüngste Tochter aus der dritten Ehe von Erzherzog Joseph Anton (1776–1847, Bruder von Kaiser Franz I. und Palatin in Ungarn) mit Prinzessin Maria Dorothea von Württemberg. Damit war abermals eine verwandtschaftliche Nähe zum Hause Habsburg gegeben. Leopolds Ehe war allerdings äußerst unglücklich, was auch auf die Erziehung der beiden Töchter Louise und Stephanie negative Auswirkungen hatte. Sie erlernten aber von ihrer Mutter die ungarische Sprache, was insbesondere für Stephanie nach ihrer Heirat mit Kronprinz Rudolf von Vorteil war.

Leopold reiste in seiner Kronprinzenzeit 1860 nach Konstantinopel, bei welcher Gelegenheit er in Wien Zwischenstation machte.[30] Vom 25. März bis 1. April war er Gast der kaiserlichen Familie. Dabei lernte er Elisabeth und Franz Joseph näher kennen und führte mit dem Kaiser auch politische Erörterungen. Man war also nun auch persönlich bekannt, was für die spätere Verbindung seiner Tochter Stephanie mit Kronprinz Rudolf wichtig werden sollte.

Am 2. März 1880 begab sich der Kronprinz auf seine Brautfahrt nach Brüssel, die mit einem Gefolge von 21 Personen per Bahn von Wien nach München ging. Dort hattte ihm zu Ehren König Ludwig II. ein großes Fest veranstaltet. Dann fuhr man weiter nach Köln, wo der österreichisch-ungarische Gesandte in Brüssel, Bohuslav Graf Chotek, zustieg, der seit 1872 am belgischen Königshof akkreditiert war (eine seiner sieben Töchter, Zdenka (Sidonie), wurde später Hofdame bei Kronprinzessin Stephanie, eine andere Tochter, Sophie, wurde 1900 die Gattin von Erzherzog-Thronfolger Franz Ferdinand). In der belgisch-deutschen Grenzstation Lüttich (Liège) musste man umsteigen, denn König Leopold hatte dem Kronprinzen als Zeichen der Wertschätzung einen belgischen „Hofgala-Separatzug" entgegen geschickt. Spätestens bei diesem Zugswechsel dürfte die intime Begleitung des Kronprinzen entdeckt und expediert worden sein. Der Kronprinz Rudolf Forscher Hermann Altenberg (richtig: Otto Kittl) meinte allerdings, diese Begleiterin habe bereits beim Grenzaufenthalt in Salzburg den Zug verlassen müssen.[31]

Am 5. März 1880 traf Rudolf im Brüsseler Königsschloss Laeken ein, wo er abends bei einem Familiensouper erstmals Stephanie zu Gesicht bekam. Er hatte von diesem Abend einen sehr positiven Eindruck und schrieb sogleich darüber an seinen Vater und an seine Schwester Gisela.[32] Am folgenden Tag war die offizielle Vorstellung, bereits am 7. wurde die Verlobung gefeiert. Am 11. März machte Kaiserin Elisabeth auf der Rückfahrt von Irland für fünf Stunden in Brüssel Zwischenstation, um die neue Verwandtschaft zu sehen, doch beeindruckte sie die künftige Schwiegertochter kaum. Wegen deren mangelnder Reife musste die Hochzeit auf den Mai des folgenden Jahres aufgeschoben werden. Am 23. März kehrte der Kronprinz nach Wien zurück. Abermalige Besuche Rudolfs in Brüssel waren vom 14. bis 21. Mai

---

[30] Leopold de Belgique: Voyage à Constantinopel 1860. Texte établi, présenté et annoté par Sophie Basch. Bruxelles 1997, S. 34 ff.
[31] Mitteilung des Wiener Journalisten Prof. Helge Reindl.
[32] Schiel, a.a.O., S. 75.

(Stephanie feierte ihren 16. Geburtstag, aus welchem Anlass am Vorabend, dem 20. Mai, der Wiener Männergesangsverein in Schloss Laeken ein Ständchen gab), und am 9. Oktober (dabei in seinem neuen Rang eines Generalmajors), dazwischen gab es einen regen Briefwechsel.[33]

In der Zeit bis zu seiner Hochzeit unternahm Rudolf – förmlich als Überbrückung der Wartezeit – zwei Reisen: vom 1. bis 15. November 1880 in die ungarischen Donauauen, die er in seinem Buch „Fünfzehn Tage auf der Donau" literarisch festgehalten hat. Nach einem abermaligen Besuch bei seiner Braut im Jänner/Februar 1881 folgte vom 9. Februar bis 22. April eine Fahrt nach Palästina und Ägypten, die sogenannte „Orientreise" (so auch der Titel seiner späteren Publikation darüber).

Am 2. Mai desselben Jahres wurde Stephanie schließlich von Brüssel verabschiedet und traf am 6. Mai in Wien ein, wo vier Tage später die Hochzeit mit großem Pomp in der Augustinerkirche gefeiert wurde.

Von einer weiblichen intimen Begleitung des Kronprinzen bei seiner Fahrt nach Brüssel berichtet weder Oskar von Mitis in seiner Biografie, noch erwähnt Friedrich Weissensteiner in seinem Buch „Frauen um Kronprinz Rudolf" eine Liebhaberin namens Pick. Wohl aber nennen Brigitte Hamann (die sich auf den Konfidentenbericht beruft), Gerd Holler und andere Autoren diese Episode. Tatsache sind die beiden Konfidentenberichte und die Eintragungen in der Pfarrchronik von St. Helena, auch wenn diese mit Vorbehalt zu lesen sind. Denn sie wurden nicht 1880 oder 1881 aufgezeichnet, sondern erst 1889, kurz nach dem Tod des Kronprinzen, im Zuge der Erörterungen um die Tragödie mit Mary Vetsera im Jagdschloss von Mayerling. Auch Stephanie hat erst später davon erfahren.

Betrachten wir die Aussagen der Konfidenten genauer. Der erste Bericht vermengt zwei Tatsachen: die schwärmerische Liebe Rudolfs im Jahre 1878 zu einem jüdischen Mädchen in Prag (es war Rosa Eichner) und die spätere Liaison mit einer gewissen Pick. Die Prager Liebesgeschichte hatte unglücklich geendet: Als die Eltern davon erfuhren, schickten sie die junge Tochter zu Verwandten außerhalb Prags, wo sie aus Liebeskummer („Nervenfieber") starb. Die Nachricht davon wurde dem Kronprinzen von den Eltern – nicht ohne den Vorwurf der Mitschuld – überbracht. Der sensible Rudolf war darüber derart erschüttert, dass er ihr Grab auf dem Prager jüdischen Friedhof nächtens heimlich besuchte. Er verfiel in eine schwere psychische Krise, die er erst mit Hilfe des Wiener Neurologen Moritz Benedikt überwinden konnte, der ihm vom befreundeten Maler Hans Canon empfohlen worden war.[34] Diese Episode zeugt von der Sensibilität des jungen, zwanzigjährigen

---

[33] Erhalten in der Abtei von Pannonhalma, Ungarn.
[34] Hamann, a.a.O., S. 155.

Rudolf, die im Gegensatz zu der ihm später nachgesagten Frivolität in Liebesangelegenheiten steht.

Der vom ersten Konfidenten und vom Pfarrchronisten genannte Name Böhm der Liebhaberin stimmt jedenfalls. Denn Frau Pick war in erster Ehe mit einem Herrn Böhm verheiratet, der bereits gestorben war (der Chronist von St. Helena nennt ihn irrtümlich als zweiten Ehemann).

Bei den vom zweiten Konfidenten erwähnten „Broschüren", welche diese Geschichte überliefern, ist ungewiss, um welche es sich handelt. Ich habe diese Episode in der genannten anonymen Publikation gefunden sowie in einem 1903 erschienenen Buch von Stephan Maroszy.[35] Beide Werke versuchen eine Ehrenrettung des Kronprinzen; im erstgenannten Werk wird übrigens die These seines Totschlags durch Heinrich Baltazzi vertreten.

Der „Eingeweihte" des anonymen Textes scheint tatsächlich mit diversen Vorgängen und Zusammenhängen gut vertraut gewesen zu sein. Seine Angabe, dass Mary Vetsera „... am 31. Januar 1889 abends um 11 h ohne Sang und Klang, vorläufig in der Gruft der Babenberger zu Heiligenkreuz, später auf dem Friedhof in ein (sic!) von ihrer Mutter errichteten Gruft beigesetzt wurde" (S. 55), scheint er allerdings Berichten erfindungsreicher Journalisten entnommen zu haben.

Interessant ist seine Schilderung der weiblichen Begleitung bei der Brautschau Rudolfs. Er gibt an, der Kronprinz habe am zweiten Tag seines Aufenthaltes in Brüssel den Expressbrief „einer früheren Geliebten niedrigen Standes" erhalten, die er 1874 in Ischl kennen gelernt habe (da war der Kronprinz 16 Jahre alt). Sie sei in Brüssel eingetroffen und wünsche ihn zu sprechen. Ihr Name – wie der Autor sagt, von ihm abgeändert – wird als Camilla Hrdliczka angegeben (ein tschechischer Name, der „Turteltaube" bedeutet, was zu dieser Geschichte passt). Rudolf schickte daraufhin einen Herrn seiner Umgebung, einen „Adlatus", zu ihr in das „Hôtel de Suède".[36] Am nächsten Tag fuhr dieser mit ihr nach Köln, wo man im „Hôtel du Nord" Aufenthalt nahm. Dort erreichte er mit ihr für 50.000 Gulden und der Aussicht auf eine standesgemäße Heirat einen friedlichen Ausgleich. In Wien forderte die Dame dann diese Heirat ein. Der „Adlatus" fand bald

---

[35] „Ungeschminkte Wahrheit über das Liebesdrama das Kronprinzen Rudolf und der Baronesse Mary Vetsera", von Stephan Maroszy, Leipzig 1903. Bis 1914 erschienen davon drei weitere Auflagen. Das Buch schildert das Drama als große Liebesgeschichte. Mary sei die Halbschwester Rudolfs gewesen (nach seiner Affäre mit Helene Vetsera), die sich mit Gift, der Kronprinz mit einem Revolver den Tod gab. Zahlreiche Mutmaßungen und Erfindungen lassen das Werk wenig glaubwürdig erscheinen. Der Autor erwähnt auch nicht das bereits bekannte Werk von Planitz.

[36] Nachforschungen von Frau Dominique Brichard, Brüssel, im dortigen Polizeiregister über den Aufenthalt ausländischer Personen in Brüsseler Hotels im Jahre 1880 haben ergeben, dass sich dort keine Eintragung einer Mina Pick findet.

darauf einen in Baden lebenden Herrn von Preu, der Heiratsabsichten hatte und dem er Camilla als passende Partie vorschlug. Drei Tage nach einem Zusammentreffen am Badener Bahnhof (dort befand sich damals auch ein Restaurant) erschien bereits die Verlobungsanzeige (1880). Als aber Preu von der Vergangenheit seiner Frau erfuhr, verfiel er in eine Gemütskrankheit und starb wenige Jahre nach der Heirat.

Acht Monate nach seinem Tod (Anfang 1885) ließ sich Camilla abermals in der Hofburg beim erwähnten Adlatus X. anmelden und ersuchte ihn gemäß des Kölner Vertrages um Vermittlung eines neuen Ehepartners. Sie erwähnte dabei ihre Kenntnis von außerehelichen Amouren des Kronprinzen und setzte ihn damit unter Druck. X. fuhr sofort zu Rudolf, der in der „Goldenen Waldschnepfe" in Dornbach zu Gast war, und beriet sich dort mit ihm. Der Kronprinz sagte, er kenne einen Ritter von F., der ihm mitgeteilt habe, ein junger Graf Todesco (Name wiederum vom Autor geändert) sei auf Brautschau. X. fuhr zu ihm in die Reisnerstraße (dort befand sich das Palais Vetsera) zu Ritter von F., der aber nach Auskunft des Hausmeisters im Jockeyclub sei. X. traf dort im Billardzimmer tatsächlich diesen Herren, der ihm zusicherte, noch am selben Abend mit dem Grafen Todesco zu sprechen. Freitagfrüh erhielt X. vom Ritter von F. ein Telegramm, wonach Graf Todesco bereit sei, Camilla zu heiraten. Das erste Zusammentreffen fand im Kursaal in Baden statt, Camilla lud daraufhin Todeso zu einem Diner am folgenden Samstag ein. Zwei Tage später erhielt X. die Verlobungsanzeige: „Camilla Hrdliczka, verwitwete von Preu, Silvan Todesco, Verlobte. Baden – Wien."

Und weiter: „Nach kurzem Brautstand fand ohne jedes Gepränge, ganz in der Stille, die Hochzeit Camillas mit Graf Todesco in einem kleinen Ort bei Wien statt ... Das neuvermählte Paar nahm darauf seinen Wohnsitz in Mayerling bei Baden." (S. 27). Bald darauf verlangte Camilla abermals finanzielle Hilfe von Kronprinz Rudolf, der ihr eine solche zusagte, indem er Camillas Gemahl das Gut in Mayerling für eine verhältnismäßig hohe Summe abkaufen werde (der Kauf wurde am 15.8.1886 abgeschlossen). Graf Todesco übersiedelte darauf mit seiner Gattin nach Kärnten auf ein von ihm erstandenes Gut. In Kärnten wurde über ihn aber „von der Bevölkerung" bald nachteilig gesprochen. Ein „Graf K.", welcher der Kärntner Landesregierug zugeteilt war, wetterte besonders heftig gegen Camilla. Diese erreichte angeblich durch ihre Beziehungen zum Hof „bei maßgeblichen Stellen in Wien", dass K. mangels freier Posten zwar nicht, wie vorgeschlagen, eine Bezirkshauptmannschaftsstelle erhielt, dafür aber „zum Statthalter von Oesterreich unter der Enns in Wien ernannt wurde" (S. 30).

Der Autor verweist dann auf Stephan Maroszy – dessen Publikation ihm also bekannt war –, der angibt, dass in allen der österreichischen Zensur nicht unterworfenen Gebieten (d. h. in der ungarischen Reichshälfte) Biografien Rudolfs diese Geschichte mit der Begleitung von „Frau F." („Eine Jüdin von Geburt, die sich von ihrem Mann, einem reichen Fabrikanten getrennt hatte") nach Brüssel anführen. Er schmückt in seinem Buch die Geschichte noch weiter aus indem er berichtet, der sie begleitende Adjutant habe mit ihr einige Tage in Aachen und in Köln verbracht, wobei das Paar ein solch skandalöses Betragen zur Schau getragen habe, dass „alle Welt darauf aufmerksam wurde" (S. 105). Rheinische Blätter hätten unverblümt über das Verhältnis berichtet, ein Führer der belgischen Katholiken habe sogar König Leopold II. über die Begleitung seines künftigen Schwiegersohnes informiert, was fast zum Abbruch der Beziehungen zwischen Österreich und Belgien geführt hätte. Auch Brigitte Hamann berichtet, dass Stephanies Mutter von dieser peinlichen Begleitung erfahren habe.[37]

Wie sahen die Tatsachen nun aus? Der Chronist von St. Helena erwähnt ein früheres Verhältnis des Kronprinzen mit der „Baronin" von Leiningen, der Konfident Milarov sowie der „Eingeweihte" sprechen von einer Dame in Baden, Milarov nennt sie Mina Pick, eine Schauspielerin am Badener Stadttheater. Dann wären also dort ihre Lebensspuren zu finden. Das erwies sich aber als unmöglich, weil in den Archivbeständen des Badener Stadttheaters (heute im Badener Stadtarchiv) keine einschlägigen Dokumente vorhanden sind, speziell keine Liste der Schauspieler aus der angegebenen Zeit. Eine Nachforschung in der Bibliothek des Österreichischen Theatermuseums in Wien blieb ebenfalls ergbnislos. Weder im „Deutschen Bühnenalmanach", noch im „Almanach der Genossenschaft Deutscher Bühnenangehöriger", die sämtliche Schauspieler der deutschen und österreichischen Bühnen auflisten, ist in den zutreffenden Jahren (1875–1880) der Name Anna (od. Mina) Pick zu finden. Ebenso wenig auf den (unvollständig) erhaltenen Theaterplakaten im Theatermuseum und im Badener Stadtarchiv. Ein Phantom also?

Der Badener Stadtarchivar Dr. Rudolf Maurer konnte dankenswerterweise aufschlussreiche Eintragungen im Archiv der Pfarre St. Stephan in Baden finden. Im Taufbuch (Tom. XIX fol. 259) ist vermerkt, dass am 25. Jänner 1881 folgende Person von Joh. C. Lewisch (Prälat in Baden) getauft wurde: Stephanie Hermengilde, geb. am 2. März 1855 in Preboz und Anna genannt, Tochter des verstorbenen Handelsmannes Jakob Pick und der Maria, Tochter des verst. Salomon Weisberger, beide Israeliten. Die Taufpatin war Hermine Bausek, Advokatengattin, Baden, Frauengasse 8.

Die Advokatenfamilie Dr. Ludwig Bausek war in Baden sehr angesehen. Üblicherweise stellten bei jüdischen Konvertiten hochrangige Bürger (in

---

[37] Hamann, a.a.O., S. 158.

diesem Fall eine Bürgersfrau) den Paten. Auch der Täufling galt offenbar als recht angesehen und übernahm den Vornamen der Patin: Hermine (Mina)! Eine weitere Spur wurde im Traubuch der Pfarre St. Stephan gefunden (Tom. XII fol. 193). Dort ist eingetragen, dass „am 22. Feb. 1881 Karl Ernst Ritter v. Böhm, Südbahnbeamter in Wien, geb. am 24.6.1859 in der Alservorstadt in Wien als ehelicher Sohn des verstorbenen Josef Ritter von Böhm, Direktors der Südbahn und der Josefa, geb. Lergetporer, getraut wurde mit Anna Stefanie Pick, kath., geb. 2. März 1855 in Preboz, Bezirk Kourim in Böhmen, Tochter des verst. Jakob Pick, Handelsmannes in Preboz, und der Maria geb. Weissberger, beide israelitisch". Angefügt ist der Vermerk, dass die Braut, wohnhaft in Baden, Wilhelmsstraße 661 (heute Erzherzog Wilhelm Ring), am 25. Jänner 1881 hier getauft worden ist, was mit der vorhin erwähnten Taufeintragung übereinstimmt (die Taufe erfolgte offenbar deshalb, damit dieser Ritter von Böhm die Hermine Pick nach katholischem Ritus heiraten konnte.)

Die Trauung erfolgte in der „Hofkirche" in Baden (der heutigen Frauenkirche) und erschien so bedeutsam, dass die Brautrede des Zelebranten sogar gedruckt wurde. Die im Badener Stadtarchiv erhaltene Broschüre trägt den umständlichen Titel: „Anrede gehalten bei der Gelegenheit der Vermählung des Herrn Karl Ernst Ritter von Böhm mit Fräulein Stephanie Hermine Pick am 22. Februar 1881 in der k.k. Hofkirche in Baden von Josef Calasanz Lewisch, Ehrenkanonikus und päpstlichen Hausprälaten." Darin erwähnt der Redner, dass die Braut nun „von ihrer lieben, bejahrten Mutter und jüngeren Schwester" scheide. Die Familie Pick war also in Baden ansässig. Ein weiterer konkreter Hinweis fand sich in der „Badener Curliste" des Jahres 1881 mit der Eintragung, dass am 21. Februar die Ankunft des „Herrn Karl Ritter von Boehm, Beamter der k.k. Südbahngesellschaft in Wien" im Hotel Stadt Wien erfolgt sei, was zum vorhin erwähnten Heiratstermin passt. Möglicherweise war für die Heirat der 26-jährigen Mina Pick mit dem 22-jährigen Ritter von Böhm angesichts des Alters- und Standesunterschiedes auch Geld im Spiel, denn warum sollte der junge Mann innerhalb so kurzer Zeit eine abgelegte Liebhaberin des Kronprinzen ehelichen?

Von einem Schauspielberuf der Braut, der damals noch immer als verrufen und sittlich gefährdet angesehen wurde, ist hier nicht die Rede. Vielleicht war dem Konfidenten bekannt, dass die erste Liebhaberin des Kronprinzen, Johanna Buska, tatsächlich eine Schauspielerin gewesen ist. Auch bei seiner späteren Liebhaberin, Mizzi Caspar, wird in Amtsberichten die Berufsbezeichnung „Soubrette" angeführt, sodass möglicherweise auch Mina Pick dieser Beruf angedichtet wurde. „Soubrette" war damals in den feinen Kreisen Wiens auch die Bezeichnung für eine Prostituierte.

Die Erwähnung einer Prager Jüdin namens Böhm durch den ersten Konfidenten stellt sich somit als richtig heraus. Allerdings hieß sie in ihrer Prager Zeit noch Pick, den Namen Böhm trug sie erst nach ihrer (ersten) Heirat in Baden. Offen bleibt natürlich die Frage, wie und wo sie der Kronprinz, der drei Jahre jünger war als sie, kennen gelernt hatte. Es war jedenfalls in seiner Prager Militärzeit (August 1878 bis November 1883). Die Eltern Pick lebten in Preboz im Bezirk Kourim, nicht weit von der Stadt Kolin gelegen (60 km östlich von Prag), wo der Vater ein „Handelsmann" gewesen ist. War Anna Stefanie Pick (den Vornamen Hermine/Mina erhielt sie erst nach ihrer christlichen Taufe) etwa in Prag tätig? Man kann darüber nur Spekulationen anstellen.

Interessant ist in der Pfarrchronik von St. Helena (siehe im nachfolgenden Kapitel) auch die Bemerkung, Pick „wohnte in Gaden (sic!) mit ihrem Mann namens Böhm", die durch folgende Eintragung in der Badener Kurliste von 1884 untermauert wird: „Frau Stefanie Edle von Böhm, Private, mit Onkel, Herrn Ig. (Ignaz) Weissgerber, Edler von Ecksteinhof, k.k. Hauptmann, Schwester Fräulein Erny Pick, Herrn Fritz Ritter von Jenny, Privaten und Dienerschaft, aus Gaaden" seien am 5. April hier angekommen. Ihre Unterkunft war in der Braitnerstraße 23. Damit ist auch die bereits erwähnte Schwester mit Namen bestätigt. Der Onkel ist dann der Bruder ihrer Mutter, einer geborenen Weissberger (die wechselnde Schreibweise Weissgerber/Weissberger ist ein klassischer Schreibfehler in handschriftlichen Dokumenten). Auf seinem Grab am Wiener Zentralfriedhof sind seine Lebensdaten mit 1829–1905 angegeben. Die in der Kurliste angeführten Titel lassen auf Tüchtigkeit und eine angesehene gesellschaftliche Stellung der Genannten schließen. Dieser Badener Aufenthalt mag in Zusammenhang mit dem Tod ihrer Mutter stehen, die laut der Inschrift auf ihrem Grab am jüdischen Friedhof in Baden als Maria Pick, geb. Weissberger, am 23. März 1884 im 57. Lebensjahr verstorben ist.[38] Damit sind also Mina Pick und ihre Eltern dokumentarisch belegt, ebenso die erste Ehe mit dem erwähnten Böhm.

Nun geht die abenteuerliche Geschichte aber weiter. Der Ehemann Ritter von Böhm ist wenige Jahre nach der Heirat verstorben (verwunderlich bei seinem Alter von 25 Jahren). Pick verlangte der erwähnten Schilderung nach abermals die Vermittlung eines standesgemäßen Ehemannes, der in Gestalt eines Grafen Leiningen gefunden wurde. Wer war nun dieser?

---

[38] Hans Meissner/Kornelius Fleischmann: Die Juden von Baden und ihr Friedhof. Baden 2002, S. 257.

Es handelte sich um Graf Reinhardt August zu Leiningen-Westerburg (geb. 18.3.1863 in Altleiningen, gest. 26.7.1929 in Garmisch), der aus der weit verzweigten Adelsfamilie der Linie Westerburg-Altleiningen stammte. Seine gesellschaftliche Stellung kann nur aus der Familiengeschichte erschlossen werden. Sein Vater Victor August (1821–1880) war Feldmarschallleutnant in der österreichischen Armee, 1865 Oberst und Kommandant des 32. Infanterieregimentes „Erzherzog Franz Ferdinand". In der Schlacht von Königgrätz 1866 kommandierte er die „Brigade Leiningen" im Rahmen des 1. Armeecorps. 1868 trat er in den Ruhestand und lebte ab 1874 in Darmstadt. Er hatte seine Nichte, Gräfin Maria zu Leiningen-Westerburg geheiratet, aus welcher Verbindung der einzige Sohn, Reinhardt August, entstammte. Seine Mutter ist aber schon drei Wochen nach der Geburt gestorben. Er war also fünf Jahre jünger als Kronprinz Rudolf. Möglicherweise fand er auf Grund des Ranges und der Verbindungen seines Vaters Kontakt zu ihm.

Im biografischen Archiv des Badener Stadtarchivs findet man eine Zeitungsmitteilung, wonach er und Nina (es sollte wohl Mina lauten), geborene Pick, verwitwete Edle von Böhm, am 26. Juli 1885 in Mayerling geheiratet haben. Neben der Abgeschiedenheit dieses Ortes dürfte Leiningens Besitz in Mayerling der Anlass für diesen Trauungsort gewesen sein. Er hatte 1885 von Michael Fischer in Mayerling einen großen Gutsbesitz erworben, der aus einer Villa mit Holzveranda und Balkonen bestand, sowie einem dreiseitigen Wirtschaftsgebäude mit Gesindehaus und Stallungen, dem „Mayerlinghof", alles von einer Mauer umgrenzt, gegenüber dem Anwesen des Stiftes Heiligenkreuz gelegen. Wenn Kronprinz Rudolf auf der Fahrt nach Alland war, soll er dort öfter Station gemacht haben; die nunmehrige Gräfin Leiningen soll dabei so aufdringlich gewesen sein, dass die mitfahrende Stephanie verärgert war und dem Kronprinzen deswegen Szenen machte.[39]

Kehren wir zurück zu der vorhin geschilderten anonymen Broschüre. Vor diesem Hintergrund sind nun auch die von dem „Eingeweihten" genannten Personen zu entschlüsseln: Camilla Hrdliczka wäre also Mina Pick, ihr erster Mann, Herr von Preu dann der Ritter von Böhm und Graf Todesco niemand anderer als Graf Leiningen-Westerburg! Beide Ehen sollen durch die Mithilfe bzw. Unterstützung des Kronprinzen erfolgt sein. Nun kann man wohl annehmen, dass dieser nicht persönlich eingegriffen hat; es drängt sich eher die Vermutung auf, dass der erwähnte „Adlatus" des Kronprinzen sein Obersthofmeister Carl Bombelles war, der hier Vermittlerdienste geleistet hat.

---

[39] Holler: Mayerling: Die Lösung des Rätsels, a.a.O., S. 101.

Rudolf erwarb 1886 tatsächlich das Anwesen des Grafen Leiningen in Mayerling. Damit wurde er auch der unmittelbare Nachbar des stiftlichen Gutshofes neben der Laurenziuskirche. Unklar – weil nicht zu beweisen – ist die Frage, ob der Ankauf erfolgte, um das mitwissende Paar von der Nähe des Kronprinzenpaares wegzubringen (wie der Konfident Milarov behauptet), oder ob der Kronprinz aus dem Wunsch nach einem Eigenbesitz in den von ihm so geschätzten Jagdrevieren von Alland gehandelt hatte. Doch ganz so reibungslos dürfte die Sache nicht abgelaufen sein. Der Agent Milarov sagt ja, dass die beiden den Kronprinzen behelligt und erpresst hätten. Diese „Erpressung" mag darin bestanden haben, dass die Anwesenheit der ehemaligen Liebhaberin des Kronprinzen in der Nähe von Alland, wohin Rudolf oftmals mit Stephanie fuhr, zu einer konfliktreichen Situation führte.

Wohin in Kärnten ist nun Leiningen übersiedelt? Nach Klagenfurt, wo er das am damaligen Ostrand der Stadt gelegene Schloss Harbach am 8. Juli 1886 gekauft hatte. Die *Klagenfurter Zeitung* vom 10. Juli 1886 meldet unter dem Titel: „Ein neuer Herrensitz", dass „Schloß Harbach in den Besitz des Grafen Leiningen-Westerburg übergegangen [sei], welcher, wie wir hören, mit großem Train seinen ständigen Aufenthalt dort nehmen wird".[40] Aber schon drei Jahre später, am 26. September 1889, wurde das Gut wieder weiterverkauft an den „Elisabethen-Verein der werktätigen christlichen Liebe" in Klagenfurt, der dort ein „Rettungshaus für Mädchen" eingerichtet und dafür in dem Gebäude das „St. Anna Kloster der Frauen vom guten Hirten" gegründet hat. Am 31. Jänner 1893 wurde in der Kärntner Landtafel (Grundbuch, in dem vor allem der adelige Grundbesitz erfasst wurde) vermerkt: „Auf Grund des von dem Kloster der Frauen vom guten Hirten gestellten Ansuchens Mitunterzeichnet der Vertreterin des Elisabethen-Vereines erteilte Einwilligung wird die Landtafel Bezeichnung Schloss Leiningen in die Bezeichnung St. Anna Kloster abgeändert".[41] [sic!].

Schloss Harbach trug also kurzzeitig den Namen des Vorbesitzers. Leiningens Ehe mit Mina Pick wurde am 2. Juni 1895 geschieden. 1899 heiratete er in Helgoland Frau Clara Vock (1871–1943). Beide Ehen blieben kinderlos, mit seinem Tod 1929 starb diese Linie der Leiningen aus.[42]

Es ist verwunderlich, dass bereits nach wenigen Jahren der ansehnliche Wohnsitz in Klagenfurt aufgegeben wurde. Stimmt also die Nachricht des „Eingeweihten", wonach das Paar von übler Nachrede verfolgt wurde, die insbesondere „Graf K. bei der Kärntner Landesregierung" schürte? Wenn der Autor in diesem Fall die Namensinitiale nicht verändert hat, dann

---

[40] Erika Siegmund: Harbach. Ein Edelmannsitz bei Klagenfurt. Linz 1999, S. 104.
[41] Siegmund, a.a.O., S. 117.
[42] Thomas Gehrlein: Die Grafen zu Leiningen-Westerburg. 900 Jahre Gesamtgeschichte und Stammfolge. Mannheim 2012, S. 57 f.

könnte es sich bei diesem „Grafen K." um Erich Graf von Kielmansegg (1847–1923) handeln. Dieser amtierte tatsächlich als Bezirkshauptmann, jedoch in Baden von 1876 bis 1881. Danach war er von 1882 bis 1886 in der Landesregierung der Bukowina und in der Kärntner Landesregierung (!) tätig. Sodann leitete er im Innenministerium als Sektionschef die Polizeisektion, womit er Zugang zu allen Personenregistern hatte. Kielmansegg zählte zu den Vertrauten von Kaiser Franz Joseph und wurde am 17. Oktober 1889 zum Statthalter von Niederösterreich (entspricht heute dem Landeshauptmann) ernannt, demselben Jahr, in dem Graf Leiningen von Klagenfurt wegzog. Die vom „Eingeweihten" gemachten Hintergrundinformationen könnten also wirklich so gewesen sein wie geschildert. Kielmansegg war über den Bezirk Baden gut informiert und mag als oberster Polizeichef über so manche Personen, die mit dem Hof in Verbindung kamen, Informationen erhalten haben (spätestens beim Kauf des Leiningen-Anwesens in Mayerling durch den Kronprinzen werden über den Verkäufer Erkundigungen eingeholt worden sein). Es ist allerdings mehr als fraglich, ob die genannte Camilla (wenn das Mina Pick ist), so großen Einfluss hatte, dass sie eine Postenbesetzung beeinflussen konnte, zumal die Ernennung zum Statthalter eine Rangerhöhung bedeutet hat, und auch die Versetzung als Sektionschef in das Innenministerium nicht als Relegierung von Kärnten weg gewertet werden kann. Hier mag der Schreiber übertrieben – oder mangels genauer Kenntnisse etwas erfunden – haben, um die Bedeutung der verflossenen Liebhaberin herauszustreichen. Aber der Kärntner Bezug von Kielmansegg ist durch seine dortige Amtstätigkeit zwischen 1882 und 1886, in welch letzterem Jahr Leiningen nach Schloss Harbach zog, tatsächlich gegeben.

In Mayerling erzählte man noch eine Generation später, der Kronprinz habe hier für seine Geliebte eine Villa erbauen lassen, die dann auf Veranlassung von Kaiser Franz Joseph abgerissen wurde. Dabei kann es sich nur um die Villa des Grafen Leiningen handeln, die mit anderen Gebäuden nach der Schaffung des Karmel demoliert wurde. Wenn man im Ort von der Villa einer Geliebten des Kronprinzen erzählt hat, so war es offenbar kein Geheimnis, dass es eine solche gegeben hat. Von dieser mündlichen Überlieferung stimmt also die Geliebte, stimmt die Villa, die aber nicht der Kronprinz erbaut hatte, sondern vom nachfolgenden Ehemann, dem Grafen Leiningen, stammte. Leiningen hatte das Anwesen nur zwei Jahre lang zu Jagdzwecken genützt, sein Name war vergessen, aber die „Geliebte" blieb in den Köpfen der Ortsbewohner lebendig. Diese Geschichte erzählte 2014 Frau Sissy Bruvry in Mayerling, die sich auf Schilderungen ihrer Großmutter Mathilde Grandl beruft. Deren Vater Karl war der Besitzer des Pöllauhofes bei Glashütten (2014 noch als Brandruine erhalten), wo der

Kronprinz der Überlieferung nach bei Jagden eingekehrt ist. Er habe Grandl angeblich dazu bewogen, in Mayerling die Bruckmühle (später Sägewerk) zu kaufen, von wo aus er die Wirtschaft des Jagdschlosses mit Heu und Brennholz belieferte. Daher stammt die relative Nähe zum Kronprinzen und die Kenntnis über Hintergründe seines Lebens.

An dieser Stelle sei – vorausgreifend auf die später zu schildernden Maßnahmen unmittelbar nach dem Tod des Kronprinzen – nochmals Erich Graf Kielmansegg zitiert. In seinen Memoiren schildert er auch das Verhältnis von Kaiser Franz Joseph zu seinem langjährigen Ministerpräsidenten (1879–1893) Eduard Graf Taaffe, der sein Jugendgespiele war und daher in ungezwungenerer Weise mit ihm verkehrte als andere Menschen. (Kronprinz Rudolf stand ihm allerdings wegen seiner antiliberalen Haltung sehr kritisch, ja ablehnend gegenüber.) Im Zusammenhang mit Mayerling schreibt Kielmansegg: „Als im Herbst [sic!] 1889 die Kronprinzenkatastrophe eintrat, zeigte sich so recht das intime Verhältnis, in welchem Taaffe zum Kaiser stand. Er war der erste, der zum Kaiser gerufen wurde und dann alle nun zu treffenden Maßregeln mit ihm vereinbarte: Hofkommission in Mayerling, Überführung der Leiche des Kronprinzen von dort nach Wien und der der Baronin Vetsera nach Heiligenkreuz, psychiatrisches Gutachten über den Geisteszustand des Thronfolgers, polizeiliche Nachforschungen über den Lebenswandel des letzteren während der letzten Jahre und vor allen Dingen die Zeitungskommuniqués zur Beruhigung der öffentlichen Meinung. Bevor der Kaiser in diese ruhige und geschäftsmäßige Erörterung einging, war er Taaffe allerdings vom Leid tief getroffen erschienen."[43] Damit ist klar, dass Kaiser Franz Joseph von Anfang an über alle Vorkommnisse informiert war und in Beratung mit Taaffe die notwendigen Anordnungen getroffen hat. Wenn diese aus heutiger Sicht unter Verschleierung von Tatsachen gemacht wurden, so dienten diese in den Augen der damals Verantwortlichen zur Wahrung der Würde des Kronprinzen und der kaiserlichen Familie.

---

[43] Kaiserhaus, Staatsmänner und Politiker. Aufzeichnungen des k.k. Statthalters Erich Graf Kielmansegg. Mit einer Einleitung von Walter Goldinger. Wien-München 1966, S. 39.

Graf Bombelles, nicht nur ein Obersthofmeister

Obwohl ich kein Freund von Spekulationen bin, so sind an dieser Stelle doch einige Überlegungen zu den beiden arrangierten Heiraten einer ehemaligen Liebhaberin des Kronprinzen angebracht, die ja bei näherer Betrachtung wie Teile eines zweitklassigen Hintertreppenromans anmuten.

Wenn man sich fragt, wer der „Adlatus" des Kronprinzen gewesen sein könnte, der die „Arrangements" von Liebesangelegenheiten durchgeführt hat, so fällt die Vermutung auf den Obersthofmeister des Kronprinzen, Karl Graf Bombelles, der nicht nur über dessen Haushalt, sondern auch über seine intimsten Angelegenheiten informiert, vielleicht auch an ihnen mitbeteiligt war. Denn es ist bekannt, dass er oftmals in Liebesaffären des Kronprinzen eingeschaltet war, insbesondere gegen Ende der 1870er Jahre.[44] Bezeichnenderweise berichtet sogar der Chronist von St. Helena in seiner Eintragung vom 28. August 1889, Bombelles habe dem Kronprinzen Frauen zugeführt und werde deshalb im Volksmund als „Treiber" bezeichnet. Man wusste also von solchen Affären. Auch die Aussage eines Agenten im Polizeibericht von Baron Krauß ist eindeutig. Er schreibt nach der Katastrophe von Mayerling: „Die Schuld, daß alles so gekommen ist, wird indirekt nur auf das Kerbholz des Grafen Bombelles geschrieben. Der Graf, selbst ein Gourmand in Sachen ... (sic) habe es versäumt, je seine warnende Stimme zu erheben, habe vielmehr ein ‚Vergnügen' nach dem Anderen vorbereitet."[45] Auch Brigitte Hamann berichtet im Zusammenhang mit dem Erpressungsbrief einer verflossenen Liebhaberin im Jahre 1887, „Rudolf hatte den Brief an Bombelles weitergegeben, der finanzielle Dinge dieser Art für ihn zu erledigen pflegte ..."[46]. Seine Aufgabe als „postillon d'amour" bei intimen Angelegenheiten des Kronprinzen war also bekannt. Graf Hoyos behauptet, Bombelles sei sogar über das Eheleben Rudolfs genau informiert gewesen.

Bombelles war 1856 Ordonnanzoffizier von Erzherzog Ferdinand Max. Nach Mexiko hatte er den nunmehrigen Kaiser Maximilian als Oberstkämmerer begleitet. In dieser Funktion stand er ihm auch privat sehr nahe

---

[44] Katrin Unterreiner: „Kronprinz Rudolf. Ich bin andere Wege gegangen". Wien 2008, S. 92.
[45] Das Mayerling-Original, a.a.O., S. 161.
[46] Hamann, a.a.O., S. 398.

Karl Graf Bombelles, der Obersthofmeister von Kronprinz Rudolf in Admiralsuniform

und ermöglichte ihm der Überlieferung nach wiederholt Liebesabenteuer. Der Autor Hartwig Vogelsberger sagt darüber: „Ein anderer Befürworter der Angelegenheit [d.i. Annahme der Krone von Mexiko] war der auch zu Maximilians Intimkreis gehörende Graf Carl von Bombelles, der der Vorstellung des aristokratischen Bonvivants sehr nahe kam und Maximilian öfters zu außerehelichen erotischen Abenteuern encouragierte."[47] Es ist daher naheliegend, dass er als Obersthofmeister des Kronprinzen auch im Falle der Mina Pick zur Regelung ihrer „Verabschiedung" eingesetzt war, also der erwähnte „Adlatus" gewesen ist. Es gibt darüber natürlich keine dokumentarischen Belege, aber die geschilderten Vorgänge legen diese Vermutung nahe. Der Hinweis auf den Grafen Leiningen mag tatsächlich vom Kronprinzen gekommen sein, aber er wird sicherlich nicht die Vereinbarungen mit ihm und der Witwe Böhm selbst getroffen haben.

Was die Person des Grafen Bombelles anbelangt, so äußerte sich schon Freiherr von Mitis in seiner Rudolf-Biografie sehr kritisch über ihn: „Nach

---

[47] Hartwig A. Vogelsberger: Kaiser von Mexiko. Ein Habsburger auf Montezumas Thron. Wien 1992, S. 90.

einer ziemlich verbreiteten Meinung hätte die Wahl dieses Herrn, ‚eines ausgesprochenen Lebemannes und echten Höflingstypus', auch dem Kronprinzen nicht zum Segen gereicht, zumal er über keine wirkliche Autorität verfügte".[48] Nun stellt sich die Frage, warum ein charakterlich so zweifelhafter Mensch in eine so hochrangige Position gelangen konnte. Die Erklärung dafür liefert das politische Beziehungsnetz seiner Familie.

Sein Großvater, Marc Marie Marquis de Bombelles (1744–1822) war französischer Offizier im Siebenjährigen Krieg, wechselte dann in den diplomatischen Dienst, wo er u. a. beim Immerwährenden Reichstag in Regensburg und am Hof von Lissabon akkreditiert war. Als loyaler Anhänger Ludwigs XVI. suchte er nach dem Ausbruch der Revolution in Paris europäische Fürsten für eine Intervention in Frankreich zu gewinnen. 1792 emigrierte er in die Schweiz, wo er in Schloss Waldegg nahe Solothurn Aufnahme fand (Solothurn war der Sitz der ausländischen Botschafter in der Eidgenossenschaft). Nach dem Tod seiner Frau ging der Witwer und Vater dreier Kinder in ein Kloster nach Brünn, studierte Theologie, wurde zum Priester geweiht und Dechant in Oberglogau in Schlesien. Nach dem Sturz Napoleons kehrte er nach Frankreich zurück, wo er auf Grund seiner Familiengeschichte rasch Anknüpfung an die Bourbonenkreise fand. 1817 wurde er zum Bischof von Amiens gewählt und auch vom Papst bestätigt. Damit war der seltene Fall gegeben, dass ein Kirchenmann eine legitime Nachkommenschaft hatte.

Seine drei Söhne waren in den österreichischen diplomatischen Dienst getreten und wurden wegen ihrer konservativ-klerikalen Haltung rasch Vertraute des Fürsten Wenzel Metternich. Im Geiste ihres Vaters nahmen sie eine streng legitimistische und kirchentreue Position ein, womit sie für Metternich überaus geschätzte Stützen seiner Politik waren.

Der älteste Sohn, Ludwig Philipp (1780–1843, in Regensburg geboren) emigrierte nach der Französischen Revolution an den Hof von Neapel, wo Maria Karoline (Tochter von Maria Theresia) lebte, Gattin von Ferdinand I., König beider Sizilien. Dort wurde er Kavallerieoffizier, ging nach der Revolution in Neapel nach Wien, von wo aus er in diplomatischer Tätigkeit an die österreichische Gesandtschaft von Berlin gelangte. Dort war seit 1803 Fürst Metternich als Botschafter tätig. Bombelles gewann als Gegner aller liberalen Tendenzen rasch dessen Vertrauen und unterstützte seine Politik. Durch ihn lernte Metternich auch seine beiden Brüder kennen. 1814 wurde er österreichischer Botschafter in Dänemark, 1816 in Dresden, wo er für seinen musikalischen Salon bekannt war. Spätere Posten waren Florenz, Modena und Bern. Wo er nur konnte, unterstützte er die Durchführung der

---

[48] Mitis/Wandruzka, a.a.O., S. 52.

Karlsbader Beschlüsse (Überwachung der Universitäten und Pressezensur). Gemeinsam mit dem päpstlichen Nuntius in Wien befürwortete er eine „Politik der starken Hand". Mit seiner streng konservativen Haltung und Frömmigkeit beeinflusste er auch seine beiden Brüder.

Der mittlere Sohn, Charles René de Bombelles (1785–1856), wurde 1832 auf Vorschlag Metternichs von Wien aus als Minister in das Herzogtum Parma entsandt, wo seit dem Wiener Kongress Marie Louise von Österreich regierte, die Witwe Napoleons. Er war als Obersthofmeister im Amt und wurde schließlich ihr dritter Ehemann.

Der jüngste Sohn war Heinrich Franz von Bombelles (1789–1850), der 1813 als Hauptmann in der Völkerschlacht von Leipzig gekämpft hatte. Nach dem Wiener Kongress war er österreichischer Gesandter am Petersburger, Lissaboner und Turiner Hof. Seine Frau war portugiesischer Herkunft, Sophie Marie Jeanne Fraser, mit der er zwei Söhne hatte, Markus und Karl. Er galt als ultrakonservativ, war überaus standesbewusst und unterstützte maßgeblich den kirchlichen Einfluss am Wiener Hof. Auf Empfehlung Metternichs erfolgte 1836 seine Ernennung zum Erzieher (Ajo) des späteren Kaiser Franz Joseph und seiner Brüder (Ferdinand Max und Ludwig Victor) für die er ein eigenes Unterrichtsprogramm ausgearbeitet hatte. Seine beiden Söhne wurden gemeinsam mit den jungen Erzherzögen unterrichtet, wodurch zu diesen ein freundschaftliches Nahverhältnis entstand. Bei der Revolution 1848 war Heinrich von Bombelles im Mai der entscheidende Befürworter der Abreise Kaiser Ferdinands und seiner Familie nach Innsbruck, was von den Wienern als Flucht gewertet wurde. Bei den Revolutionären war er derart verhasst, dass man ihn in Abwesenheit zum Tode verurteilte. Auch bei Hof erkannte man schließlich seinen verhängnisvollen Einfluss, insbesondere Kaiserin Sophie und Erzherzog Johann standen ihm nun kritisch gegenüber. Nach einer Intervention des damaligen Handelsministers Anton Freiherrn von Doblhoff-Dier, welcher von der in Wien verbliebenen Regierung nach Innsbruck gesandt worden war, um den Hof zur Rückkehr in die Residenzstadt zu bewegen, wurde Bombelles entlassen und ging auf sein Gut Savenstein in Unterkrain, Slowenien.[49]

Sein jüngerer Sohn, Karl Albert Maria Graf von Bombelles (17.8.1832–29.7.1889), genoss als ehemaliger Spielgefährte von Kaiser Franz Joseph natürlich höchstes Ansehen. Man sah in ihm den Repräsentanten einer streng konservativen und kirchentreuen Klasse und betrachtete ihn als eine verlässliche Stütze der kaiserlichen Familie. 1849 trat er in den österreichischen Heeresdienst, wechselte 1851 zur Marine und wurde 1856 Ordonnanzoffizier von Erzherzog Ferdinand Max, damals Oberkommandierender der

---

[49] Emil Niederhauser: 1848 – Sturm im Habsburgerreich. Wien/Budapest 1990, S. 78.

österreichischen Kriegsmarine. Dieser wurde 1864 Kaiser von Mexiko, wo Bombelles nicht nur als Oberstkämmerer, sondern auch als Offizier seiner Leibgarde in Dienst stand. Nach dem unglücklichen Ende dieser Episode kehrte Bombelles nach Wien zurück und wurde 1869 der Kämmerer von Erzherzog Franz Karl (dem Vater von Kaiser Franz Joseph). Dieser empfahl ihn 1877 als Oberhofmeister für den Hofstaat von Kronprinz Rudolf.

Neben seiner militärischen Qualifikation war er auch schriftstellerisch und musikalisch begabt. Es sind von ihm Klavierstücke, Quartette und Lieder bekannt. Unter anderem vertonte er Gedichte von Ludwig Uhland, darunter „Lauf der Welt", dessen dritte Strophe Bombelles besonders angesprochen haben mag:

„Das Lüftchen mit der Rose spielt,/Es fragt nicht: Hast mich lieb?/Das Röslein sich am Taue kühlt,/Es sagt nicht lange: gib!/Ich liebe sie, sie liebt mich,/Doch keines sagt: Ich liebe dich!"

Liebe ohne Bindung, das entsprach wohl auch der Haltung Bombelles, dessen moralische Grundsätze im Widerspruch zu seiner äußeren Frömmigkeit standen.

Nach seinem eigenen Bekenntnis erachtete es Bombelles als seine „Hauptsorge", „seinem hohen Herrn […] durch körperliche Übungen, durch Zerstreuungen aller Art einer ausgeglichenen Seelenstimmung zuzuführen". Er wollte den wissenschaftlich interessierten Kronprinzen „von den Büchern weg ins Freie locken"[50], wollte aus ihm einen ausgezeichneten Reiter, Schützen und leidenschaftlichen Jäger machen. Von staatspolitischer Verantwortung war keine Rede, gesellschaftpolitische Überlegungen lagen ihm fern. Gerade in diesen Bereichen hätte der Kronprinz aber Unterstützung und Ermutigung gebraucht.

Anstoß von außen, Unterstützung in seinen Absichten und Überlegungen hatte Rudolf als Heranwachsender von seinen Lehrern erhalten. Aber einmal großjährig (Rudolf wurde bereits 1877 dazu erklärt), war niemand da, der dem wachen und ungestümen jungen Mann etwas hätte sagen können, der ihn ermutigt, gewarnt oder auf neue Gedankenbahnen gebracht hätte, ihn, der an naturwissenschaftlichen Fragen mehr interessiert war als an einer militärischen Laufbahn. Er war der Sohn des Kaisers und Thronfolger, der zweite Mann in der dynastischen Hierarchie. Wer hätte es gewagt, seine Stimme zu erheben? Zum Zeitpunkt seiner Großjährigkeit war der Kronprinz noch kein gefestigter Charakter, hätte eine beratende Persönlichkeit an seiner Seite gebraucht. Bombelles war dafür nicht geeignet; er

---

[50] Hamann, a.a.O., S. 89.

glaubte unter dem Deckmantel seines konservativ-katholischen Rufes freie Hand für frivole Eskapaden zu haben.

Bei seiner Ernennung befürchtete man in Berlin wegen seines erzkatholischen Elternhauses einen klerikalen Einfluss auf den Kronprinzen, der natürlich nicht gegeben war. Brigitte Hamann verweist darauf, dass Bombelles in kaiserlichem Auftrag den Kronprinzen von seinen intellektuellen und politischen Ambitionen ablenken sollte. Das ist ihm in hohem Maße auch gelungen. Frauen und Hundezucht waren seine Hauptinteressen. Nur wenige Monate nach dem Tod des Kronprinzen hatte er ein prekäres Lebensende. Laut Alexander Graf von Hübner (ein unehelicher Sohn von Fürst Metternich), ehemals Botschafter in Paris und einer der angesehensten Persönlichkeiten bei Hof, habe Bombelles am 29. Juli 1889 „deux filles publiques" [Prostituierte] auf den Kahlenberg geführt und wurde dort im Hotel während einer Orgie letzter Sorte vom Schlag getroffen. Er war nicht sofort tot, konnte alles, was er besaß, einer dieser filles publiques zutestieren. Und das war […] der Mentor und Obersthofmeister des Erzherzogs Rudolf […] Man konnte gar keine unglücklichere Hand haben".[51]

Die Ursache für die Schwächen und Schwankungen des Kronprinzen liegen also nicht alleine in seiner unausgeglichenen Persönlichkeit, sondern ebenso in der verantwortungslosen Haltung seines Begleiters. Er hat ihn nicht vor Situationen bewahrt, die seinem Ansehen, seinem Ruf geschadet und seine Haltung negativ beeinflusst haben.

---

[51] Brigitte Hamann: Kronprinz Rudolf. Ein Leben. Wien 2005, S. 486 f.

Mayerling als Besitz des Kronprinzen

𝒦ronprinz Rudolf erwarb also 1886 vom Ehemann seiner früheren Geliebten dessen Jagdsitz in Mayerling, den sogenannten „Mayerlinghof". Östlich davon befand sich auf dem gleichen Gelände ein Wohnhaus, die „Leiningen-Villa". Damit war der Kronprinz unmittelbarer Nachbar des stiftlichen Gutshofes in Mayerling geworden, den er selbst als „schlossartiges Besitzthum des Stiftes Heiligenkreuz" bezeichnet hat. Zur Vergrößerung seines neuen Anwesens wollte er dieses Anwesen erwerben.

Die Beziehungen des Kaiserhauses zum Stift waren vielfältig und jahrhundertealt. Von Kaiser Leopold I. wird in den Stiftsannalen berichtet, dass er oftmals zur Jagd nach Heiligenkreuz gekommen war, wo er logierte (noch heute gibt es den „Kaisersaal" mit der Stuckausstattung aus dieser Zeit). Die Stiftskämmerer hielten ärgerlich fest, dass nicht nur der Kaiser mit seinem Gefolge, sondern auch die Treiber und die Jagdhunde verköstigt werden mussten. Die in Alland neben dem alten Jagdhaus stehende „Jägerkapelle", die vor 1720 von dem kaiserlichen Jäger D. Paulus Danelli errichtet worden war, lässt auf Jagden zur Zeit von Kaiser Karl VI. schließen. Ein Nahverhältnis des Kaiserhauses zum Stift blieb offenbar über Generationen erhalten. 1798 verlangte Kaiser Franz I. die Bestände der stiftlichen Rüstkammer für die Ausstattung eines Waffensaales mit originalen historischen Waffen in seiner neu erbauten Franzensburg in Laxenburg, welchem Wunsch natürlich entsprochen wurde. Als dann Kronprinz Rudolf 1886 das Stift ersuchte, ihm das Mayerlinger Anwesen abzutreten, war man auch dafür bereit. Schließlich kannten die Patres den jungen, sympathischen Erzherzog auch persönlich von seinem Besuch im Mai 1881, als er frisch vermählt, mit Prinzessin Stephanie das Kloster besichtigt hatte. Man war einverstanden, ihm diesen Gutshof im Tausch gegen andere, von ihm davor in der Umgebung erworbene, Grund- und Waldstücke sowie einen den Wertunterschied abgeltenden Geldbetrag zu verkaufen. (Der Unterschied betrug 25.000 Gulden und nicht 80.000, wie der Konfident Milarov berichtet.)

An dieser Stelle erscheint ein Hinweis auf die Vermögenslage des Kronprinzen angebracht, über die sonst in keiner Publikation genaue Hinweise gefunden wurden. Eine konkrete Angabe ist im Archiv des „Kulturvereins Altlaxenburg" vorhanden in Form einer Quittung mit seiner Unterschrift vom 3. Dezember 1887, wo er den Erhalt der Dezemberzahlung in der Höhe

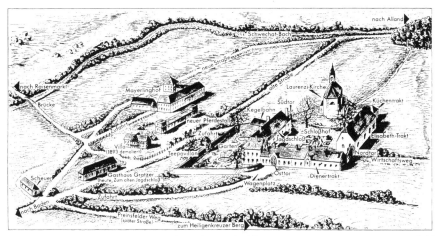

Vogelschaubild mit der Gesamtanlage des Jagdschlosses zur Zeit von Kronprinz Rudolf nach Fritz Judtmann

von 35.168 Gulden seiner Jahresdotation von 422.000 Gulden bestätigt.[52] (Zum Vergleich: Die monatlichen Lebenshaltungskosten einer dreiköpfigen Arbeiterfamilie betrugen 1880 zwischen 50 und 80 Gulden. Ein Gulden hatte den ungefähren Wert von 13 Euro).

In einem Brief an den mit ihm eng befreundeten Zeitungsherausgeber Moriz Szeps schreibt der Kronprinz aus Alland am 2. September 1886: „Ich kaufe und verkaufe kleine Güter und Höfe, um mich da allmählich als Grundbesitzer anzusiedeln; mit dem Kloster Heiligenkreuz habe ich viel zu thun, die Mönche sind in Geschäften durchtriebener als der ärgste levantinische Armenier."[53] Mit Vertragsdatum vom 18. November 1886 erwarb dann die Kabinettskanzlei den stiftlichen Besitz. Dieser bestand aus dem ehemals für den Besuch der Wallfahrer und Kirchenbesucher dienenden einstöckigen „Gasthaus Eipeldauer" mit einem Gastgarten, nördlich gegenüber das ehemalige Haus des Heiligenkreuzer Försters und Gutverwalters Knapp, der dort auch Fremdenzimmer eingerichtet hatte, dazwischen rechts einige kleinere Gebäude mit Dienstwohnungen für das Gesinde, sowie Garten-, Weide- und Wiesenparzellen" im Gesamtumfang von 7 Joch und 1433 Quadratklafter (ca. 50.000 m^2; siehe die obenstehende Skizze). Die am westlichen Rande seines neuen Besitzes gelegene Laurenziuskirche blieb Stiftsbesitz. Sie war durch Mauer und Umzäunung vom eigentlichen Jagdschloss abgegrenzt und hatte einen eigenen Zugang für gelegentliche

---

[52] Dankenswerter Hinweis von Helfried Steinbrugger, Laxenburg.
[53] Zitiert nach Ingrid Haslinger: Rudolf war immer ein guter Sohn. Wien 2009, S. 68.

Messfeiern. Das Stift Heiligenkreuz behielt für das Gut ein Vorkaufsrecht für den Fall eines allfälligen späteren Wiederverkaufes.[54]

Das Gesamtareal, das nun aus einem oberen Teil (ehemals Stiftsbesitz) und unteren Teil (ehemaliges Leiningen-Gut) bestand, war allerdings von der Straße Baden–Heiligenkreuz durchschnitten, weshalb der Kronprinz die Niederösterreichische Landesregierung um eine Verlegung der Straße gebeten hatte. Die Trasse wurde dann in der heute noch bestehenden Form, bogenförmig nach Süden, dem Mayerlinghof (heute Pensionistenheim) entlang geführt. Erst damit war ein zusammenhängender Grundbesitz entstanden. Rudolf ließ den ehemaligen Gasthof zu seinem Jagdschloss umgestalten mit dem Zugang durch das „Osttor", einige Gebäude wurden demoliert, andere um- oder neu gebaut (östlicher Dienertrakt), das frühere Försterhaus wurde für die Tochter Elisabeth eingerichtet („Elisabethtrakt"), dann folgte das „Nordtor", anschließend daran wurde das Küchengebäude errichtet, das unmittelbar an die Sakristei der Kirche anschloss. Damit war ein einigermaßen geschlossenes Ganzes geschaffen. Vom Osttor (sog. „Badener Tor") kommend gelangte man in einen mit bepflanzten Rabatten und einem Springbrunnen gezierten Hof (Garten), wo links der Zugang in das eigentliche Schloss war. Durch die Eingangstür kam man in eine mit Geweihen geschmückte Vorhalle, die geradeaus in den unteren Garten führte. Rechts von der Vorhalle war ein Billardzimmer, das bei Gesellschaften auch als Speisezimmer verwendet wurde. Auf einer von Schuldes gezeichneten Grundrissskizze des Raumes ist ersichtlich, dass sich dort auch zwei Jagdgewehrschränke befunden haben, d. h. die Waffen für die Jagd wurden vor Ort aufbewahrt. Daran anschließend war ein Zimmer für die Leibjäger. Links von der Vorhalle befand sich ein Entreezimmer, von dem aus man rechts in ein Dienerzimmer (für Loschek) und geradeaus in das Schlafzimmer des Kronprinzen gelangte. Dort war links eine Tapetentür zum Badezimmer mit WC samt Garderobe, die man auch vom Vorzimmer her betreten, und von wo aus man über eine enge Wendeltreppe zum gemeinsamen Schlafzimmer im Oberstock gelangen konnte. In der erwähnten Vorhalle führte eine (heute noch erhaltene) Stiege in den ersten Stock, wo sich das Schreibzimmer der Kronprinzessin Stephanie sowie ein großes, gemeinschaftliches Schlafzimmer, ein Vorraum (mit der Wendeltreppe vom Badezimmer des Kronprinzen aus) und ein Zimmer für die Kammerfrau befanden. Rechts von der Treppenhalle war ein in Weiß gehaltenes Speisezimmer, dem, nur durch einen Vorhang getrennt, das Rauch- und Spielzimmer mit tiefen Fensternischen folgte.

---

[54] Nach einer Darstellung der Stiftsgeschichte unter Abt Gregor Pöck in: „Santa Crux", 29. Jg., Mai 1967, 1. Folge, S. 14.

Die einzelnen Gebäude waren durch einen mit einem Flugdach überdeckten Zugangsweg verbunden, unterbrochen durch das erwähnte Osttor. Das für die kleine Elisabeth hergerichtete ehemalige Försterhaus bestand aus einem mit Bambusrohrmöbeln ausgestatteten Vorraum, einem Zimmer für den diensthabenden Lakaien, einem kleinen Salon und einem Schlafzimmer, die alle mit Kindermöbeln eingerichtet waren. Daneben gab es noch ein Zimmer für die Gouvernante und einen Raum für die Dienerin.[55] Getrennt durch einen Gartenzugang folgte der Küchentrakt, ebenfalls durch den gedeckten Zugang erreichbar. Im sogenannten unteren (südlichen) Garten, der mit einer heute noch erhaltenen Mauer umschlossen war, befand sich rechts eine gedeckte Kegelbahn, die auch als Schießstand Verwendung fand, links ein alter, in die Mauer eingefügter, barocker Pavillon mit Wandmalereien. Dieser Pavillon mit dem charakteristischen Walmdach ist auf einer alten Ansicht des Stiftshofes aus dem 18. Jahrhundert abgebildet. Man erkennt, dass das Anwesen von einem Graben umgeben war, über den ost-westwärts eine Brücke führte, die von zwei Eckpavillons begrenzt wurde. Der östlich gelegene scheint der heute noch erhaltene zu sein, der in die Schlossmauer integriert und beim Ankauf durch den Kronprinzen mit einer Deckenmalerei geschmückt worden ist, „Gemalt von Jos. Mikusky 1887" (die Signatur wurde bei der 2014 erfolgten Restaurierung entdeckt). In der Mayerlingliteratur wurde dieses Häuschen später zum „Teepavillon", wobei es fraglich ist, ob dort jemals Teestunden stattgefunden haben.

Im Gelände darunter war das sogenannte „untere Schlössl", mit der vormaligen „Leiningen-Villa", ein einstöckiger Bau mit Holzveranden und Balkonen, nunmehr das „Coburg-Schlössl", weil dort im ersten Stock die Gästezimmer für Philipp von Coburg eingerichtet waren, dem oftmaligen Jagdgefährten Rudolfs. Ebenerdig befand sich das Telegrafenbüro für den Hoftelegrafisten Schuldes, der dort aber nur bei Anwesenheit des Kronprinzen seinen Dienst versah. Der Strom für die Geräte wurde durch regelmäßig zu wartenden Akkumulatoren erzeugt, da Mayerling, ebenso wie Alland (wo sich ein durchgehend besetztes Telegrafenbüro befand) und das ganze Schwechattal, damals noch keinen elektrischen Strom hatte (der Stromanschluss erfolgte erst 1923). Neben der Villa stand der neu erbaute Pferdestall, daran anschließend der einstöckige „Mayerlinghof" mit der Verwalterwohnung, Zimmern für die Jagdgäste und Stallungen. Die ganze Anlage bestand also aus relativ weit verstreuten Gebäuden (siehe die vorige Skizze. Genaue Details über die Erwerbsumstände und den Umbau des

---

[55] Darstellung nach dem Bericht eines „Eingeweihten" im *Badener Bezirks-Blatt* vom 31.1.1899.

Anwesens finden sich bei Gerd Holler, was jedoch über die hier behandelte Thematik hinausgeht).

Vor der südöstlichen Ecke des ganzen Areals, an der Gabelung der zum Südtor führenden Straße, befand sich das Gasthaus Gratzer, heute das Gasthaus „Zum alten Jagdschloss", das gerne von den Schlossbediensteten aufgesucht wurde.

Fritz Judtmann hat in seinem Buch[56] die Gebäude und die Einrichtung des Jagdschlosses in Mayerling mühevoll und nicht ganz fehlerfrei rekonstruiert, da ihm die Beschreibung, die Julius Schuldes in seinen Memoiren gibt, offenbar nicht bekannt war. Dessen anschauliche Schilderung, die bisher unpubliziert ist, sei hier erstmals wiedergegeben:

„Der erzherzogliche, früher dem Heiligenkreuzer Klosterstifte gehörige Besitz, machte den Eindruck des Unfertigen und Ungepflegten. Er lag auf einer vom offenen zum Wald ansteigenden Anhöhe und bestand eigentlich aus mehreren zusammenhanglosen Baulichkeiten, zwischen denen die Straße Baden-Alland geradlinig hindurchführte, weswegen dieselbe zum Zwecke einer künftigen Umzäunung des Besitzes in weitem Bogen südwärts umgeleitet werden mußte. An der Schnittstelle dieser Straße lenkte ein kleines, weit vom Orte stehendes Dorfwirtshaus den Verkehr nach der neuen Richtung ab. Das eigentliche Schlössel bestand aus einem von den Seitenschiffen der geschlossen gehaltenen Klosterkirche ausgehenden Gebäude-Viereck, das einen großen Hofraum, in welchen man durch zwei Tore, von der Badener Seite und von der alten Straße bei der Kirche her, einfahren und an dem die Südfront einnehmenden einstöckigen schmucklosen, eine neun Fensterfront langen Hauptgebäude vorbeigelangen konnte. Gegen die Straßenseite schloß sich ein kleines, von einer Mauer umgebenes Hausgärtchen mit Kegelbahn und einem kapellenartigen gekuppelten Gartenhäuschen an. Neben dem Badener Zufahrtstor befanden sich mehrere ebenerdige, zum Teil reservierte, teils für das Personal bestimmte Zimmer und im Norden, gegenüber dem Hauptgebäude war ein Hochparterrebau, der für die Tochter des Kronprinzenpaares, die ‚kleine Frau' in Aussicht genommen und wurde auch (in der Zeit vom 1. bis 17.6.1888) bewohnt. In dem hier an die Kirche (ehem. Sakristei) anstoßenden Winkel schloß das Viereck mit der Küche und Hofwirtschafts-Abteilung ab. Dies zu beachten ist deshalb wichtig, weil von dem Küchenwinkel aus vom Personal Alles deutlich übersehen werden konnte, was im Hofe und vor dem Hause sich zutrug. Die Kirche selbst stand mit der Schmalseite außerhalb des Hofes und war über einige breite Stufen von der abgesperrten Straße her direkt zugänglich.

---

[56] Judtmann, a.a.O., S. 122 ff.

Die anderen zum Schlössel gehörigen Gebäude lagen innerhalb der unmittelbar daranstoßenden Straßengabelung, wo die Anlage eines Parkes beabsichtigt war. Hier befand sich zunächst die kleine, im Schweizerstyl gehaltene, vorher dem Grafen Leiningen gehörige Villa, in welcher sich die Gastwohnung für die Familie des Prinzen Coburg befand, und ebenerdig eine Hofdame, sowie das Telegrafenamt untergebracht war. In ziemlicher Entfernung davon waren die im Stockwerk der kleinen Meierei gelegenen Fremdenzimmer für die Jagdgäste, dann die Wohnungen des Schlosswarts, der Leibjäger, des Gärtners und endlich die Stallungen.

Die Innen-Ausstattung der Wohnräume, selbst die der erzherzoglichen Familie, war der flüchtigen Benützung entsprechend, bei aller Gediegenheit nicht so, daß sie die Erwartung übertroffen haben würde, welcher ein gut situierter Reisender von einem Hotelzimmer hegt. Auch sonst herrschte hier kein zeremoniöser, höfisch steifer, sondern jener wohltuende, ungezwungene Ton im Verkehr, der auch auf allen Jagdschlössern des Kaisers, wo ich später tätig war, sich einstellte. Man ging allgemein im steirischen Lodenrock und in Kniehosen, anstatt der Lakaien besorgten ortsansässige Weiber die Bedienung und das Aufräumen, und in den Wohnungen brannten, wo nicht bloß Kerzen, so doch Petroleum- oder Öl-Lampen. Aber obwohl ländliche Anspruchslosigkeit Selbstverständlichkeit war, vermißte man nichts.

Da das Personal der Hofwirtschaft jedesmal am Tage vor einer Jagd mit großem Gepäck nach Mayerling abging, fuhr auch ich zur Amtseröffnung zeitgerecht dahin. So bekam ich uneingeschränkte Gelegenheit zur Besichtigung des gesamten Besitzes, konnte mir Zeichnungen der Umgebung, sowie nach dem Augenmaß Pläne des Hauses machen. Die ich aber in den seither verflossenen 40 Jahren Niemanden zur Veröffentlichung überließ, da sie in ihrer schülerhaften Ausführung lediglich zu meiner eigenen Erinnerung bestimmt waren, wie ich seit jeher das Zeichnen von Hausgrundrissen mit Vorliebe gleichsam als fesselnden Sport betrieben habe, etwa wie ein Anderer das zum Denken anregende Schachspiel liebt.

Man trat von der Hofseite des Hauptgebäudes in den geräumigen Hausflur und hatte hier zur rechten Hand ein ziemlich großes, seiner Länge nach zur hofseitigen Fensterfront gerichtetes Zimmer mit einem anstoßenden für die Leibjäger bestimmtes, aber von denselben nie, sondern nur für Jagdzwecke verwendeten Raum. Dieses Zimmer war ehemals, wie man mir sagte, die Gästestube der Klosterwirtschaft. Jetzt stand darin nur ein Billard, dessen Platte leicht umzuwenden war, so daß es als Speisetisch für die Runde der Jagdgäste benützt werden konnte. Schon daraus ergibt sich, daß die Zahl derselben nur auf wenige Personen beschränkt war. In diesem isolierten Zimmer müssen also alle jene von der Sagenfurie aufgetischten ‚Neronischen' Greuel und Orgien stattgefunden haben!

Raumskizze des Schlafzimmers von Kronprinz Rudolf im Jagdschloss nach Schuldes. Er wollte hier die gewölbte Decke erkennbar machen. Links die Skizze des Lusters, von dem er sehr beeindruckt war.

Aus der Hausthür führte geradeaus eine Holztreppe nach den Wohnräumen im ersten Stock und gegenüber vom Billardzimmer war der Eingang durch ein quadratförmiges Vorzimmer zu dem rechter Hand gartenseitig gelegenen Dienstzimmer des Türhüters und zu den gerade gegenüber vom Eingang sich befindlichen Eckzimmer, welches der Kronprinz stets als Wohn- und Schlafzimmer benützte, wenn er alleine zur Jagd fuhr. Dieses Zimmer, die ehemalige Gasthausküche, war ein großer Raum mit sogenannter böhmischer Deckenüberwölbung und vergitterten Fenstern und glatte [sic!] Seitenwänden, welche bis etwa zu Manneshöhe mit hellbraunen Tapeten verkleidet waren, die eine Holzverschalung imitierten, was zu den lichten Kirschholzmöbeln trefflich paßte.

Die Tür in dieses bald zu trauriger Berühmtheit kommenden Zimmer, eine sogenannte (einflügelige) Wiener Tür, ließ sich von rechts nach links und zwar nach innen öffnen. Dicht daneben im Winkel zur linken Hand befand sich noch eine Tapetentür, durch welche man in einen auch vom Vorzimmer her zugänglichen Nebenraum mit Bad, Closet und Garderobe gelangte, oder über eine schmale verborgene Wendeltreppe unmittelbar zu dem gemeinsamen Schlafzimmer kam. Eine andere Verbindung hatte dieses Zimmer nicht.

Neben dieser Tapetentür stand ein Waschtisch, dann das mit dem Kopfende an die gewölbte Wand angestellte breite (französische) Bett und dann gegen das Fenster zu ein Nachtkästchen, so daß neben den beiden freistehenden Bettseiten noch ein ziemlich breiter Gehraum vorhanden war. An der östlichen, nach der Badener Auffahrt gerichteten Zimmerwand standen zwischen den beiden Fenstern ein runder Rauchtisch und Polstermöbel und den Winkel gegen die Gartenseite füllte der über Eck gestellte Schreibtisch. Über denselben hing von der hier tief herabreichenden Zimmerwölbung ein großer auffallend schön gearbeiteter Messing-Luster mit einem für Petroleumbeleuchtung eingerichteten Majolika-Lampeneinsatz und drei Armen für je drei Kerzen. Daneben an der Front gegen den Hausgarten war der Platz zwischen den Südfenstern für einen Wandspiegel und eine Statuettensäule im Eck und eine kleine Garnitur Sitzmöbel freighalten. Der Ofen in der Nähe der Eingangstür machte den Schluß.

In ähnlicher Weise war auch das obere Stockwerk dieses Jagdhauses eingerichtet, dessen enge zur Verfügung gestandene Räume auf das Geschickteste baulich ausgenutzt waren. Es mußte der Eindruck eines zusammenhängenden, einheitlichen Ganzen erzielt werden, denn durch das die Mitte des Gebäudes durchschneidende Stiegenhaus zerfiel der Bau eigentlich in zwei kleine Wohnungen. Der östliche Teil über dem Schlafzimmer des Kronprinzen war die gemeinsame Wohnung und stand mit dem ebenerdigen erzherzoglichen Jagdzimmer in Verbindung. Aber von der Stiege her betrat man zuerst ein kleines Vorzimmer, dann das südwärts über dem Dienstzimmer des Türhüters (Loschek) liegende Damenzimmer, welches gerade groß genug war, um einen Schreibtisch und eine Staffelei bei den Fenstern, sowie als Mittelstück ein Pianino und nächst der Tür eine kleine Sitzgarnitur aufzunehmen. Das östlich daranstoßende gemeinsame Schlafzimmer, an dessen Einrichtung die Kronprinzessin gelegentlich ihrer nur zweimaligen Anwesenheit einige Änderungen vornehmen ließ, hatte durch Vermauerung der beiden östlichen Fenster des Stockwerks eine lange Wand erhalten, so daß – ob absichtlich oder nicht, das weiß ich nicht! – auch hier die von der Kaiserin auf ihren Reisen stets eingehaltene Gewohnheit berücksichtgt werden konnte, dass die Betten mit der Kopfseite <u>ostwärts</u> an die Wand gestellt werden mußten. Neben den Ehebetten befand sich außer den Nachtkästchen ein Doppelwaschkasten und eine spanische Wand, dann an der Fensterseite ein Pfeilerkasten, ein Ankleidespiegel im Eck und an der Ofenseite ein dreitüriger Kasten. Der Garderobe-Raum neben der Wendeltreppe war für eine Zofe in Aussicht genommen. Die beiden anderen von der Stiege aus getrennten Teile der Wohnung über dem Billardzimmer waren äußerst geschickt in einen Gesellschaftssalon umgestaltet worden, indem die Zwischenmauer bis auf die Wandansätze abgebrochen wurden

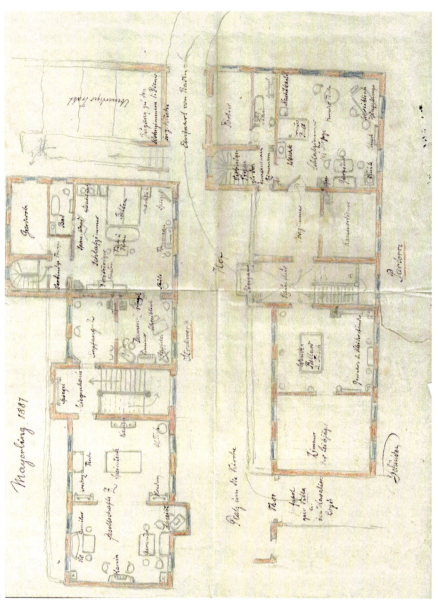

Grundriss von Parterre und 1. Stock des Jagdschlosses. Von Schuldes 1887 gezeichnet.

und dafür ein traulicher Erker angehängt wurde. Dadurch war der vordere mit einem schönen Kamin und Kredenzen ausgestattete Teil als Speiseraum gewonnen; der äußere Teil dagegen mit einem zweiten Kamin, und den daneben stehenden Garnituren, Tischen und Spiegeln bildete einen dekorativ ungemein wirksamen Hintergrund. Aber aus alledem ergibt sich doch, daß

Ansicht des Jagdschlosses von Südwesten (Zeichnung Schuldes vom 31.1.1889). Im Vordergrund die „Villa Leiningen", wo sich sein Telegrafenamt befand.

das Schlössel durchaus nicht für Festlichkeiten größeren Styls eingerichtet war. Trotz aller Gastlichkeit fehlte es doch schon in Folge der geringen Zahl der vorhandenen und überdies verzettelten Unterkunftsräumen an der Wärme der Häuslichkeit; das Gefühl der Wohnlichkeit konnte nicht aufkommen. Der Mangel an Bildern an den kahlen Zimmerwänden[57], an Büchern und Uhren, die unbenützten Möbeln u. dergl. erhöhten den Eindruck des Unpersönlichen und des kahlen Hotellebens. Man versteht dann erst, daß die Erlustigungen mit Sang und Gläserklang, welche die Jagdgesellschaft in Mayerling als neronische Orgien in der Öffentlichkeit anzudichten beliebt hat, nicht allzu verdammlich waren." – So also die Beschreibung des Schlosses durch Schuldes, der wiederholt dem Gerücht ausgelassener

---

[57] Bei der Aufnahme des Inventars von Mayerling im Jahre 1889 sind allerdings unter Punkt V. auch Ölgemälde, Aquarelle und Federzeichnungen angeführt (Judtmann, a.a.O., S. 329).

Gesamtansicht von Süden (Zeichnung Schuldes) mit der „Leiningen-Villa" im Vordergrund. Dahinter der Gartenpavillon, das Jagdschloss und die Laurenziuskirche

Feste in Mayerling entgegentritt. Seine hier abgebildeten Grundrisse und Zeichnungen geben ein anschauliches Bild des Schlosses.

Die Einrichtung erfolgte (wie bereits 1878 für das Appartement in der Hofburg in Wien und dann in der Prager Burg) in Absprache des Kronprinzen mit der Wiener Ausstattungsfirma Portois & Fix, Hoflieferanten, und der Tischlerei Franz Michel. Die erstgenannte Firma, dem Zeitgeschmack als „Société commerciale de Paris" bezeichnet (Auguste Portois war ein französischer Dekorateur, der sich mit dem Wiener Tapezierer Anton Fix zusammengetan hatte), befand sich am Kolowratring 7 – heute Schubertring –, ihre Werkstätten im 3. Bezirk in der Ungargasse 59–61. Sie galt als die erste Adresse für elegante Wohnungsausstattungen. Die Tischlerei Michel wiederum hatte 1881 den monumentalen Kabinettschrank hergestellt, der dem Kronprinzenpaar zur Vermählung von den Industriellen und der Wiener Kaufmannschaft geschenkt worden war (heute im Museum für angewandte Kunst in Wien). Vom ursprünglichen Mobiliar sind noch rund 70 Objekte im Hofmobiliendepot (Sammlung der Bundesmobilien in Wien) erhalten.[58] Nun hatte also Kronprinz Rudolf einen eigenen Jagdsitz

---

[58] Ilsebill Barta (Hg.): Kronprinz Rudolf – Lebensspuren. Museen des Mobiliendepots Bd. 26. Wien 2009, S. 70 ff.

als persönliches Eigentum und war damit unabhängig von anderen kaiserlichen Jagdschlössern. Übrigens ist auch die für Kaiserin Elisabeth erbaute Hermesvilla im Lainzer Tiergarten 1887 von ihr bezogen worden, eine geradezu geheimnisvolle Koinzidenz mit Rudolfs Jagdschloss.

Mit der Oberaufsicht des kronprinzlichen Besitzes wurde der Allander Forstmeister Ludwig Hornsteiner (1834–1893) beauftragt, als eigentlicher Schlossverwalter war Alois Zwerger (gest. 1919) tätig, der in Mayerling bereits zuvor die Güter des Grafen Leiningen betreut hatte (nach Lars Friedrich).[59]

Am 19. und 20. Oktober 1887 wurde das Jagdschloss in Anwesenheit des elterlichen Kaiserpaares feierlich eingeweiht, wobei folgende Gäste anwesend waren: Prinz Philipp und Prinzessin Louise von Coburg, Arthur Graf Potocki, Baron Kalmán Kemény, Baron Tivadar Bornemisza, Carl Graf Bombelles sowie Major Maximilian Graf Orsini und Rosenberg, der Flügeladjutant des Kronprinzen. Von diesen Besuchern verdient Potocki ein besonderes Augenmerk: Er war Statthalter in Galizien und von Rudolf wegen seiner Informationen über Russland sehr geschätzt. Er teilte mit ihm die Meinung, dass ein Krieg mit dem Zarenreich vermieden werden sollte. Bei einer Galizienreise im Juni 1887 wohnte das Kronprinzenpaar in dem der Familie des Grafen gehörenden Palais „Pod Baranami" in Krakau und war in seinem Schloss Krzezowice zu einem Diner geladen. Seither war er der heimliche Geliebte Stephanies, wovon Rudolf offenbar keine Ahnung hatte. Potocki war damals ein 38-jähriger attraktiver Witwer, den Stephanie in den vertraulichen Briefen an ihre Schwester Louise als Hamlet, sich selbst als Ophelia bezeichnet hat. Louise war für den Briefwechsel der beiden der „postillon d'amour". Im März 1889 erkrankte Potocki an Zungenkrebs und starb zum großen Kummer Stephanies ein Jahr danach.

Die Tafelmusik bei der Einweihung des Jagdschlosses besorgte die Zigeunerkapelle Pongrácz aus Klausenburg (Cluj) in Siebenbürgen, nach dem Diner sang das gleichfalls geladene Udel-Quartett.[60] Karl Udel (1844–1927) war erster Cellist im Hofopernorchester, Professor am Musikkonservatorium und vor allem als Leiter des von ihm gegründeten „Heiteren Quartetts" des Wiener Männergesangsvereines bekannt, das von der Wiener Gesellschaft und vom Kronprinzen (er lernte ihn zu Silvester 1886 kennen) überaus geschätzt wurde. In einem Brief vom 4. Dezember 1887 lud Rudolf ihn zu einem Diner nach Mayerling für Samstag, 10. Dezember ein, damit er dort seine Fiaker Bratfisch (Kunstpfeifer), Hungerl (Karl Mayerhofer) und Xandl (Karl Krimsandl) sowie den Friseur Pradi (Philipp Brady), alle vier Heuri-

---

[59] Friedrich, Lars: Das Mayerling-Sammelsurium. Kurioses aus 20 Jahren Mayerling-Archiv. Hattingen a.d. Ruhr, 2009, S. 56.
[60] Mitis/Wandruszka, a.a.O., S. 392.

gensänger, kennen lerne. Auch das Schrammelquartett, das Udel dem Kronprinzen empfohlen hatte, sollte dazukommen.[61] Rudolf hatte eine Vorliebe für volkstümliche Musik, Zigeunermusik und Wiener Heurigenmusik. Diese Vorliebe kündigt sich schon in seiner „Donaureise" (1878) an, wo er nach dem Erlebnis einer „Zigeuner-Musikbande" schreibt: „Für mich bietet keine Art von Musik einen solchen Reiz, wie die schwermütigen, urwüchsigen Klänge der Geigen und des Czimbals dieser braunen [sic!] Puszten-Söhne."[62] Sein enger Bezug zur Wiener Volksmusik spiegelt sich in den im Nachlass erhaltenen, von ihm gedichteten, „Wienerliedern" wider. Sie wurden 1994 in der Vertonung des Wiener Komponisten und Kabarettisten Herbert Prikopa (geb. 1935) auf einer CD des österreichischen Rundfunks herausgebracht.

Wenn der Kronprinz zur Jagd nach Mayerling fuhr, so musste der Leiter des kronprinzlichen Sekretariates, Oberst Heinrich Ritter von Spindler, den Telegrafisten Julius Schuldes vom Hof-Telegraphenamt und den Gendarmerieposten in Mayerling davon verständigen. Letzterer hatte dann dem Bezirkshauptmann von Baden, Ernst Oser, darüber Meldung zu machen und musste mit Helm und Gewehr beim Schloss Posten beziehen. Die Straße von Baden nach Mayerling war damals eine Schotterstraße (wie auch alle übrigen Straßen in der Gegend), ohne Beleuchtung.

Das Jagdschloss hat nur für 16 Monate seinem Zweck gedient. In dieser Zeit wurden laut Schuldes zehn Jagden abgehalten, vom 1. bis 17. Juni 1888 war die kleine Tochter Elisabeth aus Gesundheitsgründen in Mayerling. Als Gäste waren zweimal Kronprinzessin Stephanie und Erzherzog Otto anwesend, einmal Erzherzog Ludwig Viktor und Prinzessin Louise von Coburg, weiters Ladislaus Graf Szögyény-Marich, Sektionschef im k.u.k. Ministerium des Äußeren, zu dem der Kronprinz ein besonders vertrauensvolles Verhältnis hatte, sein Leibarzt Dr. Franz Auchenthaler, Karl Graf Bombelles und der Maler Franz Xaver von Pausinger (er hatte den Kronprinzen bereits 1881 auf seiner Orientreise begleitet). Fast jedes Mal war Prinz Philipp von Coburg dabei, öfters Josef Graf Hoyos. Ausgelassene Feste oder gar Orgien hätten laut der Überlieferung von Schuldes nie stattgefunden.

Noch ein Wort zu Josef Theodor Graf Hoyos-Sprinzenstein (geb. 9.11.1839, gest. 22.5.1899), dem langjährigen Jagdbegleiter des Kronprinzen. Ähnlich wie bei anderen Persönlichkeiten kann der Ursprung seiner Nähe zu ihm nur aus den familiären Beziehungen erschlossen werden. Sein Großvater, Johannes Ernst Graf Hoyos-Sprinzenstein (1779–1849), hatte den Rang eines Obersthof- und Landesjägermeisters, Feldmarschallleutnants und war im März 1848 Kommandant der Nationalgarde. Durch

---

[61] Bericht im Wiener *Neuigkeits-Weltblatt* vom 2.2.1930, und Katalog Hermesvilla, Wien 1989, S. 275.
[62] „Fünfzehn Tage auf der Donau", a.a.O., S. 246.

sein besonnenes und vermittelndes Verhalten in den Revolutionstagen stand er allseits in höchstem Ansehen. Sein relativ früh verstorbener Sohn Heinrich (1804–1854), k. k. Kämmerer, hatte mit seiner Frau, Gräfin Felicia Zichy, acht Kinder, davon der älteste Sohn Ernst Karl und als zweiter Sohn Josef Theodor. Ernst Karl (1830–1903) zählte zu den bedeutendsten Persönlichkeiten seiner Zeit. Er bewährte sich unter Feldmarschall Radetzky bei den Kämpfen in Oberitalien 1848 und später im Sardischen Krieg 1859. Seine Frau war Eleonore Gräfin Paar, die Schwester des langjährigen Generaladjutanten von Kaiser Franz Joseph, Eduard Graf Paar. Als Mitglied der Baukommission für

Josef Graf Hoyos-Sprinzenstein

die Ringstraße und selbst Bauherr für den Wiederaufbau der Rosenburg am Kamp hat er sich einen Namen gemacht. Seit 1861 war er Mitglied des Herrenhauses, später auch dessen Vizepräsident. Von seinem Ansehen profitierte sicherlich auch sein Bruder Josef, der seit 1879 mit dem Kronprinzen in Kontakt stand (im Hoyos'schen Familienarchiv auf der Rosenburg sind 99 Briefe zwischen 1879 und 1888 von ihm erhalten, die fast ausschließlich Jagdthemen behandeln). 1880 zählte er zu seinen Begleitern auf der Orientreise. Er war als guter Jäger bekannt, blieb unverheiratet und hatte seine Wohnung in Wien im 3. Bezirk, Strohgasse 11, also unweit des Palais Vetsera. Sein enges Verhältnis zum Kronprinzen lässt sich auch an einem Geschenk an ihn erkennen: Es handelte sich um ein kostbares, im Stil des 17. Jahrhunderts angefertigtes Jagdschwert mit der Inschrift: „Zu guten Hirschen, starken Sauen, wilden Bären mächtig gross/wünschet Weidmannsheil für immer, der stets getreue Hoyos." Nach Rudolfs Tod schenkte Kronprinzessin Stephanie das Schwert als Andenken an Hoyos (es wurde von den Erben am 5. Dezember 2002 bei Sotheby's in London versteigert). Nach Mayerling kam der Graf erstmals im Dezember 1887. Der Kronprinz schrieb ihm am 12. Dezember 1887: „… fahre nach Mayerling, es würde mich freuen, wenn Sie mit mir kommen wollten, um das neue Haus anzusehen und einige Tage auf Hochjagd zu jagen. Mit herzlichsten Grüßen Rudolf". Hoyos war am 30. Jänner 1889 Abendgast des Kronprinzen in Mayerling, wo er im erwähnten Gästehaus nächtigte. Anfang Februar schrieb er zwei erhaltene Denkschriften über den Tod des Kronprinzen, die seiner Rechtfertigung dienen sollten. Sie wurden zwar erst nach 1918 bekannt, aber schon den Zeitgenossen war sein ungeschicktes Verhalten aufgefallen. In Wien lästerte man, dass der Kronprinz in Mayerling von drei Fischen begleitet gewesen sei: einem Backfisch (damalige Bezeichnung für Teenager)/Mary Vetsera, einem Bratfisch/sein Fiaker, und einem Stockfisch, nämlich Hoyos.[63]

Das *Badener Bezirks-Blatt* brachte am 31. Jänner 1889 in seinen Beiträgen über den Tod des Kronprinzen auch die Erinnerung über ein Fest in Mayerling am 21. Mai 1888, dem Vorabend von Kronprinzessin Stephanies 24. Geburtstag. Neben dem Kronprinzenpaar waren die Erzherzöge Franz Ferdinand d'Este, Otto und Friedrich anwesend sowie Erzherzogin Maria Josefa (Ottos Frau und Mutter des späteren Kaiser Karl). Die Erzherzöge begaben sich nach der Tafel zur Hochwildjagd nach Alland, das Kronprinzenpaar und Maria Josefa blieben im Schloss. Abends, nach der Rückkehr der Jagdgäste, wurde um ½ 10 Uhr das Souper serviert. „Vor demselben brachte Prof. Udel u. a. Vorträgen eine von J. Fuchs verfasste Huldigung zu Gehör. Während und nach der Tafel konzertierten das bekannte Nußdorfer Quartett Butschetty, sowie die Sänger Brady und Xandl. Das Kronprinzenpaar und seine Gäste blieben bis in später Nachtstunde vereint und unterhielten sich bei der Musik und den Gesangsvorträgen." Die Schilderung dieses Beisammenseins am Vorabend von Stephanies Geburtstag lässt nichts von der sonst überlieferten feindseligen Stimmung zwischen den beiden Ehepartnern erkennen, die für die Presse natürlich tabu war.

---

[63] Viktor Wallner: Häuser, Menschen und Geschichte. Ein Badener Anekdotenspaziergang. Baden, 2002, S. 66 f.

Die letzte Fahrt nach Mayerling

Kehren wir nochmals zurück zur Situation der letzten Tage Rudolfs. Auffallend ist, dass der Kronprinz entgegen dem Auftrag an seinen Leibjäger Rudolf Püchl, er solle ihn am Dienstag, 29. Jänner nachmittags zurückerwarten, seine Zeiteinteilung überraschend geändert hat.

Über die unmittelbaren Stunden vor der Abfahrt des Kronprinzen nach Mayerling berichtet Püchl in seinen Memoiren.[64] Kronprinz Rudolf hatte ihm am Samstag, 26. Jänner 1889 gesagt, er wolle am Dienstag, 29. Jänner nach Mayerling zur Jagd fahren und am 30. wieder zurück sein. Püchl möge daher am Montag nach Mayerling fahren, um mit dem Forstmeister Hornsteiner die Vorbereitungen dafür zu treffen.

Als Püchl (er wohnte mit seiner Familie in Laxenburg) am Montag, 28. Jänner, mit einem Einspänner vom Südbahnhof kommend über die Elisabethbrücke (am Karlsplatz über den Wienfluss) zur Hofburg fuhr, begegnete er einem sogenannten Hofkammerwagen mit kronprinzlichem Küchen- und Tafelpersonal. Überrascht hielt er an und erfuhr, dass der Kronprinz bereits einen Tag früher nach Mayerling fahren werde. In der Hofburg angekommen, traf er um 10 Uhr Oberstleutnant Albert Meyer, den Generalstabschef der XXV. Infanterietruppendivision, der soeben beim Kronprinzen gewesen war. Rudolf sagte zu Püchl bei seinem Eintreffen, dass er nachts sein Programm bezüglich Mayerling geändert habe, bereits am Montag hinausfahren werde und Johann Loschek (sein Kammerdiener), Franz Vodicka (der Hofkammerbüchsenspanner) und das Wirtschaftspersonal bereits vorausgefahren seien. Er erwarte noch einen Brief und ein Telegramm und fahre um zwölf Uhr weg. Von Püchl offenbar unbemerkt traf Gräfin Larisch (nach ihrem Bericht) mit Mary gegen elf Uhr im Appartement des Kronprinzen ein, der sie bat, mit Mary „nur zehn Minuten" alleine sprechen zu können. Sie sah Mary nicht wieder, die höchstwahrscheinlich von dem vertrauten Kammerdiener Carl Nehammer über einen geheimen Weg von Rudolfs Appartement weggeführt wurde und nach den Beobachtungen eines Fiakers bei dem mit einer Eisentür verschlossenen hinteren Eingang des Albertinatraktes vorgefahrenen Wagen des Fiakers

---

[64] Siehe Anm. 20 – Püchl hatte auch in der *Reichspost* vom 31.1.1926 über „Die letzten Stunden des Kronprinzen in der Wiener Hofburg" berichtet.

Bratfisch einstieg. Die in ihren Memoiren geschilderte Flucht Marys aus einem Fiaker bei einem Einkauf in der Stadt erscheint von ihr erfunden.

Die dramatischen Umstände dieser „Flucht" und den Tagesablauf des Kronprinzen zwischen 26. und 30. Jänner haben Fritz Judtmann und Brigitte Hamann in ihren Büchern ausführlich dargestellt. Judtmann hat übrigens im Widmungsbuch der Burghauptmannschaft, das über die Verwendung jedes Raumes in der Hofburg geführt wird, sowie in den beiliegenden Plänen einen Zugang zu Rudolfs Appartement als „Vetsera-Stiege" eingetragen gefunden – ein Hinweis, dass oftmalige Besuche stattgefunden haben müssen. Es ist das eines der wenigen Zeugnisse, in dem der bei Hof verpönte Name nicht getilgt worden ist.[65]

Der genannte Josef Bratfisch war Rudolfs „Leibfiaker" und Vertrauter, ein Angestellter des Lohnfuhrwerkbesitzers Leopold Wollner in der Breitenfelder Gasse 13, 1080 Wien, der mit einem unnummerierten Wagen fuhr. So hießen die Fiaker, die nicht beim Stand auf Fahrgäste warteten, sondern auf Bestellung zum Haus kamen. Dadurch hatte er mit dem Hofpersonal keinen täglichen Umgang, war völlig loyal zum Kronprinzen und bewahrte Diskretion. Er war auch als guter Sänger bekannt, der Rudolf mit der Welt der kleinen Leute in den Lokalen jenseits der Wiener Gürtellinie bekannt machte, wo Volkssänger nicht nur Heurigenlieder, sondern oft auch musikalisch verbrämte Kritik an politischen oder sozialen Umständen zum Besten gaben.

Laut Püchl kam am 28. Jänner um elf Uhr der erwartete Brief, eine halbe Stunde später traf das Telegramm ein. Der Kronprinz stand beide Male gedankenverloren vor einem Fenster mit Blick auf den Franzensplatz, mit seiner Uhr in der Hand. Als er das Telegramm geöffnet und gelesen hatte, sagte er (nach Püchl): „Ja, es muss sein", warf das Telegramm wieder gefaltet auf den Tisch und verließ kurz vor zwölf Uhr in seinem Wagen die Hofburg. Er sagte noch zu Püchl, er solle ihn am Dienstagnachmittag zurückerwarten, da um 18 Uhr ein Diner beim Kaiser sei.

Eine um 13 Uhr vorgesehene Audienz mit dem Erzbischof von Prag, Franz Graf Schönborn-Buchheim, hat der Kronprinz nicht wahrgenommen, ebenso wenig eine vorgesehene Sitzung im Heeresmuseum unter der Leitung von Erzherzog Wilhelm. Diese plötzliche Änderung getroffener Dispositionen des sonst sehr pflichtbewussten Kronprinzen sind vielfach Stoff für Spekulationen über die Hintergründe seines Selbstmordes und die These seines Todes durch fremde Hand geworden.

Laut einem Telegramm des Polizeiagenten Carl Wiligut im Akt des Polizeipräsidenten Krauß hat der Wagen des Kronprinzen den 5. Bezirk

---

[65] Judtmann, a.a.O., S. 88.

(Margareten) beim damals noch bestehenden Linienwall um 11:50 Uhr passiert, musste also wenigstens schon um 11:30 Uhr von der Hofburg abgefahren sein. Der Kronprinz lenkte selbst den zweispännigen Wagen, in dessen Fond Rudolfs Leibkutscher saß, Anton Prechtler, der den Wagen zurückfahren sollte. Über die Schönbrunner Hauptstraße ging die Fahrt nach Hietzing, dort durch die Lainzer Straße nach Mauer, wo er am Kirchenplatz rechts abbog und über den Maurer Berg nach Liesing fuhr, weiter durch Kalksburg nach Breitenfurt, wo er gegen 13 Uhr ankam.[66] Dort schickte der Kronprinz den Wagen zurück[67] und ging zu Fuß zum Gasthaus „Roter Stadl", wo der Wagen von Bratfisch mit Mary im Fond bereits auf ihn wartete. Gemeinsam ging die Fahrt nach Mayerling weiter. Hoyos berichtet, der Kronprinz habe ihm erzählt, dass er am Gaadener Berg zwischen Sittendorf und Heiligenkreuz wegen der schlechten Straßenverhältnisse ausgestiegen sei und mitgeholfen habe den Wagen zu schieben, wobei er sich erkältet habe. Um 15:30 Uhr sei er in Mayerling angekommen. Hoyos selbst war von ca. 17:30 Uhr bis vor 19 Uhr in seinem Quartier, denn um 19 Uhr war er als einziger Gast des Kronprinzen zum Abendessen mit ihm bestellt worden. Dem Abschiedsbrief Marys an ihre Mutter zufolge habe der Leibfiaker Bratfisch nach der Verabschiedung von Hoyos das Paar noch durch Pfeifen und Singen unterhalten (der Kammerdiener Loschek erwähnt diese Episode in seiner 30 Jahre später aufgezeichneten Denkschrift allerdings nicht).

---

[66] Zur Rekonstruktion der Fahrt siehe: F. Judtmann, a. a.O., S. 94 ff.
[67] Gruber, a.a.O., S. 67, erwähnt eine Denkschrift Prechtlers, in der dieser aussagt, der Kronprinz habe ihm den Auftrag gegeben, ihn am Mittwoch (30. Jänner) am Südbahnhof abzuholen.

Das Drama von Mayerling nach den Erinnerungen des Hoftelegrafisten Schuldes

*D*er ehemalige Hoftelegrafist Julius Schuldes, der zum Zeitpunkt des Dramas in Mayerling Dienst machte, schildert in seinen 1929 aufgezeichneten Lebenserinnerungen die Katastrophe in dem Kapitel „Das Drama von Mayerling".[68] Eigenartigerweise war er von der Fahrt des Kronprinzen nach Mayerling, zu der für Dienstag den 29. Jänner angesagten Jagd in Glashütten und Schöpfelgitter, nicht verständigt worden, wie das sonst üblich war. Als Schuldes an diesem Tag zum Dienstantritt in das Haupt-Telegrafenamt kam, erfuhr er, dass man ihn bereits in Mayerling vermutet habe, da der Kronprinz dorthin gefahren sei (im Amt war man also darüber informiert). Schuldes fragte telegrafisch im erzherzoglichen Sekretariat an, wo man ihm mitteilte, man habe offenbar auf ihn vergessen, da die Abfahrt der Hof- und Wirtschaftsabteilung so eilig gewesen sei. Schuldes ging rasch nach Hause, holte sein Handgepäck und fuhr mit dem nächsten Zug nach Baden, wo er am Bahnhof auf den ihm bekannten Fiaker Leopold Rosensteiner traf. Dieser war ein stadtbekannter Typ, der wegen seiner gepflegten Fahrzeuge und seines Humors bevorzugt von den in Baden lebenden Mitgliedern des Kaiserhauses in Anspruch genommen wurde, weshalb man ihn als „Hoffiaker" titulierte. Für Kronprinz Rudolf war er überhaupt der Leibfiaker schlechthin, welcher für ihn in Mayerling stets drei Fahrzeuge bereitstehen hatte. Sein enger Bezug zu ihm wird in einem Zeitungsnachruf deutlich: „Nach dem so jähen Tod des Kronprinzen Rudolf [...] war auch dieser, einst so lustige und witzige Fiaker, ein stiller Mann geworden."[69]

Eilig wurde Schuldes nach Mayerling geführt. Dort fand er allerdings den Telegrafenapparat seines Büros in unbrauchbarem Zustand, weil man zwar die Batterien gereinigt hatte, aber die Füllung mit Kupfervitriol und die Kuppelung der zahlreichen Einzelelemente unterblieben war. Schuldes machte sich an die Arbeit, wurde aber wenig später vom Hausverwalter Zwerger eilig aufgesucht, der ihm sagte, der Kronprinz sei nach 14 Uhr in die Wohnung des Prinzen Coburg (in der Leiningen-Villa) gekommen, um mit ihm zu sprechen, habe ihn aber nicht angetroffen, weil er noch auf der Jagd war (was wollte er ihm

---

[68] In Schuldes' Nachlass fanden sich auch vier kleine Notizblockzettel mit datumsmäßig fortlaufenden Detailangaben, die offenbar noch vor Abfassung seiner Memoiren geschrieben worden sind, vermutlich 1889. Sie wurden hier in seinen Text eingearbeitet.
[69] *Badener Zeitung* vom 22.12.1900.

wohl sagen? Er und der Prinz sollten ja am selben Abend gemeinsam zum Familiendiner nach Wien fahren). Nach einiger Zeit des Wartens habe er ein Telegramm geschrieben und es dem Verwalter Zwerger übergeben, der dieses nun an Schuldes weiterreichte, damit er es zum Telegrafenamt von Alland bringe und über Baden nach Wien in die Hofburg sende. Schuldes stapfte über die schneebedeckten Straßen nach Alland und sandte dort das Telegramm ab mit dem vom Kronprinzen eigenhändig geschriebenen, lapidaren Text: „An seine Majestät den Kaiser: Ich komme nicht zum Diner. Rudolf". Um 17 Uhr langte es in der Hofburg ein.

Am nächsten Tag, Mittwoch, 30. Jänner „bei Morgengrauen", ging Schuldes wie üblich zum Frühstück ins Schloss, wobei er dem Verwalter begegnete, der ihm im Vorbeilaufen aufgeregt zurief: „Keine Jagd heute."

Schuldes weiter: „Unter dem Wirtschaftspersonal, welches im Hof beim Küchenwinkel im Gespräch beisammen stand, war nichts zu bemerken, was auf sonderliche Bewegung unter den Leuten hätte geschlossen werden können." Er erfuhr, dass der Kronprinz „ziemlich verkühlt sei" und Wiener Damenbesuch habe (das Schlosspersonal wusste also davon!). „Von der Küche aus habe man Tags zuvor eine schwarz gekleidete Dame aus einem bei der Badener Zufahrt haltenden Fiaker aussteigen gesehen, die über den Hof eilend im Haus verschwunden sei."

Um 8 Uhr kam Prinz Coburg aus Wien zurück, der im Hause „mit unverhohlener Ungeduld" erwartet worden war. Graf Hoyos, der in seinem Quartier im Mayerlingerhof übernachtet hatte, empfing Coburg mit der Mitteilung, man habe Sorge, dass Kronprinz Rudolf „vor kaum einer Stunde" ein Unglück zugestoßen sei, weil die Tür zu seinem Schlafzimmer weder auf Klopfen noch auf Rufen geöffnet wurde. Prinz Coburg ließ daraufhin die Tür mit einer Hacke aufbrechen. „Die über den Hof hörbaren Hackenschläge, die gegen die Türfüllung geführt wurden, schreckten die außenstehende Dienerschaft auf und im Augenblick waren die Vorräume des Hauses mit Leuten besetzt, denn es war nun gewiß, dass etwas ganz Besonderes, ein großes Unglück geschehen sei." Von diesem Schrecken immer noch entsetzt, ist es Schuldes auch 1929 nicht möglich zu schildern, was um ihn herum vorgegangen ist. Er erinnert sich nur: „Wenige Schritte von der zersplitterten Tür entfernt, von deren Schwelle ich das Zimmer übersehen konnte, lag regungslos eine über den Rand des blutgetränkten Bettes mit dem Oberkörper vornüber gebeugte unkenntliche menschliche Gestalt und zur Linken derselben der dunkel verhüllte Körper einer zweiten Person, deren Haupt fast ganz unter aufgestreuten Blumen verdeckt war." Es herrschte Stille, Blut war „an den Linnen, auf dem Erdboden und Blutspritzer bis an den Wänden und bis hinauf an der niederen Wölbung des Zimmers". Von Entsetzen gepackt verließ er nach wenigen Augenblicken den Ort.

Manuskriptseite aus Schuldes' Erinnerungen an Mayerling (Auffindung der Leichen am 30. Jänner 1889)

Diese Darstellung steht allerdings im Gegensatz zur Schilderung des Grafen Hoyos in seiner Denkschrift, in der er sagt, er habe die Türe vom Vorzimmer des Kronprinzen zum Stiegenhaus versperren lassen, bevor Loschek mit einer Hacke die Tür vom Schlafzimmer des Kronprinzen aufgebrochen habe. Demnach erscheint es unwahrscheinlich, dass das Personal, dessen Arbeitsräume weiter entfernt lagen, davon unmittelbar etwas mitbekommen hat. Mit Prinz Coburg hatte er vor seiner Abreise nach

Wien vereinbart, niemandem vor Eintreffen des Dr. Widerhofer oder von Delegierten des Kaisers Zutritt zum Sterbezimmer zu gewähren. Schuldes' „Erinnerungen", 40 Jahre nach der Tat geschrieben, scheinen von den inzwischen verbreiteten Geschichten beeinflusst zu sein. Sie können daher nicht als protokollarischer Tatsachenbericht gelesen werden. Es ist aber ebenso möglich, dass Hoyos seinen Bericht geschönt hat, den er zu seiner Rechtfertigung geschrieben hat.

Coburg war verschwunden und Hoyos sofort nach der Entdeckung des Unglücks nach Wien gefahren. Schuldes fühlte sich nun selbst überlassen und wollte einen Kontakt zum Hoftelegrafenamt herstellen, um Weisungen zu erhalten, was aber von Mayerling aus nicht möglich war. Er hielt daher einen vorbeikommenden Geschäftswagen auf und fuhr mit ihm in das Badener Post- und Telegrafenamt, das sich – damals wie heute – im Gebäude Kaiser-Franz-Joseph-Ring 35 befand. Dort war im ersten Stock auch die Bezirkshauptmannschaft untergebracht, deren Vorstand, Dr. Ernst Oser, er im Telegrafenamt antraf. Dieser teilte ihm mit, dass er bereits eine Gendarmerieabteilung nach Mayerling geschickt habe, weil dorthin ein Zustrom Neugieriger zu erwarten sei. Vom Hoftelegrafenamt erhielt Schuldes sodann die von Oberst von Spindler gegebene Weisung, das Amt in Mayerling sofort für die Korrespondenz zu öffnen. Er bestellte daher „einen Wagen und etwas Zehrung" und fuhr mit einem Leitungsaufseher, einem geschulten Arbeiter und einer Telefongarnitur, die wechselweise an den Telegrafen angeschlossen werden konnte, nach Mayerling zurück. In Baden sah er um 17 Uhr die ausgerückte Feuerwehr, „Menschenmasse auf Straßen, vor jedem Haus". Da es schon dunkelte, beeilte sich Schuldes heimzukommen, doch sein geschlossener Wagen musste „etwa auf halbem Wege" Halt machen und beiseite fahren, da der Leichenwagen des Kronprinzen „nebst vier oder sechs Wagen des Gefolges und eine erhebliche Zahl von Fußgängern" aus der entgegengesetzten Richtung kamen. (Auf einem erhaltenen Notizzettel hat er vermerkt: „Dem Leichenfourgon folgten 6–8 Wägen, im letzten offenen die Jäger und Kammerdiener".) Die *Neue Freie Presse* vom 31. Jänner 1889 berichtet, dass Wagen der anwesenden Journalisten, „Mitglieder des Standes, dem der Kronprinz ein so freundlicher Gönner gewesen" sei, im Kondukt fuhren.[70] Schuldes' Kutsche wurde bei diesem unfreiwilligen Aufenthalt sofort von Neugierigen – „offenbar Zeitungsberichterstattern" – umringt. Erst mit Hilfe eines Militärgendarmen konnte er weiterfahren. Um 7 Uhr abends war er wieder in Mayerling.

Dort erfuhr er, dass im Laufe des Nachmittags Bombelles und eine aus Ärzten und Hofbeamten bestehende Hofkommission den Tatbestand proto-

---

[70] Haslinger, a.a.O., S. 193.

kollarisch aufgenommen und die Überführung der Leiche des Kronprinzen nach Wien veranlasst hatte.

Schuldes schreibt weiters, es sei Sache der Polizeibehörde geblieben, was mit der zweiten Leiche zu geschehen habe, denn der kaiserliche Hof durfte damit nicht in Zusammenhang gebracht werden.

Er schildert sodann die Umstände der Entfernung der Leiche Marys am nächsten Tag, die sich mit der ihm bekannten Denkschrift des Hofsekretärs Dr. Heinrich von Slatin deckt (erschienen nach dessen Tod 1906). In der *Volkszeitung* vom 20. Dezember 1927 berichtet Schuldes, dass er nach dem Drama bis am 9. Februar 1889 in Mayerling verblieb und „als Letzter das von Trauer erfüllte Haus (verließ), nachdem ich bis dahin im Auftrage der Bezirkshauptmannschaft und des kaiserlichen Obersthofmeisteramtes dort dienstlich beschäftigt war".

Er erwähnt auch, dass er später, als Slatin Chef des Oberst-Stallmeisteramtes war, dessen unmittelbarer Büronachbar gewesen sei (Schuldes war damals der Vorstand der Hof-Telegraphenämter). Es ist also durchaus denkbar, dass die beiden auch noch nach Jahren über die Vorgänge in Mayerling gesprochen haben.

An dieser Stelle soll auch Slatins Bruder Rudolf (1857–1932) erwähnt werden, der als „Slatin-Pasha" berühmt geworden ist. Er war Reserveoffizier in dem von Kronprinz Rudolf kommandierten Inf.Reg. Nr. 38, Forschungsreisender und wurde nach abenteuerlichen Einsätzen in Ägypten Oberst in der anglo-ägyptischen Armee und Gouverneur im Sudan. Darüber hat er in seiner heute noch lesenswerten Autobiografie „Feuer und Schwert im Sudan. Meine Kämpfe mit den Derwischen, meine Gefangennahme und Flucht 1879–1895" (Leipzig 1895) berichtet.[71]

---

[71] Mehrfache englische und deutsche Auflagen, deutsch zuletzt 1997.

Andere Zeugnisse des Geschehens

Neben den Schilderungen von Schuldes ist auch ein Bericht des Polizeiinspektors Eduard Bayer interessant, der nur in wenigen Darstellungen erwähnt wird, aber bemerkenswerte Details über den Morgen des 30. Jänner in Mayerling enthält. Folgendes war geschehen:

Helene Vetsera hatte nach dem Verschwinden Marys am 28. Jänner den Polizeipräsidenten Krauß aufgesucht und ihn um Nachforschungen gebeten, denn sie hatte die Vermutung, dass Mary bei Kronprinz Rudolf in Mayerling sei. Krauß erklärte ihr, dass er dort keinen Zutritt habe. Sein passives Verhalten ist wohl auch daraus erklärbar, dass er 1888 gemaßregelt worden war, als er trotz eines ausdrücklichen Befehls von Kaiser Franz Joseph nicht verhindert hatte (oder nicht konnte), dass der in Wien im März 1888 weilenden Königin Nathalie von Serbien durch Südslawen eine Ovation dargebracht worden war.[72] – Dennoch gab er einem seiner Beamten, dem Inspektor Eduard Bayer, den Auftrag, am nächsten Tag mit dem ersten Zug nach Baden zu fahren, um in Mayerling Erkundigungen einzuholen. Dieser gibt in seinem darüber verfassten Bericht an, dass er am 30. Jänner um 6 Uhr früh nach Baden gereist sei. Im selben Zug befand sich auch Prinz Coburg, der vom Bahnhof mit einem Fiaker direkt ins Schloss Mayerling fuhr. Bayer folgte in einem zweiten Fiaker und kam um 8:30 Uhr dort an.

Kaum 15 Minuten später sah er, „wie der Fiaker Bratfisch/ den Grafen Hojos nach Baden führte, in der größ/ ten Eile, eine Zeit darauf kamen 2 Herren/ aus dem Schloße und gingen in das vom Schloße/ gegenüberliegende Gasthaus, ich verfügte mich/ auch dorthin, und erfuhr sogleich, dass der eine/ Herr der Gärtner des Kronprinzen, der andere/ der Diener des Grafen Hoyos sei, dieselben er/ zählten untereinander, dass die angeordnete Jagd/ wegen Unwohlsein des Kronprinzen abgesagt/ worden ist, da derselbe bettlägrig ist, und deswegen/ Graf Hojos nach Wien um einen Professor/ gefahren ist, gegen 12 Uhr Mittags begegnete/ ich auf der Strasse von Meierling nach Baden/ den Fiaker Bratfisch mit dem Herrn Professor in/ der größten Eile dahin kommen, eine stunde/ später begegnete mir ein Fiaker aus Baden/ mit Zwei ich glaube von diesen beiden Herren war/ der eine Graf Bombelles und fuhren auch nach/ Meierling, nach den gemachten Erhebungen soll das Schloß vom 29ten auf den 30ten Nachts außerordentlich

---

[72] Judtmann, a.a.O., S. 398.

stark/ beleuchtet gewesen sein und sol dort eine Unter/ haltung stattgefunden haben, in derselben Nacht war Graf Hojos und der Fiaker Bratfisch Gäste des Kronprinzen im Schlosse Meierling.

Wien am 30ten Jänner 1889   Eduard Bayer
                                                                              Inspektor

Eigenartigerweise berichtet Bayer nichts über den eigentlichen Gegenstand seines Auftrages, nämlich ob Mary Vetsera in Mayerling sei. Seine Angaben bestätigen aber die Aussagen von Graf Hoyos über die Ankunft von Prinz Coburg und über dessen eigene rasche Abfahrt. Aus den von ihm gehörten Gesprächen des Gärtners und des Kammerdieners im Gasthaus ist zu entnehmen, dass um diese Zeit (ca. 9 Uhr) das Personal im Schloss noch keine Ahnung von der Katastrophe hatte.

Neben dem Bericht des Hoftelegrafisten Schuldes über die Umstände des 30. Jänner sind die beiden Rechtfertigungsschriften des Grafen Hoyos vom „Anfang Februar 1889" und „im Februar 1889" eine wichtige Quelle.[73] Er gibt an, dass die ersten Zeugen der Auffindung des toten Kronprinzen am Morgen des 30. Jänner 1889 der Kammerdiener Loschek, er selbst und sein Jagdgefährte Prinz Philipp von Sachsen-Coburg gewesen seien. Er berichtet ferner, Schlossdirektor Zwerger habe ihn gegen 8 Uhr aufgesucht und ihm Loscheks Aussage mitgeteilt, dass der Kronprinz trotz heftigens Pochens an der Tür nicht aufzuwecken sei. Er eilte sofort mit Zwerger ins Schloss, wo kurz darauf Prinz Coburg (über Baden) zur Jagd eintraf. Man beriet sich und ließ von Loschek gewaltsam die Türfüllung einschlagen, der nach einem Blick in das halbdunkle Zimmer die beiden Leichen im Blut liegen sah. Er meinte, der Tod sei durch Vergiftung mit Zyankali erfolgt, weil dabei solche Blutstürze vorkämen. Hoyos hielt aber nicht selbst Nachschau und glaubte vorerst an diese vermutete Vergiftung. Er beauftragte dann Loschek, telegrafisch dringend Dr. Widerhofer nach Mayerling zu rufen, was nur über Alland möglich war, da die Geräte im Schloss nicht einsatzfähig waren. Schuldes sollte offenbar nicht beigezogen werden, über die Rolle oder Zeugenschaft Zwergers wird nichts gesagt.

In seiner zweiten Rechtfertigung, als bereits der Tod durch eine Schusswaffe feststand, berichtet Hoyos, dass der Leibfiaker Bratfisch bereits um 7 Uhr Früh dem „Leibjäger" Vodicka, der eben zur projektierten Jagd fahren wollte, mitteilte, „er könne sich dies wohl sparen, da ohnedies keine Jagd sein würde". Dann hätte Bratfisch bereits um diese Stunde vom Tod des Kronprinzen gewusst, oder hat am Vorabend dessen Absicht erkannt und die Folgen geahnt oder den Schuss am Morgen gehört. Er schwieg jedenfalls

---

[73] Mitis/Wandruszka, a.a.O., S. 341 ff.

trotz verschiedener Angebote zeitlebens über seine Erfahrungen in Mayerling.

Loschek wiederum erzählte 1928 seinem Sohn, der Kronprinz habe ihm morgens (ca. 6:10 Uhr) den Auftrag gegeben, einspannen zu lassen. Als er im Hof war, hörte er zwei (!) Schüsse und eilte zurück ins Schloss, wo er Pulvergeruch wahrnahm und die Tür zum Schlafzimmer des Kronprinzen entgegen dessen Gewohnheit versperrt vorfand. Er holte sofort Hoyos und brach in dessen Beisein die Türfüllung mit einem Hammer auf, sodass er mit der Hand die Tür mittels des innen steckenden Schlüssels aufsperren konnte. Die Widersprüche dieser Aussagen sowie Spekulationen und Kombinationen über den Tathergang erörtert Brigitte Hamann in ihrer Rudolf-Biografie.[74]

Vergleicht man diese Berichte mit der Schilderung von Schuldes, so fällt einiges auf: Hoyos gibt an, dass er sich vor der versperrten Schlafzimmertür des Kronprinzen seiner Verantwortung für zu treffende Maßnahmen bewusst geworden sei. Er fragte zuerst, wann Prinz Coburg eintreffen werde, der tatsächlich wenige Minuten später ankam. Man beriet sich und einigte sich, Loschek solle die Schlafzimmertür mit einer Holzhacke aufbrechen, verschloss aber zuvor die Tür gegen das Stiegenhaus. Sollte Schuldes' Mitteilung stimmen, dass das Hauspersonal auf Grund des Lärmes der Hackenschläge Loscheks zusammengelaufen sei, dann müssen die von Bayer genannten Zeugen kurz davor weggegangen sein. Denn ihnen war nur bekannt, dass die Jagd entfalle, weil der Kronprinz krank und Hoyos deswegen nach Wien gefahren sei, „um einen Professor" zu holen (es könnte Prof. Dr. Widerhofer gemeint sein). Hoyos selbst gibt an, er habe Loschek den Auftrag gegeben, Dr. Widerhofer telegrafisch „ohne weitere Motive anzugeben" dringend nach Mayerling zu rufen. Da das Telegrafenbüro im Schloss unbrauchbar war, ist anzunehmen, dass Loschek diesen Auftrag über das Telegrafenamt in Alland durchgeführt hat. Und warum nicht der Hoftelegrafist Schuldes, der ja noch anwesend war? Und wo hielt sich Zwerger inzwischen auf, der ja Hoyos ins Schloss begleitet hatte? Wenn nur Hoyos, Coburg und Loschek beim Aufbrechen der Zimmertür anwesend waren, dann konnte der unerwartete Tod des Kronprinzen vorerst nur verheimlicht werden, indem Loschek mit der telegrafischen Verständigung von Dr. Widerhofer betraut wurde. Man fragt sich natürlich auch, warum Hoyos nicht selbst das Schlafzimmer betrat, um sich der Umstände zu vergewissern. Wohl ein Zeichen der Verwirrung angesichts der unerwarteten Tat. Loschek erwähnt aber nichts davon in seinen 30 Jahre später aufgezeichneten Erinnerungen.

---

[74] Hamann, a.a.O., S. 476 ff.

Hoyos berichtet weiters, dass ihn Bratfisch zum Badener Bahnhof gebracht und er diesen gebeten habe, auf Dr. Widerhofer zu warten (er sagte ihm nicht, auf welche Weise dieser verständigt worden war). Bratfisch wollte dennoch gleich nach Mayerling zurückkehren, „weil er eine Fuhre habe" – war es etwa der Auftrag des Kronprinzen, ihn und Mary zur Beerdigung nach Heiligenkreuz zu bringen, wie es der Wunsch Rudolfs war, und weil Bratfisch bereits von dessen Tod wusste? Oder sollte Mary Vetsera die Fuhre sein? Schließlich wusste Bratfisch ja von ihrer Anwesenheit. Hoyos entgegnete ihm, „dass Alles geordnet sei, er solle nur in Baden warten". Was hatte Hoyos inzwischen geordnet? Meinte er das Telegramm an den Hofarzt? Oder war das nur eine beschwichtigende Aussage? Darauf gibt es keine Antwort.

Inspektor Bayer sah jedenfalls bei seiner Rückfahrt von Mayerling nach Baden „gegen 12 Uhr" den Wagen Bratfischs „mit dem Herrn Professor" nach Mayerling fahren, der auf Grund des Telegramms von Hoyos am Morgen des 30. Jänner dorthin geeilt war. Über diese Anwesenheit berichtet auch Heinrich Baltazzi-Scharschmid.[75] Nach seiner Aussage habe Dr. Widerhofer Mitte März 1889 Helene Vetsera besucht und ihr dabei u. a. erzählt, dass er am 30. Jänner früh durch ein Telegramm zum angeblich schwer erkrankten Kronprinzen nach Mayerling gerufen worden sei. Vor seiner eiligen Abfahrt habe er noch dessen Leibarzt, Dr. Franz Auchenthaler, in der Habsburgergasse 9 aufgesucht, um sich über den Gesundheitszustand Rudolfs zu informieren.

In Baden sah Bayer eine Stunde später den Fiaker mit Bombelles. Das deckt sich wiederum mit den Beobachtugen des Badener Gerichtsadjunkten Dr. Siebenrock, der „gegen 14h" einen Wagen der Leichenbestattung Nissl zum Bahnhof fahren sah, der den aus Wien in Begleitung von Bombelles gebrachten Kupfersarg für den Kronprinzen nach Mayerling zu bringen hatte.

Das Personal im Jagdschloss ahnte laut Bayer also nichts, umso größer die Bestürzung jener, die wenige Stunden danach von dem Drama erfuhren und die vermutlich beim Abtransport des Sarges mit dem Kronprinzen einen Blick in das Schlafzimmer voll mit Blutspuren machen konnten. Aus diesem Schrecken heraus erscheint es erklärlich, dass später widersprüchliche Beobachtungen niedergeschrieben worden sind. Die beiden Denkschriften von Hoyos, erst einige Tage nach den Ereignissen verfasst (das Datum lautet „Anfang Februar 1889" und „Wien, im Februar"), sind ja nicht als protokollarischer Tatbestand aufgeschrieben worden, sondern dienten zu seiner Rechtfertigung. Denn bei Hof hatte man vermutet, dass ihm die

---

[75] Baltazzi/Swistun, a.a.O., S. 215.

Bekanntschaft des Kronprinzen mit Mary Vetsera schon länger bekannt gewesen sei, was seinen Angaben nach aber nicht der Fall war.

Nochmals sei Schuldes zitiert, der in seinem Kapitel „Die Hofjagden in Maierling" angesichts der 1929 bekannten Gerüchte und Darstellungen über die Todesnacht folgende wichtige Einzelheiten festhält:

„Da eine Unzahl meist übertriebener oder geradezu empörender Schilderungen des Kronprinzen-Dramas in die Öffentlichkeit gelangt sind, muß vor allem festgestellt werden, dass selbst die unmittelbar eingreifenden Augenzeugen nicht in der Lage sein konnten, über den Zusammenhang der einander ergänzenden Einzelheiten einen erschöpfenden Gesamtbericht zu geben. Sie konnten nur jene Wahrnehmungen festhalten, welche sie in der Zeit machten, wo sie selbst einzugreifen berufen waren. Dies gilt namentlich von den aus Wien zu verschiedenen Zeiten entsendeten Kommissären, den Doktoren, Hof- und Polizeibeamten, die weder mit den Örtlichkeiten noch untereinander persönlich bekannt waren, und ihre ganze Aufmerksamkeit infolge der herrschenden unbeschreiblichen Verwirrung den zu treffenden Verfügungen zuwenden mußten, so dass sich jene Funktionäre nicht oder nur höchst flüchtig um das kümmern konnten, was und wer neben ihnen herging.

Hieraus erklärt sich, dass die veröffentlichten, nicht offiziellen Berichte so viele Lücken und Widersprüche enthalten und daher den Schein der Unglaubwürdigkeit erwecken, während sie doch nur auf einseitige, mangelhafte Orientierung beruhen, je nachdem der Zeuge etwas gesehen hat, was der andere anders oder gar nicht gesehen hat."

Diese Bemerkungen geben ein deutliches Bild von der verworrenen Informationslage unmittelbar nach der Tat, was die Fülle von Gerüchten und Mutmaßungen darüber erklärbar macht. Es soll auch Folgendes nicht vergessen werden: Man wollte unbedingt verheimlichen, dass der Kronprinz vor seinem Tod Mary Vetsera erschossen hatte, also ein Mörder war – auch wenn diese Tötung mit Zustimmung des Opfers erfolgte, was aber niemand wusste.

Rudolfs Weg in den Tod

Zahlreiche Bücher über den Tod von Kronprinz Rudolf sind voll von Überlegungen und Spekulationen, warum er wohl auf so tragische Weise geendet hat.

Tatsache ist, dass der Kronprinz schon relativ früh, als 27-Jähriger, sich Fragen über den Tod gestellt hat. Seit 1887 hatte er auf seinem Schreibtisch einen Totenschädel liegen, den er von dem angesehenen Wiener Anatomieprofessor Dr. Emil Zuckerkandl (1849–1910) erbeten hatte. Dessen Ernennung zum Lehrstuhlinhaber für Anatomie an der Universität Wien war 1886 zunächst wegen seiner jüdischen Herkunft abgelehnt worden. Der Kronprinz setzte sich darauf bei Professor Theodor Billroth für ihn erfolgreich ein. 1888 erhielt er schließlich doch die Lehrbefugnis. Billroth wiederum war dem Kronprinzen sehr verbunden, seit dieser 1879 über Vorschlag von Graf Wilczek das Protektorat über den „Rudolfinerverein" übernommen hatte, den er zur Schaffung einer zivilen Krankenpflegerschule – das noch heute bestehende „Rudolfinerhaus" in Wien-Döbling – gegründet hatte. Diese Aktion brachte dem Kronprinzen allerdings heftige Kritik von kirchlicher Seite ein, da die Krankenpflege bis dahin ausschließlich von geistlichen Orden ausgeübt wurde, die ihre Vorrangstellung nun bedroht sahen.

1886 heiratete Zuckerkandl die jüngere Tochter von Moriz Szeps (Herausgeber des *Neuen Wiener Tagblattes*), Berta. Diese überliefert eine bedeutungsvolle Episode aus der Freundschaft ihres Vaters mit dem Kronprinzen: Beide diskutierten einmal über den Tod, wobei Zuckerkandl diesen nicht als Unglück, sondern als notwendige Erfüllung des Lebens betrachtete. Der Kronprinz war von dieser Sichtweise sehr betroffen und meinte: „Ja, man muss dem Gedanken an den Tod furchtlos in die Augen blicken."[76] Anlässlich eines Besuches des Kronprinzen bei Zuckerkandl im Anatomischen Institut erbat Rudolf einen von ihm präparierten Totenschädel, den er Ende August 1887 erhielt[77] und auf seinen Schreibtisch stellte. Wenig später legte er auch einen Revolver dazu, förmlich eine ahnungsvolle Geste für das spätere Geschehen. Auch Mary Vetsera nahm 1888 diesen Schädel bei ihrem ersten Besuch beim Kronprinzen ohne Schrecken in die Hand.

Im Zusamenhang mit Berta Zuckerkandl ist auch die Heirat (1886) ihrer älteren Schwester, Sophie, mit Paul Clémenceau zu erwähnen, lei-

---

[76] Nach Hamann, a.a.O., S. 418.
[77] Szeps, Dr. Julius (Hg.): Kronprinz Rudolf, Politische Briefe an einen Freund 1882–1889. Wien 1922, S. 155.

tender Ingenieur im Elektrizitätsunternehmen Marcel Depréz, Bruder des nachmaligen französischen Ministerpräsidenten Georges Clémenceau.[78] Dieser war ursprünglich ein Armenarzt in Paris und zu diesem Zeitpunkt Abgeordneter der Radikalsozialisten in der französischen Nationalversammlung, ohne jegliche Ressentiments gegenüber Österreich, für die er später, zu Ende des Ersten Weltkrieges, bekannt wurde. Auch er kam aus Anlass dieser Hochzeit nach Wien. Kronprinz Rudolf äußerte sein Interesse am Kennenlernen von Clémenceau, was über Vermittlung von Moriz Szeps tatsächlich erfolgte. Die Begegnung fand nächtens in der Wohnung Rudolfs in der Hofburg statt. Er blieb mit Clémenceau in Kontakt und hatte fortan einen spezifischen Frankreichbezug.

Als sehr tragisch erwies sich die Erkrankung Rudolfs an Gonorrhoe (Tripper) im Frühjahr 1886, die damals mangels Antibiotka nur unzureichend behandelt werden konnte. Überlieferten Berichten nach litt er in der Folge an einer Augenentzündung und an Gelenkschmerzen, die ihm besonders das Reiten erschwerten. Diese Sekundärerkrankungen (Urethritis/Harnröhrenentzündung, Konjunktivitis/Augen-Bindehautentzündung und Arthritis/Gelenkentzündung) sind heute als gemeinsam auftretendes Krankheitsbild mit dem Begriff „Reiter'sches Syndrom" bekannt. Zur Linderung wurde u. a. Morphium gegeben. Die nunmehrige Unmöglichkeit einer weiteren Nachkommenschaft (er hatte auch seine Frau angesteckt) und das Zerwürfnis mit Stephanie wegen seiner außerehelichen Beziehungen belasteten den 30-Jährigen zusätzlich zu den politischen Reibereien, denen er ständig ausgesetzt war. Vielleicht hat er immer mehr die unlösbaren Konflikte zwischen seinem Denken und Handeln, seiner herausragenden Stellung bei gleichzeitig politischer Machtlosigkeit, den Anforderungen seines Militärdienstes bei fühlbarer Schwäche erkannt, wenn er in dem Abschiedsbrief an Szögyeny schreibt: „Ich muß sterben, das ist die einzige Art zumindest wie ein Gentleman diese Welt zu verlassen."[79]

Laut dem Agenten Dr. Florian Meißner (ein Advokat) habe Kronprinz Rudolf seit Sommer 1883 Selbstmordgedanken gehabt. Seiner langjährigen Geliebten Mizzi Caspar, die er sogar auf militärische Inspektionsreisen mitgenommen hatte, machte er den Vorschlag, gemeinsam in den Tod zu gehen. Meißner berichtet am 2. Februar 1889: „Vom Erschießen sprach Rudolf seit Sommer 1883. Er machte auch der Mizi den Vorschlag, sich mit ihm im Husarentempel zu erschießen. Mizi lachte darüber und glaubte es auch nicht, als er ihr Montags den 28.1.1889 sagte, er werde sich in

---

[78] Mitis/Wandruszka, a.a.O., S. 422.
[79] Hamann, a.a.O., S. 456.

Mayerling erschießen."⁸⁰ Bei der angegebenen Jahreszahl ist es fraglich, ob es sich nicht um 1888 handelt oder um eine Übertreibung. Denn der Kronprinz war 1883 in Prag stationiert, stand auf der vollen Höhe seiner Kraft, kannte Mizzi Caspar noch nicht und wurde von Meißner noch nicht bespitzelt. Dessen Tätigkeit gibt übrigens ein bezeichnendes Bild von der Überwachung des Kronprinzen, denn er war ein Doppelagent. Er berichtete sowohl Baron Krauß als auch dem deutschen Botschafter Reuß in Wien über Rudolfs Leben. Intime Informationen darüber erhielt er von der Kupplerin Wolf, der sich Mizzi Caspar ahnungslos anvertraute. Und um möglichst alle Details zu erfahren, hatte Meißner sogar den Hausmeister von Caspar bei sich als Zimmerputzer angestellt, um durch ihn Einzelheiten über die Besuche Rudolfs bei ihr herauszubekommen. Der Kronprinz ahnte natürlich nichts von dieser Bespitzelung, ebenso wenig wie Baron Krauß von Meißners Doppelspiel wusste, das erst Brigitte Hamann herausfand.⁸¹

Caspar lehnte das im Sommer 1888 gestellte Ansinnen Rudolfs ab (sie hatte übrigens eine 8-jährige Tochter), meldete aber den Vorfall Baron Krauß. Dieser wiederum machte Ministerpräsident Taaffe darüber Mitteilung, der aber nicht reagierte. Meißner sagt in seinem Bericht über Rudolf weiter: „Es erheische seine Ehre, daß er sich erschieße. Warum es seine Ehre erheische, detaillierte er nicht."⁸²

Wenn sich der Kronprinz in seiner Ehre verletzt fühlte, die durch einen Selbstmord wiederhergestellt werden sollte, so stellt sich die Frage, in welcher Weise er seine Ehre verletzt sah. Man denkt unwillkürlich an Arthur Schnitzlers Erzählung „Leutnant Gustl", dessen Protagonist nach einem Streit mit einem nicht sanktionsfähigen Gegner (d. h. ihm nicht ebenbürtig) nur im Selbstmord einen Ausweg sieht. Auch der Kronprinz konnte seine Gegner nicht zum Duell fordern, sodass der Selbstmord als einzige Möglichkeit blieb, seine Ehre um den Preis des Lebens zu wahren – eine für heutige Zeiten kaum mehr nachvollziehbare Haltung.

Die Frage der Ehre des Kronprinzen steht hier vermutlich mit der politischen Situation dieser Zeit in Zusammenhang. Die Jahreswende von 1888/89 war eine Periode politischer Hochspannung in Europa und innenpolitischer Krisen in der Monarchie. In Frankreich entstand durch die Agitation des Generals Georges Boulanger während des Wahlkampfes

---

⁸⁰ Krauß, a.a.O., S. 106 f.
⁸¹ Leopold Florian Meißner (1835–1895) absolvierte neben seiner Tätigkeit in der Wiener Polizeidirektion das Jusstudium. Trotz eigener Kanzlei blieb er Polizeikommissär, publizierte 1892 „Aus den Papieren eines Polizeikommissärs. Wiener Sittenbilder", in denen Kronprinz Rudolf aber keine Erwähnung findet.
⁸² Krauß, a.a.O., S. 108.

im Jänner 1889 eine heftige Kriegsstimmung gegen Deutschland, die für Österreich gemäß dem Bündnisvertrag die Gefahr einer Hilfestellung für das Deutsche Kaiserreich mit sich brachte. Bereits in den beiden Jahren davor fürchtete man im Zuge der sogenannten Bulgarienkrise einen Konflikt zwischen Russland und Österreich.

Im Oktober 1889 sollte das zehn Jahre zuvor geschlossene österreichisch-deutsche Bündnis verlängert werden. Der Kronprinz war laut Brigitte Hamann ein Gegner davon und legte seine Argumente in einer im April 1888 unter einem Pseudonym in Paris erschienenen Broschüre dar: „Österreich-Ungarn und seine Alliancen. Offener Brief an S.M. Kaiser Franz Joseph I. von Julius Felix." (Die Autorenschaft Rudolfs ist allerdings nicht einwandfrei gesichert.) Er schrieb dort eingangs: „Ich bin Österreicher wie Sie, Majestät, liebe mein Vaterland wie Sie und denke, dass einige Zeilen, die ein Unterthan an seinen Fürsten richtet, nicht ohne Interesse sein können [...] da auch ich nicht die Geduld habe, einen Brief an meinen Kaiser erst nach meinem Tod veröffentlicht zu sehen, so will ich keck der Mode folgen, und das Voranstehende wie das Nachfolgende in Druckerschwärze verewigen lassen." Und in der Folge: „Was suchen Sie, Majestät, in einer Alliance mit Deutschland und was verfolgen Sie mit einem Kriege gegen Rußland? Ich will zuerst von Ihren Interessen sprechen, um praktisch zu sein, und dann in zweiter Linie an Ihre Ehre, die Ihres Hauses und Ihrer Vorfahren appellieren ..." Also ging es auch um die Ehre bei diesem Bündnis. Der Kronprinz betrachtete dieses als verhängnisvoll, denn er erwartete einen neuerlichen Krieg zwischen Frankreich und Deutschland, der dann für Russland die Gelegenheit böte, wegen seiner Interessen auf dem Balkan gegen Österreich zu marschieren. Deutschland würde dabei Österreich nicht beistehen, weil es alle seine Kräfte gegen das inzwischen gut gerüstete Frankreich einsetzen müsste, und Österreich alleine wäre Russland nicht gewachsen. Daher forderte er eine friedliche Verständigung mit Russland über die Balkanfragen sowie ein Bündnis mit Frankreich (dem Erzfeind Deutschlands), möglichst auch mit England, um einen Krieg des militanten Deutschland zu verhindern, der Österreichs Untergang bedeuten würde.

Diese Schrift wurde sofort beschlagnahmt und dürfte den Kaiser auch nie erreicht haben. Nur wenige Exemplare konnten über die Grenze geschmuggelt werden. Der Kronprinz scheint aber ein Exemplar („eine sehr interessante Broschüre") dem Sektionschef im Ministerium des Äußeren, Ladislaus Graf Szögyeny, geschickt zu haben. Diesen sah er als seinen engsten Vertrauten, da er einer der Wenigen war, der den Kronprinzen über die außenpolitischen Aktivitäten der Monarchie informierte. In seiner Position (1882–1890) stand er in engstem Kontakt mit Gustav Graf Kálnoky, dem österreichisch-ungarischen Minister des Äußeren (1881–1895). Andererseits sollte er den Kronprinzen auch von Äußerungen und Aktivitäten abhalten, die der offiziellen politischen Linie widersprachen. Der Kronprinz wiederum versorgte Szögyeny durch seine Verbindungen nach Frankreich mit wichtigen Informationen, die dieser nicht nur an Kálnoky, sondern auch an die Deutsche Botschaft weitergab. Auch über Rudolfs Gedankenwelt berichtete er dem deutschen Botschafter. (Bezeichnenderweise war Szögyeny dann von 1892–1914 österreichischer Botschafter in Berlin).

Im Grunde hatte der Kronprinz mit seinen Befürchtungen recht, zumal Bismarck auch einen geheimen Rückversicherungsvertrag mit Russland abgeschlossen hatte, von dem aber niemand wusste. Ihm zufolge sicherten sich beide Staaten im Kriegsfall wohlwollende Neutralität zu, falls Russland unprovoziert von Österreich-Ungarn, Deutschland unprovoziert von Frankreich angegriffen würde. Dies führte zu einem sehr forschen Auftreten Russlands in der Balkanfrage, was von Rudolf – wie auch von anderen Zeitgenossen – als Kriegsgefahr interpretiert wurde.

Auch der seinerzeitige Kriegsminister General Franz Kuhn von Kuhnenfeld (1817–1896, Minister von 1868 bis 1874), nunmehr Generalkommandant von Steiermark, Kärnten und Krain, war gegen eine Bündnisverlängerung und teilte Rudolfs Überlegungen. Er hatte darüber mit ihm in Graz am 24. und 25. Mai 1888 eine Unterredung, die offenbar bespitzelt oder sonstwie bekannt wurde. Sieben Wochen später wurde Kuhn „aus Altersgründen" entlassen, was in Graz zu heftigen Protesten führte. Auch der mit dem Kronprinzen eng befreundete Prinz von Wales (ab 1901 König Eduard VII.), sein oftmaliger Jagdgast, unterstützte Rudolfs Idee, der sich durch diese Einschätzung natürlich bestärkt fühlte.

Rudolfs Opposition war bekannt geworden, er konnte aber selbst nicht gegen erhobene Anschuldigungen auftreten, da ja alles hinter verschlossenen Türen geschah. Aus dem gleichen Grund konnten ihn auch seine Gegner nicht offen angreifen, doch sie schürten im Hintergrund die Kritik an ihm. Der frühe Tod des deutschen Kaisers Friedrich III. am 18. Juni 1888, der als Hoffnungsträger für ein liberales Deutschland angesehen worden war, zerstörte auch in Kronprinz Rudolf die Erwartung auf eine deutsche Entwicklung im Sinne einer liberalen Staatsauffassung. Mit dem Nachfolger Wilhelm II., der offensiv nationalistische Ziele auch bezüglich Österreichs verfolgte, empfand er keine Gemeinsamkeit. Dieser hatte im Oktober 1888, als er in seiner neuen Funktion bei Kaiser Franz Joseph einen Antrittsbesuch machte, offen die Tätigkeit Rudolfs als Generalinspektor der Infanterie kritisiert, was zu einer weiteren Verstimmung führte.

Im Oktober 1888 trat auch das Blatt *Schwarzgelb. Politisches Journal. Organ für altösterreichische und gesamtstaatliche Ideen* für eine Verständigung mit Russland und ein Bündnis mit Frankreich ein (Kuhn war ein

Mitarbeiter dieses Journals). Man vermutete sofort den Kronprinzen dahinter, in den politischen Kreisen um Kaiser Wilhelm schlugen die Wogen der Empörung hoch, er selbst äußerte unverhohlen seine Gegnerschaft zu Rudolf. Kaiser Franz Joseph hielt natürlich an der Bündnistreue fest, da gab es keine Diskussion, auch nicht mit Rudolf. Jedenfalls führten die Auseinandersetzungen darüber zur Diskreditierung des Kronprinzen, dem die intriganten Reibereien viel Kraft kosteten. Offen konnte er sich ja dazu nicht äußern, seine Schrift war anonym erschienen, blieb dem Hauptadressaten (und seiner Umgebung) unbekannt. Brigitte Hamann hat diesen Konflikt ausführlich beschrieben, der daher hier nicht weiter dargestellt zu werden braucht. Innenpolitisch kam es 1888/89 zu einer gefährlichen Spannung mit Ungarn wegen einer neuen Wehrvorlage. Die Opposition in Budapest tobte gegen eine Erhöhung der Truppenkontingente, die österreichischerseits eingebracht worden war, nachdem der deutsche Verbündete die Forderung nach einer verstärkten Kriegsbereitschaft gestellt hatte (Kriegsangelegenheiten waren zufolge des österreichisch-ungarischen Ausgleichs von 1867 gemeinsam zu regeln). Genau am Nachmittag des 29. Jänner 1889, als Rudolf in Mayerling weilte, wurde das Wehrgesetz vom ungarischen Reichstag dann doch mit 267 gegen 141 Stimmen verabschiedet.

Sein Vorschlag der Umkehrung der Militärbündnisse stand wohl im Dienste des Vaterlandes und sollte seiner Überzeugung nach dessen Zukunft sichern. Aber damit stand er als Offizier im Widerspruch zum allerhöchsten Kriegsherrn, der noch dazu sein Vater war, dem er also doppelt zu Gehorsam verpflichtet war. Darin bestand sein unlösbarer Konflikt. Wesentlich ist, dass sich Rudolf durch massive Angriffe deutschnationaler und antisemitischer Kreise immer mehr in aufreibende Auseinandersetzungen verstrickt, ja geradezu in eine Kriegshysterie hineingesteigert hatte, die ihn angesichts seines anstrengenden Militärdienstes und seiner Krankheitssymptome zusätzlich belasteten. Erwähnenswert ist in diesem Zusammenhang ein schwerer Reitunfall des Kronprinzen am 19. November 1888 in Laxenburg, bei dem er sich an Kopf und Hand verletzte und über starke Kopfschmerzen klagte. Darüber musste aber strengstes Stillschweigen bewahrt werden,[83] doch er war von diesem Zwischenfall sichtlich betroffen.

Der „Husarentempel", den Rudolf als Ort für sein Hinscheiden in Aussicht genommen hatte, ist ein 1813 auf der Höhe des Kleinen Anninger bei Mödling von Fürst Johann I. Josef von Liechtenstein errichtetes Denkmal zu Ehren jener Husaren, die ihm in der Schlacht von Aspern 1809 das Leben gerettet hatten. Es trägt die Aufschrift: „Für Kaiser und Vaterland. Den

---

[83] Judtmann, a.a.O., S. 312 und S. 405.

ausgezeichneten Voelkern der Oesterreichischen Monarchie gewidmet", ist also ein Kriegerdenkmal. Wenn sich Rudolf dort umbringen wollte, hat man den Eindruck, dass er hier ein Zeichen, ein Fanal setzen wollte. Diese fast mythisierende Interpretation seiner Todesabsicht wurde im Katalog der Kronprinz-Rudolf-Ausstellung in der Hermesvilla 1989 erörtert.[84] Sein Tod sollte eine Warnung vor dem drohenden Untergang Österreich-Ungarns sein. Dieser Gedanke erscheint nicht abwegig, denn auch Robert Hamerling sagt in einem poetischen Nachruf auf den Kronprinzen: „Als Scheidespruch hat er die Mahnung uns entboten: ‚Kehrt ein in euch – des Unheils Woge steigt!'"

Auch eine Bemerkung von Berta Zuckerkandl (Tochter von Szeps) ist in diesem Zusammenhang erwähnenswert. Ihr Vater stand ja mit dem Kronprinzen in einem vertrauensvollen Freundschaftsverhältnis. Über seinen Tod ist sicherlich im Familienkreis diskutiert worden. Die von Zuckerkandls Bruder, Julius Szeps, 1922 herausgegebenen Briefe des Kronprinzen an seinen Vater sind ja voll von freimütigen Äußerungen.[85] In ihren Erinnerungen schreibt Berta: „Rudolf starb an Österreich, weil er an dessen Zukunft verzweifelte. Er starb an seines Vaters starrer Despotie. Er starb, weil er die Freiheit liebte und nur Unterdrückung sah. Er starb, weil er in wahrhaft prophetischer Art den Zerfall seines Landes ahnte."[86] Diese Aussage erscheint deshalb so bemerkenswert, weil sie aus einem Kreis stammt, der wie kein anderer den Kronprinzen privat gekannt hat. Jenen, die den Zerfall der Monarchie dann 1918 erlebt haben, waren die Ahnungen Rudolfs eine plausible Erklärung für sein Ende.

Wenn man aber die Umstände seines Todes genau betrachtet, so kommt man zu einer anderen, sehr nüchternen Überlegung. Rudolf hat sich nicht am Husarentempel und nicht im Laufe der zweiten Hälfte des Jahres 1888 umgebracht, sondern erst Ende Jänner 1889 in Mayerling. Er war schwankend, vielleicht zu ängstlich, alleine eine solche Tat zu vollbringen. Dann lernte er Mary Vetsera kennen, die er laut Larisch am 5. November 1888 erstmals persönlich traf. Marys mädchenhafte, schwärmerische Zuneigung hat ihn sicherlich bezaubert, aber sie war keine Frau für ihn. Das blieb weiterhin Mizzi Caspar, mit der Rudolf noch am Abend vor seiner Abfahrt nach Mayerling beisammen war.[87] Doch Mary war in schwärmerischer

---

[84] Rudolf. Ein Leben im Schatten von Mayerling. Katalog der 119. Sonderausstellung des Historischen Museums der Stadt Wien, Hermesvilla. Wien 1989, S. 356.
[85] Siehe Fußnote 75.
[86] Luciano O. Meysels: In meinem Salon ist Österreich. Berta Zuckerkandl und ihre Zeit. Wien/München 1984, S. 57.
[87] Sie ist übrigens am 29. Jänner 1907 gestorben, genau am Jahrestag der Tragödie von Mayerling.

Jungmädchenliebe bedingungslos bereit, Rudolf zu folgen – oder ihm beizustehen, was ihn offenbar bestärkt hat, endgültig Schluss zu machen. Mit ihr hat er wiederholt über seine Selbstmordabsichten gesprochen, hat mit ihr den gemeinsamen Tod anderer Liebespaare erörtert.[88] Ihre blinde Hingabe war ihm offenbar Stütze für sein schon lange überlegtes Ende, zu dem er alleine nicht genug Kraft fand. Aber er zögerte vor dem letzten, endgültigen Schritt, ähnlich wie es Emanuel Schikaneder in der „Zauberflöte" in klassischer Weise vorführt: Papageno will sich zwar umbringen, zaudert aber vor dem endgültigen Schritt. Das ist auch in der psychiatrischen Medizin ein bekanntes Phänomen. Aber der gemeinsame Selbstmord war nun einmal beschlossen. Eine schlüssige Erklärung für Rudolfs Tat wird sich wohl nie finden, denn für einen psychisch stabilen Menschen erscheint sie als ein Kurzschluss. Nicht einmal seine kleine Tochter, die er vor seiner Abfahrt nochmals sehen wollte, konnte ihn von seiner Absicht abhalten, nach Mayerling zu fahren. Als er dann in der Nacht vom 29. auf den 30. Jänner zur Tat schritt, und das durch seine Hand getötete Mädchen neben sich liegen sah, da mag ihm das Schreckliche seines Handelns zu Bewusstsein gekommen sein. Er erschoss sich nicht gleich, sondern verbrachte einige Stunden grübelnd neben der Toten (dem ärztlichen Befund nach war Mary früher gestorben als Rudolf). Um 6:30 Uhr gab er Loschek den Auftrag, die Jagd auf 8 Uhr zu verschieben, und erschoss sich erst, als er den Diener entfernt wusste.

Welche Möglichkeit eines Weiterlebens hätte es für ihn, den zum Mörder gewordenen Kronprinzen, der höchsten Person im Staat nach dem Kaiser, geben können? Zur Verzweiflung über seinen Gesundheitszustand, über die Situation seiner Ehe, über seine Ausgrenzung vom politischen Geschehen und den aufreibenden politischen Anfeindungen kam nun die Verzweiflung über die eigene ruchlose Tat. So blieb ihm schließlich nur die Selbstrichtung, um einen Anschein von Ehre zu wahren.

Verständnis für diese Handlung gewinnt man wohl erst durch die psychologischen Forschungen über Suizidfragen. Peter Gathmann zeichnete in einer psychohistorischen Studie Rudolfs Auswegslosigkeit,[89] die auch Walter Pöldinger, Wolfgang Wagner und Erwin Ringel 1989, aus Anlass des 100. Todestages, bei einem Symposium in der Krainerhütte im Helenental bei Baden erörtert haben.[90] Im selben Jahr publizierte auch der Wiener Pro-

---

[88] Swistun: Mary Vetsera, a.a.O., S. 124.
[89] Peter Gathmann: Kronprinz Rudolfs Suizid: Inszenierung persönlicher und kollektiver Autodestruktion. In: Katalog Hermesvilla, a.a.O., S. 116 ff.
[90] Walter Pöldinger, Wolfgang Wagner (Hg.) „Aggression, Selbstaggression, Familie und Gesellschaft". Das Mayerling-Symposium. Berlin 1989, 186 S. Darin insbesondere: „Das präsuizidale Syndrom bei Kronprinz Rudolf" von Erwin Ringel (S. 176 ff.).

fessor für pathologische Anatomie, Hans Bankl, eine Analyse von Rudolfs Persönlichkeit, in der er die Hintergründe seines Handelns aus medizinischer Sicht erläutert. Er kommt praktisch zu den gleichen Ergebnissen wie das Symposium.[91] Die dort ausführlich dargestellten präsuizidalen Symptome, die beim Kronprinzen relativ früh und beispielhaft beobachtbar waren (etwa seine Ängstlichkeit als Einfluss frühkindlicher Erlebnisse, der Wechsel zwischen depressiver Stimmung und hyperaktiver Tätigkeit), lassen seine innere Zerrüttung erkennen. Wie psychiatrische Erfahrungen zeigen, geschieht ein Selbstmord nicht spontan, sondern ist die Frucht eines langjährigen inneren Prozesses, für dessen Ausführung oft ein geringfügiger äußerer Anlass genügt. Ein solch folgenschwerer Anlass könnte die heftige Auseinandersetzung des Kaisers mit Rudolf am 27. Jänner gewesen sein, worüber Brigitte Hamann aus allen dafür in Frage kommenden Quellen ausführlich berichtet.[92] Der Inhalt dieses Gespräches kann nur erahnt werden, mag die Ehe des Kronprinzen, aber auch grundsätzliche Auffassungsunterschiede zum Gegenstand gehabt haben. Nach Beobachtungen von Zeitzeugen soll der Kronprinz jedenfalls mit größter Erbitterung diese Aussprache verlassen haben.

Die über den 30. Jänner hinausgehenden Terminvereinbarungen des Kronprinzen lassen darauf schließen, dass er in seinem Entschluss wirklich schwankend war. Seine Unsicherheit in seiner Selbstmordabsicht wird auch aus der Tatsache abgeleitet, dass nach einer Meldung der *Neuen Freien Presse* vom 30. Jänner unter den von ihm am Dienstag, 29. Jänner geschriebenen Briefen einer an den ehemaligen Kriegsminister, General Alexander von Koller (1813–1890, Minister von 1874–76) war, mit der Einladung zu einem Diner am Donnerstag, dem 31. Jänner. Koller hatte sich 1868 und 1871 als Statthalter und kommandierender General in Böhmen einen guten Namen gemacht. Als unter der tschechenfreundlichen Regierung Belcredi seitens der deutschen Bevölkerung tumultartige Unruhen ausbrachen, gelang ihm durch eine unparteiische und gerechte Vorgangsweise die Wiederherstellung der Staatsautorität. In seiner Ministerzeit vollzog er u. a. die Neuorganisation des militärischen Bildungswesens, woran auch der Kronprinz sehr interessiert war. (Koller wohnte in Baden, Kaiser-Franz-Joseph-Ring 1; er war bereits todkrank, als ihn der Kaiser am 17. Mai 1890 besuchte. Er starb am 29. Mai 1890 und wurde am Badener Stadtfriedhof begraben. Seine Gruft wählte später der Badener Bürgermeister Viktor Wallner (1922–2012), der selbst Offizier im Zweiten Weltkrieg gewesen war, für sich als Grablege.)

---

[91] Hans Bankl: Woran sie wirklich starben. Wien/München/Bern 1989. (S. 121–155: „Ein Doppelselbstmord")
[92] Hamann, a.a.O. („Der 27. Jänner"), S. 446 ff.

Verfolgt man die Chronologie von Rudolfs letzten Lebensjahren[93], so zeugen diese zwar von seiner rastlosen und aufreibenden Tätigkeit, lassen aber kaum Rückschlüsse auf seine innere Verfassung zu. Erst Mitteilungen von Zeitzeugen und Personen aus seiner unmittelbaren Umgebung geben Aufschluss über sein spannungsreiches Doppelleben. Dazu gehören seine nächtlichen Zusammenkünfte mit Szeps und dessen Mitarbeiter Dr. Berthold Frischauer, seine zu später Stunde geschriebenen Briefe und Zeitungsartikel, die heimlich von seinem getreuen Diener Nehammer befördert werden mussten, seine Zusammenkünfte mit Mizzi Caspar und andere nächtliche Eskapaden. Überlegungen zu den daraus resultierenden Spannungen und Konflikten sind in anderen Arbeiten bereits angestellt worden.[94]

Interessant sind auch Schuldes' Eindrücke über Rudolfs letzte Monate, die er wie folgt beschreibt: „Seine ganze Lebensführung der letzten Zeit zeigt unverkennbar, dass dieselbe darauf hinauslief, keine Ermüdung aufkommen zu lassen. Sein Leben war die Folge der politischen Reibungen und Verbitterungen, denen er sich ausgesetzt sah, ein Zustand beständiger Reizungen und eine Flucht vor sich selbst, denn natürlich muß sich doch die eigene Schwäche bei ihm geltend gemacht und die Furcht erweckt haben, daß er auf die Dauer nicht werde standhalten können und daß seine Kräfte zu früh verbraucht sein werden. Von dieser Furcht gepeinigt, ergab er sich der allmählich zu Leidenschaft werdenden Gewöhnung, sich durch den übermäßigen Genuß alkoholischer Getränke aufzupulvern und sich erotischen Ausschweifungen hinzugeben." Der Kronprinz hatte damals besonders viel Cognac konsumiert. Schuldes berichtet, dass selbst Ärzte diesen als ein Aufputschmittel und Allheilmittel für alle möglichen Übelkeiten gepriesen und auch verordnet haben. Im *Badener Bezirks-Blatt* findet man beispielsweise 1888 wiederholt Werbeannoncen für Cognac mit dem Hinweis: „Derselbe gilt als das angenehmste Genussmittel und ist das beste Präservierungsmittel gegen Verdauungsstörungen, Magen-, Lungen-, Brust- und Infectionskrankheiten." Cognac wurde daher auch in den Apotheken verkauft.

Schuldes fährt fort: „Der Kronprinz nun benützte, wenn man so sagen darf, ebenfalls solche Reizmittel, um seine Verstimmungen zu verscheuchen und mutete seinem jungen elastischen Körper durch Steigerung dieser Genüsse mehr zu als derselbe ertragen konnte. Ich habe aber weder gesehen, noch gehört, daß er bei einem ‚Gelage' die Herrschaft über sich verloren

---

[93] Ausführlich dargestellt bei Ingrid Haslinger, a.a.O., S. 244–259.
[94] Neben dem genannten Sammelband des Pöldinger-Symposiums etwa bei John T. Salvendy: Rudolf. Psychogramm eines Kronprinzen. Wien 1987.

habe. Es bereitete ihm eine Art Genugtuung, auszuhalten und er gefiel sich, wie ich sagen hörte, in der Selbsttäuschung, der Kraftvollste zu sein, wenn seine Gäste mehr oder weniger ihre Haltung verloren hatten oder wie der arme Pausinger über den Tisch gebeugt eingeschlafen war."

Trotz dieser wohlwollenden Einschränkung ist doch Rudolfs Raubbau an seinem Körper ersichtlich, der seine Kräfte geschwächt hat. In Zusammenhang mit den Schilderungen von Schuldes ist ein Satz des Kronprinzen in einem Antwortbrief auf die Geburtstagswünsche von Szeps zu seinem 30. Geburtstag bezeichnend: „Und jedes Jahr jetzt macht mich älter, weniger frisch und weniger tüchtig, denn die notwendige und nützliche, doch auf die Länge hin ermattende alltägliche Arbeit, das ewige Sichvorbereiten und die stete Erwartung großer umgestaltender Zeiten erschlaffen die Schaffenskraft."[95]

Nach seiner Beisetzung wurde kaum mehr über ihn gesprochen. Jene seiner Anhänger, welche über die Tat in Mayerling Bescheid wussten, hatten keine Argumente, um sie entschuldbar zu machen, und schwiegen daher. Für die kaiserliche Familie waren die Umstände seines Todes eine Schande, man schwieg aus Scham. Überdies hätte jede Erörterung auch die Frage nach dem Tod von Mary Vetsera aufgeworfen. Seine zahlreichen Gegner, wie etwa Taaffe, deutschnationale, antisemitische und konservativ-klerikale Kreise, denen seine liberale und kritische Haltung schon längst ein Dorn im Auge gewesen war, schwiegen aus Erleichterung oder aus peinlicher Betroffenheit. Erwähnenswert ist in diesem Zusammenhang ein Bericht des Agenten Milarow vom 14. Februar 1889, der von einer feindseligen Stimmung gegen den Kronprinzen in den Kreisen des Hochadels im Jockeyclub sprach.

Man kann feststellen, dass Rudolf vieles erkannt oder erahnt hatte, was die Täger der politischen Macht nicht wahrnahmen – oder nicht wahrhaben wollten. Er war in vielem hellsichtiger als sein Vater und die Würdenträger des Staates, aber auch ungestümer und unvorsichtiger, im öffentlichen wie im privaten Bereich. Durch seine liberalen Erzieher beeinflusst und durch seine Reisen gebildet, erkannte er so manche morschen Stellen in Staat und Gesellschaft. Er nahm in persönlichen Aufzeichnungen, die erst durch die Forschungen von Brigitte Hamann bekannt geworden sind, in anonymen Schriften oder in scharfzüngigen Zeitungsartikeln, deren Urheber nur erahnt werden konnte, gegen Missstände in Politik und Adelskreisen Stellung. Soferne diese Äußerungen überhaupt bekannt wurden, sah man sie nur als

---

[95] Szeps: Kronprinz Rudolf. Politische Briefe, a.a.O., S. 163.

unangemessene Sticheleien an oder schwieg sie einfach tot. Dabei erkannte Rudolf auf Grund seiner Ausbildung sowie seiner Kontakte zu Universitätsprofessoren und Journalisten klar die sozialen und nationalen Spannungen in der Monarchie, kritisierte die in seinen Augen rückschrittlichen konservativen und klerikalen Kräfte. Für ihn war – nach dem Beispiel Englands und Frankreichs – das Bürgertum die künftige führende Kraft. Nach seiner Großjährigkeit war es ihm aber nicht möglich, in den Hofkreisen oder unter führenden Vertretern des Staates Verbündete oder ein politisches Gefolge für die von ihm verfochtenen Ansichten zu finden. Seine geistigen Interessen konnte er nur im Kreise wissenschaftlicher Gesellschaften und seiner Mitarbeiter am Kronprinzenwerk entfalten. Der ihm nahe stehende Moriz Szeps (er hatte 1878 in seiner Zeitung *Neues Wiener Tagblatt* Rudolfs „Donaureise" besprochen und wurde daraufhin sein engster Freund, der viele Artikel von ihm in seinem Blatt anonym publizierte), andere befreundete Journalisten, eine Reihe seiner Lehrer und weitere Vertrauenspersonen waren jüdischer Herkunft. Das brachte ihm seitens antisemitischer Kreise, die sehr groß waren und ihre Ansichten in der Öffentlichkeit widerspruchslos äußern konnten, den Vorwurf eines „Judenknechtes" ein.

Da dem Kaiser, dem höchsten Repräsentanten des Hofes, sowie der Kirche seine kritische, ja oft oppositionelle Haltung bekannt war, blieb er von politischen Entscheidungen – oder auch nur von einem Gedankenaustausch darüber – ausgeschlossen, wurde von seinem Vater strikt auf den ihm zugedachten militärischen Bereich verwiesen. Franz Joseph pochte gegenüber seinen Beratern stets auf die Einhaltung der jeweiligen Kompetenz; ein Militär hatte nicht über Politik zu reden und umgekehrt. Man argwöhnte auch, dass Rudolf politische Informationen an Journalisten weitergeben könnte, was bezüglich Szeps tatsächlich der Fall war. Bereits am 31. Mai 1882 klagte er in einem Brief aus Prag an Theodor Billroth: „Ich habe keinen Einfluss, nicht den geringsten, officiell auch nur streng meine Brigade in Prag als Wirkungskreis, und wenn ich je etwas durchsetze, so geschieht dies nur, falls die Groß-Auguren mir eine Gefälligkeit erweisen wollen oder falls sie meine ungemein kecke Zunge und Feder scheuen."[96] Und in einem Brief an Szeps vom 11. November 1882 aus Prag: „…ich gehöre zu den von offizieller Seite am wenigsten informierten Leuten in ganz Österreich."[97] Auch später, in Wien, war entgegen seinen Erwartungen die Situation nicht besser, er wurde nie zu Ministerratssitzungen beigezogen. Den vorhandenen Dokumenten nach kam es auch nie zu einem offenen, freimütigen Gespräch über politische Fragen mit seinem Vater, obwohl er mit ihm manchmal

---

[96] Mitis/Wandruszka, a.a.O., S. 377 f.
[97] Szeps, a.a.O., S. 19.

gleicher Meinung war. Etwa bei der Okkupation von Bosnien-Herzegowina 1876, oder bei den Studentenkrawallen im böhmischen Kuchlbad 1881. Die strikte Beschränkung seiner Tätigkeit auf den militärischen Bereich war für den hellsichtigen, drängenden Rudolf unbefriedigend. Als er am 18. März 1888 zum Generalinfanterie-Inspektor ernannt wurde (ein für ihn eigens geschaffener Rang), blieb Erzherzog Albrecht weiterhin der Generalinspektor des gesamten Heeres, was auch im Militärbereich Anlass für entmutigende Reibereien war.

Jene breiten Bevölkerungskreise, die über die Hintergründe seines Lebens und seiner Stellung nicht informiert waren, sahen aber in dem jungen, sympathischen und dynamischen Thronfolger die Hoffnung des Staates, dessen jähes Ende echte Betroffenheit auslöste. Stefan Zweig schildert diese Anteilnahme wie folgt: „Noch von meiner frühen Kindheit erinnere ich mich an jenen andern Tag, als Kronprinz Rudolf, der einzige Sohn des Kaisers, in Mayerling erschossen aufgefunden wurde. Damals war die ganze Stadt in einem Aufruhr ergriffener Erregung gewesen, ungeheure Massen hatten sich gedrängt, um die Aufbahrung zu sehen, überwältigend sich das Mitgefühl für den Kaiser und der Schrecken geäußert, dass sein einziger Sohn und Erbe, dem man als einem fortschrittlichen und menschlich ungemein sympathischen Habsburger die größten Erwartungen entgegengebracht hatte, im besten Mannesalter dahingegangen war."[98]

Julius Schuldes gibt in diesem Sinne eine bemerkenswerte Anekdote wieder: Er sah den Kronprinzen erstmals „als lebhaften Knaben (1872) in einem Wiener Opernthester [...] und später als jungen Mann mit feinem von einem Bärtchen umrahmten Gesicht und hellen Augen, wie ihn Heinrich v. Angeli" gemalt hatte (1885 in Admiralsuniform). „Als ich bei einem viel späteren Anlasse (1907) mit Angeli [...] beisammen saß, konnte ich nicht umhin, Angeli auf den Unterschied zwischen seinem idealisiert verklärten Kronprinzenbilde und dem angewelkten Aussehen Rudolfs in Mayerling aufmerksam zu machen. Worauf Angeli, vor sich hinblickend, antwortete: Ja, ja, dort habe ich eben alle unsere Hoffnungen hineingemalt."

Der Wiener Verleger Adolph W. Künast, ein enger Freund Rudolfs, schrieb am 1. Februar 1889: „Eine Lichtgestalt ist von uns gegangen, vorzeitig ist das grüne Blatt dem rauhen Sturm erlegen ..."[99] Und am 21. März 1889 an den Schweizer Arzt und Ornithologen Georg Girtanner (1839–1907), der mit dem Kronprinzen von 1878 bis 1889 in Briefwechsel gestanden war: „Die Lücke, die uns das Schicksal gebracht, sie wird niemals ausgefüllt. Es gab nur einen Kronprinzen Rudolf, mit ihm sanken die schönsten Hoff-

---

[98] Stefan Zweig: „Die Welt von gestern." Zürich (Buchclub Ex Libris) o. J., S. 115 f.
[99] Nachruf in *Hugo's Jagdzeitung* vom 1.2.1889.

nungen in's Grab. – Mag die Welt richten, wie sie wolle: wir, die wir ihn kannten, werden und dürfen nicht wanken! Sein Andenken an ihn wird uns für immer umschlungen halten."[100]

Adolph Wenzel Künast (1845–1911) stammte aus Nordböhmen (Schluckenau) und gehörte zum liberalen Freundeskreis des Kronprinzen. Er hatte 1881 die Wallishauser'sche Verlagsbuchhandlung, 1885 den gleichnamigen berühmten Wiener Theaterverlag gekauft. Da er nicht nur an der Theaterliteratur, sondern auch an Jagd und Ornithologie interessiert war (daher auch Ausschussmitglied im Ornithologischen Verein Wien, dessen Ehrenschutz Kronprinz Rudolf innehatte), änderte er 1886 den Verlagsnamen zu „Theater- und Jagdverlag Adolph W. Künast", der auch *Hugo's Jagdzeitung* publizierte. Dort wurde stets ausführlich über die Jagden des Kronprinzen berichtet. Seine Verbindung zu Rudolf dürfte sehr eng gewesen sein, denn dieser schenkte ihm 1884 einen wertvollen Diamantring mit seiner Namensinitiale und Krone.[101] 1883 wurde er k.u.k. Hofbuchhändler, bald darauf auch „Kammerbuchhändler des Kronprinzen Rudolf", dessen Schriften er 1887 unter dem Titel „Jagden und Beobachtungen" publiziert hat. Im selben Jahr auch des Kronprinzen Studie „Über Auer-, Birk- und Rackelwild" sowie „Lacroma", die Beschreibung der gleichnamigen Adria-Insel (Erbe von Erzherzog Ferdinand Max) aus der Feder von Kronprinzessin Stephanie. Prinz Philipp von Coburg soll zu Künast nach dem Tod des Kronprinzen gesagt haben: „Ich habe viel verloren, meinen Schwager; Sie haben Ihren besten, treuesten Freund verloren."[102] Künast lebte ab 1894 in Baden, Wilhelmsring 9, wo er 1911 starb und am Helenenfriedhof bestattet wurde.

Mit seinem Geburtsjahr 1858 gehörte Kronprinz Rudolf zu jener Generation von Österreichern, die die kulturellen Leistungen von „Wien um 1900" repräsentieren, wie etwa Sigmund Freud (geb. 1856), Julius Wagner-Jauregg (geb. 1857), Peter Altenberg (1859), Gustav Mahler (geb. 1860), Franz Matsch (geb. 1861), Gustav Klimt (geb. 1862), Arthur Schnitzler (geb. 1862), Hermann Bahr (geb. 1863). Sie alle stammten aus jenem liberalen Bürgertum, das auf der Grundlage des wissenschaftlichen und technologischen Fortschrittes auch in Gesellschaft und Politik eine Änderung überkommener Anschauungen und Strukturen erwartet und vorbereitet hat. Kronprinz Rudolf hatte ebenfalls das Gedankengut seiner wissenschaftlichen und liberalen Lehrer in sich aufgenommen, stand den Naturwissenschaften näher als dem Militärberuf, in den man ihn gezwungen hatte. Er

---

[100] „Kronprinz Rudolf von Österreich: Sein Briefwechsel mit Dr. G. A. Girtanner." Herausgegeben von Bernhard Schneider und Ernst Bauernfeind, Wien 1999, S. 118.
[101] ÖBK (Österreichische Buchhändler Korrespondenz) 1884, Nr. 19, S.188.
[102] Nachruf im „Deutschen Volksboten" März 1911 (Biographisches Archiv Baden).

gewann dadurch überraschend klare Einsichten in die Verhältnisse seiner Zeit, ja er war in diesem Sinne ihr Repräsentant.

Welche Werte hat er nun repräsentiert? Das ist in einem Brief vom 3. November 1884 zum 50. Geburtstag seines Freundes Moriz Szeps überliefert. Der Kronprinz wünscht ihm Glück, Zufriedenheit, Gesundheit, Freude mit seiner Familie und seinen Kindern. Dann wörtlich: „Dies wünsche ich Ihnen als einem glücklichen Gatten und Vater. Aber als Mann des öffentlichen Lebens, als dem wahren Österreicher, wünsche ich Ihnen und uns allen, daß Sie noch lange Jahre mit ungeschwächter Kraft als mutiger Kämpfer in den ersten Reihen stehen sollen, um die Grundsätze wahrer Aufklärung, echter Bildung, Humanität und liberalen Fortschrittes zu bekennen und zu verfechten. Durch Ideen- und Gesinnungsgemeinschaft sind wir verwandt; denselben Zielen streben wir zu. Und wenn auch die Zeiten sich momentan verschlimmern, wenn auch Rückschritt, Fanatismus, Verrohung der Sitten und ein Zurückgehen auf alte, längst überwunden geglaubte Zustände Platz zu greifen scheinen, wir vertrauen doch auf eine schöne große Zukunft, auf ein Durchdringen jener Prinzipien, denen wir dienen, denn der Fortschritt ist ein Naturgesetz!"[103]

Und im Dankbrief für die Neujahrswünsche schreibt ihm der Kronprinz am 1. Jänner 1885: „Meine Schuldigkeit werde ich immer tun, treu dem Vaterlande, dessen Zukunftsmission mein Glaubensartikel ist, und treu meinen liberalen Grundsätzen, die ich für die richtigen halte, da sie auf Veredlung und Fortschritt in der geistigen Entwicklung beruhen."[104]

Diese Worte klingen wie ein Glaubensbekenntnis, zeigen seine Verbundenheit mit den liberalen Kräften seiner Zeit. Aber es war ihm auf Grund der Schranken seiner hochadeligen und konservativ-klerikalen Umgebung mit den dort herrschenden Konventionen nicht möglich, mit seinen – aus heutiger Sicht fortschrittlichen – Anschauungen auf die Politik Einfluss zu nehmen und in die Öffentlichkeit zu wirken. Vom Vater strikt auf seinen militärischen Bereich verwiesen, fanden seine wissenschaftlichen Interessen nur in seinen zahlreichen Schriften einen sichtbaren Ausdruck. Aber sonst blieb er politisch gesehen ausgegrenzt und fühlte sich als ein Ausgeschlossener. Die Spannungen, ja der Abgrund zwischen geistigem Anspruch und realer Wirklichkeit – auch in seinem privaten Leben – schienen ihm allmählich unüberbrückbar, sein Scheitern schien ihm vorgezeichnet. Sein Selbstmord wurde dann als Schande empfunden, die peinliches Schweigen und Verschweigen zur Folge hatte.

Sogar die Republik, ansonsten monarchischen Traditionen abhold, hält an der seinerzeit verordneten „damnatio memoriae", der Tilgung seines

---

[103] Szeps: Kronprinz Rudolf. Politische Briefe, a.a.O., S. 103.
[104] Ebenda, S. 108.

Andenkens, fest, obwohl er etwa mit dem unter seiner Leitung publizierten Werk „Die österreichisch-ungarische Monarchie in Wort und Bild" (24 Bände; zahlreiche Beiträge stammen aus seiner Feder) sowie mit der Schaffung des Heeres(geschichtlichen) Museums Bleibendes geschaffen hat. Die Wohnräume seiner Mutter in der Hofburg wurden zu einem opulenten „Sisi-Museum" gestaltet. Das Appartement des Kronprinzen hingegen ist der Öffentlichkeit nicht zugänglich. Dort befinden sich heute die Büroräume des Bundesdenkmalamtes, ausgerechnet jener Behörde, der die authentische Bewahrung historischer Räume ein Anliegen sein sollte. Das erhaltene Mobiliar kam in ein Möbeldepot.[105]

Es fällt auf, dass im Leben Rudolfs oft Widersprüche festzustellen sind; er schwankte zwischen Selbstzweifeln und Maßlosigkeit, führte ein politisches und geistiges Doppelleben. Mit seiner impulsiven Art und ungestümen Meinungsäußerung brüskierte er oft seine Umgebung, manövrierte sich selbst in eine Außenseiterstellung. Kritik hat ihn tief verunsichert, Anerkennung höchst beflügelt. Seiner Forschheit, nicht selten auch seinem Zynismus, stand immer wieder ein ängstliches Zögern gegenüber, bei dem er wegen seiner hohen Stellung keine Stütze für mutiges Handeln fand. Rudolf war schwankend, voll bester Absichten, handelte dann aber bei geänderten Umständen anders als vorgesehen. Dies soll kurz an der folgenden Begebenheit gezeigt werden: Am 31. März 1888, kurz vor Ostern, schreibt er aus Wien an Stephanie: „… Am Ostermontag möchte ich Dich zum Diner in Abbazia einladen. … Ich denke, wir könnten diese eine Nacht in Abbazia zusammen schlafen; es macht sich gut, dann geht man ohnehin wegen dem Beichten und Kommunizieren früh schlafen, und es wäre auch recht hübsch, wieder einmal im Bett herumzunutscherln. Hoffentlich kann der Greif am Ostermontag schon in Abbazia sein."[106] Tatsächlich macht man die Schiffsreise, im Hafen von Pola steigt sein lebenslustiger Cousin, Erzherzog Otto, mit Frau zu. Abends zechen die Herren mit den Schiffsoffizieren, Rudolf lehnt bei einbrechender Nacht die Mahnung des Kapitäns ab, angesichts der vielen Riffe an der dalmatinischen Küste doch vor Anker zu gehen – und legt sich weintrunken schlafen. Tatsächlich stößt das Schiff bald darauf an einen Felsen, bleibt manöverierunfähig hängen, mit Seilen und Leitern gelangt man im Dunkeln in die Hilfsboote. Es ist Stephanie, die bei dem Rettungsmanöver auf der Kommandobrücke bei den Offizieren bleibt

---

[105] Es handelt sich um das Hofmobiliendepot in der Zieglergasse 7, 1070 Wien.
[106] „Greif" war das dem Kronprinzen bereitgestellte Kreuzfahrtschiff. Schiel, a.a.O., S. 174.

und sich tapfer verhält.[107] Keine Rede vom Herumnutscherln – ihr Ärger ist verständlich.

In den Jahren nach 1886 zeigte Rudolf selbst nicht jenes Verantwortungsbewusstsein, das er etwa 1878 in seiner Anklageschrift gegen den Adel von diesem gefordert hatte.[108] Er kritisierte dessen politische Trägheit und seine mangelnde Verantwortung für den Staat, genoss aber selbst uneingeschränkt die Vorrechte seiner Stellung. Die Kluft zwischen seinen hochfliegenden, idealen, manchmal utopischen Gedanken und seiner tatsächlichen Lebensweise lassen es fraglich erscheinen, ob er seine Ideen, die aus heutiger Sicht fortschrittlich und zukunftsweisend erscheinen, in staatsmännischer Weitsicht hätte umsetzen können.

Die Konflikte des Kronprinzen mit seiner traditionsgebundenen Umgebung bei Hof, mit konservativen Klerikern, mit Ministerpräsident Taaffe, mit Stephanie, mit den deutschnationalen und antisemitischen Kreisen Wiens, sind aber nur eine Seite seines Lebens. Die andere ist wohl die Tatsache, dass auch die politisch führende Oberschicht im Staate die spannungsgeladenen Entwicklungen dieser Zeit nicht im notwendigen Maß wahrnahm oder sie nicht wahrnehmen wollte. Rudolf hat sie auf Grund seiner Bildung, seiner Reisen und seiner Kontakte zur Zivilgesellschaft erkannt, stand damit diametral zu den bestimmenden politischen Köpfen der österreichischen Politik. Er konnte aber – auch auf Grund seiner Loyalität zum kaiserlichen Vater – nicht eingreifen, musste sich auf den ihm zugewiesenen Aufgabenbereich beschränken. Die führende Gesellschaftsschicht lebte im Vertrauen auf sichere Traditionen gut von einem Tag zum andern, ohne Gedanken an nötige Änderungen und Reformen, denn man war an das „Fortwursteln" gewöhnt. Stefan Zweig stellt dazu in seiner „Welt von gestern" treffend fest: „Es bleibt ein unumstößliches Gesetz der Geschichte, daß sie gerade den Zeitgenossen versagt, die großen Bewegungen, die ihre Zeit bestimmen, schon in ihren ersten Anfängen zu erkennen."[109]

Betrachtet man Rudolfs hoffnungsvollen Lebensbeginn und sein schicksalhaftes Scheitern, so erscheint ein Zitat des spanischen Philosophen Ortega y Gasset (1883–1955) förmlich auf ihn gemünzt: „Das Schicksal – das Privileg und die Ehre – des Menschen ist es, niemals ganz zu erreichen, was er sich vornimmt, und bloßer Anspruch, lebende Utopie zu sein. – Immer schreitet er der Niederlage entgegen, und schon ehe er in den Kampf eintritt, trägt er die Wunde an der Schläfe."[110]

---

[107] Jean de Cars: Rodolphe et les secrets de Mayerling. Paris 2007, S. 385 f.
[108] „Der österreichische Adel und sein konstitutioneller Beruf. Mahnruf an die aristokratische Jugend von einem Österreicher." Anonym. München 1878.
[109] Zweig, a.a.O., S. 351.
[110] José Ortega y Gasset: Signale unserer Zeit. Essays. Stuttgart/Zürich/Salzburg o. J., S. 8.

Baden und der Tod des Kronprinzen

Die unmittelbar nach dem Tod des Kronprinzen zu treffenden Maßnahmen liefen über Baden. Es sollen daher die hier und in Mayerling ablaufenden Ereignisse geschildert werden.

Da Prinz Coburg angesichts des unerwarteten Todes Rudolfs völlig gebrochen war, übernahm Graf Hoyos die Aufgabe, die kaiserliche Familie zu informieren. Ohne sich selbst von der Situation ein Bild gemacht zu haben, nur mit der von Loschek geäußerten Vermutung eines Giftmordes, fuhr er seinem Bericht nach um 8:37 Uhr mit dem bereitstehenden Fiaker Bratfisch nach Baden zum Bahnhof. Der nächste Zug fuhr um 9:18 Uhr nach Wien, war aber ein Kurierzug aus Triest, der in Baden keine Passagiere aufnehmen durfte (Fernzüge hielten damals in den letzten Stationen vor Wien nur zum Aussteigen). Hoyos erreichte beim Bahnhofsvorstand, Ritter von Tarnocky-Sprinzenberg,[111] erst mit dem Ruf „Kronprinz Rudolf ist tot!", dass er einsteigen konnte. Trotz Zusicherung absoluter Diskretion telegrafierte jedoch der Stationsvorstand diese Todesnachricht sogleich an Baron Nathaniel Rothschild, der die Patronanz über die damals noch im Privatunternehmen geführte K.K. priv. Südbahn innehatte. Rothschild wiederum machte diese Schreckensnachricht in Wien sofort in seinem Bekanntenkreis, an der Börse und bei einigen diplomatischen Vertretungen bekannt, noch bevor Hoyos dem Kaiser in der Hofburg davon berichten konnte. Wie ein Lauffeuer verbreitete sich die Meldung, die Wiener Börse wurde um 14 Uhr geschlossen.[112]

Sowohl vom Badener Bahnhof aus, als auch von der Badener Wechselstube des Moritz Leitner in der Theresiengasse 2, die kurz vor 14 Uhr durch einen Telefonanruf informiert worden war (die Stadt hatte seit dem 17. Juli 1888 Telefonanschluss), verbreitete sich rasch die Nachricht vom Tod des Kronprinzen, sodass bald Neugierige nach Mayerling kamen.[113] Auch der Chronist von St. Helena vermerkte die Anreise zahlreicher Schaulustiger.

Der Badener Bezirkshauptmann Dr. Ernst Oser, der nicht wie üblich vom Sekretariat des Kronprinzen über dessen Aufenthalt in Mayerling informiert

---

[111] Gerd Holler, Mayerling – die Lösung des Rätsels, a.a.O., S. 161, nennt ihn fälschlich „Spätzenberg"; in anderen Quellen wird ein Bahnhofsvorstand Höfer genannt, der aber richtig Höffler hieß.

[112] *Illustriertes Wiener Extrablatt*, Abendausgabe vom 30.1.1889.

[113] Wallner, a.a.O., S. 76.

worden war, erhielt die Todesnachricht vom Badener Bahnhofsvorstand. In Osers Nachlass befindet sich eine Visitenkarte des „Josef Höffler, Ingenieur der Südbahn, Besitzer des gold. Verd.-Kr.m.d.Kr., Ritt. des span. Isabellen-, des serb. Tacova- und des monten. Danilo Ordens, derzeit Stations-Chef in Baden" mit einem handschriftlichen Vermerk auf der Rückseite: „Der Kronprinz liegt tot in Mayerling […] ihre […]"(Rest nicht zu entziffern) – was darauf schließen lässt, dass dieser Bahnhofsbeamte den Bezirkshauptmann über die Situation informiert hat.

Auch das Bezirksgericht Baden (damals im Rathaus befindlich) erfuhr bald davon. Der dort angestellte Adjunkt, Dr. Robert Edler Siebenrock von Wallheim, berichtete, dass er am 30. Jänner nach dem Mittagessen in einem Lokal in der Pfarrgasse um ca. 14 Uhr vor der Leichenbestattungsanstalt Eduard Nissel (Pfarrgase 16) eine große Menschenmenge bemerkt habe. Zwei Fuhrleute vom nebenan wohnenden Fuhrwerksbesitzer Eduard Schell trieben zwei schlecht geschirrte Rappen in die Antonsgasse. Auf die Frage, was los sei, kam die Antwort: „Der Kronprinz soll erschossen worden sein."[114] Siebenrock informierte gleich nach seinem Eintreffen im Amt den Leiter des Bezirksgerichtes, Dr. Arthur Seyff, über seine Beobachtungen und Informationen. Man beriet, was zu tun sei, denn im Falle eines Gewaltaktes sei die Staatsanwaltschaft in Wiener Neustadt zu verständigen, und in ihrer Vertretung hätte das Bezirksgericht Baden amtshandeln müssen. Andererseits war aber für das Schloss Mayerling das Obersthofmeisteramt zuständig. Um sich keine Blöße zu geben – und auch um nicht etwas zu versäumen –, kam man überein, Dr. Siebenrock als Adeligen nach Mayerling zu entsenden. Als dieser dort ankam, war das Schloss schon von der Gendarmerie umstellt, ein ihm bekannter Gendarmerieoffizier brachte ihn in ein rot tapeziertes Zimmer, wo er warten musste. Bald erschien Graf Bombelles und teilte ihm mit, dass ein Gericht hier nichts zu suchen habe. Siebenrock wollte das schriftlich, worauf ihm Bombelles auf seine Visitenkarte schrieb: „Es besteht kein Grund zur gerichtlichen Intervention". Auch Hofrat Dr. Rudolf Kubasek, Kanzleidirektor des Obersthofmarschallamtes, und der Burgpfarrer Dr. Laurenz Mayer, die bereits als Mitglieder der Hofkommission anwesend waren, gaben ihre Unterschrift. Diese Visitenkarte wurde dann der Staatsanwaltschaft Wiener Neustadt übermittelt.

Dr. Siebenrock traf in Mayerling auch die beiden Männer der Badener Leichenbestattung, die vor ihm Mayerling erreicht hatten, und sah den Kupfersarg, der in Begleitung des Direktors für Hofbahnreisen, Hofrat Ritter Claudius von Klaudy, per Bahn nach Baden gebracht worden war (für unvorhergesehene Todesfälle von Mitgliedern des Kaiserhauses stand stets

---

[114] Holler: Mayerling – Neue Dokumente etc., a.a.O., S. 214 ff.

ein Kupfersarg bereit). In seiner Begleitung kamen auch Graf Bombelles, der Burghauptmann, Regierungsrat Ferdinand Kirschner und Nikolaus Poliakovits, Regierungsrat im Obersthofmeisteramt. Am Bahnhof war der Sarg von der Leichenbestattung Nissel übernommen und mit Bedienungsleuten nach Mayerling geführt worden. Die Männer durften den Sarg aber nicht in Rudolfs Sterbezimmer tragen, sondern mussten in der Vorhalle am Weg zum Sterbezimmer halten. Schlossbedienstete nahmen ihnen den Sarg ab und brachten ihn verschlossen wieder zurück. Sodann erfolgte die Überführung von Mayerling über Sattelbach zum Bahnhofsgebäude in Baden.

Auch die Polizeidirektion in Wien reagierte schnell. Der Polizeioberkommissär im Polizeipräsidium Wien, Joseph Wyslouzil, berichtet über diesen Tag (30. Jänner), dass er angewiesen worden sei, unter Mitnahme von zehn Polizeiagenten nach Baden zu fahren, um den Bezirkshauptmann Oser zu beauftragen, die Absperrung des Schlosses Mayerling zu sichern. Oser sagte ihm bei seinem Eintreffen, dass bereits eine Stunde zuvor eine Hofkommission nach Baden gekommen sei, der er seine Dienste angeboten habe, was diese aber abgelehnt habe. Man ersuchte ihn lediglich dafür zu sorgen, in Mayerling ungestört arbeiten zu können. Wyslouzil beauftragte Oser dann, für die anstandslose Überführung der Leiche des Kronprinzen zu sorgen, die abends stattfinden sollte. Erst zu diesem Zeitpunkt machte er ihm die Mitteilung, dass in Mayerling auch die Leiche „einer Frauensperson" liege. Einer der aus Wien mitgekommenen Kommissäre verblieb am Bahnhof in Baden „zur Beobachtung des Publikums", die übrigen fuhren unter Leitung des Conceptspraktikanten der k.k. Statthalterei, Philipp Graf Cappy, als Vertreter der Bezirkshauptmannschaft, nach Mayerling. Dort hatte er für die Absperrung des Schlossareals zu sorgen.

Cappy war seit 1889 an der Badener Bezirkshauptmannschaft tätig, sein älterer Bruder Albert Rittmeister der k.k. Leibgarde-Escadron. Die Familie lebte in Baden, Jägerhausgasse 6, nahe der Weilburg, wo sein Vater, Generalmajor Heinrich Graf Cappy, langjähriger Dienstkämmerer von Erzherzog Albrecht war. Er starb am 19. Jänner 1889 und wurde am Helenenfriedhof in Baden beerdigt.[115]

Die Bezirksbehörde hatte auch die polizeiliche Überwachung der Badener Postämter angeordnet, um den Telegrafenverkehr Alland–Baden–Wien zu kontrollieren, durch den Journalistenberichte übermittelt wurden (das dürfte auch der Grund sein, warum Schuldes den Bezirkshauptmann Oser im Telegrafenamt angetroffen hat). Offenbar sollte nur die offizielle Mitteilung über den Tod an die Öffentlichkeit gelangen, was bald kritisiert wurde. So schrieb beispielsweise die *Neue Freie Presse* am 31. Jänner 1889:

---

[115] *Badener Bote* vom 27.1.1889.

Das Post- und Telegrafenamt in Baden (ca. 1900), wo sich 1889 im 1. Stock auch die Bezirkshauptmannschaft befunden hat.

„Die Behörden verweigerten jede Auskunft; auf dem Badener Telegrafenamte durfte man Telegramme über den muthmaßlichen Todesfall nicht aufgeben. Es war nur natürlich, daß in Folge dieser Maßnahmen Gerücht auf Gerücht auftauchte, von denen eines dem anderen widersprach."[116]

Die in Mayerling amtierende Hofkommission bestand neben den beiden vorhin genannten Personen aus Prinz Philipp, dem Grafen Bombelles, Karl Ritter Schultes von Felzdorf, Sektionsrat im Ministerium des Kaiserlichen Hauses und des Äußeren, Dr. Heinrich Freiherr von Slatin, Hofsekretär im Obersthofmarschallamt, Hofrat Prof. Dr. Hermann Widerhofer, Leibarzt von Kaiser Franz Joseph, Nikolaus Poliakovits, Ferdinand Kirschner und Hofrat Claudius von Klaudy. Neben der Vorbereitung zur Überführung der Leiche des Kronprinzen bestand ihre wichtigste Aufgabe darin, nach einem allenfalls vorhandenen Testament des Kronprinzen zu suchen. Es war bekannt, dass ein solches im Obersthofmeisteramt hinterlegt war, doch musste man sichergehen, dass er nicht neuerlich in Mayerling testiert hatte. Nach Abschluss der zu treffenden Maßnahmen fuhr die Kommission nach Baden, wo sie bis zum Eintreffen des Leichenkonduktes am Bahnhof im

---

[116] Zit. nach Haslinger, a.a.O., S. 27 f.

Hotel „Stadt Wien" am Hauptplatz (heute Sparkassengebäude) wartete. Dorthin kamen auch Bezirkshauptmann Dr. Oser, der Polizeioberkommissär Joseph Wyslouzil, der Flügeladjutant des Kronprinzen Graf Maximilian Orsini und Rosenberg und sein Ordonnanzoffizier, Hauptmann Arthur Giesl von Gießlingen, der dem Obersthofmeisterstab des Kronprinzen seit 1887 zugeteilt war.

Über den Abtransport des Leichnams aus Mayerling um 19 Uhr berichteten die Wiener Zeitungen, der Zeichner des *Wiener Neuigkeits-Weltblattes* hielt den Augenblick der Abfahrt des Leichenwagens vom Jagdschloss in Mayerling in einer Skizze fest. Laut Schuldes bestand der Kondukt aus fünf oder sechs Wagen, die am Bahnhof in Baden um 21:15 Uhr eintrafen, wo sich bereits eine schaulustige Menschenmenge eingefunden hatte. Die Absperrung des Bahnhofsplatzes und den Ordnungsdienst besorgten die Badener Feuerwehr und der Veteranenverein unter Leitung des Bezirkshauptmannes Oser.[117] Der Stationsvorstand Höffler hatte einen Sonderzug, bestehend aus zwei Personenwagen erster Klasse und zwei Güterwaggons, einer davon schwarz ausgekleidet, aus Wien angefordert. Der Sarg wurde in den schwarz ausgeschlagenen Waggon gehoben, in den anderen warf man vier oder fünf Bündel blutiger Bettwäsche. Eine Zeichnung von Gottfried Sieben hält fest, wie der Sarg mit dem Toten bei Fackelschein in den schwarz ausgekleideten Güterwaggon gehoben wird. Mit der Abfahrt wurde aber zugewartet, um in Wien erst zu nachtruhender Zeit einzutreffen. Um 0:20 Uhr fuhr der Zug mit allen Hofbeamten (außer Wyslouzil und Oser) ab und kam um 1 Uhr am Wiener Südbahnhof an.

Der Bezirkshauptmann dankte sogleich der Gemeinde, dem Veteranenverein, der Feuerwehr und dem Stationsvorstand Höffler für ihre Hilfestellung und ihren Einsatz.

Am 31. Jänner hielt der Gemeindeausschuss eine Trauersitzung ab, die Bezirkshauptmannschaft legte ein Kondolenzbuch auf, über dessen Eintragungen die Badener Lokalblätter regelmäßig berichteten. Alle Bälle entfielen oder wurden verschoben, an den folgenden drei Tagen blieb das Stadttheater geschlossen. Bereits am 2. Februar hielten die Schlaraffen von „Aquae Therme" eine feierliche Trauerversammlung im Gedenken an den toten Kronprinzen ab.[118]

Der Begräbnistag (4. Februar) war schulfrei, die öffentlichen Gebäude trugen Trauerfahnen, die Geschäfte in den Hauptstraßen der Stadt blieben

---

[117] Holler: Mayerling – Neue Dokumente etc., S. 218. – Die bei der Badener Feuerwehr bislang noch erhaltenen Dokumente dieser Aktion sind – laut Aussagen des Archivars im Jahre 2012 – verschollen.

[118] Die geschilderten Einzelheiten bei Wallner, a.a.O., S. 50 und S. 75 f., sowie im *Badener Bezirks-Blatt* vom 2.2.1889.

Hotel „Stadt Wien" in Baden, wo die Hofkommission am 30. Jänner 1889 auf das Eintreffen der Leiche des Kronprinzen gewartet hat (rechts davon das „Kaiserhaus").

von 16 bis 17 Uhr geschlossen. Bürgermeister Franz Breyer (Baumeister) fuhr in Begleitung der Gemeinderäte Josef Witzmann (Hotelbesitzer) und Adolf Grimus Ritter von Grimburg (Inhaber der Apotheke „Zum heiligen Geist" am Hauptplatz) in die Hofburg nach Wien und legte einen Kranz an der Bahre des Kronprinzen nieder. Es war ein 1,75 m großer Lorbeerkranz, geschmückt mit weißen Rosen, Maiglöckchen, Hyazinthen und Nelken und einer rot-weißen Schleife mit der Aufschrift „Die dankbare Stadt Baden". Hier fanden Trauergottesdienste unter Anwesenheit der städtischen Honoratioren am 3. Februar in der evangelischen Kirche, am 6. Februar in der Stadtpfarrkirche und im israelitischen Tempel statt.

Die Tragödie im Spiegel der Badener Zeitungsberichte

In zahlreichen Publikationen über Kronprinz Rudolf werden Zeitungsmeldungen von Wiener Zeitungen angeführt oder zitiert. Eigenartigerweise hat bisher niemand die Zeitungsberichte in Baden näher gewürdigt, wo doch anzunehmen ist, dass wegen der Nähe zu Mayerling und der Vertrautheit mit den örtlichen Gegebenheiten gerade hier authentische Beobachtungen oder Feststellungen gemacht worden sind.

Die erste Nachricht erfolgte bereits am 30. Jänner um ca. 16 Uhr in Form eines Extrablattes vom *Badener Bezirks-Blatt* (dem Vorläufer der heutigen *Badener Zeitung*), das aber noch am selben Tag konfisziert wurde. Darin hieß es, dass „ein verhängnisvoller Schuß aus dem eigenen Gewehre dem Leben Sr. Kais. Hoheit des Kronprinzen ein jähes Ende bereitet" habe. In der zweiten Stunde des Nachmittags habe sich die traurige Kunde in der Stadt verbreitet, die durch „die telegraphisch angeordnete Beischaffung des Sarges für Se. Kais. Hoheit" eine Bestätigung fand. „Um 7 Uhr wird der Leichnam hier eintreffen und mittels Separathofzug nach Wien überführt." So lauteten die genauen Angaben des Extrablattes.

Die Annahme einer Selbsttötung durch eine Schusswaffe war zu diesem Zeitpunkt eine offiziell noch nicht bestätigte Todesursache, was der Grund für die Konfiskation sein dürfte. Auch eine Meldung des Sonntagsblattes *Badener Bote* vom 3. Februar spiegelt die Zweifel am anfangs gemeldeten natürlichen Tod des Kronprinzen wider: „Niemand wollte an die Möglichkeit glauben, daß der blühende, lebensfrohe Kaisersohn, welcher zwei Tage vorher in voller Gesundheit das reizende Mayerling aufgesucht hatte, um in den dortigen Forsten sich dem Jagdvergnügen hinzugeben, eines natürlichen Todes gestorben."(sic!)

Die Behauptung, der Kronprinz habe mit seinem Jagdgewehr Selbstmord verübt, wurde von einigen späteren Berichten übernommen. Auch der Pfarrchronist von St. Helena hat etwa zur gleichen Zeit in Mayerling vom vermutlichen Selbstmord des Kronprinzen gehört, der also eine Version der ersten Stunde war.

Am 31. Jänner informierte dasselbe Blatt genauer über das Geschehen des Vortages. Es wurde mitgeteilt, dass die politische Behörde und die Gerichtsbehörde sowie das Telegrafenamt erst nach 3 Uhr Nachmittag Auskünfte erteilen konnten, „nachdem die Hofämter alle erforderlichen Vorkehrungen getroffen hatten. Dadurch erhielten die zahlreichen Gerüchte, die in der ganzen Bervölkerung Eingang gefunden hatten, neue Nahrung." (sic!) Viele Personen begaben sich in Privatequipagen oder in Mietwägen nach Mayerling, um sich an Ort und Stelle von der Schreckensnachricht zu überzeugen. Gendarmen in voller Ausrüstung (also mit Gewehr) und Hofbedienstete verwehrten aber den Zutritt zum Schloss, ja sogar die dorthin führende Straße wurde für den Verkehr gänzlich gesperrt, da es hieß, dass „der hohe Herr leicht erkrankt sei und dies unbedingte Ruhe erheische. Erst gegen 5 Uhr rollten zahlreiche Wagen mit Vertretern hervorragender Wiener Journale heran, welche ihre Pflicht hier herführte". Dann erschienen in verschlossenem Wagen Hofrath Klaudy, der Hofburgpfarrer Mayer sowie ein höherer Beamter aus dem Ministerium des Äußeren (das Blatt war also gut informiert).

„Diesen folgte bald ein Leichenwagen des Leichenbestattungsunternehmen Nissel, aus dem ein massiver Metallsarg gehoben und in das Schloss geschafft wurde. Nun erst glaubte die geduldig ausharrende Menge an die entsetzliche Kunde."

Man berichtete weiters, dass der Kronprinz am 28. Jänner gegen 3 Uhr in Mayerling eingetroffen sei, wohin ihn sein Leibfiaker, der bekannte Bratfisch, von Wien mit unterlegten Pferden hingeführt habe (wer wusste die genaue Stunde des Eintreffens, wo der Kronprinz doch seine Jagdpläne geändert hatte?). Dienstagfrüh langten Prinz Coburg und Graf Hoyos ein, doch habe sich nur Letzterer auf die Pirsch begeben, da der Kronprinz „durch leichtes Unwohlsein an der Teilnahme verhindert war. Im Laufe des Vormittags musste sich der Leidenszustand dann doch etwas verschlimmert haben, denn zwei hervorragende Wiener Ärzte kamen gegen Mittag in Mayerling an, die sich sofort zu dem hohen Patienten begaben. Von dieser Zeit ab drang keine Nachricht mehr nach außen und es fehlt uns bis jetzt in später Nachtstunde jede Nachricht über den Zeitpunkt, wann die schreckenverbreitende Nachricht eingetroffen. Gegen 4 Uhr traf der Oberstholmeister Sr. k.k. Hoheit Graf Bombelles in Mayerling ein, der sofort alle Anordnungen traf. Telegraphenboten, die Depeschen von dem etwa eine halbe Stunde von Mayerling entfernten Telegraphenamte Alland an ihre k.k. Hoheit die tiefgebeugte Kronprinzessin Stephanie, höchstwelche sich gestern zu ihrem Gemahl nach Mayerling begeben hatte, brachten, und welche die einzigen Personen waren, denen der Zutritt ins Schloß nicht verwehrt wurde, nahmen daselbst nichts wahr, was auf einen erschütternden Vorfall hinweisen würde."

Diese etwas krude formulierten Zeilen sind mehrfach bemerkenswert. Es wird berichtet, dass „gestern" Kronprinzessin Stephanie in Mayerling

Der Bahnhof in Baden um 1900. Links im Hintergrund die Auffahrtsrampe zum Bahnsteig nach Wien.

anwesend gewesen sei. Hatte nun irgendjemand eine Besucherin wahrgenommen und diese nachträglich für die Kronprinzessin gehalten? Tatsächlich war ja Mary Vetsera am 28. Jänner nachmittags eingetroffen. Laut dem Hoftelegrafisten Schuldes hatte das Schlosspersonal „eine schwarz gekleidete Frau" bemerkt, aber keine Fragen gestellt. Und man sprach von zwei hervorragenden Wiener Ärzten, die angekommen waren. Bei dem einen handelte es sich um Dr. Widerhofer, den kaiserlichen Leibarzt, von dem bekannt war, dass ihn Graf Hoyos gerufen hatte und er auch vom Badener Fiaker Rosensteiner nach Mayerling gebracht wurde. Für den zweiten

Arzt gibt es nur Hypothesen: entweder war es Theodor Billroth, der laut Wandruszka angeblich nach Mayerling gerufen worden war[119], darüber aber Stillschweigen bewahrt hatte. Oder sollte es sich um den Badener Arzt Dr. Josef von Mülleitner (s. im Kapitel Holler) handeln, den man angeblich zur Behandlung des bei der Auseinandersetzung mit dem Kronprinzen verwundeten Heinrich Baltazzi herbeigeholt hatte? Oder meinte man mit dem zweiten Arzt Dr. Auchenthaler, den Leibarzt des Kronprinzen, der aber erst am 31. Jänner zur Totenbeschau von Mary nach Mayerling gekommen war? Es ist in der Literatur über Mayerling jedenfalls von zwei Ärzten die Rede, wer immer sie auch gewesen sein mögen, was das *Badener Bezirks-Blatt* bereits am 31. Jänner 1889 vermeldet hat.

Unter dem Titel „Die Trauerkunde" berichtete das Blatt über die Situation in Mayerling: Die Landschaft überzog eine leichte Schneedecke, der Himmel war düster. Gendarmen in voller Ausrüstung und Hofbeamte verwehrten jedermann den Zutritt zum Schlosse, auch die dahin führenden Straßen wurden für den Verkehr gesperrt. Mayerling hatte bald ein äußerst bewegtes Bild angenommen. „In fast geschlossener Reihe folgten Wagen, so daß die Passage alsbald derart beengt war, dass jeder Verkehr unmöglich wurde." (Das deckt sich auch mit den Wahrnehmungen des Chronisten von St. Helena.)

Im Beitrag „Die Ankunft der Leiche in Baden" wurde berichtet, dass in den Abendstunden eine riesige Menschenmenge den Bahnhof umlagert hatte und in den Zufahrtsstraßen Spalier bildete. Die aufgebotene Gendarmerie, die Sicherheitswache und die Feuerwehr hatten Mühe, die Passage frei zu halten. Kurz vor 21 Uhr kam der Leichenwagen an und fuhr direkt über die Auffahrtsrampe des Bahnhofes (heute noch erhalten) zu dem bereitstehenden Separatzug, wo der Sarg in einen schwarz drapierten Waggon gehoben wurde, den man sodann versiegelte. Eine Wache verblieb beim Zug, der um 00:20 Uhr nach Wien abfuhr.

---

[119] Mitis/Wandruszka, a.a.O., S. 361.

Die Todesnachrichten im Gedenkbuch der Pfarre St. Helena in Baden

Jede Pfarre ist verpflichtet, eine fortlaufende Chronik zu verfassen, das sogenannte Gedenkbuch, das bei jeder bischöflichen Visitation überprüft wird.

In Baden gab es zwei Pfarren, die Stadtpfarre St. Stephan und die Pfarre von St. Helena für den Ort Weikersdorf (dieser wurde 1912 Baden eingegliedert). Im zweiten Band des Gedenkbuches von St. Helena, das die Jahre 1856 bis 1915 umfasst, hat der damalige Pfarrprovisor, Johann Helfer, 1889 alle ihm damals zugetragenen Informationen und Gerüchte über die Vorgänge in Mayerling aufgezeichnet. Fritz Judtmann hat erstmals darauf hingewiesen: „In der Chronik der Helenenpfarre Baden bei Wien befinden sich seitenlange Eintragungen des damaligen Pfarrers über die Gerüchte, die in Baden verbreitet wurden. Mehrere Wochen vermerkt der Pfarrer genau die täglich wechselnden Nachrichten, bei welchen immer wieder ein Rencontre Heinrich Baltazzis mit Rudolf, eine Verwundung oder der Tod Baltazzis erwähnt werden. Hierfür liegen jedoch keine Beweise vor."[120]

Dem Mayerlingforscher Hermann Zerzawy waren diese Aufzeichnungen ebenfalls bekannt und meinte darin die von ihm verfochtene Totschlagsthese bestätigt zu finden. Er stellte daher 1954 eine Abschrift dieser Seiten her, die vom damaligen Pfarrer von St. Helena, Msgr. Josef Koch (tätig von 1944 bis 1957) in ihrer Richtigkeit mit Unterschrift und Pfarrsiegel bestätigt wurden. Diese Aufzeichnungen sind in Zerzawys Nachlass im Kriegsarchiv erhalten. 1957 schuf man für den Ortsteil Weikersdorf eine neue Pfarre mit der Kirche St. Christoph. St. Helena wurde eine Filialkirche, ihr Archiv gelangte in die neue Pfarre.[121] Eine Einsichtnahme in das erwähnte Gedenkbuch von St. Helena im Jahre 2012 war allerdings mangels dessen Auffindbarkeit unmöglich.

Es bleibt also nur die Überlieferung in der Abschrift von Zerzawy, die hier erstmals veröffentlicht wird. Die Eintragungen geben eine lebhafte Vorstellung von der Situation unmittelbar nach Bekanntwerden des Dramas in Mayerling:

---

[120] Judtmann, a.a. O., S. 398. Er dürfte diese Aufzeichnungen selbst eingesehen haben, die sich damals bereits in der Pfarre von St. Christoph befunden haben. Holler übernimmt diesen Hinweis, scheint ihn aber nicht näher geprüft zu haben.

[121] Festschrift „50 Jahre Pfarre St. Christoph", Baden 2007.

pag. 50/Jahr 1889
13.2. Kronprinz Rudolf todt.

Am 30. Jänner 1889 verbreitete sich um ½ 4 Uhr nachmittags die Kunde, daß Kronprinz Rudolf in Mayerling todt sei. Man sagte, er sei von einem Wilddieb erschossen worden. Bald darauf sagte man, er sei von einem Felsen gestürzt. Auch hörte man, er sei an Herzschlag gestorben. Ich konnte diese erschütternde Nachricht nicht glauben. Als aber von Baden der Totenwagen nach Mayerling fuhr und mir der Leichenübernehmer nur sagte, er hole den Kronprinz, war an der Tatsache nicht mehr zu zweifeln. Ich fuhr sofort mittels eines Fiakers nach Mayerling. Vor mir waren schon eine Menge Wägen aus Baden, Vöslau und der Umgebung angekommen. Der Zugang zum Schlosse war abgesperrt, niemand durfte in dasselbe hinein. Ich begab mich in das dem Stifte Heiligen-Kreuz gehörige Gasthaus, um mich dort zu erkundigen. Man sagte mir dort – die Gaststube war ganz voll – dass der Kronprinz keines natürlichen Todes gestorben sei, sondern dass er sich das Leben gewaltsam selbst genommen habe – dass er sich vergiftet habe – oder vielleicht erschossen.- Allgemein sagte man sogleich, es liege ein Selbstmord vor, aber niemand wüßte warum unser Kronprinz uns das angethan, oder wie er aus dem Leben geschieden.

Da … (Fehlstelle) mit mir gefahren war, vom Herrn Philipp Graf Lappy [richtig: Cappy] an den Bezirkshauptmann in Baden ein Briefchen zu übergeben hatte, fuhr ich nach dem Bahnhof in Baden, wo sich der H. Bezirkshauptmann befand. Als das Briefchen übergeben war, sagte man uns, dass man in einer halben Stunde den Leichnam des Kronprinzen bringen werde und dass wir auf dem Perron verbleiben könnten.

pag. 51 – Um ½ 9 h beiläufig brachte man den todten Prinzen. Derselbe wurde in einen schon bereitgehaltenen Waggon gebracht und blieb bis 12 Uhr mitternacht beiläufig in Baden. Man wollte in Wien dem Gedränge, das am Südbahnhof herrschte, durch diesen späten Transport weichen.

Nachträglich hörte man, der Kronprinz habe sich im Vereine mit der Baronesse Wetschera den Tod gegeben – beide hätten sich vergiftet. Die Baronesse Wetschera soll von Graf Hans Wilzek in einem Fiaker nach Heiligenkreuz gefahren worden sein: auf dem dortigen Friedhof liege sie begraben. Das „Fremdenblatt" schrieb, es sei für den großen Geist des Kronprinzen diese Welt zu gering gewesen, deshalb sei er von derselben geschieden. Die Illustrierte Zeitung schrieb: in der Kapuzinergruft sei der Kronprinz Rudolf der jüngste, aber auch der edelste. – Es ist fabelhaft, was man sich jetzt über den Kronprinzen alles erzählt. Wieviel davon wahr oder falsch sei – wer weiß das?? Gott erhalte noch lange unseren theuren Kaiser Franz Josef und helfe ihm, den Schlag zu übertragen, den ihm sein einziger Sohn unbarmherzig versetzt hat.- Vereint mit Sr. Majestät Kaiser Franz

Josef haben wir Österreicher schon viel Unglück überdauert, wir werden auch diese Schmach, diese Schande, diese furchtbare Wunde, die uns unser Kronprinz zugefügt hat, mit Gottes Hilfe glücklich überwinden.

Die Baronesse „Vetsera" wurde exhumiert und nach Napajedl in Mähren überführt in die Familiengruft des Grafen Stockau, sagt man. Das „Berliner Tagblatt" schreibt, daß der Kronprinz Rudolf eine Million dem Baron Rotschild schuldete und eine dem Baron Hirsch, dass aber beide auf eine Anfrage, ob das Tatsache sei, diese Conto strichen und antworteten, der Kronprinz sei nichts schuldig. –

Volksfreund 17. Feber 1889. „Der Jude Moriz Szeps, der Herausgeber des „Wiener Tagblatt" war ein intimer Freund des Kronprinzen, schreibt das Blatt „die Neuesten Münchner Nachrichten". – Moriz Szeps habe bewirkt, dass der Kronprinz den französischen Juden Clemenceau in Audienz empfing, wodurch man annahm, daß das Österreichisch-Preussische Bündnis eine Lockerung erfahren habe. – Clemenceau hat eine Tochter des Moriz Szeps geheiratet[122] und gehört in Frankreich zu den Intransingenten.

1889 pag. 52: Das „Extrablatt" vom 17.2.1889 bringt das Bildnis des Kronprinzen in Gesellschaft des Juden und Freimaurers Moritz Jokai, Redakteur des ungarischen Blattes „Nemzet": dieser Jokai wurde in einem Briefe, den der Kronprinz noch vor seinem Tode schrieb, beauftragt, die Papiere des Kronprinzen durchzusehen.

Das „Pressburger Blatt" oder Zeitung, die ich zu Gesicht bekam, beschreibt den ganzen Hergang des Selbstmordes und die Verhältnisse des Hofes.- Daß ein ungarisches Blatt das tun darf, ist zum Erstaunen.- Dieses Blatt schreibt auch, dass die „Vecsera" nicht nach Napajedl, sondern nach Pardubitz in Böhmen überführt wurde. Der Fiaker, der die „Vecsera" mit dem Kronprinz nach Mayerling gefahren hat und der auch anwesend war, als man beide tot im Bette fand, soll sich nicht mehr in Österreich befinden. Er soll Mittel erhalten haben, auszuwandern, damit er nichts aussage. Sein Name ist Bratfisch. – Der junge Kaiser von Deutschland [Wilhelm II.] soll unseren Kronprinzen ermahnt haben, seine Lebensweise zu ändern, weshalb er, der Kronprinz, die Gesellschaft dieses jungen Monarchen mied, als derselbe das vorige Jahr auf Besuch hier war. Der Kronprinz nahm an den zu Ehren des jungen Monarchen abgehaltenen Jagden nicht teil. Die Aglaia Auersperg, die Jugendgespielin der Erzherzogin Valerie, soll vom Kronprinzen in der Hoffnung sein. Josef Waldstein, ein Vetter der Aglaia Auersperg, soll den Kronprinzen gefordert haben; Sr. Majestät der Kaiser soll aber erklärt haben, dass sich der Kronprinz nicht schlagen dürfe. Aber

---

[122] Richtigerweise hat der jüngere Bruder von Georges Clemenceau, Paul, Szeps' Tochter Sophie geheiratet.

doch soll der Kronprinz gezwungen gewesen sein, sich infolge eines amerikanischen Duells mit dem Grafen Waldstein den Tod zu geben. (Was ist wahr? Was ist erdichtet?)

pag. 53: Am 5. Februar wurde der Kronprinz begraben. Dieser Tag war schulfrei. Am 6. Februar kam die Gemeindeverwaltung mit den Schulkindern um 9 h in den Gottesdienst. Ein allgemeiner Gottesdienst für die ganze Diözese wurde vom E.b.Odinariate nur angeordnet für St. Stefan, für die Mariahilfer Pfarrkirche und für St. Josef in der Leopoldstadt, weil diese drei Kirchen mit deren Marienbildern von jeher von der Habsburger Dynastie hoch verehrt würden. Für den Kronprinzen wurde eine tägliche hl. Messe bei St. Stefan in Wien gestiftet, welche täglich um 11 Uhr wenn möglich auf dem Hochaltar gelesen wird.

Der Kronprinz soll von Aristides Baltazzi, einem Vetter der M.Vecsera, erschlagen worden sein. Was ist wahr?

1889 pag. 54: – Kronprinz./ Berliner Blätter behaupten noch im Monat März, dass Kronprinz [sic!] mit dem Kolben eines Gewehres erschlagen worden sei. Dem Tode des Kronprinzen soll ein Kampf vorausgegangen sein. Das Hinterhaupt des Kronprinzen soll zerschmettert worden sein. Der Kammerdiener Loschek soll verwundet gewesen sein. Der Tottschlag sei aus Rache geschehen, man habe den Kronprinzen überfallen.

Damen in Prag haben dort 18 hl. Messen für den Kronprinzen gestiftet. Jeden 30. des Monats soll eine davon gelesen werden, die anderen an den dazu bestimmten Tagen. Vaterland 12. März.

pag. 55: – Kronprinz./ Derselbe soll von einem Bruder der Aglaia Auersperg und von einem Fürstenberg, die als Bauern verkleidet waren, im Wald nächst Mayerling überfallen und tötlich verwundet worden sein. Bauern haben gesehen, wie man den Verwundeten nach Mayerling schaffte. Der Kronprinz soll sich in schwer verwundetem Zustand selbst erschossen haben. Baltazzi soll sein Gut in Ungarn verkaufen und außerhalb von Österreich sich niederlassen. Ein Bruder der Aglaia Auersperg soll Gardist sein. Noch jetzt soll sich in Mayerling ein Schwerverwundeter befinden, zu dem ein Arzt von Wien hinausführe. Im Schloss soll sich auch ein Gendarme [sic!] befinden.

Kronprinz./2.4. Der Herzog von Braganza, der die Marie v. Vecsera heiraten wollte und Aristides v. Baltazzi fuhren zusammen nach Mayerling um die Marie Vecsera, die aus Wien heimlich entflohen war, zurückzuführen. In Mayerling fragten beide nach Marie v. Vecsera. Da man ihnen mitteilte, dass sie sich nicht im Schlosse befinde, beschlossen sie zu warten.

pag. 56 – Als ihnen das Warten zu lange dauerte, gingen sie auf die Suche und tratten in ein Försterhaus, um da zu fragen. Der Förster, bei dem sich der Kronprinz mit Marie v. Vecsera befand, vertratt beiden die Thüre; er wurde bei Seite gestoßen und beide betratten das Gemach, in welchem sich die Gesuchten befanden. Da der Kronprinz die Eindringlinge höhnisch empfing, wurde er vom Herzog von Braganza Schuft genannt. Darauf entstand nun ein Kampf, in welchem dem Kronprinz das Hinterhaupt zerschmettert wurde. Der Herzog von Braganza wurde schwer verwundet und liegt noch in Mayerling. Die Marie v. Vecsera soll während des Kampfes getötet worden sein???? Quousque tandem? Quid verum????

(Bei „quousque tandem?" handelt es sich um ein Zitat aus Ciceros Catilinischen Reden: „Quo usque tandem abutere patientia nostra?" – „Wie lange noch wirst Du unsere Geduld mißbrauchen?" Hier sinngemäß etwa: „Wie lange noch soll das so gehen?")

Kronprinz/5.4./ Herzog von Braganza und Baltazzi kamen während der Nacht nach Mayerling und drangen durch die Fenster, die nicht vergittert sind, in das Schlösschen. Darauf entspann sich ein Kampf in welchem der Kronprinz getötet wurde. Dem Herzog von Braganza würde die Hand abgeschlagen und lag derselbe erblindet im Schlosse. Am 2. April kamen zwei Wägen, die auf geheimnisvolle Weise etwas fortführten. Nichteinmal die Kutscher durften in das Schloss, sie wußten auch nicht, was sie fortfahren. Der Herzog von Braganza ist ein Bruder der Gemahlin des Erzherzog Karl Ludwig. Die Marie von Vecsera hat dem Herzog von Braganza eine Flüssigkeit in die Augen gegossen. Der Kronprinz hatte auch ein Verhältnis mit der Baronin von Leiningen. Dieselbe war eine Jüdin und Trafikantenstochter aus Brünn. Sie wurde katholisch und heiratete den Baron von Leiningen. Zuletzt wurde sie protestantisch und wohnte in Gaden mit ihrem Mann namens Böhm. Jetzt lebt sie in Deutschland. – Als die Leiningen in Mayerling mit ihrem Besitz unter den Hammer kommen sollte, kaufte der Kronprinz diesen Besitz, den er früher für die Leiningen gekauft hatte – Quid verum? Die Aglaia Auersperg soll bereits von einem Knaben entbunden worden sein.

Kronprinz./10.4./ Der Kronprinz wurde von einem Baltazzi erschlagen. Aristides und Alexander von Baltazzi fuhren mitsammen nach Mayerling und drangen in das Schloss. Der Kronprinz schoss auf einen Baltazzi und verwundete ihn tödtlich; das soll Alexander von Baltazzi gewesen sein, der dann bis zu seinem Tode in Mayerling lag und am 3. April todt auf die auffallende Weise aus dem Schlosse fortgeschafft wurde.

Aristides von Baltazzi soll in Paris vom Prinzen Hoyos, der auch an dem Unglückstage in Mayerling war, im Duell erschossen worden sein. Dem Kronprinz soll auch ein Arm abgeschlagen worden sein. Der Kammerdiener Loschek soll doch verwundet worden sein. Der Herzog von Braganza war mit dem Herzog Leopold Salvator am 7.4. im Prater beim Pferderennen. Quid verum? In das Schloss Mayerling sollen Karmeliterinnen kommen. Ein schöner Ort für die Frömmigkeit, wo weltberüchtigte Orgien gefeiert wurden!!!!

pag. 58./ Maierling.14.4./ Das Sterbezimmer des Kronprinzen wird in eine Kapelle umgewandelt. Jene Theile des Schlosses, die einst dem Baron Leiningen gehörten, werden zu einer Versorgungsanstalt adaptiert, in welcher vorzugsweise Forstleute aufzunehmen sind. In Wien war anfangs dieses Monats allgemein das Gerücht verbreitet, dass ein Baltazzi in Meierling im Sterben liege. – Quid verum?

Kronprinz. 15.4. Jener Baltazzi, der am 3. April aus Mayerling fortgeschafft wurde, ist nicht tot, sondern blind und hat einen Arm verloren. Der Prinz Philipp von Coburg hat dem Kronprinzen helfen wollen und hat mit einem Revolver auf den Gegner geschossen. Dabei hat ein Baltazzi das Augenlicht verloren. Ihre Majestät die Kaiserin ist geistig verwirrt. Quid verum? Nicht ein Baltazzi hat den Kronprinzen erschlagen, sondern ein englischer Lord. Das ist doch zu dumm! Quid verum?

Kronprinz/24.4/ Die beiden Baltazzi, welche den Kronprinzen getötet haben und deren Verwandte, die Marie v. Vecsera, liegen in Pardubitz in Böhmen begraben. Jener Baltazzi, welcher am 3.4. weggeschafft wurde, war tot. Ein anderer Baltazzi wurde in Frankreich im Duell vom Grafen /pag. 59/ Hoyos erschossen. Aristides Baltazzi ist n i c h t tot, denn er war in der Freudenau beim Pferderennen. Hektor und Alexander dürften tot sein. Quid verum?

Kronprinz/5.5./ Nun scheint es, daß drei Brüder Baltazzi leben, auch der vierte Bruder soll leben. Demnach hätten die Baltazzi den Kronprinzen nicht erschlagen. Drei Baltazzi waren in der Freudenau beim Pferderennen.

pag. 60 – Kronprinz/27.5./ Derselbe wurde doch von einem Baltazzi erschlagen, welcher sich, verwundet und verbunden, beim Grafen Stockau in der Praterstraße in Wien aufhielt. Eine Lehrerin in englischer Sprache, welche beim Grafen Stockau Unterricht erteilte, sagte das einer Familie, in welcher sie ebenfalls unterrichtete. Die Frau dieser Familie sagte es mir. Quid verum?

Wie sehr der Kronprinz dem Ansehen der Dynastie geschadet hat, zeigt ein bon mot: „Die Habsburgische Dynastie ist verfault bis auf den Aste" (Ferdinand Este, der mutmaßliche Thronfolger).

pag. 61 – Kronprinz/3.6./ Für Marie von Vecsera wurde auf dem Friedhof in Heiligenkreuz eine Gruft erbaut, in welcher sie beigesetzt wurde. Dieselbe wurde also nicht anderswo überführt.

Pagina 63 – Kronprinz/27.6./ Am 24/6 war ich in Heiligenkreuz auf dem Friedhof und habe das Grabmonument der Maria von Vecsera gesehen.

pag. 64 [...] Nachdem man den Kronprinzen tot nach Baden zur Bahn gefahren hatte, wurde Maria Vecsera tot nach Heiligenkreuz transportiert.

Kronprinz/27.8./ Derselbe soll sich doch selbst getötet haben. Er hat noch vor dem Tode ein Testament gemacht. Graf Szechenyi soll Testament-

Exekutor sein. Was ist dann mit dem abgeschlagenen Arm, mit den fehlenden Fingern, mit dem zertrümmerten Schädel, mit dem Verwundeten, der im Schloße Meierling lag, mit den Worten der Kaiserin: „Man hat meinen Rudolf wie einen Hund erschlagen"? – Quid verum?

pag. 65 – Kronprinz/24.8./ Am 22.d.M. wurde mir mitgeteilt, daß die Baronesse Marie von Vetsera dem Kronprinz mit einer Champagnerflasche den Schädel zertrümmert habe. Darauf habe er sie, und aus Ehrgefühl, weil er verwundet war, sich selbst erschossen. Quid verum? – Interessant ist, daß bis jetzt drei Personen gestorben sind, die dem Kronprinzen nahe standen:

1.) Graf Bombelles, der Oberst Hofmeister des Kronprinz, der ihm alle Frauenpersonen zugeführt haben soll, und der im Volksmund mit dem Worte „Treiber" bezeichnet wird.
2.) Titular Bischof und Großprobst des Preßburger Domkapitels, der Freimaurer war („Vaterland" Nr. 231 – 1889) und lehrte, der Mensch stamme vom Affen ab, und der gegen die Judenehe nicht auftrat, als er Abgeordneter war. Bischof Ronay hat den Kronprinzen in der ungarischen Geschichte unterrichtet.
3.) Dr. Weilen, der Vorsteher des Concordia-Vereines, eines Vereines von Schriftstellern, in welchen die Juden tonangebend waren. Der Kronprinz in solchen Händen!!

pag. 66 – Kronprinz/15.9./ Derselbe soll an dem kritischen Tage mehrere „Schöne" in Meierling gehabt haben.- Baltazzi fuhr mit der Marie von Vetsera nach Meierling. Der Kronprinz erschoß die Vetsera, worauf Baltazzi mit einer Champgnerflasche ihm den Schädel zertrümmerte. Prinz Hoyos hat dann den Baltazzi erschossen. Quid verum?

pag. 67 – Kronprinz/28.9./ Derselbe soll eine Hand in eine Zimmertüre eingezwängt gehabt haben und mit einer Champagnerflasche erschlagen worden sein – Quid verum?

1890. pag. 73 – Mayerling 25.2./28.2./ Homo fide dignus mihi narravit, Mariam Vetsera filio S.M.Imperatoris nostri Rudolfo cum cultru abscidisse membra genitalia, quia iste eam dereliquerat. Volebat (s)ulcisci – eum propter hoc – Quid autem verum?

(Übersetzung: Ein Mann, der glaubwürdig ist, hat mir erzählt, dass Maria Vetsera dem Sohn unseres Kaisers, Rudolf, mit einem Messer die Genitalien abgeschnitten hat, weil er sie verlassen hatte. Sie wollte sich damit an ihm rächen.- Was ist also wahr?)

Mayerling, 28.2. Am Jahrestage des Todes des Kronprinzen Rudolf waren ihre Majestäten der Kaiser und die Kaiserin und die Erzherzogin Marie Valerie beim Gottesdienst in Mayerling anwesend.

pag. 78 – Johann Orth (9.11.) Man fürchtet, daß Johann Orth (Erzherzog Johann) auf einer Reise von Montevideo nach Valparaiso mit seinem Schiffe

Santa Margaritha zu Grunde gegangen sei. Man hört nun auch sprechen, daß dieser Erzherzog den Kronprinz Rudolf erschlagen haben soll.- Erzherzog Johann verzichtete auf alle Rechte und auf den Titel als Erzherzog und soll in London eine bürgerliche Dame geheiratet haben, die auch mit ihm auf dem Meere zugrunde gegangen sein soll.- Johann Orth war zuletzt ein Capitain mit eigenem Schiffe und führte Salpeter von Amerika nach Europa. –Johann Orth ist ein Cousin des Gemahles der Erzherzogin Valerie.

Die Mutter der Frau des Johann Orth war vor zwanzig Jahren Schauspielerin im Theater an der Wien, ihr Name ist Stubl.- Johann Orth ist 38 Jahre alt.

1891, pag. 83 – Kronprinz/9.6./ Die prima Junii apud possessorem domus aestivalis invitatus fui(t) et in habitatione una hujus domini vidi picturam feminae usque ad ventrem nudae. Interrogatus qualem feminam pictura haec represantet, dominus mihi respondit, illam picturam represantare Mariam de Vecsera. – Illa pictura erat confecta juxta photographiam quarum multae in manibus populi sunt. Homo initiatus illi domino hanc photographiam commodavit, et iste qui pictor est. M. Vetcseram pinxit.- Pictor ille mihi enarravit, Mariam Vecseram interfectam esse a viro ei desponsato et istum virum deinde Rudolphum interfecisse'?

(Übersetzung: Am 1. Juni war ich beim Besitzer des Sommerhauses eingeladen, und in einem Zimmer dieses Hauses sah ich das Bild einer Frau, die bis zum Bauch nackt war. Als ich ihn fragte, welche Frau dieses Bild darstelle, antwortete mir der Herr, daß es Maria Vetsera ist.- Dieses Bild war angefertigt nach einer Fotographie, von denen viele in den Händen des Volkes sind. Der Mann [der Besitzer des Hauses oder des Bildes?] hat jenem Herrn dieses Foto (das dem Bilde zugrunde liegt) geschenkt, und dieser (der Maler) hat Maria Vetsera gemalt.- Jener Maler hat mir erzählt, dass Maria Vetsera von ihrem Verlobten getötet worden sei und dass dieser Mann hierauf Rudolf getötet habe.)

1891. pag. 86 – Kronprinz (14.10.) Fama currit nostrum Rodolphium pedibus conculeatum esse ab interfectoribus suis.- Ein Gerücht geht um, dass unser Rudolf von seinen Mördern mit Füßen getreten worden sei."

Dies sind die pfarrlichen Aufzeichnung von Erlebtem und Gehörtem, von Gerüchten und Mutmaßungen, die bis in die Gegenwart weiter gewuchert haben.

Anmerkungen zu den Aufzeichnungen von St. Helena:

Die auf den Kronprinzen bezüglichen Eintragungen im Gedenkbuch reichen vom 13. Februar 1889 bis 14. Oktober 1891, wurden also nicht unmittelbar nach dem 30. Jänner aufgeschrieben. Der Provisor Johann Helfer erkennt oft die Widersprüche in den erhaltenen Informationen, weshalb er immer wieder die zweifelnde Frage am Gehörten stellt: „Quid (autem) verum?" – „Was (also) ist wahr?" Auffallend an diesen Schilderungen sind die Konfusion und die Verwirrung, welche nach dem unerwarteten Tod des Kronprinzen eingetreten sind. Weiters sieht man, dass praktisch alle Gerüchte und Vermutungen, die von der späteren Sensations- und Boulevardpresse verbreitet und weitergesponnen wurden, bereits hier zu finden sind. Der Autor lässt auch seine antisemitische Haltung erkennen, was damals durchaus nicht anstößig war. Einige Aussagen scheinen bemerkenswert:

Helfer fuhr am 30. Jänner um ca. 16 Uhr nach Mayerling, wo er im überfüllten Stiftsgasthaus (heute „Gasthof zum alten Jagdschloss") diverse Meinungen über das Unglück hörte. Eine „offizielle Version" gab es noch nicht, doch ist interessant festzustellen, dass zu diesem Zeitpunkt der Selbstmord an erster Stelle genannt wird.

Berichte über das Eindringen von Personen durch ein Fenster des kronprinzlichen Schlafzimmers gehören zu den Erfindungen, denn mehrere Beschreibungen des Jagdschlosses geben an, dass die Fenster vergittert waren (zumindest im Erdgeschoß, wo sich Rudolfs Schlafzimmer befand).

Interessant ist auch die Meldung, dass Mary in Napajedl (Südmähren) in der Gruft der Familie Stockau beigesetzt worden sei. Diesbezüglich fand Judtmann[123] in einem Nachruf im *Illustrierten Grazer Extrablatt* vom 16. Februar 1889 die Behauptung, Mary sei auf der Reise nach Korfu in Venedig an Malaria erkrankt und dort nach kurzem Leiden verstorben. Ihre Leiche sei in der Familiengruft der Stockau in Pardubitz (!) beigesetzt worden. Tatsache ist, dass Kaiserin Elisabeth wiederholt nach Korfu reiste (dort war ihr Refugium, die Villa „Achilleon") und Helene Vetsera unmittelbar nach dem Tod Marys mit ihren Kindern nach Venedig fuhr, um einen Zusammenhang mit Mayerling zu verschleiern. Tatsächlich war Pardubitz aber das Anwesen von Heinrich Baltazzi, der im Zusmmenhang mit Mayerling wiederholt genannt wurde. In Napajedl hingegen befanden sich das Schloss und das Gestüt von Aristides Baltazzi, der mit Maria Theresia Gräfin von Stockau verheiratet war. Dort wurde noch 2013, anlässlich einer Ausstellung über die Geschichte der Familie Baltazzi, erzählt, dass Mary in Napajedl in der Familiengruft der Stockau heimlich begraben worden sei. Man erkennt also die unzusammenhängende Vermengung tatsächlicher Personen und Orte, wie sie für Gerüchte charakteristisch ist.

Die im Polizeibericht von Baron Krauß genannte Affäre um Aglaia Auersperg kursierte auch in Baden und wurde in der Pfarrchronik festgehalten. Aglaia Auersperg war eine enge Freundin von Rudolfs Schwester

---

[123] Judtmann, a.a.O., S. 216.

Marie Valerie, weshalb auch Rudolf mit ihr gut bekannt war und man ihm sogar ein Verhältnis mit ihr andichtete.

Die Empörung des Schreibers über Hyacinth Ronay (1814–1889) scheint daher zu kommen, dass dieser 1848 auf Seiten der ungarischen Revolution stand und zu den Vertrauten von Lajos Kossuth zählte, dem Führer der ungarischen Unabhängigkeitsbewegung gegen Österreich. Ronay unterrichtete Kossuths Kinder im Exil in England. 1871 wurde er auf Empfehlung von Julius Graf Andrássy Kronprinz Rudolfs Lehrer für ungarische Sprache und Geschichte, 1875 auch Erzieher von Erzherzogin Valerie.[124]

Auch das gespannte Verhältnis zum jungen Kaiser Wilhelm und Rudolfs Distanz zum österreichisch-deutschen Bündnis waren angesichts der Nennung in diesen Aufzeichnungen nicht nur in Politikerkreisen bekannt.

Ebenso wird hier die Leiningen-Geschichte kolportiert. Das Gerücht besagt, der Kronprinz habe für „die" Leiningen (beide, oder nur für sie?) das Anwesen gekauft, in Wirklichkeit war es umgekehrt. Der Kronprinz hat von Leiningen dessen Gut in Mayerling gekauft, angeblich um die beiden aus der Nähe von Alland wegzubringen. Aber das deckt sich wiederum mit dem Gerücht, der Kronprinz habe für seine Geliebte in Mayerling eine Villa gekauft, die tatsächlich aber die Villa des Grafen Leiningen war. Interessanterweise sprach man im Ort von einem Verhältnis Rudolfs mit der Gräfin Leiningen. Tatsächlich war sie vor der Heirat mit Leiningen die Liebhaberin Rudolfs gewesen, die ihn auch nach Brüssel begleitet hätte. Das genannte „Versorgungshaus" ist der ehemalige „Mayerlinghof", der 1890 zu einem Heim für alte Förster umgewidmet wurde.

Weiters wird in diesen Aufzeichnungen die Geschichte der Verstümmelung des Kronprinzen durch Mary als Racheakt geschildert. Diese Version ist auch vom ungarischen Sektionschef Carl Emil König-Aradvár überliefert worden, der behauptete, Aristides Baltazzi habe ihm erzählt, dass Mary – wegen der Unmöglichkeit einer Heirat mit dem Kronprinzen – diesen im Schlaf entmannt habe, worauf er sie erwürgt und sich dann selbst erschossen habe.[125]

Über den tatsächlichen Ursprung dieser Geschichte hat der österreichische Botschafter in Paris, Anton Graf Wolkenstein, am 22. Februar 1899 (also zehn Jahre nach der Tragödie) Genaueres nach Wien berichtet. Eine Frau Julie Odescalchi-Zichy (1863–1924), die geschiedene Gattin des Fürsten Arthur Odescalchi, die mit ihrer Tochter in Paris in bescheidenen Verhältnissen lebte, wollte mit einem sensationellen Buch über Kronprinz Rudolf Geld machen. Sie hatte ihre Version des Kronprinzentodes unter

---

[124] Jean-Paul Bled: Kronprinz Rudolf. Wien 2006, S. 23.
[125] Clemens Loehr: Mayerling. Eine wahre Legende. Wien 1968, S. 173.

dem Namen Irma Odelscalchi in der französischen Zeitschrift *Revue des Revues* mit dem Titel „La vérité sur la vie et la mort du prince Rodolphe" veröffentlicht, wobei sie auch dessen Damenbegleitung bei der Fahrt nach Brüssel erwähnt. Auf Grund ihrer Herkunft wurde die Autorin als besonders vertrauenswürdig angesehen. Bald darauf erschien auf Deutsch eine Broschüre mit dem verheißungsvollen Titel: „Kronprinz Rudolf und das Verbrechen der Vetsera. Dargestellt nach den Veröffentlichungen der Prinzessin Odescalchi".[126] Diese Publikation erregte natürlich großes Aufsehen, worauf der Erstautor von Mayerling, Ernst Edler von der Planitz, sofort eine kritische Gegendarstellung schrieb: „Die Lüge von Mayerling – Antwort an die Prinzessin Odescalchi auf ihre ‚Enthüllung' über Kronprinz Rudolf und das ‚Verbrechen' der Vetsera".[127] Auch in den danach folgenden Auflagen seines Buches „Die volle Wahrheit über den Tod des Kronprinzen Rudolf von Österreich" geht Planitz auf diese Behauptungen ausführlich ein.[128] Er erwähnt, dass die genannte französische Zeitschrift am 15. Oktober 1899 die Darstellung der Odescalchi veröffentlicht habe. Geboren 1850 als Tochter des Grafen Sigismund Zichy zu Zychy und Vasonyksö, sei sie die dritte Ehefrau des Fürsten Arthur Odescalchi gewesen, von dem sie 1894 geschieden wurde. Planitz zeigt zwar eingehend die Widersprüche ihrer Behauptung auf, aber das sensationelle Gerücht war nun einmal da und nicht mehr wegzubringen.

1937 wurde diese Verstümmelungsversion neuerlich im französischen Buch eines gewissen Baron Lafaurie verbreitet.[129] Dieser beschäftigt sich darin vor allem mit der Person des Herzogs von Orléans (Louis-Philippe-Robert, Duc d'Orléans, 1869–1926, der mit Erzherzogin Marie-Dorothée von Österreich (1867–1932), Tochter des Erzherzogs Josef Karl in Ungarn verheiratet war). In einem Kapitel (S. 124 ff.) befasst er sich mit Mayerling, das er 1912 gemeinsam mit Prinz Leopold von Coburg (Sohn von Philipp von Coburg), besucht hatte. Prinz Leopold weilte damals zu einem Kuraufenthalt in Baden, wohin auch Lafaurie kam. Bei diesem Anlass lud ihn der Prinz zu einer Autofahrt nach Mayerling ein, in deren Verlauf er ihm erzählte, er wüsste von seinem Vater die tatsächliche Wahrheit über die Geschichte. Mary Vetsera habe aus Verzweiflung über die Unmöglichkeit einer Ehe mit dem Kronprinzen diesen in der letzten Nacht mit einem Rasiermesser entmannt, worauf er sie erwürgt und sich dann mit einem Jagdgewehr erschossen habe. Diese Todesversion, die bereits rund 40 Jahre zuvor in Frankreich aufgetaucht war, wurde also hier neuerlich in einer

[126] Verlag O. Gracklauer, Leipzig 1890.
[127] Verlag A. Piehler, Berlin 1900.
[128] Planitz, a.a.O., 2. Bd., S. 300–341.
[129] „La vérité sur Mayerling." Par le Baron Lafaurie. Paris 1937, S. 124 ff.

französischen Darstellung weitererzählt, allerdings dem Sohn von Philipp von Coburg untergeschoben und daher auch als glaubwürdig angesehen. Die Behauptung, der Kronprinz habe sich mit einem Jagdgewehr erschossen, stammt angeblich vom Prinzen Philipp von Coburg, was auch der Rechtsanwalt Dr. Adolf Bachrach in der *Neuen Freien Presse* vom 25.12.1927 behauptet.[130]

Bemerkenswert ist auch die Nachricht von einem Nacktbild Mary Vetseras (ebenso anstößig wie die Entmannung, weshalb der Provisor diese Angaben in holprigem Latein niederschrieb). Tatsächlich ist ein solches Bild im Wiener Hofmobiliendepot erhalten, gemalt vom Pressburger Maler Eduard Maisch (1845–1904), der an der Akademie der bildenden Künste in Wien seine Ausbildung erhalten hatte. Mary ist hier völlig nackt von ihrer Rückseite dargestellt, mit nach vorne gedrehtem Oberkörper, sodass Brust und Kopf im Profil zu sehen sind. Das Bild wurde dem Museum erst 2008, im Zuge der Vorbereitungen für die Ausstellung ‚Kronprinz Rudolf – Lebensspuren' in Wien, aus ehemals ungarischem Privatbesitz angeboten und erworben. Es war ohne Rahmen, beschädigt und eingerollt, wurde restauriert und hängt seither in der Dauerausstellung des Museums.[131] Der tatsächliche Ursprung ist unbekannt. Es wurde wahrscheinlich erst nach dem Tod Marys gemalt. Immerhin hat der Provisor von St. Helena bereits 1891 ein solches Bild gesehen, von dem er annimmt, dass es nach damals kursierenden Nacktfotos gemalt wurde, wo man den Kopf Marys hinzugefügt habe, da ihr Aussehen ja aus Zeitungsabbildungen bekannt war. Jedenfalls sind diese Bilder ein Hinweis auf die bereits damals wuchernde Fantasie über den erotischen Hintergrund der Affäre, wozu auch die schon damals kursierende Fama von Orgien im Schloss passt.

Viele Gerüchte und Vermutungen, die später zu Spekulationen Anlass gegeben haben, wurden also in Baden 1889, unmittelbar nach dem Geschehen, mündlich verbreitet und sogar aufgeschrieben. Sie geben ein Bild von der damaligen verworrenen Informationslage, die durch die widersprüchlichen offiziellen Meldungen der ersten Stunden noch unklarer wurden. In vielen späteren Mayerling-Berichterstattungen tauchen sie abermals auf.

Zunächst seien hier nun die Biografien der bereits genannten Zeitzeugen Ernst Oser und Julius Schuldes geschildert, die unmittelbar mit dem Geschehen von Mayerling befasst waren.

---

[130] Judtmann, a.a.O., S. 201.
[131] Mitteilung von Frau Dr. Ilsebill Barta, Kuratorin des Hofmobiliendepots (das Bild hat die Inventarnummer MD 071753).

Der Bezirkshauptmann Dr. Ernst Oser

Dr. Ernst Oser war zur Zeit der Tragödie des Kronprinzen Bezirkshauptmann von Baden, in dessen Verwaltungsgebiet auch Mayerling und Heiligenkreuz liegen. Weder seine Amtshandlungen noch seine Aufzeichnungen tragen etwas zur Klärung des Tatherganges bei, doch hat auch er handschriftliche Dokumente hinterlassen, die sich noch immer im Besitz seiner Nachkommen befinden und interessante Details über die Umstände der Beerdigung von Mary Vetsera überliefern. Wesentlich ist darunter eine Aktenniederschrift, die unmittelbar nach der Überführung der Leiche des Kronprinzen nach Wien festhält, dass sich in Mayerling zwei Tote befunden haben, Kronprinz Rudolf und einwandfrei die Baronesse Mary Vetsera. Oser war bekannt, dass diese Tatsache offiziell verschwiegen und die Informationen darüber unterdrückt wurden, weshalb er diese Feststellung ausdrücklich niederschrieb.

Oser wurde in Grafenegg in Niederösterreich am 23. Oktober 1845 geboren. Sein Vater Johann bekleidete dort die Stelle eines Forstmeisters in den Wäldern des Grafen August Breuner (1796–1877), der für seine umfangreichen Kunstsammlungen auf Schloss Grafenegg berühmt war. Seine Mutter Barbara, geb. Edlinger arbeitete in jungen Jahren als Köchin im Stift Göttweig.

Gemeinsam mit seinen sechs Geschwistern erhielt er eine sorgfältige Erziehung. In der Familie wurde viel musiziert, Ernst war ein begabter Geiger, seine Schwestern spielten Klavier. Nach dem Besuch des Stiftsgymnasiums in Melk (wo auch seine Brüder ihre Schulausbildung erhielten) absolvierte er juristisch-politische Studien in Wien und trat danach als Konzeptspraktikant in den Dienst der N.Ö. Statthalterei. Am 3. Februar 1874 heiratete er Josefa Maria Rostthorn (1853–1935), Tochter eines vermögenden Wiener Knopffabrikanten.

Von 1874 bis 1883 war Oser als Bezirkskommissär an der Bezirkshauptmannschaft Baden tätig, zu deren Verwaltungsbereich damals auch Mödling gehörte. Als Bezirkshauptmann wirkte hier von 1876 bis 1881 Erich Graf Kielmansegg, der spätere hoch angesehene Statthalter von Niederösterreich, welcher sicherlich ein guter Mentor für Oser war. Dieser wohnte im Hause Bahngasse 31 (heute Conrad-von-Hötzendorf-Platz 12), das im Besitz seiner vermögenden Mutter war.[132] Sie starb in Baden am 25. Juni 1883 und wurde im erhaltenen Familiengrab am Friedhof von Bad Vöslau bestattet.

In Baden wurde ihm (nach zwei Töchtern) am 16. Jänner 1881 sein Sohn Erich geboren. Aus diesem Anlass begann er am 5. Februar 1881 eine Familienchronik zu schreiben, die aber bereits 1883 endete. Im selben Jahr erhielt er seine Ernennung zum Bezirkshauptmann von Mistelbach.

1885 wurde er in dieser Funktion neuerlich nach Baden berufen, wo er bis 6. Jänner 1890 tätig blieb. Am 26. Jänner 1889 war er Mitunterzeichner eines Aufrufes zur Gründung des Kirchenmusikvereines in Baden und danach dessen Protektor. Insgesamt hatte er hier zwölf Jahre als öffentlicher Beamter gewirkt und sich „durch ein streng correctes Vorgehen im Vereine mit einem concilianten, freundlichen und zuvorkommenden Wesen die Sympathie Aller" erworben.[133] Geradezu modern wirkt die Bemerkung, er habe sich nie engherzig und bürokratisch von der Presse zurückgezogen, sondern „den Werth der Öffentlichkeit, den Nutzen der Presse voll erkannt und sich ihrer als Mittel und Werkzeug bedient, um durch sie auf die Bevölkerung zu wirken". Wiederholt trat er bei Streitigkeiten im Gemeindeausschuss ausgleichend und vermittelnd auf. Die Gemeinde Gumpoldskirchen verlieh ihm sogar die Ehrenbürgerschaft.

Im Februar 1890 wurde Oser in die Niederösterreichische Statthalterei in Wien berufen, wo man ihn mit der Organisation und Leitung des neu errichteten Departements für „Volkswirtschaftliche und Landeskultur-Angelegenheiten, Unterrichtsstiftungen und Stipendien" betraute. In dieser Funktion setzte er sich u. a. für die Schaffung einer Winzerschule (heute Landwirtschaftliche Fachschule) in Mistelbach ein, seinem früheren Tätigkeitsort, wofür er 1893 zum Ehrenbüger der Stadt erklärt und 1898 eine Straße nach ihm benannt wurde.[134] 1899 verlieh man ihm den Orden der Eisernen Krone 2. Kl., was ebenfalls auf seine hohe Wertschätzung schließen lässt. In Wien wohnte er in der Ungargasse 9 im dritten Bezirk, also nahe der Salesianergasse mit dem Palais Vetsera. 1894 erhielt er von Kaiser Franz Joseph, der ihn als tüchtigen und korrekten Beamten schätzte, persönlich das Dekret für die Ernennung zum Hofrat überreicht. 1896 wurde Oser in das k.k. Ackerbauministerium berufen, wo er als Sektionschef bis an sein Lebensende am 25. September 1902 tätig blieb. Oser ist in einem Nachruf als gerader, offener und liebenswürdiger Mensch charakterisiert worden, der sich für Neuerungen und für das Versuchswesen im landwirtschaftlichen Bereich zielstrebig und energisch eingesetzt hat.[135]

---

[132] Badener Häuserschematismus 1872 und 1883.
[133] Zeitungsnotiz vom Jänner 1890 im Biographischen Archiv Baden.
[134] Engelbert M. Exl: Mistelbach – 125 Jahre Stadt. Mistelbach 1998, S. 252.
[135] *Zeitschrift für das landwirtschaftliche Versuchswesen in Österreich*, 1902.

Dr. Ernst Oser, Bezirkshauptmann von Baden 1889

Bei den Ereignissen in Mayerling war Dr. Oser als Bezirkshauptmann von Baden die wichtigste Amtsperson für die Zusammenarbeit mit den Hofdienststellen. Am 30. Jänner betreute er die aus Mayerling gekommene Hofkommision, mit der er im Hotel Stadt Wien auf das Eintreffen des Leichenwagens aus Mayerling wartete. Er gilt somit auch als ein unmittelbarer Zeuge der Situation und der Vorgänge der Überführung des Kronprinzen nach Wien. Darüber hinaus war Oser der entscheidende Mann für die vom Ministerpräsidenten Graf Taaffe befohlenen Maßnahmen zur Beisetzung von Mary Vetsera in Heiligenkreuz, deren rechtlichen Rahmen und verwaltungstechnische Umsetzung er schaffen musste. Dies sei nachfolgend genauer dargestellt.

Die Beerdigung von Mary Vetsera

Wie man aus Kriminalromanen weiß, ist das größte Problem die Beseitigung des Opfers. So auch in Mayerling, wo es sich noch dazu um „eine Frauensperson" gehandelt hat, die mit dem Tod des Kronprinzen nicht in Verbindung gebracht werden durfte, weshalb ihre Anwesenheit unbedingt vertuscht werden sollte.

Für die Ortschaft Mayerling wäre bei einem Todesfall die Pfarre Alland zuständig gewesen. Wie man aus einem von Helene Vetsera erwähnten Abschiedsbrief Marys an ihre Mutter weiß, wollten sie und der Kronprinz dort auch gemeinsam begraben werden.

Das war seitens der Obrigkeit natürlich unmöglich. Der Kronprinz, dessen Selbstmord nicht zu leugnen war, wurde nach Wien gebracht, um als Angehöriger des Kaiserhauses in der Kapuzinergruft bestattet zu werden. Die „auf dem Gelände von Mayerling aufgefundene Frauensperson" sollte jedoch in keinerlei Zusammenhang mit seinem Tod gebracht und unbemerkt weggeschafft werden. Daher durften auch kein Sarg und kein Leichenwagen in Erscheinung treten. In Alland wäre eine Bestattung zu sehr aufgefallen, denn die Ortsbevölkerung wusste ja, dass niemand im Ort gestorben war. Man entschied sich daher für den Friedhof von Heiligenkreuz, der sich in Stiftsbesitz befand und damals außerhalb des Ortes lag. Es stand auch zu erwarten, dass der Abt aus Loyalität zum Kaiserhaus eher geneigt wäre, eine als Selbstmörderin eingestufte Leiche gegen das kanonische Recht kirchlich zu beerdigen, als irgendein Ortspfarrer. Aber wie sollte überhaupt die Bewilligung für die Bestattung einer in Heiligenkreuz und Umgebung unbekannten Person erfolgen?

Ministerpräsident Taaffe hatte bereits am frühen Nachmittag des 30. Jänner Baron Krauß mitgeteilt: „Nun handle es sich darum, dass die andere Leiche aus dem Wege und aus dem Schloß in Meierling ohne Aufsehen woanders hingebracht werde ..." Als sich Krauß am nächsten Morgen wieder zum Ministerpräsidenten begab, erfuhr er von ihm den wahren Sachverhalt und was zu geschehen habe: „Er (Taaffe) sagte mir, ich solle mich zum Grafen Bombelles begeben und mit ihm besprechen, in welcher Weise die Entfernung der Leiche der Vetsera und deren Beerdigung in Heiligen Kreuz stattzufinden hat. Es sei nämlich keine Vergiftung erfolgt, sondern es habe wahrscheinlich der Kronprinz zuerst die Vetsera und dann sich selbst erschossen. [...] Die Stellung, welche die Behörde in diesem Falle einnehmen müsse, hat der Ministerpräsident in folgender Weise präzisiert: Der Tod der

Vetsera ist in einem Hofgebäude erfolgt in welchem der politischen oder polizeilichen Behörde eine Juristiction nicht zusteht. Es müsse dann noch Seitens der Hofbehörde durch einen Hofarzt der Tod constatirt werden und der Leichnam nachdem er durch den Grafen Stockau den Onkel der Vetsera bezüglich der Identität agnosciert ist von der Hofbehörde nach Heiligenkreuz geschafft werden."[136]

Die Zustimmung dazu gab Georg Graf Stockau (als Vertreter der Mutter Helene Vetsera) erst nach der Zusicherung, dass ein ordentlicher Sarg von Wien nach Heiligenkreuz gebracht werde,[137] was allerdings nicht geschah. Dann musste er die politische Behörde (d. i. der Bezirkshauptmann von Baden) schriftlich um die Beerdigung seiner Nichte auf dem Friedhof von Heiligenkreuz ersuchen. Graf Bombelles wiederum verfasste ein Schreiben an den Abt von Heiligenkreuz, in dem dieser ersucht wurde, die kirchliche Bestattung der in Mayerling aufgefundenen Toten zu ermöglichen. Da es aber offiziell keine zweite Leiche in Mayerling gab, durfte auch kein Leichenwagen für den Transport von Mary verwendet werden, sondern die Leiche musste in einer Fiakerkutsche nächtens von Mayerling nach Heiligenkreuz gebracht werden. Auf diese Weise sollte – unbemerkt von der Öffentlichkeit, aber unter Wahrung der gesetzlichen Bestimmungen – eine „ordnungsgemäße Beseitigung der Frauenleiche" erfolgen. Die Mutter der Verstorbenen durfte natürlich auch nicht in Erscheinung treten und sollte Wien für einige Zeit verlassen.

Nach den Schilderungen von Judtmann[138] wurde die Leiche von Mary Vetsera zunächst in den neben dem Schlafzimmer des Kronprinzen befindlichen Raum des Kammerdieners Loschek gebracht, mit Kleidern bedeckt und danach die Tür versiegelt. Erst am Nachmittag des nächsten Tages, am 31. Jänner, trafen der Hofsekretär Dr. Heinrich Slatin, der den Tatbestand aufzunehmen hatte, sowie der Leibarzt des Kronprinzen, Dr. Franz Auchenthaler, der den Obduktionsbefund für Mary Vetsera erstellen musste, ein. Der kaiserliche Leibarzt Dr. Widerhofer kam dafür nicht in Frage, er war ja nur des Kronprinzen wegen nach Mayerling gerufen worden, was abermals als Teil der Verschleierungstaktik gewertet werden kann. Schuldes sagt bezüglich des beauftragten Hofsekretärs in seinen Erinnerungen: „Slatin (als unerfahrenem Beamten) wurde in ganz konfuser, den Gesetzen in keiner Form entsprechenden Weise, der schwierige und verantwortungsvolle Auftrag gegeben, den weiblichen Leichnam wegzuschaffen."[139] Bereits eine

---

[136] Krauß, a.a.O., S. 58 ff.
[137] Baltazzi/Swistun, a.a.O., S. 222.
[138] Judtmann, a.a.O., S. 165 ff.
[139] Slatin hat seine stenografischen Aufzeichnungen über diese Vorgänge 1931 transkribiert und in der Sonntagsbeilage vom *Neuen Wiener Tagblatt* am 15.8.1931 publiziert.

halbe Stunde vor den beiden waren Marys Onkeln, Georg Graf Stockau und Alexander Baltazzi, mit einem Fiaker aus Wien eingetroffen, mit dem sie dann den Transport der Leiche Marys nach Heiligenkreuz durchführten und dort ihre Beerdigung veranlassten. Sie mussten aber etwa eine halbe Stunde bis zum Eintreffen von Dr. Slatin und Dr. Auchenthaler warten, erst dann durften sie das Schloss betreten. Noch immer waren zahlreiche Neugierige und Presseleute in Mayerling anwesend. „Wir sperrten alle Zugänge zum Schlosse durch Wachen ab", erinnert sich Schuldes und berichtet von zwei Personen, „die wegen Widersetzlichkeit verhaftet wurden". Er schreibt weiter: „Im Schlössel war wieder eine Wiener Hof-Kommission eingetroffen, welche den Auftrag hatte, protokollarisch festzuhalten, dass in einem zum Schloss gehörigen Nebengebäude ein weiblicher Leichnam gefunden wurde, derselbe als jener der Baronesse Marie Veczera, einer Nichte des Grafen Stockau und des Alexander von Baltazzi in Baden erkannt und von diesen Herren zur Beerdigung übernommen wurde." Das „Nebengebäude" war bekanntlich eine Erfindung zum Verschleiern der Tatsache, dass sich Mary ursprünglich im Schlafzimmer des Kronprinzen befunden hatte.

Dr. Auchenthaler konstatierte auf höhere Weisung Selbstmord, denn die wahrheitsgemäße Feststellung des Mordes hätte die Einschaltung eines Gerichtes erfordert und damit ungeheures Aufsehen erregt, was unter allen Umständen vermieden werden musste. Die Leiche wurde gewaschen und danach mit Hilfe von Stockau und Baltazzi mit dem von ihr getragenen Rock, Pelzmantel und Hut bekleidet. Dann wurde sie in makabrer Weise wie eine Kranke, von ihren Onkeln gestützt, in den Fiaker gehoben und von ihnen begleitet um ca. 18 Uhr weggeführt. Der Weg ging über die ebene Straße von Mayerling über Sattelbach nach Heiligenkreuz (nicht über den kürzeren, aber steilen Weg von Mayerling über den Heiligenkreuzerberg), Slatin und Auchenthaler fuhren in

Alexander Baltazzi

einem zweiten Wagen hinterdrein. Dort angekommen bog dieser Wagen gleich zum Kloster ein, der Wagen mit der Leiche, zu Fuß begleitet von Polizeikommissär Ferdinand Gorup von Besánez, fuhr direkt zum Friedhof weiter, wo bereits Polizeikommissär Habrda und einige Agenten warteten. Offenbar war das Stift schon früher von einer bevorstehenden Bestattung informiert worden, denn in der Totenkammer stand bereits ein in der Stiftstischlerei roh gezimmerter Sarg bereit, worin die Leiche Marys auf Hobelspäne gebettet wurde. Zwei Polizeibeamte hielten bis zum nächsten Morgen Totenwache. Es herrschte Neumond, also völlige Dunkelheit, bei der diese makabren Vorgänge im Schein weniger Laternen stattfanden.

Wenn bei der Ankunft der Leiche in der Totenkammer bereits ein Sarg bereit stand, dann muss dieser schon zuvor hergestellt worden sein. Darüber gibt es keine Informationen, auch nicht aus dem Kloster, obwohl gesagt wird, in der Stiftstischlerei sei ein Sarg gezimmert worden. Vielleicht brachte ein Polizeibote den Auftrag dafür. Planitz erwähnt einen namentlich nicht bekannten Wiener Maler, der an diesem Tag eines der Kirchenfenster im Stift zeichnete.[140] Als dieser zu Mittag ins Gasthaus gehen wollte, sah er vor der Kirche „eine Anzahl schwarz gekleideter Herren versammelt", von denen der Wirt meinte, es seien Polizeibeamte aus Wien. Auch wusste dieser bereits vom Tod des Kronprinzen. Bald wurde dem Maler mitgeteilt, dass er zum Zeichnen in der Kirche nicht mehr eingelassen werden könne. Als er daraufhin in die Stiftstischlerei gehen wollte, um einen bestellten Rahmen für eine Ölskizze abzuholen, verweigerten ihm zwei schwarz gekleidete Herren den Eintritt, da sich „im Hause ein bedauerlicher Unglücksfall zugetragen habe". Er traf dann am Wege einen Lehrbuben aus der Tischlerwerkstatt, der ihm flüsternd mitteilte, es werde ein Sarg „für ein Frauenzimmer" gemacht. Der Maler blieb darauf in seinem Zimmer auf der Wacht und sah angeblich um elf Uhr nachts, wie vor dem Tischlerhaus ein Wagen stehen blieb, eine wohlverhüllte Last abgeladen wurde, man leises Hämmern hörte und darauf ein mit einem Tuch bedeckter Sarg samt Begleitpersonen im Stift von Heiligenkreuz verschwand. Letztere Beobachtung ist sicherlich erfunden, denn der Wagen mit Marys Leiche fuhr direkt zum Friedhof. Aber diese Anwesenheit eines unerwarteten Augenzeugen wurde später vom Polizeikommissär Gorup bestätigt, der seine Erinnerungen 1927 einer Wiener Zeitung anvertraut hat.[141] In der Ausgabe vom 19. September berichtet er, dass im Stift ein ihm unbekannter Maler anwesend war, „der

---

[140] Planitz, a.a.O., 1. Bd, S. 259 ff.
[141] *Wiener Monatspost*: „Der Tod des Kronprinzen Rudolf. Die Wahrheit, erzählt vom Polizeipräsidenten a. D. Ferdinand Gorup." (Gorup war 1914–1917 Polizeipräsident von Wien). Fortsetzungsartikel vom 12.9., 19.9., 26.9., 5.10. und 10.10.1927 im Badener Stadtarchiv.

für die Stiftskirche einige Bilder zu malen hatte." Dieser bestürmte Gorup bei seinem Eintreffen in Heiligenkreuz am Abend des 31. Jänner mit Fragen, denn die Nachricht vom Tod des Kronprinzen war längst ins Stift gelangt. Gorups Anwesenheit wurde daher mit der Katastrophe von Mayerling in Zusammenhang gebracht, was dieser leugnete, „um jedes Aufsehen zu vermeiden". Damit ist auch die von Planitz gegebene Information bestätigt. Gorup berichtet weiters, er sei um 22 Uhr von Heiligenkreuz nach Sattelbach dem Transport entgegengegangen. Zu seiner Überraschung erschien aber nicht, wie von ihm erwartet, ein Leichenwagen, sondern ein viersitziger Fiaker mit Baltazzi, Stockau und der Leiche Marys.

Im Stift Heiligenkreuz sollte der Abt, Prälat Heinrich Grünbeck, durch ein Schreiben von Graf Bombelles für die Zustimmung der Beerdigung gewonnen werden. Dieser wollte aber die Bestattung einer Selbstmörderin auf geweihtem Boden nicht bewilligen (in dem von Dr. Slatin und Dr. Auchenthaler in Mayerling aufgenommenen Protokoll war ja Marys Selbstmord festgehalten worden – eindeutig eine falsche Aussage!). Erst als Hofsekretär Dr. Slatin beteuert hatte, dass die Tote zweifellos gegen ihr Einverständnis erschossen worden sei, habe der Abt widerwillig die Erlaubnis zur Beerdigung gegeben. Ein Zusammenhang mit dem Tod des Kronprinzen Rudolf wurde dabei nicht erörtert.

Dr. Slatin fuhr sodann nach Baden zu Bezirkshauptmann Oser mit der Nachricht, „dass im Hofgebäude Mayerling die Leiche der dort durch Selbstmord verschiedenen Baronin Marie von Vetsera liege und das der Vertreter der Gestorbenen, Graf Stockau, dieselbe in Heiligenkreuz beerdigen lassen wolle".[142] Oser fuhr sofort mit dem Konzeptpraktikanten Dr. Albert Nowotny-Managetta und dem in Baden anwesenden Polizeikommissär Wyslouzil in das Stift Heiligenkreuz. Dort machte er im Zimmer des Stiftskämmerers P. Alberich Wilfinger, in Anwesenheit von Dr. Slatin, Dr. Auchenthaler, Graf Stockau und Baltazzi, die notwendigen Erledigungen.

Nach Begutachtung des in Mayerling erstellten Protokolls wurde das von Stockau und Baltazzi unterschriebene Ansuchen um Beisetzung in Heiligenkreuz vorgelegt. Daraufhin diktierte Dr. Oser eine Note an das Obersthofmarschallamt, in welcher er mitteilte, dass dem Ansuchen der Familie Vetsera stattgegeben und die Beerdigung in die Sterbematrikel Heiligenkreuz eingetragen werde. In einer zweiten Note genehmigte er die Überführung der Leiche von Mayerling nach Heiligenkreuz „in einfacher Versargung", womit auch eine sanitätspolizeiliche Amtshandlung entfiel. Als Drittes diktierte Oser die Bewilligung zur Beerdigung, da der „Selbst-

---

[142] Eigenhändige „Promemoria" (Denkschrift) Osers vom 1.2.1889 im Familinarchiv Oser, Steyr.

Georg Graf Stockau und seine Frau Eveline, geb. Baltazzi

mord zweifellos constatiert" worden sei. Das Pfarramt Heiligenkreuz habe auch dies in die Sterbematrikel einzutragen. Damit hatte der Bezirkshauptmann aus einer ziemlich verworrenen Sachlage eine rechtlich fundierte Amtshandlung gemacht. Allerdings wurde die gesetzliche Bestimmung, wonach bei Todesfällen durch äußere Gewaltanwendung eine Totenbeschau unbedingt notwendig sei, nicht eingehalten. Die Verordnung, wonach bei Entfernungen von bis zu einer Meile (= ca. 7,59 km) eine „einfache Versargung" genüge und der Leichentransport „in einem anständigen, vollständig geschlossenen Fuhrwerk" zu erfolgen habe, recht großzügig ausgelegt (die Entfernung Mayerling–Heiligenkreuz über Alland betrug ca. 6,3 km, die über Sattelbach ca. 7,8 km). Der Fiakerwagen mit der Leiche Marys entsprach zumindest halbwegs der Forderung nach einem „vollständig geschlossenen Fuhrwerk". Ob ihr Tod durch Selbstmord oder durch Mord aus zweiter Hand geschehen war, konnte Oser selbst nicht feststellen und berief sich auf den Obduktionsbefund. Bemerkenswerterweise berichtete bereits

Ernst Planitz von diesen Erlässen des Badener Bezirkshauptmannes und warf der „hohen Obrigkeit jenes Bezirkes" (Baden) Urkundenfälschung aus Gefälligkeit der Hofburg gegenüber vor.[143] In diesem Fall stimmen also seine Angaben, doch kann seine Quelle nur vermutet werden (einer der Anwesenden bei der Amtshandlung Osers; oder hat er diesen selbst darüber befragt?).

Die Beerdigung Marys sollte am 1. Februar um 8 Uhr morgens erfolgen, doch konnte wegen des gefrorenen Bodens und eines schweren Regensturmes in der Nacht das Grab vom Totengräber Johann Eder und seinem Gehilfen nicht rasch genug ausgehoben werden, der Polizeikommissär Gorup musste frühmorgens die Fertigstellung betreiben. Um 9:15 Uhr kamen Graf Stockau, Baltazzi und der Stiftsprior Pater Malachias Dedic auf den Friedhof, welcher auf Ersuchen der beiden Verwandten die Einsegnung der Leiche vornahm. Diese erfolgte in der Totenkammer bei geöffnetem Sarg, sodass der Prior die Schusswunde sehen konnte, worüber der spätere Abt Dr. Gregor Pöck in einem Zeitungsartikel in der *Reichspost* vom 30. Jänner 1929 berichtet hat. Danach wurde der Sarg im vorbereiteten Grab beigesetzt, ca. 20 m rechts neben dem Eingangstor an der Friedhofsmauer, nahe der Totenkammer, der Überlieferung nach das sogenannte „Selbstmördereck". Der Polizeikommissär Johann Habrda meldete, dass Sturm und Regen das Begräbnis so schwer machten, „daß die Verwandten, Baron Gorup und ich bei der Beerdigung mithelfen mussten". Um 10 Uhr telegrafierte er dann an Baron Krauß: „Alles abgetan.", um ca. 10:30 Uhr war das Grab zugeschüttet. Am Tag darauf wurde in der Laurenziuskirche in Mayerling eine Seelenmesse gelesen.

Bemerkenswerterweise ging der Telegrafenverkehr der Polizeikommissäre, die nach Wien diverse Einzelheiten ihrer Amtshandlungen berichteten, nicht über das im Jagdschloss von Mayerling eingerichtete Telegrafenbüro, sondern über das Postamt in Heiligenkreuz, womit ein allenfalls verdächtig umfangreicher Nachrichtenlauf aus Mayerling vermieden werden sollte. Denn mit dem Abtransport der Leiche des Kronprinzen war ja die Sache offiziell abgeschlossen.

Was die Verbringung der Leiche von Mary Vetsera anbelangt, so war diese doch nicht so unbemerkt geblieben, wie man gehofft hatte. Ständig sah man Neugierige (Journalisten?) in der Umgebung des Schlosses, auch in Heiligenkreuz hatten einige Leute die geheimnisvollen Vorgänge bemerkt, was Julius Schuldes in seinen Memoiren wie folgt festhält:

---

[143] Planitz, 2. Bd., a.a.O., S. 276 f.

„Am nächsten Tag Morgen, dem 1. Februar, erklärte mir Graf Cappy, der schon von einer unverkennbaren Unruhe ergriffen war, daß er nunmehr[144] auch seine Anwesenheit nicht mehr für geboten erachte und eilte, vom Bezirkshauptmann telefonisch dessen Zustimmung zu erlangen, die weitere Vertretung der politischen Behörde mir übertragen zu dürfen. Sichtlich erfreut, aus seiner immerhin heiklen Situation mit ihren möglichen unberechenbaren Zwischenfällen herauszukommen, überwies er mir seine sechs Gendarmen und zwei Geheim-Agenten, welche tagsüber im Umkreis des Schlosses Aufstellung genommen hatten, um den Zudrang von Neugierigen abzuhalten. Außerdem hatte ich täglich Stimmungsberichte nach Baden zu telefonieren.[145] Dann, nach der Übergabe des Dienstes fuhr er fröhlich von dannen und ich glaubte, die Sache nicht allzu ernst nehmen zu sollen. Aber es kam ein wenig anders.

Meine beiden Agenten kamen in aller Früh aus Heiligenkreuz mit der Meldung, dass der ganze Ort in Unruhe sei, denn die mißtrauisch gewordenen Leute wollten wissen, für wen der Totengräber nachts ein Grab in den hart gefrorenen Boden geschaufelt habe, obgleich niemand im Orte so eilig hatte, begraben zu werden. Als daher gegen Mitternacht der geheimnisvolle Wagen herankeuchte, hatten sich trotz des eisigen Wetters Zuschauer an der Friedhofsmauer eingefunden und beobachtet, wie der erstarrte Leichnam aus dem Wagen gehoben und in die Totenkammer getragen wurde, wo ein Sarg bereit stand, in den die Tote schon in Mayerling hätte gelegt werden können, wenn die Kopflosigkeit der Kommission nicht so grenzenlos gewesen wäre.

Dies war also die Wirkung der ganz besonderen Umsicht, mit welcher die 6 oder 8 Ratsherren ihren Auftrag zu ihrer höchsten Zufriedenheit „unauffällig" durchgeführt hatten.

Danach zogen sie sich, – wie mir berichtet wurde – einer Gesellschaft von Verschworenen nicht unähnlich in das verschwiegene Kloster-Weinstüberl zurück und fuhren noch vor Tagesanbruch, also wieder geheimtuend bei Nacht und Nebel von Heiligenkreuz fort, denn sie fühlten sich wahrscheinlich nicht verpflichtet, für die weggeschaffte Todte eine weitere, menschlich naheliegende Teilnahme zu zeigen.

Auch bedachten sie nicht, daß dieses plötzliche Verschwinden angesichts der im Orte herrschenden (und der Polizei bekannten) Volksstimmung den Eindruck fluchtartiger Eile machen und den umlaufenden Gerüchten über einen Mord neue Nahrung zuführen könnte. [...] Die Lage, welche durch dieses bedenkenlose Vorgehen geschaffen wurde, war Ärgernis erregend.

---

[144] Also nach dem Abtransport der Leiche des Kronprinzen.
[145] Vemutlich an Bezirkshauptmann Dr. Oser.

Sie begann sogar in der Ferne auf mich zu wirken, denn ich sah mich durch die Meldungen aus Heiligenkreuz unvermutet genötigt, Stellung zu nehmen, obwohl ich mich nicht an Ort und Stelle über das Tatsächliche orientieren konnte, sondern bei meinen telefonischen Berichten an die politische Behörde in Baden alles vermeiden mußte, was alarmierend hätte wirken können."

Schuldes schreibt dann weiter, dass erst Prior Alberich Wilfling (richtig: Wilflinger, der Stiftskämmerer) die Spitze der Erregung der Ortsbewohner brechen konnte, weil er darauf hingewiesen hatte, dass das Begräbnis „der eingebrachten Leiche" unter Beachtung der gesetzlichen und kirchlichen Vorschriften am helllichten Tag erfolgt sei und somit nichts verborgen wurde. Noch immer streiften Neugierige den Tag über um Mayerling herum. Auch der spätere Abt Gregor Pöck erinnerte sich 1929 daran: „Gegen Abend bildeten sich Gruppen von Neugierigen beim Zugang zum Friedhof und an der Friedhofsmauer. Trotz der düsteren, nasskalten Winternacht harrten die Leute geduldig der Schauerdinge, die da kommen sollten."[146] Dies beweist, dass der Versuch, das Begräbnis von Mary Vetsera heimlich und damit unbemerkt durchzuführen, erfolglos geblieben war. So weit die Situation in Heiligenkreuz und in Mayerling.

Bei den Hofbehörden in Wien wiederum zeigte man sich höchst besorgt, dass durch Helene Vetsera die Anwesenheit ihrer Tochter in Mayerling bekannt werden könnte. War schon der unerwartete Selbstmord des Kronprinzen eine entsetzliche Tragödie, so galt es unbedingt, den Skandal einer damit zusammenhängenden „Frauensperson" zu unterbinden. Daher kam bereits am Nachmittag des 30. Jänner der Generaladjutant des Kaisers, Eduard Graf Paar, zu Helene Vetsera, um ihr den dringenden Rat zu geben, Wien zu verlassen.

Graf Stockau hatte inzwischen erfahren, dass sich der Kronprinz erschossen hatte, und meinte, die Vergiftungsversion sei nur vorgeschützt worden um zu verhindern, dass die Baronin nach Mayerling fuhr, um die Herausgabe ihrer Tochter zu verlangen.

Ihr Bruder Alexander beschwor sie, dem Rat des Grafen Paar zu folgen. Daher fuhr die Baronin noch am selben Abend nach Venedig ab, stieg jedoch in Klein-Reifling im Gesäuse aus dem Zug und kehrte erschöpft nach Wien zurück. (Die Italienzüge der „Österreichischen Staatsbahnen" wurden damals vom Wiener Westbahnhof über Amstetten und das Gesäuse geführt, jene der „K.k. Privilegierten Südbahn-Gesellschaft", die unter der

---

[146] *Reichspost* vom 30.1.1929, S. 7: „Erinnerungen an die Tragödie von Mayerling" von Dr. Gregor Pöck, Abt des Stiftes Heiligenkreuz-Neukloster.

Patronanz des Bankhauses Rothschild stand, fuhren vom Südbahnhof über den Semmering nach Italien.)

Am 1. Februar, als Baltazzi und Stockau noch nicht aus Mayerling zurück waren, erschien Major Karl von Fliesser-Thierstenberg von der Adjutantur des Kaisers bei Helene Vetsera und legte ihr nahe, aus Rücksicht auf die Majestäten während der Beerdigungsfeier des Kronprinzen Wien zu verlassen.[147] Die Baronin erklärte sich bereit, dies erst nach Besuch eines wirklichen Abgesandten des Kaisers zu tun, da sie bereits am Tag zuvor durch falsche Vorstellungen weggeschickt worden war. Noch am selben Abend erschien Ministerpräsident Graf Taaffe bei ihr und konnte sie dazu überreden, schon am nächsten Tag abzureisen. Sie sollte acht Tage lang nichts am Grab ihrer Tochter verändern, da so viele Journalisten die Gegend unsicher machten. Er stellte ihr auch frei, die Leiche an einen anderen Ort zu überführen, was sie jedoch strikt abgelehnt haben soll.[148] Helene Vetsera reiste tatsächlich am 1. Februar in Begleitung ihres Bruders Alexander und ihrer Kinder Hanna und Feri nach Venedig, wo sie ca. ein Monat blieb (von Feri Vetsera ist ein Brief aus Venedig vom 19. Februar bekannt, geschrieben auf dem Briefpapier des Hotel „Britannia", womit auch der genaue Aufenthaltsort bekannt ist (siehe auch das Kapitel Swistun).

Heinrich Baltazzi-Scharschmid berichtet, Mitte März 1889 habe Hofarzt Dr. Widerhofer seine Tante in der Salesianergasse besucht und ihr den Wunsch des Grafen Taaffe unterbreitet, sie möge die Leiche ihrer Tochter auf einen anderen Friedhof überführen lassen, da die Spionage der Presseleute des In- und Auslandes überhandnehme. Die Kosten würde Graf Taaffe selbst übernehmen. Helene Vetsera habe dies entschieden abgelehnt. Widerhofer erzählte ihr auch, dass er am 30. Jänner früh durch ein Telegramm zu dem angeblich schwer erkrankten Kronprinzen nach Mayerling gerufen worden sei. Er selbst habe den Kaiser über die wahren Umstände des Todes unterrichtet.[149]

Nun waren aber Helene Vetsera und ihre Tochter im Wiener Gesellschaftsleben gut bekannt und man musste gewärtig sein, dass jemand die Fage nach dem Verbleib von Mary stellen würde. Der Portier im Palais Vetsera hatte daher den Auftrag, alle Besucher abzuweisen, indem er eine schwere Erkrankung der Baronesse vorgab.

Am 13. Februar 1889 berichtete die *Frankfurter Zeitung* von einer Wiener Meldung, wonach die Familie Vetsera aus Venedig Todesanzeigen versandte, „denenzufolge die junge Baronesse Marie Vetsera verstorben und in Venedig bestattet worden sei". Das Blatt fügte jedoch hinzu, es sei

---

[147] Baltazzi/Swistun, a.a.O., S. 210.
[148] Judtmann, a.a.O., S 184 f.
[149] Baltazzi/Swistun, a.a.O., S. 215.

Tatsache, „daß die Baronesse gleichzeitig mit dem Kronprinzen gestorben und in Heiligenkreuz begraben, jedoch dann, laut Anzeige, nach Venedig überführt worden" sei. Judtmann, der sehr genau recherchiert hat, konnte aber keine derartige Anzeige in Wien finden, weshalb er annimmt, dass diese Nachricht vom Tod Marys in Venedig – wie auch die Aussendung von Todesanzeigen aus dieser Stadt – vom Wiener Hof bewusst in Umlauf gesetzt worden sind.[150] Damit hoffte man Gerüchten entgegentreten zu können, die ihr Verschwinden mit dem Tod des Kronprinzen in Zusammenhang brachten. Ausländische Zeitungen mit Korrespondenten in Wien berichteten jedoch darüber. Wenn daraufhin österreichische Zeitungen – unter Berufung auf ausländische Blätter – solche im Gegensatz zur offiziellen Version stehenden Meldungen brachten, wurden sie polizeilich beschlagnahmt.

Alle Mühen der Verheimlichung waren jedoch vergeblich. Die Journalisten forschten über den Verbleib von Mary nach und wurden rasch fündig. Bereits am 8. Februar 1889 berichteten die *Münchener Neuesten Nachrichten* in einem langen Artikel über die Affäre, wo es unter anderem heißt: „Es ist unbedingt ausgeschlossen, dass sie ihn und dann erst sich erschossen habe. Rudolf tötete zuerst Mary und dann sich, ganz dem Wiener Romanstil entsprechend. Die Kugel trat bei ihm gegen das linke Ohr an der oberen Schädeldecke heraus, wodurch in Verbindung mit den verwachsenen Nähten eine Sprengung der Schädelknochen erfolgte. Auch die Vetsera ist in den Kopf geschossen. Ihre Leiche wurde zu den Cisterziensern nach Heiligenkreuz geschafft und dort in aller Stille beerdigt."[151] Das waren eindeutige Enthüllungen. Baron Krauß notierte in seinem Akt: „Die Wahrheit tritt immer mehr in den ausländischen Blättern zu Tage."[152]

Seitens des Hofes und der öffentlichen Vertreter hielt man aber an der offiziellen Selbstmordversion des Kronprinzen fest, bis 1918 wurde der Name der ermordeten Mary Vetsera nicht erwähnt. Man konnte aus Gründen der Staatsräson und um kirchliche Widerstände für sein Begräbnis zu vermeiden, nicht zugeben, dass der Kronprinz sich des Ehebruches und des Mordes schuldig gemacht habe. So blieb nur die Selbstmordversion als akzeptable Erklärung für seinen Tod. Die Vertuschung der vollen Wahrheit, welche anfänglich zu widersprüchlichen Todesmeldungen geführt hatte, war die Ursache für eine umfangreiche Legendenbildung und von Mutmaßungen über das „Geheimnis von Mayerling".

Kehren wir nun zu Bezirkshauptmann Dr. Oser zurück. Seine Bedeutung in der Mayerlingaffäre lag darin, dass er den rechtlich nicht ganz einwandfreien Anordnungen der Wiener Dienststellen zur „Beseitigung der

---

[150] Judtmann, a.a.O., S. 216.
[151] Bled, a.a.O., S.217.
[152] Krauß, a.a.O., S. 168.

Frauenleiche in Mayerling" einen amtlich-gesetzmäßigen Rahmen gab und damit mögliche Bedenken und Kritikpunkte verhinderte, weil eben alles „rechtmäßig" geschehen war.[153]

Oser selbst hat über die Vorgänge in Mayerling keine Aufzeichnungen hinterlassen. Er verfasste aber unmittelbar nach der Beerdigung von Mary Vetsera eine dreiseitige Gedenkschrift (betitelt „Promemoria") über die von ihm getroffenen Maßnahmen. Darüber ist zwar in anderen Publikationen mehrfach berichtet worden, doch soll hier der genaue Wortlaut wiedergegeben werden, denn die subtilen Formulierungen lassen die Beklemmung erahnen, unter denen sich die Vorgänge abgespielt haben.

Promemoria   Z.12/6.13.14. Praes.

Am Abende des 31 Januar 1889 erschien bei mir der k.k. Hofsekretaer des Obersthofmarschallamtes Slatin und theilte mir mit, dass im Hofgebäude Mayerling die Leiche der dort durch Selbstmord verschiedenen Baronin Marie von Vetsera liege und dass der Vertreter der Gestorbenen, Graf [Georg; m. Bleistift in Klammer beigefügt] Stockau, dieselbe in Heiligenkreuz beerdigen lassen wolle. Ich fuhr sogleich mit dem k.k. Stadthalterei Konzeptspraktikanten Dr. Nowotny-Managetta nach Heiligenkreuz; in meiner Begleitung befand sich der k.k. Polizeikommissar Witlouzil aus Wien, welcher am 30 Januar 1889 nach Baden entsendet worden war und den ich nach Heiligenkreuz mitnahm.

In Heiligenkreuz, in den Zimmern des Stifts Kämmerers P. Alberich Wilfing, fanden sich ausser dem k.k. Hofsekretare Zlatin ein, der k.k. Leibarzt Dr. Auchenthaler sowie Graf Stockau und Baltazzi.

Der Erstgenannte überreichte mir den von ihm und Dr. Auchenthaler aufgenommenen amtlichen Befund, nach welchem von dieser obersthofmarschallischen Behörde der zweifellose Selbstmord und der eingetretene Tod konstatiert wird.

Graf Stockau übergab mir das Gesuch um Bewilligung zur Überführung der Leiche in einfacher Versargung u. gab seine Bitte um Beerdigungsbewilligung zu Protokoll, wobei er um rasche und diskrete Erledigung ersuchte.

Nachdem durch das Obersthofmarschallamt als Ortsobrigkeit des bezüglichen Gebäudes zweifelloser Selbstmord festgestellt u. durch deren Sachverständigen der Tod konstatiert wurde, konnten die angesuchten Bewilligungen nach den inliegenden Erledigungen erteilt werden.

Es wurden darnach die Erledigungen verfasst, numdirt [sic!] und den Beteiligten übergeben.

---

[153] Der genaue Wortlaut der Erlässe Osers in Heiligenkreuz bei Judtmann, a.a.O., S. 175 ff.

Die Leiche der Baronin Vetsera wurde in meiner Abwesenheit in der Totenkammer, wohin sie mittlerweile von Mayerling gebracht wurde, in einem einfachen Holzsarge beigesetzt und am Vormittage des heutigen Tages auf dem Friedhofe Heiligenkreuz beerdigt.

Baden 1 Februar 1889.   Ernst Oser k.k. Bezirkshauptmann (Siegel)

Die Wahrheit vorstehender Angaben bestätige ich mit meinem Diensteide
Dr. Albert Nowotny-Managetta
k.k.Stadthalterei-Konzepts-Praktikant (Siegel)

Diese Promemoria ist am Nachmittag des 1. Februar 1889 in Baden, also unmittelbar nach den Geschehnissen, aufgezeichnet worden.

Im Nachlass Osers befindet sich ein von der Stiftspfarre Heiligenkreuz am 31. August 1889 ausgestellter Totenschein (offenbar ein Duplikat) für Mary Vetsera (unterzeichnet von P. Malachias Dedic, geistl. Rath u. Pfarrer), in dem festgehalten wurde, dass „Maria Alexandrie Freiin von Vetsera; zu Wien am 19. März 1871 geboren [...] am 30.Jänner eintausend achthundert achtzig neun /:1889:/ zu Mayerling – Pfarre Alland – ‚an einer Schussverletzung' gestorben, über Auftrag des k.k. Bezirkshauptmannes von Baden, ddo. 31. Jänner 1889 Z.313 u.314 ex Praes., hierher zur Beerdigung überführt und am 1. Februar auf dem hiesigen pfarrlichen Friedhofe von dem Gefertigten nach christkatholischem Gebrauche zur Erde bestattet worden ist. Unter einem wurde auch die Eintragung in die hiesige pfarrl. Sterbe-Matrikel angeordnet."

Interessanterweise hat der Stiftspfarrer die Todesursache unter Anführungszeichen gesetzt, so als wäre das ein stiller Protest gegenüber dem von Dr. Auchenthaler festgestellten Selbstmord Marys. Oser unterstrich die Worte „über Auftrag" (des k.k. Bezirkshauptmannes von Baden), setzte ein Sternchen neben „Auftrag" und fügte in seiner Handschrift am Ende des Totenscheines das Wort „falsch" hinzu. Auf der Rückseite des Totenscheines schrieb er den Vermerk: „Wegen unrichtiger Ausfertigung richtiges Duplikat verlangt. Oser, 2.9.1889."

Oser verlangte also einen neuen Totenschein, da er Wert darauf legte, dass nicht er, sondern die Hofkommission den Auftrag zur Überführung der Leiche nach Heiligenkreuz gegeben hatte.

Ein weiteres Duplikat („Amtliche Abschrift") des Totenscheines befand sich im Besitz von Hermann Swistun (sieh. das Kapitel über ihn), der in einem Zeitungsbericht von Hans Werner Scheidl (*Die Presse*, 14.1.1993) abgebildet ist. Dieser Totenschein führt in der Rubrik „Todesart" ebenfalls an: „Schussverletzung laut amtlicher Todesanzeige, ddo.Mayerling 31.Jänner

1889." In der Rubrik „Anmerkung" ist folgender Hinweis eingetragen: „Ist mit Genehmigung der k.k. Bezirkshauptmannschaft Baden ddo. 31.Jänner 1889.Z.313u.314. hierher zur Beerdigung überführt worden." Hier ist also die von Oser geforderte Änderung ersichtlich, denn es heißt nicht mehr „über Auftrag des k.k. Bezirkshauptmannes von Baden", sondern „mit Genehmigung der k.k. Bezirkshauptmannschaft Baden". Am Ende der Abschrift ist festgehalten, dass der Totenschein mit Unterschrift (P. Malachias Dedic, m.p. Prior und Pfarrer) und Pfarrsiegel am 31.8.1889 zu Heiligenkreuz ausgestellt („gegeben") worden ist. Die Abschrift trägt den Vermerk: „Mit dem hier sub Reg.Zl.II 78/888 vorliegenden Original gleichlautend! – Expedit des ... [?, unleserl.] der k.k. Freistadt Pressburg am 6. Nov. 1890. Friedrich Dobel...(mann?), Expeditor." Daneben Stempel mit Wappen von Pressburg und der Umschrift: „Sz.kir.Poszony Taros Arvaszéke." Die amtliche Abschrift wurde also in Pressburg drei Monate nach dem ursprünglich in Heiligenkreuz verfassten Dokument hergestellt. Und warum wohl in Pressburg?

Die Familie Vetsera stammte aus Pressburg, wo der Großvater von Mary Vetsera, Georg Bernhard Vetsera (eigentlich: Vecera), Stadtschreiber und später Stadthauptmann war. Möglicherweise wollte Helene Vetsera einen Totenschein für ihre Tochter haben. Da sie durch den Tod des Kronprinzen kompromittiert war, konnte sie schwerlich die Stiftspfarre von Heiligenkreuz darum ersuchen, und wandte sich daher an die Geburtsstadt ihres Mannes, wo dessen Vater in hohem Ansehen stand.

Ein anderes wichtiges Zeugnis über Ernst Oser fand sich in der Biografie seines Bruders, Johann Nepomuk Oser (1833–1912, Professor für chemische Technologie anorganischer Stoffe an der Technischen Hochschule in Wien und 1886/87 deren Rektor). Seine Lebensgeschichte wurde von seiner Tochter Barbara und deren Mann Hermann Nohl aufgezeichnet. Letzterer schreibt über seinen Schwiegervater Folgendes: „Für seine unbekümmerte Sicherheit und Naivität war charakteristisch, dass er bei der Audienz, in der er sich für den Hofratstitel bedanken mußte, dem Kaiser die Hand geben wollte. Er nahm sie nicht, war aber freundlich und sprach dankbar von Papas Bruder, Onkel Ernst, damals Sektionschef im Ackerbauministerium, den er sehr hochschätzte, seit er sich als Bezirkshauptmann in der Affäre von Mayerling, wo Kronprinz Rudolf sich erschoß, so bewährt hatte." Dies ist wohl eine bemerkenswerte Eintragung, denn sie zeugt davon, dass Kaiser Franz Joseph über die Details der Vorgänge von Mayerling gut informiert war. Aber wie hat er davon erfahren?

Sehr wahrscheinlich durch Katharina Schratt. Denn diese hatte Reitstunden bei Hector Baltazzi genommen und war dadurch auch mit seinem angesehenen Bruder Alexander bekannt geworden und mit ihm offenbar in freundschaftlichem Kontakt geblieben. Denn er war bereits am Nachmittag des 1. Februar 1889, nach der Rückkehr von der Beerdigung seiner Nichte Mary in Heiligenkreuz, bei Frau Schratt zu Besuch und hat ihr dabei vermutlich die makabren Details erzählt. In einem Brief an die Hofdame Ida Ferency schreibt Schratt am 4. Februar: „Herr Baltazzi war bei mir, es war eine fürchterliche Stunde." Eine Briefstelle des Kaisers vom 7. Juni 1890 bestätigt, dass er von Katharina Schratt Details über die Beerdigung von Mary Vetsera in Heiligenkreuz erfahren habe. Er schreibt ihr in Zusammenhang mit ihrer Ballonfahrt mit Alexander Baltazzi: „Ich habe nie etwas gegen Ihren Umgang mit Alexander Baltazzi eingewendet, weil es Unsinn gewesen wäre, im Gegenteil war ich dankbar, dass ich dadurch in einer schweren Zeit so Manches von Ihnen erfuhr, was mir zu wissen wichtig war. […] in den Augen der bösen Welt wird Ihnen dieses, von den Zeitungen besonders hervorgehobene Faktum schaden, da die Familie Baltazzi seit unserem Unglücke nicht in allen Kreisen gerne gesehen ist."[154]

Außer der vorhin genannten Denkschrift hat Ernst Oser keine Aufzeichnungen über Mayerling hinterlassen, aber neben diesem Totenschein hat er auch andere Dokumente dieser folgenschweren Tage aufbewahrt. Sein Enkel Dr. Wolfgang Oser, seinerzeit Arzt in Ternberg (Oberösterreich), setzte 1984 die von seinem Großvater begonnene Familienchronik fort. Dabei stützte er sich offensichtlich auf Familienüberlieferungen und schreibt über ihn Folgendes:

„Ein Ereignis hat in seinem Leben eine ganz bedeutende Rolle gespielt: Die Tragödie von Mayerling, der nach wie vor geheimnisumwitterte Tod des Kronprinzen Rudolf und der Freiin Maria von Vetsera am 30.1.1889. Als Bezirkshauptmann von Baden war er natürlich als politische Behörde damit befasst. Er war einer der ersten Menschen, die vom Tod des Kronprinzen informiert wurden. Er wurde in das Schloss Mayerling beordert und hatte das Begräbnis der Maria Vetsera in die Wege zu leiten.[155] Wie weit er über die wirklichen Geschehnisse Bescheid wusste, weiß ich nicht. Wenn er etwas wusste, so hat er sein Wissen ins Grab mitgenommen. – Er hat aber sehr interessante Dokumente hinterlassen, die nun in meinem Besitz sind, und welche ich in der anfangs erwähnten Dokumentenmappe aufgehoben habe. Das wertvollste Stück ist das Original des Totenscheines der Baronin Vetsera. Sehr interessant ist auch sein Gedächtnisprotokoll*, verschiedene Briefe und Telegramme. Ich hab vor Jahren die Dokumente einmal in einer illustrierten Zeitung** veröffentlicht.[156] Das Echo darauf war damals sehr

---

[154] Judtmann, a.a.O., S. 423 f. Ebenso Sokop, a.a. O., S. 214 f.
[155] Tatsächlich wurde er direkt nach Heiligenkreuz beordert und war nicht in Mayerling. Dort war sein Vertreter anwesend, Philipp Graf Cappy.
[156] Es war die *Bunte Österreich*, 1977.

groß. Das Buch: „Das Mythos von Mayerling"[157], eine sehr seriöse Dokumentation über diese Ereignisse, hat diese Papiere auch gebracht. –

Über diese Papiere erzählte mein Vater folgendes: Meine Großmutter räumte einmal den Schreibtisch des Großvaters auf und bekam dabei diese Papiere zu Gesicht. Großvater wurde wütend, erklärte diese Papiere seien geheim und sperrte sie in seiner Schreibtischlade ein. Großmutter hat sich daran gehalten und ließ sie bis zu ihrem Tod im Jahre 1935 in dieser Schreibtischlade. Dann übernahm sie mein Vater, der sich aber dafür nicht interessierte, und nach seinem Tod kamen sie in meinen Besitz. – Für mich sind sie eine sehr wertvolle Erinnerung an meinen Großvater und an die alte österreichische Monarchie. – ..." (Es folgen Berichte über weitere Familienmitglieder.)

Interessant erscheint also die Reaktion Osers bei der Entdeckung der in seinem Besitz befindlichen Mayerlingdokumente. Der Vorfall hat sich noch zu seinen Lebzeiten abgespielt (er starb am 25. September 1902), wo die Erinnerungen an Mayerling relativ frisch waren. Die wütende Reaktion bei der Entdeckung der Papiere ist wohl damit zu erklären, dass Oser seine Loyalität des Schweigens über die Ereignisse verletzt sah. Seine Frau reagierte erschrocken, und der Schreck war so groß, dass die Papiere für über 30 Jahre verschlossen blieben. Auch das erscheint bezeichnend für diese Generation und die Macht des Schweigens über die Vorfälle in Mayerling.

---

[157] Gemeint ist das Buch von Fritz Judtmann („Mayerling ohne Mythos", 1968), der erstmals die Dokumente in Osers Besitz erwähnt.

„Der Rest ist Schweigen"

Dieses berühmte Zitat aus Shakespeares „Hamlet" charakterisiert die Situation unmittelbar nach dem Tod von Kronprinz Rudolf. Der Schock über sein unerwartetes und schreckliches Ende in Mayerling machte die unmittelbar Betroffenen im wahrsten Sinne des Wortes sprachlos. Wie sollte man über diese Tat sprechen, über den Sohn, dessen Ehebruch offenkundig, der Mörder und Selbstmörder geworden war? Wie die Schande beschreiben, welche für die durch das Hofzeremoniell hochstilisierte kaiserliche Familie noch ungeheuerlicher war als für jeden anderen Menschen? Was sollte man aus dem Geschehenen folgern? Unter dem Druck der zeitgemäßen Konventionen, wohl auch aus Scham, flüchtete man in das Schweigen, schwieg über die Tat, über die bekannten oder vermuteten Hintergründe, über Zusammenhänge und Personen. Man schwieg selbst und gebot auch anderen zu schweigen.

Aus zahlreichen Berichten, Aussagen und Überlieferungen ist die Verschwiegenheit all jener Personen bekannt, die mit der Tragödie von Mayerling in Zusammenhang standen oder als etwaige Mitwisser von Vorgängen und Ereignissen angesehen wurden. Oft wird vermutet – oder gewinnt man zumindest den Eindruck –, sie hätten von irgendwelchen Vorgesetzten oder sogar vom Kaiser persönlich eine Schweigepflicht auferlegt bekommen.

Es soll dabei nicht vergessen werden, dass das Schweigen über Vorkommnisse am kaiserlichen Hof eine Selbstverständlichkeit war. Denn alle im Dienste des Kaiserhauses stehenden Personen, von der Kammerfrau bis hinauf zum Obersthofmeister, waren im Rahmen ihres Dienstvertrages zu absolutem Stillschweigen verpflichtet. Diese Verpflichtung wurde vom Oberst-Hofmeisteramt durch Zirkulare regelmäßig in Erinnerung gerufen. Als Beispiel sei eine Anordnung aus 1859 zitiert, worin neuerlich eingeschärft wurde, dass „jeder bei Hof Dienende, durch dessen Verschulden was immer für eine Nachricht über allerhöchste oder höchste Personen über den Hofhaushalt veröffentlicht werden sollte […] unnachsichtlich des Dienstes entlassen sei. […] Von vorstehendem Circulare haben sämtliche Individuen der a.h. Kammer Ihrer Majestät der Kaiserin Einsicht zu nehmen und ist dasselbe von ihnen zu unterfertigen".[158] Diese für den Haushalt der Kaiserin gegebene Regelung bestand natürlich in gleicher Weise für jenen des Kaisers und der anderen Mitglieder der kaiserlichen Familie. Und

---

[158] Ingrid Haslinger: Tafeln mit Sissy. Wien 1998, S. 79.

jeder Bedienstete hielt sich strikt an diese Regelung, denn Gehorsam war damals eine selbstverständliche Verhaltensweise und Tugend. Das galt seit Jahrhunderten. Bemerkenswerterweise stammen Informationen über die Privatsphäre adeliger Personen nur selten von Bediensteten und Angestellten, sondern – wenn überhaupt – von hochrangigen Zeitgenossen. So etwa von Lieselotte von der Pfalz (wenig geliebte Gattin des Bruders von Ludwig XIV.) über den Hof von Versailles, oder dem Freiherrn von Zinzendorf über Kaiser Joseph II., welche ihre Beobachtungen aber Tagebüchern, Memoiren oder Briefen anvertraut haben, die erst nach ihrem Tod zugänglich waren.

Verschwiegenheit galt grundsätzlich in allen Gesellschaftskreisen und deren Belangen. Es sei daran erinnert, dass bis ins 20. Jahrhundert in der bestehenden hierarchischen Gesellschaft Diskretion ein selbstverständliches Verhalten war. Das Individuum definierte sich nach Geburt (familiärer Herkunft), Stand und Berufsrang. In jeder Gesellschaftsschicht herrschte ein Zugehörigkeitsgefühl, ähnlich wie dies heute noch bei Jägern, Ordensleuten oder Bergleuten, aber auch bei exklusiven Gesellschaftskreisen (Bünden, Clubs oder Zirkeln) der Fall ist. Das Recht der Teilhabe an der exklusiven Gesellschaft implizierte (und verlangt heute noch) das Schweigen über die Vorgänge in dieser Gemeinschaft, über Gehörtes, Gesehenes oder Gesprochenes. Innerhalb der Gesellschaftsschichten herrschte ein Abhängigkeitsverhältnis, das von strengem Gehorsam geprägt war. Die Kinder waren ihren Eltern, diese wiederum ihren Eltern, die Frau dem Mann, die Schwester dem Bruder, die jüngeren Geschwister den älteren gegenüber, die Angestellten ihrem Dienstgeber, die Beamten ihrem Amtsvorstand usw. bis hinauf in die höchsten Ränge gehorsam und verschwiegen. Für den jeweils höher Gestellten bedeutete dies aber nicht freie Willkür, sondern war grundsätzlich mit der Sorgepflicht und der Verantwortung für den Unterstellten verbunden, die allerdings oft nicht im notwendigen Maß geübt wurde. Auch in der bürgerlichen und in der bäuerlichen Gesellschaft galt die Verschwiegenheit über Familien- und Haushaltsangelegenheiten nach der Regel: „Schmutzwäsche wird im eigenen Haus gewaschen!" Eine Indiskretion hatte die unweigerliche Entlassung zur Folge, was mangels sozialer Absicherung für die Betroffenen den Sturz ins Elend bedeutet hat. Missbrauchsfälle (etwa wenn Hausangestellte sexuell bedrängt wurden) führten aber auch zu argen psychischen Konflikten und Belastungen der Betroffenen, weil die Gesellschaft trotz Mitwissens dabei wegsah – und schwieg.

Der Ursprung des Schweigegebotes kann in der Regel des hl. Benedikt gesehen werden, der für die Ordensgemeinschaften das Schweigen verlangt. Die Grundlage dafür ist der Psalm 39, 2–3, der lautet: „Ich sprach, ich will auf meine Wege achten, damit ich mich mit meiner Zunge nicht verfehle.

Ich stellte eine Wache vor meinen Mund, ich verstummte, demütigte mich und schwieg sogar vom Guten." Es ist nur natürlich, dass diese alte Regel jahrhundertelang auch den Gläubigen gepredigt wurde und in das Alltagsleben eingeflossen ist. So stehen bei den Statuen des hl. Johannes Nepomuk die fünf Sterne in der Gloriole symbolisch für das lateinische „tacet" (er schweigt) und gemahnen den Betrachter zu standhaftem Verhalten. Auch in der Schule wurde das Schweigen als Tugend vermittelt. Im Lesebuch der Bürgerschulen findet man den Moralspruch: „Durch Reden nicht, durch Tun und Schweigen, muß sich die wahre Größe zeigen."[159] Selbstverständlich war auch beim Militär Verschwiegenheit eine Grundforderung, die den Rekruten bei ihrer Ausbildung besonders eingeschärft wurde. Schweigepflicht und Diskretion mussten also nicht extra auferlegt werden, sie waren Teil des Verhaltenskodex. Diskretion war eine unwidersprochene Verhaltenspflicht, die dem heutigen Zeitgenossen – angesichts eines sensationellen Enthüllungsjournalismus – nur schwer verständlich ist.

Bei einem so gewaltigen Ereignis wie dem Tod des Kronprinzen Rudolf wäre dennoch, auch angesichts der verhältnismäßig hohen Zahl von Zeitzeugen, von dem einen oder anderen ein Hinweis oder eine Aussage zu erwarten, was aber nicht der Fall ist. Für die Behauptung, man sei unter Eid zum Schweigen verpflichtet worden, findet sich in den Aufzeichnungen von Julius Schuldes tatsächlich ein konkreter Hinweis: Er berichtet in Zusammenhang mit der Beerdigung von Mary Vetsera, dass er am 1. Februar 1889 den ganzen Tag über sich selbst überlassen blieb (am selben Morgen war Mary Vetsera bestattet worden). Am späten Abend holte ihn aber der Schlossverwalter Alois Zwerger in die Meierei-Kanzlei, wo Dr. Nowotny-Managetta von der Bezirkshauptmanschaft Baden, „umgeben von meiner gesamten Wehrmacht und den Polizisten" (gemeint sind offenbar die Schlossangestellten und die Polizisten, die das Schloss bewachten), an einem Schreibtisch saß, der links von sich „eine ungewöhnlich große Kavallerie-Pistole" und eine schriftliche Order vor sich hatte. (Vermutlich war die Waffe ein 11-mm-Revolver M1870/74, System Gasser, der bei allen Waffengattungen und bei der Gendarmerie bis zum Ersten Weltkrieg in Gebrauch stand. Spätere Modelle waren wegen ihres geringeren Kalibers kleiner). „Mit Unterschrift mussten sämtliche [Anwesenden] eidesgültig unterschreiben, dass sie sich verpflichten, über die Vorgänge der letzten Tage Stillschweigen zu bewahren und möglichst beruhigend auf die Gemüter zu wirken." Für Schuldes ist das ein Hinweis darauf, wie ernst die Behörden die Lage sahen. Ob Bezirkshauptmann Oser aus eigenem Antrieb seinen Adjutanten Nowotny-Managetta mit diesem Auftrag nach Mayerling geschickt hat oder auf höhere Weisung, ist unklar. Es sollte ja der Eindruck

---

[159] Lesebuch für Bürgerschulen 1. Teil, Wien 1912, S. 173.

erweckt werden, dass der kaiserliche Hof mit Mary Vetsera nichts zu tun hatte und deren Beerdigung eine Sache der Familie Vetsera-Baltazzi war. Die Verpflichtung zum Schweigen betraf jedenfalls alle vorangegangenen Ereignisse im Schloss. Es ist daher mit Ausnahme des Kammerdieners Loschek und von Schuldes von keinem Schlossbediensteten etwas überliefert. Weder der Verwalter Zwerger, der ab 1890 den zum Försterasyl umgebauten Mayerling-Hof betreute, noch andere Dienstpersonen, die dabei waren, als die Leiche Rudolfs in den aus Wien gebrachten Kupfersarg gelegt wurde, haben etwas berichtet.

Eine Schweigepflicht – oder auch die nicht explizit beschworene Verpflichtung zu schweigen – ist im Verhalten Dr. Osers und anderer hoher Beamter erkennbar. Werner Richter dürfte recht haben, wenn er meint: „Darüber hinaus ist auch, schon 1889, wer immer in die Hintergründe des Dramas von Mayerling irgend einen Einblick hatte, und wäre er noch so partiell gewesen, zu unverbrüchlichem Schweigen verpflichtet worden. Und die immaterielle Kraft uralter Disziplin, die dem Habsburgerhof inne wohnte, hat hier tatsächlich noch einmal Unübertreffliches geleistet."[160]

Bezeichnenderweise stammt der Großteil der Informationen über die Mayerlingtragödie erst aus der Zeit nach 1919, da bis zum Ende der Monarchie darüber tatsächlich geschwiegen wurde und Berichte unterdrückt worden sind. Die danach publizierten Artikel erschienen meist als „Erinnerungen" von Zeitzeugen, deren Inhalt unüberprüfbar war und die oftmals Vermutungen als Tatsachen hingestellt haben. Ihr Hinweis auf die Schweigepflicht sollte offenbar den geheimnisvollen Nimbus der Vorgänge noch verstärken. Erst die Publikation der auf vorhandenen Dokumenten beruhenden Biografie des Kronprinzen aus der Hand des Direktors des Haus-, Hof- und Staatsarchivs, Oskar Freiherrn von Mitis, anlässlich des 40. Todestages des Kronprinzen, brachte eine relative Klärung und verwies so manche Aussage in den Bereich der Fama. Mitis kannte aber nicht den Polizeibericht von Baron Krauß, da dieser nicht im Haus-, Hof- und Staatsarchiv, sondern im allgemeinen Verwaltungsarchiv aufbewahrt worden war.

---

[160] Werner Richter: Kronprinz Rudolf von Österreich. Zürich 1941, S. 351.

Marys unruhige Totenruhe

Mary Vetsera wurde nicht, wie zu erwarten, am nächstgelegenen Friedhof von Alland, sondern in Heiligenkreuz bestattet. Das dortige Stift hatte zwar einen eigenen Friedhof für die verstorbenen Patres und die Laienbrüder, für die Ortsbewohner wurde erst im Jahre 1842, weit abseits des Klosters, ein Pfarrfriedhof geschaffen. Dorthin kam auch Mary Vetsera, ohne jene Grabesruhe zu finden, die an einem solchen Ort zu erwarten wäre. Die makabren Vorgänge sollen nachfolgend geschildert werden.

Wie schon erzählt, wurde Mary im wahrsten Sinn des Wortes während einer Nacht-und-Nebel-Aktion am Heiligenkreuzer Ortsfriedhof beerdigt. Der Grund für diese Heimlichtuerei lag ja darin, dass man ihre Anwesenheit in Mayerling vertuschen wollte, ja überhaupt ihr Tod in keinen Zusammenhang mit dem des Kronprinzen gebracht werden durfte. Das ist zwar gründlich missglückt, denn gerade durch den nächtlichen Leichentransport auf den Friedhof und die morgendliche Bestattung erschien die Affäre verdächtig. Auch Außenstehende merkten, dass da etwas Geheimnisvolles vor sich ging, das verborgen gehalten werden sollte. Mary ruhte in einem Grab in der sogenannten Selbstmörderecke an der Friedhofsmauer. In den Augen ihre Familie war das nur eine provisorische Bestattung. Erst nachdem sich in der Öffentlichkeit die Welle der Erregung geglättet hatte und kaum mehr Neugierige Nachschau hielten, wurde sie in die heute noch bestehende Gruft umgebettet, für die ihre Schwester Hanna aufgekommen war. Ihr Onkel Alexander Baltazzi stiftete einen aufwändig gestalteten Kupfersarkophag, der von dem damals führenden Bestattungsunternehmen Alexander Matthias Beschorner in Wien hergestellt worden war. (Von derselben Firma stammt übrigens auch der Sarkophag von Kronprinz Rudolf in der Kapuzinergruft.) Um kein Aufsehen zu erregen, musste er aber getarnt nach Heiligenkreuz gebracht werden. Darin wurde Mary samt dem ursprünglichen Holzsarg gelegt und am 16. Mai 1889 in der Gruft beigesetzt. Ein schlichtes Steinkreuz steht darüber mit der Aufschrift am Sockel: „Mary/ Freiin v. Vetsera/Geb. 19. März 1871/Gest. 30. Jänner 1889/ Wie eine Blume sprosst der/Mensch auf und wird/gebrochen./Job. 14.2" (ein Vers aus dem alttestamentlichen Buch Hiob).

Helene Vetsera wollte das Andenken an ihre Tochter auch durch eine Grabkapelle sichern, was das Stift aber nur bedingt akzeptierte, denn Mary durfte nicht im Mittelpunkt des Gedenkens stehen. Man stimmte zu, eine

Grabkapelle in der Mitte der Ostmauer des Friedhofes errichten zu lassen, die zugleich auch die Gruft für die nachfolgenden Äbte des Stiftes sein sollte. An dieser Stelle befanden sich bereits Priestergräber und die Gruft von Abt Edmund Komaromy (gest. 1877). Sein Sarg wurde dann in diese neue Grabkapelle umgebettet, 1902 auch Abt Heinrich Grünbeck dort bestattet. Der nächste Abt, Gregor Pöck, starb am 18. April 1945, konnte aber wegen der Anwesenheit der sowjetischen Truppen am Friedhof dort nicht beerdigt werden (man setzte ihn in der Stiftskirche bei). 1952 wurde ein neuer Konventsfriedhof nördlich der Kirche angelegt, wo seither auch die Äbte bestattet werden.

Die Erinnerungskapelle mit der vorgesehenen Abtsgruft wurde im neoromanischen Stil vom Wiener Architektenbüro Avanzo & Lange errichtet. (Die beiden Architekten Dominique Avanzo und Paul Rudolph Lange waren übrigens auch die Erbauer der Gaststätte „Goldene Schnepfe" in Dornbach bei Wien, heute 17. Bezirk, wo Kronprinz Rudolf oftmals zu Gast war). Das Stift trat als Bauherr auf und dürfte auch die Architekten ausgewählt haben, denn diese hatten in den Jahren 1876 und 1877 die Regotisierung der Stiftskirche durchgeführt und den heute noch bestehenden Hauptaltar geschaffen. Am 31. Oktober 1889 wurde die Kapelle eingeweiht. Die Baukosten trug zum größten Teil Helene Vetsera. Über dem Altar befindet sich ein buntes Glasfenster, hergestellt nach einem Entwurf von Franz Jobst durch die in Wien ansässige Tiroler Glasmalerei Carl Gold, Magdalenenstraße 29, 1040 Wien. Es zeigt die schmerzhafte Muttergottes auf einem Thron sitzend, mit zwei zu ihren Füßen betenden Engeln.[161] Der rechts kniende zeigt die Gesichtszüge Marys und trägt ein weißes Kleid (Unschuld), der links kniende jene ihres Bruders Lazy in einem roten Rock, da er im Feuer umgekommen war (ähnlich wie der hl. Laurentius). Ursprünglich sollte das Marienbild die Züge von Helene Vetsera tragen, wogegen aber das Stift Einspruch erhob.[162] An der rechten Innenwand der Kapelle durfte eine Gedenktafel mit folgendem Text angebracht werden:

In piam memoriam/Ladislai et Mariae/prolis dulcissimae praematurae/ereptae/mater dolore afflicta/votum solvens/sacellum hoc fundavit/anno s.d. MDCCCLCCCIX („In frommem Gedenken an Ladislaus und Maria, die süßesten, frühzeitig entrissenen Kinder, hat die durch Schmerz betrübte Mutter, ein Gelübde einlösend, diese Kapelle erbaut im seligen Jahr des Herrn 1889").

---

[161] Günter Berger: „Architektonische, skulpturale, musikalische, geographische und topographische Denkmale für Kronprinz Erzherzog Rudolf". In: Katalog Hermesvilla, a.a.O., S. 114.
[162] Judtmann, a.a.O., S. 188 ff.

Der Name Vetsera durfte nicht aufscheinen, was der Stiftskämmerer Pater Alberich Wilflinger in einem erhaltenen Briefentwurf damit begründete, „dass sich das Stift als Eigentümerin der Kapelle nicht in Widerspruch zum allerhöchsten Kaiserhaus setzen" könne[163] – es hatte also die Hofbehörde die Nennung des Namens untersagt.

An der linken Innenwand der Kapelle befindet sich eine Gedenktafel für die dort beigesetzten Äbte Edmund Komaromy und Heinrich Grünbeck. Letzterer war jener Abt, der die Beerdigung Marys gestattet hatte.

Marys anfangs verheimlichter Tod hat viele Zeitgenossen bewegt. Das ist aus schwärmerischen Gedichten auf sie ersichtlich. Bemerkenswert ist auch, dass am 2. November 1897 (!) der k.k. Hofrat Dr. Franz Mießriegler, Landesgerichtsvizepräsident in Wien, eine Stiftung „zum wohlthätigen und ganz unparteiischen seligen berechtigten Andenken an das Fräulein Maria Freiin Vetsera, welche am 30. Jänner im Dorfe Mayerling im Gerichtsbezirk Baden in Niederösterreich an einer Schusswunde gestorben ist" verfügt hat. Alljährlich sollten an ihrem Todestag, dem 30. Jänner, vier arme Personen, und zwar zwei aus Wien, eine aus Mayerling und eine aus Heiligenkreuz, je sechs Golddukaten erhalten. Die Stiftung war mit 4000 Goldgulden dotiert. Der Jurist hatte keinerlei Beziehung zur Familie Vetsera, war aber vom Schicksal Marys tief bewegt, was seine Kenntnis über die Hintergründe ihres Todes erahnen lässt. Seine Stiftung stellte er unter das Motto einer Zeile im Johannesevangelium: „Wer von Euch ohne Sünde ist, werfe zuerst einen Stein auf sie – und alle schlichen davon."[164]

Die Tote ruhte nun unbehelligt bis zum Ende des Zweiten Weltkrieges. Damals stieß die vorrückende sowjetische Armee zwischen dem 3. April (Besetzung Badens) und dem 7. April 1945 durch das Helenental nach Heiligenkreuz und Alland vor. Dort leisteten die zurückgehenden deutschen Truppen mit Einheiten der 12. SS Panzerdivision „Hitlerjugend" den Truppenteilen der sowjetischen Garde-Panzerarmee erbitterten Widerstand, um deren Erreichen der Westbahnstrecke zu verhindern (die sowjetischen Truppen gelangten dann über den Riederberg bei Tulln ins Donautal). Dabei wurden in Alland die Kirche und viele Häuser zerstört oder schwer beschädigt.[165] Im nahe gelegenen Mayerling wurden durch Artilleriebeschuss das Dach und die Fenster von Kirche und Karmel stark in Mitleidenschaft gezogen. Der Beschuss kam aus Heiligenkreuz, wo eine sowjetische Geschützbatterie am Waldrand oberhalb des hoch gelegenen Friedhofes Stellung bezogen hatte und von dort auf Alland feuerte. In der Deckung

---

[163] Judtmann, a.a.O., S. 190.
[164] Dorffner: Allerhand über Alland, a.a.O., S. 48 f.
[165] Brettner, Friedrich: Die letzten Kämpfe des II. Weltkrieges (Steinfeld-Wienerwald-Tullnerfeld-Traisental). 6. Panzerarmee. Gloggnitz 2002, S. 71ff.

der Friedhofsmauer lagerte ein sowjetischer Militärtross, die Totenkammer wurde als Küche verwendet. Sowjetische Soldaten öffneten damals neben anderen Gräbern auch die Vetsera-Gruft und hieben den Kupfersarkophag auf, offenbar um nach vermutetem Schmuck der Toten zu suchen.

Über den damaligen Zustand des Grabes gibt ein maschinschriftlicher Bericht eines Unbekannten im Archiv des Altlaxenburger Kulturvereines Auskunft, der am 25. Oktober und am 19. Dezember 1952 in Heiligenkreuz Erhebungen über die Beerdigung von Mary im Jahre 1889 anstellte. Dabei hatte er den damaligen Totengräber Alois Klein von Heiligenkreuz befragt, der die Erzählungen seines Vorgängers, Karl Eder, des Sohnes von Johann Eder (1862–1949) wiedergab, welcher die Beerdigung von Mary durchgeführt hatte (Karl Eder war im Zweiten Weltkrieg gefallen, worauf Klein ihm 1941 als Totengräber folgte). Klein zeigte dem Autor auch die Stelle der Erstbestattung, etwa 25 Meter (dann spricht er von 25 Schritten) rechts von der Eingangspforte des Friedhofs, angeblich das damalige Selbstmördereck. Eder erwähnte auch die Anwesenheit von vier Herren bei der Beerdigung, zwei davon angeblich aus Baden (wohl Baltazzi und Stockau). Er sagte weiters, dass 1945 Grüfte und auch die Gedächtniskapelle aufgebrochen worden seien, weil russische Soldaten nach Schmuck und Wertsachen suchten. In der Vetsera-Gruft lag seinen Angaben nach der Schädel Marys neben dem Sarkophag. Auf die Frage, wie der Schädel genau ausgesehen habe, antwortete Klein, er sei schon sehr verwest gewesen, nur noch die Knochen und wenige längere, ganz ausgebleichte Haare seien vorhanden gewesen. Auf die Frage, ob der Schädel eine Zertrümmerung aufgewiesen habe, die durch die Austrittsöffnung eines Projektils entstanden sei, antwortete Klein, er habe keinen Einschuss und auch keinen zerstörenden Ausschussherd festgestellt. Er habe den Kopf wiederum in die Gruft neben den aufgerissenen Sarg gelegt und sie mit den schweren Gruftdeckeln geschlossen. Diese Aussagen über den Kopf Marys erscheinen sehr zweifelhaft, denn bei späteren Exhumierungen war zumindest die üppige Haarfülle der Toten auffällig.

Laut Klein hatte man Angst vor russischen Plünderern und war daher in Eile. Wegen der Nähe des russischen Militärs ließ man auf dem Friedhof auch sehr große Vorsicht walten und vermied jede Änderung. 1948 forderte übrigens die sowjetische Militärverwaltung die Exhumierung ihrer am Friedhof beerdigten gefallenen Soldaten, die daraufhin in ein Gemeinschaftsgrab unterhalb des Gipfels des Kreuzweges gegenüber dem Friedhof wieder bestattet wurden. Das Grab Marys habe sich damals in der Obhut der Gemeinde Heiligenkreuz befunden, die auch ein Protokoll darüber aufnahm. Klein selbst hatte damals das Grabgitter mit schwarzer Farbe gestrichen und die Grabinschrift nachgezogen. Von einem Herrn Baltazzi war ihm damals nichts bekannt. So weit also ein bisher unbekannter Bericht über das Vetsera-Grab im Jahre 1945.

Wilhelm Polzer gibt an, dass das Grab der Baronesse bis zum Beginn des Zweiten Weltkrieges vom Stift Heiligenkreuz betreut worden sei, danach aber der Fürsorge des Totengräbers der Gemeinde überlassen blieb.[166] Tatsächlich unterstehen der Friedhof und auch Marys Gruft bis heute dem Stift.

Die Gruft war also wieder geschlossen worden, aber der Sarg blieb defekt. Davon erfuhr eine in Triest lebende Enkelin eines ehemaligen kaiserlichen Leibjägers von Kaiser Franz Joseph, Frau Theresia Müller, verehelichte Zar (1896–1972), wohnhaft in Via Virgilio Nr. 19 in Triest, welche sich aus Pietät verpflichtet fühlte, einen neuen Sarg für Mary Vetsera herstellen zu lassen. (Im Hofschematismus von 1888 ist unter den Bediensteten des k.k. Oberstjägeramtes tatsächlich ein Matthias Müller in Mühlleiten, nahe Großenzersdorf, östlich von Wien, angeführt.) In Absprache mit dem in Baden lebenden Heinrich Baltazzi-Scharschmid (Marys Cousin), der als Inhaber des Grabes galt und zu seiner Überraschung von der Aktion verständigt worden war, erfolgte die Umbettung am 7. Juli 1959 durch die städtische Badener Bestattung auf Kosten von Frau Zar.[167] Anwesend waren neben den beiden Genannten der Archivar des Stiftes Heiligenkreuz, P. Hermann Watzl, der Amtsarzt der Bezirkshauptmannschaft Baden, San.Rat Dr. F. Lorenz, der Gendarmeriepostenkommandant von Heiligenkreuz, Gend.Insp. Steiner, zwei Helfer der Badener Bestattungsanstalt und der Totengräber des Stiftes Heiligenkreuz. Judtmann fand darüber eine Eintragung im Pfarrgedenkbuch des Stiftes, in dem ausdrücklich festgehalten ist, dass man neben den Knochen und Kleiderresten „reichliches Haargeflecht" vorgefunden habe, ebenso eine Gartenhaue, mit welcher der Sarg vermutlich aufgehauen worden war. Der ursprüngliche, seit 1945 aufgerissene Kupfersarg wurde auf den Boden der Gruft gestellt, der neue Metallsarg auf die beiden Eisentraversen im Schacht.[168] Baltazzi hat damals das silberne Corpus (8,8 × 6,9 cm) von einem Kreuz, das aus dem Mädchenzimmer Marys stammte und von ihrem Onkel Alexander der Toten bei der Erstbeisetzung in den Sarg mitgegeben worden war, an sich genommen. Drei dabei gefundene kleine Nägel ließen darauf schließen, dass das Corpus auf einem Holzkreuz befestigt gewesen war. (Das Corpus wurde von den Erben im September 2013 an den Wiener Geschäftsmann Mario Plachutta für seine Habsburg-Sammlung verkauft.)

---

[166] Wilhelm Polzer: Licht über Mayerling. Graz 1954, S. 209.
[167] Holler, Die Lösung des Rätsels, a.a.O., S. 308 ff.
[168] Helmut Flatzelsteiner: Meine Mary Vetsera. Mayerling: Die Tragödie gibt ihr Geheimnis preis. Authentische Schilderung der Entführung aus der Gruft. Wien 1993, S. 64.

Judtmann hat im Zuge der Abfassung seines 1967 erschienenen Buches alle zu seiner Zeit noch lebenden Teilnehmer der Wiederbestattung nach Einzelheiten der Umbettung befragt. Der Amtsarzt und der Gendarmeriebeamte entschlugen sich aber der Aussage über den Zustand des Schädels von Mary mit dem Hinweis auf die amtliche Schweigepflicht (noch immer!). Der Leiter der Leichenbestattung stellte ihm jedoch eine schriftliche Aufzeichnung der Vorgänge zur Verfügung. Diese führt an: „Die Schädeldecke hatte auf einer Seite ein 5 bis 7 cm ovales Loch, das vermutlich bei der Plünderung des Sarges mit der Gartenhaue entstanden war. Eine Einschussöffnung war an der ganzen Schädeldecke nicht zu sehen, außer aber sie war gerade an der Stelle, an der das Schädeldach gefehlt hat."[169] Heinrich Baltazzi-Scharschmid berichtet, dass der Schädel völlig verschlammt gewesen sei und er bei der flüchtigen Betrachtung kein Einschussloch gesehen habe.[170] Dieser (späten) Feststellung steht der Befund des Hofarztes Dr. Auchenthaler entgegen, der am linken Stirnwandbein die Eintrittsöffnung des Projektils und 2 cm über dem äußeren rechten Gehörgang eine schmale, kantige Ausschussöffnung festgehalten hat. Da sich dieser Widerspruch nur durch eine neuerliche gerichtsmedizinische Untersuchung klären ließe, blieb das Interesse daran wach. Am 28. März 1978 befragte daher der Badener Mayerlingforscher Dr. Gerd Holler die seinerzeit Anwesenden der Wiederbestattung. Es wurde ein Protokoll aufgenommen, um seine These von Marys Tod zu untermauern, worüber in dem ihm gewidmeten Kapitel berichtet wird.

Die unklaren, ja widersprüchlichen Aussagen über den Schädel Marys jener Personen, die bei den beiden Wiederbestattungen (1945 und 1959) anwesend waren, sind wohl dadurch zu erklären, dass der Zweck ja in der Wiederherstellung einer würdigen Grablege bestand, aber nicht in der Nachforschung über ihre Todesursache. Für diese interessierte sich speziell erst Dr. Holler. Er stellte 1978 den Antrag auf eine neuerliche Öffnung der Gruft, um durch eine Untersuchung des Skelettes seine Annahme von Marys Tod durch einen gynäkologischen Eingriff zu untermauern. Das lehnte aber der damalige Abt des Stiftes Heiligenkreuz, Franz Gaumannmüller, ab.[171]

Im Spätherbst 1988 versuchte der Wiener Professor für pathologische Anatomie, Dr. Hans Bankl, neuerlich, die Gruft für eine gerichtsmedizinische Untersuchung der Knochenreste Marys öffnen zu lassen. Das Einverständnis des neuen Abtes, Georg Hradil, und der Nachfahren lag bereits vor, auch eine Untersuchungskommission war gebildet worden. Durch eine voreilige „Sensationsmeldung" in der *Kronen Zeitung* am 3. November 1988 entstand aber großes Aufsehen, sodass Marys Cousinen Nora und Nancy

---

[169] Judtmann, a.a.O., S. 193.
[170] Baltazzi/Swistun, a.a.O., S. 378.
[171] Hermann Swistun: Mary Vetsera, Gefährtin für den Tod. Wien 1983, S. 155.

Vetsera nun doch Einspruch erhoben und die Aktion nicht durchgeführt wurde.[172]

Im Jahre 1991 kam es in der Nacht vom 25. auf den 26. Juli neuerlich zu einer Störung von Marys Totenruhe. Die Gruft wurde von dem Linzer Möbelhändler Helmut Flatzelsteiner mit unbekannten Helfern heimlich geöffnet (die schweren Gruftdeckel wurden mittels eines Wagenhebers entfernt) und der Sarg nach Linz transportiert in der Absicht, durch eine gerichtsmedizinische Untersuchung die wahre Todesursache zu ergründen. Tatsächlich brachte Flatzelsteiner die Gebeine unter einem fingierten Namen als die seiner Urgroßmutter in das Institut für Gerichtsmedizin der Universität Wien. Dort wurden sie von Univ.-Prof. Dr. Johann Szilvassy untersucht, der darüber am 20. November 1991 ein Gutachten erstellte. Als die widerrechtliche Öffnung der Gruft und die wahre Identität des Sarginhaltes bekannt wurden, nahm sich abermals die *Kronen Zeitung* der Sache an und traf mit Flatzelsteiner eine „Vereinbarung" über die Veröffentlichung seiner Geschichte. Die Sache wurde dadurch zur Sensation und durch eine Anzeige des Journalisten Georg Markus zum Kriminalfall[173]. Durch den entschlossenen Einsatz des Wiener Journalisten und Vetsera-Biografen Hermann Swistun kam es dann bald zur Wiederbestattung. Im September 1993 legte die zuständige Staatsanwaltschaft Wiener Neustadt die Anzeige wegen schweren Diebstahls, dauernder Sachentziehung und Störung der Totenruhe zurück und gab die Gebeine zur neuerlichen Bestattung frei. Die Knochen waren vom Gerichtsmedizinischen Institut in einzelne Kartonschächtelchen verpackt und diese sodann in einen neuen Sarg geschlichtet worden (Mitteilung 2011 von Pater Dr. Karl Wallner, Stift Heiligenkreuz). Den Kopf bettete man zwischen zwei Kissen, den fast unversehrten Haarteil legte man in einer eigenen Schachtel daneben, ebenso die großen Gebeine und die Kleiderreste. Am 17. Oktober 1993 fand durch die städtische Badener Bestattung diese nunmehr vierte Beisetzung Marys statt. Die Einsegnung erfolgte durch den Abt Gerhard Hradil unter Ausschluss der Öffentlichkeit. Auf Vorschlag des Abtes wurde die Gruft dann mit Erde vollgeschüttet, um eine abermalige Exhumierung zu erschweren bzw. zu verhindern.[174] Der beschädigte Sarg von der Beisetzung im Jahre 1959 sowie der ursprüngliche Kupfersarg aus dem Jahr 1889 wurden im Stift Heiligenkreuz deponiert. Letzteren übergab das Stift unter Abt Gregor Henckel-Donnersmarck am 2. März 2007 dem Karmel in Mayerling als Dauerleihgabe. Dort ist er in

---

[172] Hans Bankl: Woran sie wirklich starben. Wien 1989, S. 154 f.
[173] Dargestellt im Buch von Georg Markus: Kriminalfall Mayerling. Leben und Sterben der Mary Vetsera. Mit einem Gutachten nach dem Grabraub. Wien 1993.
[174] Hermann Swistun: Mary Vetsera, Gefährtin für den Tod. Wien 1999 (Neuauflage), S. 191 ff.

den in den 2014 neugestalteten Gedenkräumen ausgestellt, gemeinsam mit den Resten des ursprünglichen Holzsarges. Mit dieser Schaustellung von Marys Sarkophag in Mayerling fand auch die Vertuschung ihrer dortigen Anwesenheit ihr nunmehriges Ende. Fortan wird bei der hl. Messe für beide Toten gebetet, was zuvor nicht der Fall gewesen ist.

Nach einem Zivilprozess musste Flatzelsteiner dem Stift 27.500 Schilling (ca. 2000 Euro) Schadenersatz zahlen (wohl für die Wiederbestattung). So weit die makabre Geschichte rund um Mary Vetseras Gebeine (Details über die Grabraubgeschichte in den genannten Werken).[175] 2014 wurde die Einfassung der Gruft auf Initiative und auf Kosten des Stiftes renoviert.

---

[175] Die Informationen über den Ortsfriedhof von Prof. Werner Richter, Heiligenkreuz 2013. Siehe auch von ihm: Historia Sanctae Crucis. Beiträge zur Geschichte von Heiligenkreuz im Wienerwald. Heiligenkreuz 2008.

Der Hoftelegrafist Julius Schuldes

Von den mit Mayerling in Zusammenhang stehenden Zeitzeugen ist – neben Dr. Ernst Oser – der im Jagdschloss tätige Hoftelegrafist Julius Schuldes bedeutsam. Wie bereits erwähnt, sind die 1929 von ihm niedergeschriebenen Erinnerungen im Badener Stadtarchiv erhalten. Er taucht in der Mayerlingliteratur erstmals bei Fritz Judtmann auf, der jedoch dessen Aufzeichnungen noch nicht gekannt hat. Er berichtet nur, dass das Telegrafenbüro in Mayerling nicht besetzt gewesen sei, da die k.k. Post- und Telegrafendirektion in Wien vom geplanten Jagdausflug nicht verständigt worden sei. Auch Judtmanns Rekonstruktion des Jagdschlosses in Mayerling basierte nicht auf den bei Schuldes überlieferten Details. Schuldes' Lebensweg sei hier daher erstmals mitgeteilt, da er nicht nur über Mayerling genauere Aufschlüsse gibt, sondern auch das Bild der Epoche des Kronprinzen anschaulich macht.

Julius Schuldes wurde am 2. März 1849 in Hettau bei Bilin (nahe Teplitz/Teplice) in Böhmen geboren. Er war der Sohn von Carolina und Kajetan Schuldes (1816–1901), einem Beamten am Bezirksgericht in Tetschen (Decin), nahe der sächsischen Grenze. Dort wuchs er gemeinsam mit seinem Bruder Karl auf und kam zehnjährig an das Piaristen-Gymnasium in Brüx, wo er in der Familie der Schwester seines Vaters Aufnahme fand, die dort mit ihrem Mann den angesehenen Gasthof „Zum schwarzen Adler" führte. Neben dem Gymnasium gab es in Brüx auch eine Realschule, deren Schüler gegenüber den „Griechen und Römern" des Gymnasiums als „feindliche Hussiten" angesehen wurden (es gab in Brüx tatsächlich eine hussitische Burgruine), was zu wiederholten Kämpfen zwischen den beiden Schülergruppen führte. Den Unterricht an der Ordensschule empfanden viele Schüler als öde und geistlähmend, weshalb man sich lebendige Lebensanschauungen aus Büchern in der städtischen Leihbibliothek holte, wo vor allem Indianer-, Abenteuer- und Gespenstergeschichten von James Cooper oder Friedrich Gerstäcker die Fantasie der Buben beflügelt haben. Wegen schlechter Mathematiknoten schickte man Julius an die Oberstufe nach Prag. In seinem Maturitätsjahr 1866 erlebte er den preußisch-österreichischen Krieg, bei dem es zur Besetzung von Brüx durch preußische Truppen kam. In diesem Krieg spielte die Telegrafie erstmals eine wichtige Rolle für die Nachrichtenübermittlung, weshalb man in Österreich bald nach der Niederlage diese Technik einführte. Dafür suchte man Bewerber, und der junge Schuldes, unschlüssig, welche Berufslaufbahn er einschlagen solle, entschied sich mit Zustimmung der Eltern für eine Ausbildung zum Telegrafisten an der Universität Prag. Neben Physik, Telegrafenbau und Apparateschaltung wurde auch Staatsrecht gelehrt. Von 110 Hörern schloss er als elftbester ab. Nach einer Einführung im Grenzamt Bodenbach kam er in der Sommersaison 1869 in Karlsbad zum Einsatz, wo er erstmals die mondäne Gesellschaft der Monarchie erlebte. Im selben Jahr wurde er nach Prag versetzt, wo er die vom Nationalismus angeheizten deutsch-tschechischen Sprachauseinandersetzungen erlebte und als besonders nachteilig für das Staatsganze empfand. Bei seiner Tätigkeit kam er bald mit seinen tschechischen Vorgesetzten in Konflikt. Sie bemängelten, dass die vorhandenen Telegrafengeräte nicht die Zeichen für Akzente und Häkchen der tschechischen Sprache aufwiesen. In den Augen von Schuldes widersprach diese Forderung aber dem internationalen Telegrafenvertrag, weshalb er sich weigerte, wie gefordert auf eigene Kosten einen Tschechischkurs zu besuchen, um die Zeichensetzung zu erlernen. Er wurde daraufhin 1870 nach Wien an das Staats-Telegraphenamt versetzt (es befand sich an der Stelle des 1873 neu erbauten Amtes am Börseplatz).

In Wien lernte er seine erste Frau kennen, Eugenie Ebenhöh, die mit der ungarischen gräflichen Familie Brunswick-Korompa verschwägert war. Der reiche Schwiegervater verlor jedoch bei dem infolge der Weltausstellung in Wien am 9. Mai 1873 erfolgten Bankenkrach sein Vermögen. Trotz der dadurch geringen Mitgift wurde am 28. Mai 1873 die Hochzeit standesgemäß groß gefeiert, 1874 kam Sohn Erwin zur Welt. Doch das Kind starb, kaum zweijährig, an Diphtherie, worauf die Mutter an einem Herz- und Nervenleiden erkrankte, das zu ihrer fast völligen Abschottung von der Außenwelt führte. Dadurch entstand eine allmähliche Entfremdung der Ehepartner, die fortan glücklos nebeneinander lebten, doch unterblieb eine Trennung (wenige Wochen nach der goldenen Hochzeit starb Eugenie Schuldes am 21. Juni 1923 in Baden).

1873 wurde Schuldes als Amtsvorstand an das Telegrafenamt seiner Heimatstadt Tetschen versetzt, wo noch seine Eltern lebten. Dort beteiligte er sich rege am öffentlichen Leben, wurde Mitarbeiter an einer Regionalzeitung, gründete den „Gebirgsverein für die böhmische Schweiz" und war 1875 Redakteur der *Tetschen-Bodenbacher Zeitung*. Abermals erlebte er mit Unbehagen den deutsch-tschechischen Sprachenkonflikt (er stammte ja selbst aus einer deutschsprachigen Familie), den er als nachteilig für die wirtschaftliche Entwicklung Böhmens ansah. Er kritisierte insbesondere die engstirnige Politik des böhmischen Hofadels, der in Verkennung der Situation nichts zur Hebung des allumfassenden Reichsgedankens beitrug. Da der Postdienst mehrheitlich von tschechischen Beamten versehen wurde, legte man auf Drängen tschechischer Politiker diesen mit dem Telegrafendienst zusammen. Schuldes machte daher notgedrungen auch die Ausbildung und die Prüfungen zum Postdienst, erreichte aber 1883 seine Versetzung nach Wien in die Post- und Telegrafendirektion.

Dort fühlte er sich bald unglücklich und überlegte, die Beamtenlaufbahn zugunsten eines freien Literaturschaffens aufzugeben. Dazu kam es jedoch nicht, Schuldes bemühte sich um eine Stelle im Hoftelegrafenamt. Dieses war 1852 geschaffen worden und gehörte zum Stab des Obersthofmeisteramtes. Als Fachbehörde war es frei von Einflussnahmen der Staatsbehörden und nur für den Kaiser, die kaiserliche Familie und den Hofstaat zuständig. Wegen dieser Autonomie erschien Schuldes dort ein Posten als erstrebenswert, doch war es schwierig, dafür bestellt zu werden. Auf Vermittlung seiner Schwiegermutter empfahl ihn deren Jugendfreund, Baron Pápay, Staats- und Kabinettsrat in Ungarn, als Anwärter für eine frei werdende Stelle im Hoftelegrafenamt. Tatsächlich wurde Schuldes auf Grund eines Todesfalles bald in dieses Amt entsandt, das sich damals im abseitig gelegenen Amalientrakt der Hofburg befand. Ihm angegliedert waren Schönbrunn, Hetzendorf, Laxenburg, die Jagdschlösser Reichenau, Neuberg, Mürzsteg, Eisenerz und Radmer, die Kaiservilla in Bad Ischl und Schloss Miramare. Schuldes erlebte aber zu seinem Ärger in dieser Dienststelle (noch immer!) den Geist borniert und autoritärer Anschauungen aus der Ära der Polizeiregierung unter Metternich vor 1848. Der alte, misstrauische Amtsvorstand betrachtete ihn als einen Unruhestifter und beorderte ihn daher 1885 zum Dienst für die Familie des Kronprinzen in die Amtsfiliale des Schlosses Laxenburg. Dort befand sich sein Büro im linken Flügel des „Uhlefelder Hauses", einer in Hufeisenform gebauten einstöckigen Villa (1945 zerstört) nahe dem Schlosstheater, die auch dem erzherzoglichen Obersthofmeister als Sommerwohnung diente. Bei Anwesenheit des Kronprinzen, der sogenannten „großen Hofhaltung", waren dort für das Telegrafenamt zwei Räume eingerichtet. Schuldes berichtet von alltäglichen zwanglosen Abendgesellschaften im Hotel Stern in Laxenburg unter Vorsitz des Flügeladjutanten des Kronprinzen, Graf Orsini und Rosenberg, wo sich Hof- und Polizeibeamte sowie Offiziere der kleinen Garnison trafen und man beobachten konnte, woher der Wind der „Hofluft" wehte. Die kaiserliche Familie benützte den Hoftelegrafen vor allem für eigenhändig geschriebene, konventionelle Mitteilungen im Familien- und Bekanntenkreis. Kronprinz Rudolf pflegte gerne noch in später Nacht zu telegrafieren (etwa nach der Rückkehr von einer Jagd), wohingegen für Kaiser Franz Joseph als Frühaufsteher der Posteinlauf schon um 4 Uhr Früh bereitliegen musste. In Laxenburg hatte Schuldes auch ausreichend Zeit für seine schriftstellerische Tätigkeit, fand aber keinen Verleger.

Im Oktober 1887 teilte ihm der Polizeidirektionspräsident mit, es sei allerhöchst befohlen worden, er solle in dem vom Kronprinzen erworbenen Jagdschloss in Mayerling ein temporäres Telegrafenbüro einrichten. Die fallweise sich ergebende Expositur habe er in eigener Verantwortung zu übernehmen. Nach Instruktionen gefragt, gab man ihm zur Antwort: „Sie haben die allerhöchsten Herrschaften zufrieden zu stellen, das ist alles!" Diese Zufriedenheit bestand offenbar schon durch seine Tätigkeit in Laxenburg. Schuldes machte erstmals Dienst in Mayerling vom 17. bis 22. November 1887.

Nach dem Tod des Kronprinzen blieb Schuldes in Laxenburg dem Hofstaat von Kronprinzessin Stephanie zugeteilt. Er erlebte fortwährend Schwierigkeiten (oder glaubte sie zu erfahren), von denen ihn sein literarisches Schaffen ablenkte. Er fühlte sich unbedankt und wollte einen Nachweis für seine Leistungen im Dienst für den Kronprinzen. Da meinte sein Vorgesetzter, er habe zwar eine böse Zeit erlebt, „dafür sind Sie aber immerhin anderwärtig entsprechend entschädigt worden", und nannte eine Summe von zwei- bis dreitausend Kronen. Schuldes zeigte sich darüber empört. „Geld für ein Schweigen, das selbstverständlich war?" Er hatte nichts bekommen.

Über Laxenburg schreibt er, dass dort nach 1889 fast nur Damen des Hofstaates „in einer nicht allzu strengen zeremonischen Zurückhaltung" lebten. Im erwähnten Uhlefelder Schlössel wohnte der neu ernannte Obersthofmeister von Stephanie, Franz Graf Bellegarde, der bei einem Abendessen in Laxenburg den zu Gast weilenden neuen Bezirkshauptmann von Baden, Leopold Graf Auersperg (Amtsinhaber nach Oser von 1889 bis 1896) ersuchte, einen Bericht über die Tätigkeit von Schuldes in Mayerling zu schreiben. Auf Grund dieses Berichtes stellte er an das für Schuldes zuständige Handelsministerium den Antrag für die Verleihung des goldenen Verdienstkreuzes. Doch der Antrag wurde verschleppt, sodass Schuldes beim Handelsminister selbst, Ernest von Koerber, vorsprach. Dieser antwortete ihm, die Eingabe könne nicht weitergeleitet werden, „weil Seine Majestät endlich mit allem verschont sein" wolle, „was Mayerling betrifft". Im Übrigen sei er erst kürzlich im Rang vorgerückt, was eigentlich als Dank gewertet werden könne (nach Ablegung der Amtsleiterprüfung am 10. April 1889 wurde Schuldes nach monatelangem Zuwarten zum Kontrollor und Abteilungsleiter im Haupt- und Telegrafenamt ernannt). Nach Ansicht von Schuldes war diese Aussage von Minister Koerber unwahr und eine Erfindung der Hofkreise. Davon leitete sich seiner Meinung nach „das große Schweigen um Mayerling" ab.

Als er Bellegarde über die Ablehnung informierte, sah ihn dieser lange an und sagte dann: „Also da lassen wir das besser sein – es wird sonst noch ein großer Verdruss daraus."

Hoftelegrafist Julius Schuldes im Jahre 1908. Er trägt die Uniform eines k.k. Ober-Post-Verwalters mit folgenden Auszeichnungen: in der ersten Reihe den Ritter des Franz-Joseph-Ordens, die Jubiläums-Erinnerungsmedaille für die bewaffnete Macht 1898, die Jubiläums-Hofmedaille 1898 in Silber, die Erinnerungsmedaille für Zivilbedienstete 1898, sowie das Jubiläumskreuz 1908. In der zweiten Reihe den königlich preußischen Roter Adlerorden 4. Klasse, den Ritter des kaiserlich russischen Ordens der Hl. Anna, den Ritter 1. Kl. vom Großherzoglich Badischen Orden vom Zähringer Löwen, den Ritter vom königlich spanischen Orden Karl III., und darunter den persischen Sonnen- und Löwenorden 4. Kl. Die ausländischen Orden sind – wie üblich – anlässlich von Staatsbesuchen von den jeweiligen Potentaten an beteiligte Hofbedienstete (deren Schuldes einer war) verliehen worden.

Schuldes war bis dahin als Beamter des k.k. Post- und Telegrafenamtes dem Hoftelegrafenamt dienstzugeteilt, also noch kein Hofbeamter. Erst 1903 wurde er zum Leiter des Hoftelegrafenamtes ernannt und damit der Chef des gesamten Hoftelegrafendienstes für die kaiserlichen Schlösser. Er wohnte damals Am Tabor 65 in der Leopoldstadt, im zweiten Wiener Bezirk. Nach 42-jähriger Dienstzeit erfolgte 1910 seine Versetzung in den Ruhestand. Für seine verdienstvolle Amtsführung erhielt er eine Pensionszulage, die ihm allerdings 1919 von der Finanzverwaltung der 1. Republik gestrichen wurde. Bei Ausbruch des Ersten Weltkrieges meldete er sich freiwillig zum Dienst, wo man ihn vom 5. August bis 15. November 1914 in der Territorial-Telegramm-Zensurkommission als Zensor für Schriftstücke in italienischer und französischer Sprache einsetzte. Ab August 1917 kam er zur „aushilfsweisen Dienstleistung" in das Amt für Volksernährung, wo er bis Ende 1919 blieb (er wurde in das republikanische „Staatsamt für Volksernährung" übernommen, wo er in der Sektion I, Abt. 2 für die „Kartoffel-Aufbringung, Evidenz und Verteilung" tätig war, ein Zeichen der prekären Ernährungslage in Österreich).

1919 übersiedelte er nach Baden in die Pergerstraße 14/8. Bereits davor hatte er seine zweite Frau (Lebensgefährtin) kennen gelernt, die Opernsängerin und Schriftstellerin Herma Clarson-Jeschek, geb. Himmelstoß (Pseudonym: Eugène Clarson-Schuldes), aus welcher Verbindung die Tochter Flora stammte. Erst nach dem Tod von Schuldes' Gattin lebte auch sie in der Pergerstraße.

Schuldes setzte in Baden seine schriftstellerische Tätigkeit fort und machte sich auch einen Namen mit zahlreichen Leitartikeln in der *Badener Zeitung*. Diese berichtete am 15. November 1933, dass bei Reg.Rat Julius Schuldes und der Opernsängerin Herma Clarson-Jeschek ein Künstlerabend stattgefunden habe, wo dessen „Minnelieder" und Anakreontische Lieder rezitiert worden seien. Und der Maler Franz Bilko habe „mit einer Auslese aus seinem bewährten, ganz auf Humor eingestellten Schlaraffia-Repertoire geglänzt". Der aus Gumpoldskirchen stammende, in Baden lebende Franz Bilko (1894–1968) war als Mitglied der Schlaraffen „Aquae Therme" mit Schuldes befreundet. Er hat von ihm zwischen April und Juli 1934 ein repräsentatives Ölporträt gemalt, das den gealterten Autor mit dem ehemaligen Jagdschloss Mayerling im Hintergrund zeigt. Diese Ansicht schuf Bilko nach einer Zeichnung von Schuldes. In seinem Tagebuch schrieb Bilko, dass der bereits 85-Jährige sehr eitel war und nicht mit müden Augen, Gesichtsfalten und krummen Fingern dargestellt werden wollte. Bilko malte ihn dennoch „wie er ist". (Das Bild wurde 2002 aus dem Besitz von Bilkos Sohn Lothar – mit Mitteln des Kiwanis-Clubs – für das Rollett-Museum in Baden aus Anlass seines 30-jährigen Bestehens angekauft.)

Schuldes starb am 6. Dezember 1935 und wurde am Badener Stadtpfarrfriedhof begraben. In einem Nachruf am 11. Dezember 1935 schrieb die *Badener Zeitung*: „In unserer Stadt, in der Regierungsrat Schuldes seit vielen Jahren gelebt hat und an deren wissenschaftlichen und künstlerischen Bestrebungen er stets fördernden Anteil genommen hatte, war er eine bekannte Persönlichkeit."

Sein Schriftstellername war „Hettauer" (Pseudonym nach seinem Geburtsort). 1893 hatte er die „Wiener Schriftstellergenossenschaft" mitbegründet, die unter deutschnationalem Einfluss 1898 zur „Deutsch-österreichischen Schriftsteller-Genossenschaft in Wien" wurde (ihr erster Präsident war Adam Müller-Guttenbrunn, Schuldes der Kassier), in deren Organ *Das literarische Deutsch-Österreich* er oftmals publizierte. Bereits in seinem Heimatort Teschen war er 1874 Mitarbeiter einer Lokalzeitung, veröffentlichte ein Reisehandbuch für die böhmische Schweiz und „Deutsche Volkssagen aus Böhmen". Weitere Werke sind epische Gedichte (Iduna, 1883; Bardenlied 1902; Deutscher Götterfrühling 1924), die Dramen „Hagens Traum" (1908), und „Nibelungen", die Memoiren „Aus den Erlebnissen eines Unbekannten" (ungedrucktes Manuskript), zahlreiche Gedichte und mehrbändige kulturphilosophische Schriften, die er in seinem Ruhestand geschrieben hat. Einige Titel geben eine Vorstellung seiner Interessenbereiche, die auf dem Studium der Geisteskultur der Völker des Altertums beruhen: „Jenseits von Kant", „Über die Grenzen des Denkens", „Vom Vorleben der Seele", „Wiederentdeckung des Menschen", „Der Zeitgeist" u. a., (sämtlich als Manuskript im Badener Stadtarchiv erhalten.) Nach Aussage seiner Lebensgefährtin sei Schuldes ein Geistesverwandter von Anselm Feuerbach und Ernst von Feuchtersleben gewesen. Ein Zitat aus 1929 möge seine Geisteshaltung veranschaulichen: „Der Stillstand des kulturellen Fortschritts in Schule und Haus, die um sich greifende Versumpfung im religiösen Aberglauben, in sinnlosem Völkerhaß, in Aufklärungs-Feindschaft und Rohheit legen erschreckendes Zeugnis ab, wie wenig die geistige Kultur, auf die wir gewöhnlich so stolz sind, sich über jenen Stand erhoben haben, den die alten Völker erreicht hatten."

Es verwundert, dass Schuldes erst spät – 40 Jahre nach den Ereignissen – seine Erinnerungen unter dem Titel „Aus den Erlebnissen eines Unbekannten und das Kronprinzendrama in Mayerling. Zeitbilder aus dem klassischen 19. Jahrhundert" niedergeschrieben hat. Wie aus den im Badener Stadtarchiv erhaltenen Eintragungen seiner zweiten Frau ersichtlich ist, war sie es, die Schuldes 1929 zur Aufzeichnung seiner Erinnerungen gedrängt hat. Vermutlich ermutigte ihn 1928 das Erscheinen der Biografie des Kronprinzen von Oskar Freiherr von Mitis, sein bisheriges Schweigen zu brechen. In diesem Jahr brachten auch zahlreiche Tageszeitungen aus

Altersbild von Julius Schuldes (Franz Bilko, 1934) mit der Ansicht des Jagdschlosses von Mayerling im Hintergrund, nach seiner Zeichnung. Das Bild ist ein Anachronismus, denn an Stelle des Jagdschlosses stand damals bereits das Karmel.

Anlass des 40. Todestages des Kronprinzen Artikel über Mayerling. Es fällt auf, dass Schuldes dabei kaum Erwähnung fand, hingegen etwa der Kammerdiener Loschek oftmals genannt wurde. Schuldes blieb bezüglich der Vorgänge in Mayerling diskret und zurückhaltend, widersprach aber immer wieder diversen Sensationsmeldungen. Am 23. Mai 1928 brachte das *Wiener Journal* einen Bericht über ihn. Anlass war der im selben Jahr erfolgte Tod des ehemaligen Hofjagdleiters und Hofkammerbüchsenspanners des Kronprinzen, Franz Vodicka, in Ungarn und der des ehemaligen Polizeipräsidenten Ferdinand Gorup in Wien, der 1889 als junger Polizeikommissär an den Maßnahmen in Mayerling und in Heiligenkreuz für die Beerdigung von Mary Vetsera beteiligt gewesen war. Das Treffen mit dem Zeitungsmann fand im Annahof in Baden (ehemals im Hause Erzherzog-Wilhelm-Ring 31) statt. Schuldes habe im Verlauf des Gespräches erzählt, dass Gorup am 31. Jänner 1889 eine Inbetriebnahme des Telegrafenamtes in Mayerling wegen der Möglichkeit von Indiskretionen abgelehnt hatte. Von Oberst Spindler, dem Leiter des kronprinzlichen Sekretariates, kam dann aber der Auftrag, das Amt in Betrieb zu nehmen. Schuldes wies ausdrücklich darauf hin, „dass alle Kombinationen über einen Schuß durchs Fenster, einen Kampf beim Zechgelage usw. schon infolge der lokalen Verhältnisse in das Reich der Märchen gehören". Der Berichterstatter schloss: „In scheuer, vornehmer Zurückhaltung hat Regierungsrat Schuldes von all diesen seinen Erinnerungen der großen Öffentlichkeit bisher fast gar nichts bekannt gegeben. Was umso mehr zu Bedauern ist, als Regierungsrat Schuldes sich in früheren Jahren auch als Dichter und Schriftsteller mit Erfolg betätigt hat, seine Memoiren also nicht bloß ihres sachlichen Inhalts, sondern auch ihrer Form und Darstellung wegen gewiss interessant und lesenswert wären." Vielleicht hat sich Schuldes diese Bemerkung zu Herzen genommen und ein Jahr später tatsächlich seine Erinnerungen aufgeschrieben.

Das wurde auch bald bekannt und es fanden sich Interessenten dafür, u. a. Arthur Graf Polzer-Hoditz (1870–1945), der seit 1922 in Baden lebte. Dieser war 1917 der Kabinettschef von Kaiser Karl und einer seiner engsten Vertrauten. Er berichtet, dass sich in einem Schrank der Kabinettskanzlei in Wien eine bislang ungeöffnete Tasche des Kronprinzen befand. Als kurz nach den Umsturztagen des Jahres 1918 die Akten der Kanzlei in das Haus-, Hof- und Staatsarchiv übertragen wurden, war es Polzer, der diese Tasche vor Zeugen öffnete. Darin befand sich neben belanglosen persönlichen Effekten ein in bronzene Adlerklauen gefasster Aschenbecher aus Onyx. Polzer selbst: „In das Innere der Aschenschale waren flüchtig mit violetter Tinte folgende Worte geschrieben: ‚Lieber Revolver, nicht Gift, Revolver ist sicherer.' Es war offensichtlich die Handschrift der Baronin Mary Vetsera. Diese Aschenschale mit den darauf geschriebenen Worten dürfte die einzige authentische schriftliche Urkunde über die Tragödie von Mayerling sein."[176] Auch der Hofsekretär Dr. Slatin, der an der Suche nach einem Testament Rudolfs in seinem Arbeitszimmer in der Hofburg beteiligt gewesen war,[177] berichtet von dieser Aschenschale, die aber heute verschollen ist. Polzer hatte daher großes Interesse am Schicksal des

---

[176] Arthur Graf Polzer-Hoditz: Kaiser Karl. Aus der Geheimmappe seines Kabinettschefs. Wien 1929, S. 586 f.
[177] Judtmann, a.a.O., S. 133.

Kronprinzen und stand diesbezüglich mit Schuldes in Kontakt. In einem Brief vom 21. Februar 1931 dankte er ihm für die Bereitstellung und Einsichtnahme in sein Manuskript. Sein Bruder, Ludwig Graf Polzer-Hoditz, war Anhänger der Anthroposophie von Rudolf Steiner (ebenso Arthur) und schrieb, von dieser Gedankenwelt beeinflusst, 1942 das karmische Drama „Rudolf, Kronprinz von Österreich". Es blieb aber ungedruckt, daher unbekannt und wurde erst 2013 publiziert.[178]

1933 trat Schuldes mit der Anfang desselben Jahres gegründeten „Kronprinz-Rudolf-Arbeitsgemeinschaft" in Kontakt (deren Sekretariat befand sich in der Sternwartestraße 51, 1180 Wien) und bot dieser sein Manuskript an. In seinem Nachlass ist ein Brief erhalten, in dem man ihm am 8. Februar 1933 dafür dankte.

Am 10. März 1933 brachte *Das Kleine Volksblatt* auf seiner Titelseite eine Porträtzeichnung von Schuldes, gemeinsam mit seiner Partnerin Herma Clarson und eine Ansicht auf seinen Schreibtisch, angeblich im Telegrafenbüro (nach einer erhaltenen Fotografie dürfte es sich aber um den Schreibtisch in seiner Wohnung Am Tabor handeln). Das Blatt berichtete unter dem Titel „Aus den Erlebnissen eines Unbekannten" über Schuldes wie folgt: „In der letzten Zeit entschloß er sich über Drängen verschiedener Seiten seine Erlebnisse in Mayerling, deren Mittelpunkt das ‚Kronprinzendrama' bildet, in Buchform herauszubringen. Er hatte früher bereits mehrere Angebote bekommen, so von Amerika, von Berlin, von der Fürstin Fugger[179], dem Grafen Bolzer, dem Kaiser Karl-Biographen [gemeint ist Polzer-Hoditz], er hatte jedoch damals abgelehnt.

Nun ist dieses Werk im Manuskript fertig und harrt des Verlegers. Schuldes besitzt wertvolle Zeichnungen vom Inneren des Schlosses Mayerling, er kennt alle Räume, die genaue Anordnung der Räume."

Am 16. Mai 1933 dankte ein Dr. Hans Bauer, der mit dem in Wien lebenden Direktor des Innsbrucker Tyrolia-Verlages, Josef Leeb, befreundet war, für den „Erhalt des Mayerling-Manuskriptes von Reg.Rat. Julius Schuldes und den dazugehörigen Bildern", denn der Verlag wäre „interessiert, seine Schrift über Mayerling zu publizieren". Dazu kam es jedoch aus unbekannten Gründen nicht.

Am 15. Jänner 1934 ersuchte Schuldes um Übernahme seines Manuskriptes durch die Stadtgemeinde Baden (dem Schriftvergleich nach von seiner

---

[178] Ludwig Polzer-Hoditz: Der Untergang der Habsburgermonarchie und die Zukunft Mitteleuropas (Neuauflage). Mit dem Drama: Rudolf, Kronprinz von Österreich (Erstauflage). Basel 2013. Die Erstauflage des „Unterganges" erschien 1928.

[179] Fürstin Nora Fugger hat ihre Lebenserinnerungen „Im Glanz der Kaiserzeit" 1932 publiziert (Neuauflage Wien 1980). Darin berichtet sie u. a. was sie über Kronprinz Rudolf erfahren hat.

Frau verfasst, von ihm mit sichtlich zittriger Hand unterschrieben). Dieses Mayerling-Manuskript und sein schriftstellerischer Nachlass wurden von seiner Frau aber erst zwei Jahre nach Schuldes' Tod, am 15. Februar 1937, dem Badener Stadtarchiv in einem versiegelten Paket übergeben mit der Verfügung, dass es erst nach 50 Jahren geöffnet werden dürfe, um die Nachkommen „vor der Öffentlichkeit und vor übler Nachrede zu verschonen". Darin befindet sich auch ein Grundriss des Schlosses von Mayerling mit der genauen Zimmeraufteilung, Zeichnungen mit Ansichten der Gebäude, die Schuldes 1888 bei seinen Rundgängen angefertigt hat, sowie zwei kleine Stücke abgerissener Tapete aus dem Sterbezimmer des Kronprinzen.

Der Autor Clemens M. Gruber[180] berichtete mir 2009, dass er im Zuge seiner Forschungen festgestellt habe, das Manuskript sei nicht erst 50 Jahre nach dem Tod von Schuldes (das wäre 1985 gewesen oder vom Zeitpunkt der Hinterlegung an 1987) geöffnet worden, sondern schon früher (Gerd Holler hatte bereits 1980 daraus zitiert[181]). Zuletzt habe er es 1988 in Händen gehabt und bereits damals das Fehlen von Manuskriptseiten und von ehemals zahlreicher vorhandenen Tapetenresten festgestellt. 1990 wurde für das Badener Stadtarchiv eine transkribierte Abschrift des Schuldes-Manuskriptes von Ing. Heinz Halbritter (Baden) hergestellt, der zu diesem Zeitpunkt ebenfalls das Fehlen von Teilen der Niederschrift bemerkte.

---

[180] Autor von: Die Schicksalstage von Mayerling. Nach Dokumenten und Aussagen. Judenburg 1989.
[181] Holler, Die Lösung des Rätsels, a.a.O., S. 87f.

II.
Mary Vetsera:
ihre Familie und deren Vorfahren

Über die letzten Monate von Mary Vetsera als Begleiterin von Kronprinz Rudolf in den Tod ist viel geschrieben worden. Aber wenig Beachtung hat bislang ihr familiärer Hintergrund gefunden, der erst verständlich macht, warum gerade sie in diese verhängnisvolle Situation gekommen ist, obwohl sie nicht hochadeliger Herkunft war.

Es wird wiederholt berichtet, dass ihre Mutter Helene, geborene Baltazzi, den Aufstieg in die höchsten Gesellschaftskreise Wiens angestrebt habe. Das von ihrem Vater und Großvater ererbte Vermögen war dafür eine Grundlage und die sportlichen Erfolge ihrer Brüder bei den damals hoch im Kurs stehenden Pferderennen trugen das ihre dazu bei, um das entsprechende Ansehen zu erlangen. Erst die Kenntnis des historischen Hintergrundes dieser Familie macht vieles verständlich. Die Grundlage für die hier geschilderte Familiengeschichte bilden die genealogischen Nachforschungen von Dipl.-Ing. Herbert Fuhst.[182] Er versucht die Beweggründe für das Handeln von Mary Vetsera aus dem rassischen Widerspruch orientalisch – deutsch zu erklären. Diese kaum bekannte Quelle ist erstmals von Fritz Judtmann genannt worden. Viele andere Details konnten in der erwähnten Familenchronik von Heinrich Baltazzi-Scharschmid und Herbert Swistun gefunden werden.

---

[182] Herbert Fuhst: Mary Vetsera im Lichte ihrer Abstammung und Verwandtschaft, eine familiengeschichtliche Untersuchung mit 17 Abbildungen, herausgegeben von Herbert Fuhst. Im Selbstverlag von Herbert Fuhst, Wien 1931. (Copyright Berlin-Zehlendorf, Druck von Wiesidruck Brandenburg).

Die Herkunft von Mutter Helene

Die Familie Baltazzi stammte aus Venedig und wanderte Mitte des 18. Jahrhunderts nach Smyrna (heute Izmir) ein. Evanghéli/Evangelos Baltazzi (1748–1809), verheiratet mit der Griechin Vierou Mavrogordato (1761–1856), war Kaufmann auf Chios, dann Reeder und Bankier in Smyrna. Von seinen fünf Söhnen ragte besonders der zweitälteste hervor, Theodor Baltazzi (1788 oder 1798–4.6.1860), der das Bankgeschäft in Paris bei der Banque Laffitte erlernt hatte. Von dort ging er als Volontär einige Jahre nach London, wo er am 5.2.1842 Elizabeth/Elza Sarell (1823–1864) heiratete, die hübsche Tochter von Sir Richard Sarell. Dieser war britischer Vizekonsul, Kaufmann, Bankier und Schatzmeister der britischen Levant-Compagny in Konstantinopel und mit der Griechin Euphrosyne Rhazis verheiratet. Für Theodor gab es damit auch einen familiären Bezug zu Konstantinopel, weshalb er nach seiner Londoner Zeit 1848 dorthin ging, wo er bald die Bankgeschäfte seines Vaters übernahm. Theodors Neffe, Epaminondas Baltazzi, ebenfalls Bankier, heiratete Charlotte von Sarell, die Schwester von Elza. Die Sarells waren in Londons Diplomatie und am Bosporus sehr angesehen, weshalb die Verschwägerung der Baltazzis mit dieser Familie einen gesellschaftlichen Aufstieg bedeutete und zu ihrem geschäftlichen Erfolg beitrug.

Als Bankier wurde Theodor Baltazzi der finanzielle Berater des Sultans Abdülmecid I. (1823–1861), den Baltazzi der Überlieferung nach bei seinen Reformprojekten unterstützte. Dafür erhielt er die Pacht der Maut für die Brücke von Galata nach Stambul, mit der er einen fabelhaften Reichtum begründete. Der Pachtvertrag ging nach seinem überraschenden Tod 1860 noch für Jahre auf seine Familie über, der er neben bedeutenden Liegenschaften am Bosporus, in Österreich und in Ungarn auch Wertpapiere und Obligationen (teils sofort verfügbar, teils gebunden) von über zehn Millionen Gulden hinterlassen hat.

Im Europäerviertel von Therapia im Stadtteil Konstantinopel-Pera, auf der Nordseite des Goldenen Horns, hatte Theodor Baltazzi für seine große Familie ein stattliches Haus erbaut. Von seinen zehn Kindern waren vier Knaben und sechs Mädchen. Seine zweite Tochter war Helene, die spätere Mutter von Mary Vetsera, die 1847 in Marseille geboren und dort in der anglikanischen Hochkirche getauft worden war. Theodor Baltazzi war österreichischer Staatsbürger (Fuhst meint, er habe aus geschäftlichen Gründen die türkische gegen die österreichische getauscht) und wurde für seine

Verdienste 1853 zum Ritter des Franz-Joseph-Ordens erhoben. Die Begründung im Ordensantrag lautet: „… weil Baltazzi einer der angesehensten Kaufleute in Konstantinopel, die österreichischen Interessen seit Jahren mit Eifer […] vertritt und die ah. [allerhöchste, d. h. kaiserliche] Anerkennung seiner Haltung, selbst in Konstantinopel […] Eindruck hervorbrächte"[183], was für seine angesehene Stellung in dieser damals schon sehr großen Stadt spricht. Er zeichnete selbst mit einem bedeutenden Beitrag eine österreichische Nationalanleihe und sorgte für den Verkauf von Anteilscheinen daran. Theodor Baltazzi scheint noch vor seinem Tod die Absicht gehabt zu haben, nach Österreich zu übersiedeln, denn er hatte Grundstücke in Österreich und in Ungarn erworben, darunter das Gut Magendorf auf der Großen Schüttinsel südöstlich von Pressburg/Bratislava. Im Trauschein seines Sohnes Hector wird er als „Rentner und Gutsbesitzer in Ungarn und in den Dardanellen" genannt.

Aufschlussreich über die Familie ist auch der Antrag des seinerzeitigen österreichischen Außenministers Bernhard Graf Rechberg vom 16. März 1864 um Verleihung des Ordens der Eisernen Krone 3. Klasse für die beiden Brüder Spiridion und Epaminondas Baltazzi wegen ihrer Verdienste um die Schaffung einer österreichischen Schule in Konstantinopel.[184] Graf Rechberg (1806–1899) war bereits von 1851 bis 1853 Internuntius in Konstantinopel und daher gut mit den dortigen Verhältnissen vertraut (Internuntius war der Titel des österreichischen Gesandten in Konstantinopel als „einstweiliger Vertreter", da Österreich mit dem Osmanischen Reich nach dem Krimkrieg 1853–1856 nur einen Waffenstillstand geschlossen hatte, aber noch keinen Friedensvertrag). Laut diesem Antrag hatte der Sultan bereits 1858 in der Nähe des kaiserlichen Konsulates in Pera ein Gelände für eine neu zu errichtende österreichische Schule zugesichert. Es fehlte aber am nötigen Baukapital, für das Kreditinstitute 12 % Zinsen verlangten. Nach einem Aufruf des Konsulates an hervorragende Mitglieder der österreichischen Kolonie entschlossen sich „die 2 österr. Banquiers Spiridion und Epaminondas Baltazzi" sofort, für den beabsichtigten Schulbau ein Darlehen von viertausend türkischen Goldgulden/Lira (das entsprach 36.000 österr. Silbergulden) auf die Dauer von 30 Jahren gegen nur 3 % Zinsen bereitzustellen. Weiters wird erwähnt, dass der verstorbene Bruder Theodor ein Vermögen von 10 Millionen Gulden hinterlassen habe und Epaminondas für seine Kinder vom österreichischen Konsulargericht

---

[183] Minister-Conferenz-Canzlei. K.Z.2266.853, Vortrag des Ministers des Äußeren dto 2. Juni 1853. Fotokopie des Haus-, Hof- und Staatsarchivs vom 23.10.2001 im Familienarchiv Hollemann.

[184] Fotokopie des Haus-, Hof- und Staatsarchivs vom 23.10.2001 im Familienarchiv Hollemann.

zum Vormund ernannt worden war. Rechberg gab dann seiner Erwartung Ausdruck, dass die beiden Bankiers im Falle einer „allerhöchsten Huld" (Auszeichnung) das Darlehen der Schule als Geschenk überlassen würden. Außerdem sei zu erwarten, dass sich Epaminondas mit seinen Mündeln nicht in Paris, sondern in Wien niederlassen und zu diesem Zwecke in der Monarchie liegende Güter erwerben werde, wodurch das Vermögen der Familie „allmählich nach dem Inland verpflanzt und ein wahres Staats-Interesse gefördert würde". Tatsächlich wurden die beiden Brüder 1864 mit dem beantragten Orden ausgezeichnet, wodurch sie auch den österreichischen Ritterstand erlangen konnten. Spiridion wurde dieser 1865 mit dem Titel „Baltazzi von Kale" verliehen, Epaminondas verzichtete auf eine Nobilitierung. Die erwähnten Mündel, also die Kinder von Theodor Baltazzi, lebten später tatsächlich in Wien.

Der Bau der österreichischen Schule begann 1864. Den Bauauftrag erhielt der in Istanbul lebende italienische Architekt Alessandro Bresci, der dort bereits die italienische Botschaft (heute das italienische Kulturinstitut) errichtet hatte. Nach Genehmigung der Pläne durch das österreichische Ministerium des Äußeren wurde der Bau ausgeführt und danach das Konsulat mit der Oberaufsicht der Schule betraut. Um zusätzliche Einnahmen für den Unterhalt der Schule zu sichern, entstanden auf Anregung des österreichische Botschafters, Anton von Prokesch-Osten, acht Wohn- und neun Lagerhäuser auf dem Schulgelände zur Weitervermietung. Die im Ordensantrag von Rechberg erwartete Schenkung des Darlehens dürfte allerdings doch nicht erfolgt sein, denn bei der Liquidation der Schule verzichtete Helene Vetsera (Tochter von Theodor Baltazzi) am 29.9.1889 in Payerbach gegen eine Abschlagszahlung von 5.100 Türkischen Lira auf weitere Ansprüche, was auf damals noch bestehende Vermögenskontakte der Familie zu Konstantinopel schließen lässt.[185]

Ein anderer Neffe von Theodor Baltazzi, Themistokles (Sohn seines Bruders Georg), war 1854 der Leiter einer Glückwunschdeputation von Großkaufleuten aus Smyrna bei der Hochzeit Kaiser Franz Josephs in Wien. Er wurde als österreichischer Bankier angeführt und trug das Ritterkreuz des Franz-Joseph-Ordens.[186] Ein weiterer Neffe, Leonidas, war Mitglied der türkischen Kommission bei der Wiener Weltausstellung 1873, wofür er ebenfalls das Ritterkreuz des Franz-Joseph-Ordens erhielt.[187] Diese

---

[185] Dankenswerter Hinweis von Prof. Dr. Rudolf Axtner, Wien, in: Österr. Staatsarchiv/Archiv der Republik/ Handelspolitik 14, Karton 766 – Liquidation der Schule in Konstantinopel. – Im selben Jahr wurde das noch heute bestehende österreichische St. Georgs-Kolleg in Istanbul vom Orden der Lazaristen gegründet.
[186] Egon Conte Corti: Elisabeth. Graz 1934, S. 50; Fuhst, a.a.O., S. 42.
[187] Fuhst, a.a.O., S. 45 ff.

dokumentierten Fakten lassen auf eine bedeutende Stellung der Familie Baltazzi in Konstantinopel sowie auf zahlreiche enge, persönliche Kontakte zu gesellschaftlich und wirtschaftlich hochstehenden Kreisen in Österreich schließen.

Es kann angenommen werden, dass Theodor Baltazzi im Rahmen seiner österreichischen Bankgeschäfte mit dem Legationsrat an der österreichischen Botschaft, Albin Vetsera, in Verbindung gekommen ist, der bald ein enger Freund der Familie wurde. Nach dem Tod von Theodor Baltazzi (1860) wurde er – neben anderen Verwandten – zum Vormund von dessen Kindern bestellt. Seine Witwe Elza heiratete ein Jahr später den englischen Diplomaten Charles Alison, damals Geschäftsträger der britischen Botschaft in Konstantinopel, ab 7.4.1860 a.o. Gesandter und bevollmächtigter Minister in Teheran. Damit erweiterten sich abermals die Beziehungen zu britischen Gesellschaftskreisen, die später für die Erziehung der Baltazzi-Geschwister von Bedeutung waren. Elza starb aber bereits im Jänner 1864 an einer Lungenentzündung, sodass ihre Kinder nun endgültig Waisen waren.

Marys Vater Albin Vetsera und seine Familie

Marys Vater, Albin Vetsera, kommt im Vergleich zu ihrer Mutter aus einer bescheidenen Aufsteigerfamilie. Er stammte aus Pressburg/Bratislava, wo sein Vater Georg Bernhard (1796–1870), Sohn eines Schustermeisters und Hausbesitzers, eine beachtliche Karriere gemacht hatte. Erst war er Stadtschreiber und rückte bis zum Stadthauptmann (1839–1849) auf. In dieser Funktion stellte er sich in den Revolutionsjahren von 1848/49 entschieden gegen die ungarischen Aufständischen und auf die Seite der zur Niederschlagung der Revolution in Pressburg eingerückten österreichischen Truppen. Auf sein Betreiben hin wurde u. a. der Führer des Aufstandes, Pál Razga verhaftet, der nach einem kurzen Prozess am Galgen endete.[188] (Razga, 1798–1849, ein protestantischer Pfarrer in Kärnten und in Prag, war 1848 der führende Kopf der revolutionären Bewegung in Pressburg, Vorsitzender der Nationalversammlung und Organisator des bewaffneten Landsturmes gegen die österreichischen Truppen.) Zum Dank für seinen konsequenten Einsatz für die Interessen des Kaiserhauses ernannte man Vetsera zum Hilfsamtsdirektor des k.k. Landesgerichtes, wodurch er den Berufsweg seiner Kinder ebnen konnte.

Sein Sohn Albin (geb. 1825 als drittes von sieben Kindern) konnte dank kaiserlicher Gunst an der k.k. Orient-Akademie in Wien (Vorläufer der heutigen Diplomatischen Akademie) studieren, die er mit Auszeichnung abschloss. 1849 kam er an die österreichische Agentie (diplomatische Geschäftsstelle) in Bukarest, wo er als Dolmetsch-Adjunkt seine diplomatische Laufbahn begann. 1850 wurde er in derselben Eigenschaft nach Konstantinopel versetzt, wo sein Vorgesetzter Anton Baron von Prokesch-Osten (1795–1876) war. Dieser besaß als ehemaliger Adjutant des Fürsten Karl zu Schwarzenberg sowie als späterer väterlicher Freund und Vertrauter des früh verstorbenen Herzogs von Reichstadt, Napoleons Sohn, höchstes Ansehen am Wiener Hof. Er hatte in diplomatischer Mission den Vorderen Orient bereist und zahlreiche Reisebeschreibungen und historische Werke verfasst, die heute noch lesenswert sind. 1853 war er Internuntius in Konstantinopel und 1867–1871 dort Botschafter. Er schätzte Vetsera sehr und bewirkte 1855 dessen Beförderung zum Legationssekretär. In dieser Funktion ist er wohl mit Theodor Baltazzi und seinen nach Österreich reichenden Bankgeschäften bekannt geworden. Nach Baltazzis Tod hielt er bei seiner Witwe

---

[188] Fuhst, a.a.O., S. 17.

um die Hand ihrer zweitältesten Tochter, Helene, damals 16-jährig, hübsch und vermögend, an. Ihre Mutter stand Vetseras Werben offenbar freundlich gegenüber, da bis dahin nur die älteste Tochter, Elisabeth („Lizzi"), verheiratet war, und zwar mit dem britischen Seeoffizier Albert Llewelly Baron Nugent, der gemeinsam mit Albin Vetsera zum Vormund der Baltazzi-Kinder bestellt worden war. Aus diesem Grund kamen meist zwei oder drei ihrer Mündel zur Erziehung und Schulbildung in die Familie nach London. Auch Marys Mutter Helene wurde zum Teil dort erzogen, weshalb sie und ihre Geschwister, wie ihre Enkelin Nancy Vetsera und ihr Neffe Heinrich Baltazzi-Scharschmid erzählten, nie ganz fehler- und akzentfrei die deutsche Sprache beherrschten.[189] Die Verschwägerung der Baltazzis mit der Familie Sarell hat diesen Englandbezug sicherlich verstärkt.

In dem von Prokesch-Osten befürworteten Heiratsansuchen Vetseras (Diplomaten wie Offiziere konnten nur nach Zustimmung des Kaisers heiraten) steht vermerkt: „… Herr Vetsera ist seit längerer Zeit im freundlichen Verhältnisse zur Familie der Braut gestanden, weshalb er auch von der zuletzt verstorbenen Mutter der Braut, der Witwe Eliza Baltazzi, zum Vormund der Kinder erbeten wurde. Das in erster Jugendblüte stehende Fräulein Helene ist jeden Lobes würdig, sittlich streng erzogen und ganz gemacht, um das Glück eines rechtschaffenen und gebildeten Mannes zu begründen." Und weiter: „… dass die Gründung einer eigenen Häuslichkeit für ihn, als ständig in der Fremde weilenden Gesandtschaftsbeamten besonders erwünscht sei, um so mehr, als die Verbindung mit einem Mädchen aus einer so angesehenen Familie nicht allein für ihn, sondern allgemein von großer Bedeutung sei. Die Braut [...] gelte als eines der reichsten Mädchen von Konstantinopel-Pera …" Der Hinweis auf die vermögende Stellung der Braut war wesentlich, denn Vetsera stammte weder aus einer adeligen, noch aus einer vermögenden Familie, was damals für die Diplomatenlaufbahn wichtig war. Die Bezahlung der Diplomaten war bescheiden, sie mussten – mit Ausnahme der Botschafter – die Mittel für Wohnungsmiete, Personal und Repräsentationen aus eigenem beisteuern (ähnlich wie heute noch die Honorarkonsule), was nur vermögenden Kandidaten möglich war. Diplomaten waren daher meist Adelige mit Grundbesitz und damit verbundenem eigenen Einkommen, um ihre gesellschaftliche Stellung zu sichern. Die Mitgift von Helene Baltazzi war unter diesen Umständen sicherlich ein wesentlicher Faktor für die Karriere von Albin Vetsera, auch wenn dies nicht durch entsprechende Dokumente belegbar ist.

Nach der Zustimmung des Kaisers zur Eheschließung am 17. Februar 1864 wurde am 2. April 1864 in der römisch-katholischen Kirche im

---

[189] Swistun: Mary Vetsera, a.a.O., S. 30.

Stadtteil Pera von Konstantinopel die Hochzeit gefeiert. In ihrer Familie ist aber überliefert, dass Helene die konfessionell gemischte Ehe (sie war Angehörige der englischen Hochkirche) mit dem viel älteren Diplomaten und Freund ihrer Eltern mehr aus Sorge um ihre jüngeren Geschwister geschlossen hatte denn aus Neigung.

Albin Vetsera wurde 1864 zum Legationsrat ernannt, Anfang Jänner 1865 kam sein erstes Kind, der Sohn Ladislaus („Lazi"), in Paris zur Welt, wo er anlässlich eines gemeinsamen Weihnachtsurlaubes bei Baltazzi-Verwandten weilte. Auf Empfehlung von Prokesch-Osten lernte er in Paris den dortigen österreichischen Botschafter, Richard Fürst Metternich und dessen Frau Pauline kennen, die später in Wien für die Familie von Bedeutung waren. Am 14. April 1868 wurde er nach St. Petersburg berufen, wo er als Geschäftsträger die Gesandtschaft neu organisieren musste und bald den Rang eines außerordentlichen Gesandten und bevollmächtigten Ministers erhielt. In dieser Funktion wurde er am 10. Dezember 1869 nach Lissabon berufen, am 7. Mai 1870 in derselben Eigenschaft an den Hof von Hessen-Darmstadt, wohin ihn aber seine Frau und Kinder (Ladislaus und die am 25. Mai 1868 in Konstantinopel geborene Tochter Johanna) nicht mehr begleitet haben. Nach der Schaffung des Deutschen Kaiserreiches wurde die österreichische Gesandtschaft in Darmstadt 1872 geschlossen. Vetsera erhielt zum Abschied den Großherzoglich Hessischen Philipps-Orden und kehrte nach Wien zurück. Bald danach trat er wegen einer Lungenerkrankung in den vorzeitigen Ruhestand, blieb aber „zur Disposition gestellt".

Für seine Verdienste in Konstantinopel war er vom türkischen Sultan mit dem Großoffizier des Ordens von Osmanien und von Österreich mit dem Ritter des Österreichisch-kaiserlichen Leopold-Ordens ausgezeichnet worden, womit er am 24.3.1867 den Ritterstand verliehen bekam (Wappenverleihung). Für seine erfolgreiche Tätigkeit in St. Petersburg erhielt er am 2.10.1869 das Kleinkreuz des Königlich-Ungarischen Sankt Stephans-Ordens, worauf er am 30.1.1870 in den erblichen Freiherrenstand erhoben wurde.

Seine Familie hatte ihn seit seiner Abreise aus Konstantionopel offenbar nicht mehr an die nachfolgenden Dienstorte begleitet, sondern schon zuvor den dauernden Wohnsitz in Wien-Leopoldstadt, Schüttelstraße 11, gewählt. Dort wurde die später berühmte Tochter Mary (Marie Alexandrine) am 19. März 1871 geboren und am 27. März nach römisch-katholischem Ritus in der Pfarre St. Johann Nepomuk in der Praterstraße getauft. Taufpatin war ihre Tante, die jüngere Schwester von Helene, Marie Virginie („Bibi"), die in Adelskreisen in höchstem Ansehen stand. Auch Vater Vetsera kam zur Taufe Marys aus Darmstadt nach Wien. Unter den Taufgästen befanden sich der Bruder von Helene, Alexander Baltazzi, ihre beiden Schwestern

Charlotte und Eveline sowie Georg Graf Stockau, ein Freund der Baltazzi-Geschwister. Dieser heiratete im Jahr darauf Eveline.

Am 29. November 1872 kam Sohn Franz Albin (Feri) zur Welt. Sein Taufpate war kein Geringerer als Franz Graf Coudenhove, k.u.k. Kämmerer und Gutsbesitzer in Böhmen (Ronsberg), dessen Vornamen der Täufling erhielt. Coudenhove war mit einer Griechin verheiratet, Marie von Kalergi, mit deren Familie die Baltazzis und Albin Vetsera seit Jahren befreundet waren.[190] (Sein Sohn Heinrich war der Vater von Richard Graf Coudenhove-Kalergi, der 1923 die „Paneuropa-Bewegung" gegründet hat.)

Fast gleichzeitig mit Vetsera trat Baron Prokesch-Osten in den Ruhestand (er wurde aus diesem Anlass in den Grafenstand erhoben), der sich in Gmunden ein schönes Heim geschaffen hatte, wo er mit seinen vier Kindern lebte. Die Familie Vetsera verbrachte auf seine Einladung hin 1871 bis 1874 die Sommermonate ebenfalls in Gmunden. Neben den gemeinsamen Erinnerungen verbanden die beiden Familien auch künstlerische Interessen. Prokesch-Osten war ein Sammler wertvoller Antiquitäten, Albin Vetsera liebte klassische Musik, war ein begabter Zeichner und Maler. Auf seinen Reisen und Dienstposten hatte er Kopien von Gemälden großer Meister gemalt, die über lange Zeit in der Familie erhalten blieben. Die künstlerische Begabung zeigte sich auch bei seiner Enkelin, Alexandrine Vetsera (Tochter von Marys jüngerem Bruder Feri), die in München und Düsseldorf eine Kunstausbildung erhielt.

Wegen der Lungenerkrankung des Barons riet der Hausarzt der Familie Vetsera, Dr. Hermann Widerhofer, der auch Leibarzt der Kinder des Kaiserhauses war, zu einem Aufenthalt in Ägypten. Vetsera reiste daraufhin in der ersten Jahreshälfte 1875 in Begleitung seines Butlers nach Süditalien und Ägypten, um sein Leiden auszuheilen. Helene traf ihn erst wieder im Sommer mit ihren Kindern Ladislaus und Hanna in Paris, von wo man nach London weiterfuhr, um die bei den Nugent weilende älteste Schwester Elisabeth („Lizzi") Baltazzi zu besuchen. Die Kinder Mary und Feri waren inzwischen auf der Stockau'schen Domaine Napajedl bei ihrer Tante Eveline, die dort mit Georg Graf Stockau in einer sehr glücklichen Ehe lebte. Im Frühjahr 1876 war man abermals mit Ladislaus und Hanna in London.

Im Gegensatz zu seinen Baltazzi-Schwägern hatte Albin Vetsera wenig Interesse für den Reitsport, weshalb er in Budapest vor allem die Gesellschaft des französischen Generalkonsuls, Baron Othon de Bourgoing pflegte, eines sehr gebildeten und theaterbegeisterten Mannes. (Sein jüngerer Sohn, Jean de Bourgoing, machte sich als populärwissenschaftlicher Historiker einen Namen, insbesondere mit Werken über Erzherzogin Marie Louise, den

---

[190] Fuhst, a.a.O., S. 36.

Herzog von Reichstadt und Katharina Schratt.) Er war mit einer Tochter des Grafen Eugen Kinsky, Therese, verheiratet, deren Brüder Rudi und Eugen Kinsky mit den Brüdern von Helene Vetsera, Aristides und Hector Baltazzi, auf den Pferderennbahnen konkurrierten. Die Söhne von Bourgoing, Paul (gleichaltrig mit Feri Vetsera) und Jean waren beliebte Spielkameraden der Vetsera-Kinder. Auch Marys Taufpatin und das Ehepaar Stockau waren oft in Gesellschaft der Familie Bourgoing zu finden. Diese lebte ab 1880 in Wien, wo sie für ihren Sohn Jean den Erzieher Marie-Gabriel Dubray aus Paris engagiert hatten, der wenig später auch Französischlehrer der Vetsera-Kinder werden sollte. Dubray (1846–1915) war ein angesehener, mit der Wiener Aristokratie eng verbundener Pädagoge. Er hat auch Hugo von Hofmannsthal unterrichtet, dessen Familie in der Salesianergasse 12 wohnte, nahe dem Palais Vetsera.[191] Mary sandte in einem ihrer Briefe aus London an Dubray Grüße an Piots, was auf eine enge Freundschaft schließen lässt.[192] Dubray blieb auch nach dem Tod Marys mit Helene Vetsera und ihren Brüdern in freundschaftlichem Kontakt.

1880 benötigte man im k.u.k. Ministerium des Äußeren einen Orientfachmann und rief Albin Vetsera in den Staatsdienst zurück. Er wurde als Delegierter der Donaumonarchie nach Kairo in die „Dette publique égyptienne" (Ägyptische Staatsverschuldung) entsandt, einer internationalen Kommission zur Ordnung der ägyptischen Staatsschulden für ihre Gläubiger, zu denen auch die k.u.k. Monarchie zählte. Seine Frau blieb mit den Kindern in Wien. Seit 1882 hatte sie, gemeinsam mit ihrem Bruder Alexander, das Schloss Schwarzau nahe Wiener Neustadt als Sommeraufenthalt gewählt. Laut Fuhst[193] hatte der Vorbesitzer des Schlosses, Koloman Graf Nákó de Szent Miklós, nach dem Tod seiner Frau (1882) das Schloss an die Familie Vetsera vermietet. Mary erwähnt in einem Abschiedsbrief an ihre Schwester, dass sie der Charakter der Landschaft von Mayerling an Schwarzau erinnere. (Das Schloss wurde 1890 von der erzherzoglichen Familie Bourbon-Parma erworben, wo am 21.10.1911 die Hochzeit des späteren Kaisers Karl mit Prinzessin Zita von Bourbon-Parma stattgefunden hat. Seit 1957 befindet sich dort eine Frauenhaftanstalt).

Albin Vetsera kam natürlich wiederholt zu Besuch, auch nach Schloss Schwarzau, womit trotz ehelicher Spannungen vor der Gesellschaft Familiensinn gezeigt wurde. Über ein Sommerfest am 10.7.1886 in Schwarzau wird berichtet, dass die „anmutige Schlossfrau" die von ihren Sommersitzen in Reichenau herübergekommenen Familien Hohenlohe, Coreth, Cappy,

---

[191] Burger, Hilde: Marie-Gabriel Dubray (1846–1915), professeur de francais de Hofmannsthal. Études danubiennes, Bd. II/I, 1986, S. 49–62.
[192] Aus Auktionen sind Briefe Marys an Dubray bekannt.
[193] Fuhst, a.a.O., S. 24.

Széchényi, Rothschild und Bourgoing empfangen habe. Ebenso wurden Gegenbesuche zu gesellschaftlichen Veranstaltungen in Reichenau unternommen. Dort wird Albin Vetsera im August 1887 (also noch vor seiner Abreise nach Kairo) gemeinsam mit Hugo Karl Graf Salm-Reiferscheidt und Nathaniel Rothschild unter den Herren des Festkomitees für ein Volksfest genannt. Die Reichenauer Chronik berichtet, dass im Festbazar „… am meisten belagert und frequentiert waren der Stand, in welchem Frau Baronin Bourgoing sowie die Baronessen Vetsera – ein Schönheitstrifolium – ihre Waren mit Anmut und Grazie darboten".[194]

Am 28. Oktober 1887 erlitt Albin Vetsera in Kairo einen Schlaganfall und starb in der Folge an einer Lungenlähmung am 14. November im Spital der Diaconissen. Helene Vetsera reiste sofort mit ihren Töchtern nach Ägypten (Feri musste auf seinem Internatsplatz im Theresianum bleiben), kam aber infolge eines ungewollten Aufenthaltes in Brindisi erst einen Tag nach seinem Tode an. Die Beerdigung erfolgte am 18. November nach der Aufbahrung in der katholischen Église de Terre-Sainte im Stadtteil Mousky in einer Gruft des dortigen Friedhofes. Helene und ihre Töchter blieben danach fast zwei Monate in Kairo, wo sich der österreichisch-ungarische Generalkonsul, Zsigra Baron Rosty, ein Freund des Verstorbenen, und der Doyen des diplomatischen Korps, der Italiener Guiseppe de Martino, und ihre Frauen um die Vetsera-Damen kümmerten und sie mit der Gesellschaft Kairos und dem Flair des Orients bekannt machten. Marie Larisch berichtet in ihren Erinnerungen[195] von einer intimen Begegnung Marys mit einem britischen Offizier in Kairo, ohne aber Beweise zu liefern. Diese Behauptung muss als Erfindung gewertet werden, zumal sie an anderer Stelle angibt, Mary sei von ihrer Mutter sehr streng gehalten worden. Diese erzählt zwar von Kavalieren und Führern, die sich der Damen in Kairo angenommen haben, erwähnt aber nicht, dass sich einer dieser Herren besonders um Mary bemüht habe. Baron Rosty drückt nach der Tragödie von Mayerling seine Verwunderung über Mary aus und schreibt von einem „distinguierten Benehmen beider Mädchen" vor zwei Jahren in Kairo.[196]

Nach Wien zurückgekehrt, wurde Helenes älterer Bruder, Alexander Baltazzi, zum Vormund ihrer Kinder bestellt, also von Hanna (Johanna), Mary (Marie Alexandrine) und Feri (Franz Albin). Ladislaus lebte nicht mehr, er war 1881 beim Ringtheaterbrand ums Leben gekommen.

---

[194] Baltazzi/Swistun, a.a.O., S. 175.
[195] Maria Freiin von Wallersee: Meine Vergangenheit. Leipzig o.J. (1913), S. 132 f.
[196] Swistun: Mary Vetsera, a.a.O., S. 195.

Marys Tanten und Onkel

Wie schon erwähnt, waren von den neun Geschwistern der Helene Vetsera vier Schwestern (die fünfte Schwester, Julia, war 1869 achtjährig in Meran an Tuberkulose gestorben) und vier Brüder, womit Mary eine umfangreiche Verwandtschaft hatte. Alle ihre Onkeln und Tanten waren mit Angehörigen von Adelshäusern verheiratet und damit Teil angesehener Gesellschaftskreise ihrer Zeit. Ihre älteste Tante Elisabeth („Lizzi", 16.12.1842– 11.3.1899), hatte 1864 den britischen Seeoffizier Albert Llewellyn Baron de Nugent geheiratet, mit dem sie später in England (London und Hampshire) lebte und mit ihm sieben Kinder hatte. Zeitlebens hielt sie engen Konatakt mit ihren übrigen Geschwistern in Wien und anderswo.

Ihre Tante Maria Virginie („Bibi", 1.12.1848–22.11.1927), war seit 1866 mit Johann Albert von Saint-Julien Graf von Wallsee, k.k. Kämmerer und Oberst-Erb-Land-Falknermeister in Niederösterreich, verheiratet. Sie hatte ihren Mann im alten Stadtpalais des Fürsten Johann Adolph von Schwarzenberg am Mehlmarkt (heute Neuer Markt) in Wien kennen gelernt. Schwarzenberg galt als einer der einflussreichsten und geachtetsten Männer der österreichischen Aristokratie, der als Mitglied des Herrenhauses stets für die Weiterentwicklung der Industrie und die Förderung von Kunst und Wissenschaft eintrat. Er und seine Frau Eleonore („Fürstin Lori"), geb. von und zu Liechtenstein, zeigten großen Wohltätigkeitssinn und Liebenswürdigkeit, was ihnen größte Wertschätzung einbrachte. Fürstin Lori hatte großen Einfluss bei Hofe und organisierte beliebte Feste und Ballabende. Wer von ihr in die Gesellschaft eingeführt wurde, war in der Residenz akzeptiert. Das Fürstenpaar, ebenfalls mit Baron Prokesch-Osten eng befreundet, hatte durch dessen Vermittlung Bankverbindungen zu Theodor Baltazzi. Durch Prokesch-Osten dürfte auch ein privater Kontakt zu seiner Familie entstanden sein, denn Eleonore Schwarzenberg fand besonderen Gefallen an Marie Virginie Baltazzi, die 17-jährig auf ihr Betreiben hin nach Wien kam. Mit ihrem orientalischen Charme eroberte sie die Salons der Stadt, wo sie nach ihrer Heirat in der Praterstraße 28 wohnte, nicht weit von der Familie ihrer Schwester Helene Vetsera, die in der Schüttelstraße 11 lebte. Die Umgebung der Praterstraße war damals wegen des alljährlichen Korsos in der Prater Hauptallee und dem Ausstellungsgelände der Rotunde (1873 für die Weltausstellung erbaut) eine prominente Adresse. Durch die Bekanntschaft mit der Familie Schwarzenberg war auch Helene Vetsera ihrem Ziel näher gekommen, in die obersten Ränge der gesellschaftlichen Hierarchie Wiens aufzusteigen. Die Ehe von Marie Virginie verlief allerdings unglücklich und wurde 1875 geschieden. Im selben Jahr heiratete sie in zweiter Ehe Otto Graf Stockau, den sie bereits durch ihre Schwester Eveline kannte. Diese war seit 1872 mit Ottos jüngerem Bruder Georg verheiratet.

Tante Eveline (25.11.1854–17.7.1901) war seit 1872 mit Georg Graf Stockau (1837–1922) verheiratet. Seine Schwester Sophie war in erster Ehe mit Josef Graf Jellacic verheiratet (nach dessen Tod 1859 mit Alfred Graf Dubsky). Der Vater von beiden, Georg Adolf Graf von Stockau (1806–1865) war Major in der österreichischen Armee, meldete sich 1848 freiwillig als Adjutant bei Josef Graf Jellacic (zugleich sein Schwiegersohn), dem „Ban von Kroatien", Anführer der kroatischen Einheiten im Kampf gegen die Revolution in Ungarn, und nahm am oberitalienischen Feldzug teil. 1860 wurde er als Abgeordneter für Mähren in den Reichsrat berufen. Die Brüder Stockau waren nicht nur vermögend, sondern genossen auch hohes Ansehen auf Grund ihrer Familienbeziehungen.

Eveline, die enge Kontakte zu ihren Verwandten in England pflegte, liebte Pferde und die Jagd. Ihre drei Töchter heirateten alle Nachkommen der Hocharistokratie: Franziska 1892 Siegfried Simon Graf von Wimpffen, Sophie 1894 Gottfried Markus Graf von Clam-Martinic, Mathilde 1908 Alexander Marie Prinz von Croy, was bedeutet, dass die Familie schon zuvor in entsprechende Adelskreise eingeführt war. Als Cousinen Mary Vetseras hatten sie wesentlichen Anteil an ihrem Leben und ihrer Erziehung. Das Gleiche galt von ihren Onkeln, deren Lebensgeschichten ebenfalls ein Bild der Zeit vermitteln.

Marys Tante Charlotte (Lolo, 17.6.1856–10.5.1875) heiratete 1873 in Wien Georg Graf Erdödy, der erbliches Mitglied des ungarischen Oberhauses war. Sie schenkte ihm eine Tochter (ebenfalls eine Charlotte), starb aber früh, nach nur zweijähriger Ehe. Sie wurde in der Famiengruft in Kohfidisch, nahe Oberwart im Burgenland (damals West-Ungarn), beigesetzt.

Der älteste Onkel war Alexander Baltazzi (16.5.1850–24.11.1914), welcher als Doyen und Finanzminister der Familie galt. Er blieb unverheiratet, hatte aber eine Tochter namens Friederike. Sie heiratete den Salzburger Wäschefabrikanten Oskar Paul und blieb zeitlebens in freundschaftlichem Kontakt mit den Nachkommen von Helene Vetsera. Schon in der Jugend Alexanders und seiner Brüder wurde deren Interesse für den Pferdesport durch Besuche bei ihren Verwandten in England geweckt, wo der Reitsport und die Pferderennen einen hohen gesellschaftlichen Rang hatten. Internationalen Ruf errang er 1876 als Rennsieger in England gemeinsam mit seinem Bruder Aristides. Ab 1884 besaßen die beiden ein Gestüt mit Rennbahn in Napajedl (Region Zlin im südöstlichen Grenzgebiet Mährens nahe der Slowakei) und widmeten sich fortan ausschließlich der Pferdezucht und dem Pferdesport. Alexander war als vermögender Lebemann und Spieler bekannt. So berichtet etwa der Agent Milarow im Mayerlingakt des Baron Krauß: „Alexander Baltazzi, ein filziger Griechenjüngling, soll bis zum Tag der Katastrophe – vom Herbst her – nicht weniger als 1,2 Millionen Gulden der Spielgesellschaft im Club abgenommen haben …" Auch wenn das übertrieben sein mag, so zeugt es doch vom zweideutigen Ruf der Spieler im Jockeyclub.

Marys Onkel Aristides (13.1.1853–24.10.1914) galt als der berühmteste der Baltazzi-Brüder. 1876 gingen er und sein Bruder Alexander beim alljährlichen berühmten Epsom-Derby in England, in Anwesenheit von Königin Victoria, als Sieger hervor. Die höchst angesehene Trophäe dieses Rennens war eine große ziselierte Silberschale mit einem Gewicht von 15 kg. Der Sieg mit ihrem Pferd Kisbér, ein Hengst aus dem k.u.k. Militärgestüt gleichen Namens (nahe Komorn/Komarom), bedeutete eine Weltsensation (heute vergleichbar mit dem Grand Prix beim Formel-I-Rennen), denn noch selten hatte ein Pferd diesen Preis gewonnen, das nicht aus einem englischen Gestüt stammte. Wenige Wochen später nahmen die „Baltazzi brothers" in Paris beim dortigen Grand Prix mit demselben Pferd ebenfalls siegreich teil und festigten damit noch weiter ihren Ruf. Die Sensation dieser beiden Siege kann daran ermessen werden, dass dies der erste und einzige österreichische Sieg dieser Art war und im Laufe von 100 Jahren nur viermal ein Pferd beide Spitzenpreise errungen hat. Damit hatten seine jungen Reiter für sich und für den Reitsport in Österreich-Ungarn die größten, überhaupt vorstellbaren Ehren erlangt. Sie wurden dafür im Jänner 1877 von Kaiser Franz Joseph in Audienz empfangen, in der Folge nach Gödöllö (das von Kaiserin Elisabeth bevorzugte Jagdschloss nahe Budapest) und in das kaiserliche Jagdgebiet von Göding (Südmähren) und Pardubitz (Pardubice, ca. 100 km südöstlich von Prag an der Elbe gelegen, wo bis heute berühmte Galopprennen stattfinden) eingeladen. Im Wiener Jockey-Club hatten sie fortan eine Ehrenstellung inne. Aristides wurde zum Obmann des Renndirektoriums gewählt und führte als solcher bei den alljährlichen Campagnereiten der Armee dem Kaiser jeweils das Pferd vor, das der Sieger im Preisreiten als Additionalpreis erhielt.[197]

Am 8. August 1884 heiratete Aristides die Nichte seiner Schwäger, Maria Theresia Gräfin Stockau, Herrin auf Schloss Napajedl (durch Erbschaft von ihrer Tante). Die Hochzeit erfolgte in der Prälatenkapelle der Schotten in Wien und war durch die Anwesenheit von Mitgliedern der höchsten Adelsfamilien ausgezeichnet. Da sah man Vertreter der Fürsten Auersperg, Thurn

---

[197] Clemens Loehr: Mayerling, eine wahre Legende. Wien1968, S. 187.

und Taxis, Croy und Liechtenstein, der Grafen Esterházy, Ugarte, Berchtold, Festetics, Dubsky, Kinsky sowie die Barone der Hochfinanz, Rothschild und Springer. Durch seine Frau gelangte er nicht nur zu großem Vermögen, sondern kam auch durch seine Schwiegereltern mit den angesehensten Adelsfamilien in Kontakt. Andere Stockau-Schwestern waren durch Heirat mit den Familien Graf Strachwitz und Esterházy verbunden, von welchen Beziehungen natürlich auch die übrigen Baltazzi-Geschwister gesellschaftlich profitierten. Am 9. März 1885 wurde die gemeinsame Tochter May geboren, die dann 1909 Ferdinand Graf Wurmbrand-Stuppach heiratete.

Bald nach seiner Verehelichung legte Aristides seine Funktionen im Jockeyclub zurück und widmete sich fortan mit Fleiß und weitblickendem Geschäftsgeist der Pferdezucht auf seinem Gestüt, das eines der größten und berühmtesten der Monarchie wurde (60 Mutterstuten). Sein Bruder Alexander unterstützte ihn dabei. Die dort alljährlich festlich begangenen Pferde-Auktionstage galten als ein gesellschaftliches Ereignis, zu dem die Gäste sogar mit Sonderzügen von Wien nach Napajedl anreisten und in seinem Schloss bewirtet wurden.[198] Der dreigeschossige, repräsentative Bau mit einem großen Park ist seit 2008 ein Hotel.

Marys dritter Onkel, Hector (21.9.1851–2.1.1916), war auf österreichischen und ausländischen Pferderennbahnen ein bekannter und waghalsiger Hindernisreiter, der zahlreiche gefährliche Stürze mit Rippenbrüchen überstand (seine Brüder machten sich bei Flachrennen einen Namen). Sein erstes Rennen bestritt er 1867 in Pressburg. In den folgenden 26 Jahren aktiven Reitens nahm er an 568 Rennen auf allen großen europäischen Pferderennbahnen teil, wovon er 184 als Sieger beendete (1873, 1881 und 1886 gewann er das große Wiener Steeplechase, 1881, 1883 und 1887 jenes von Pardubitz). 1874 veranstaltete der Herzog von Ruthland in Belvoir Castle (Midlands) zu Ehren von Kaiserin Elisabeth eine Fuchsjagd. Dazu hatte ihre in England lebende Schwester Marie Sophie (bis 1861 Königin beider Sizilien) auch Hector und seinen Bruder Aristides eingeladen und beide der Kaiserin vorgestellt. Selbst eine begeisterte Reiterin und Pferdeliebhaberin, beeindruckten sie die schneidigen Reiter offenbar so sehr, dass sie diese in der Folge zu ihren Jagden nach Ungarn einlud (sie schätzte insbesondere Aristides Baltazzi). Dadurch kamen die beiden Brüder auch mit der von Kaiserin Elisabeth auf Schloss Gödöllö und in Káposztásmegyer nahe Budapest regelmäßig versammelten Reiterelite in Kontakt. So berichtet etwa der „Pester Lloyd", dass Hector Baltazzi und seine Schwester Helene bei der Hofjagd in Gödöllö am 25. Oktober 1876 unter den Jagdgästen der Kaiserin gewesen seien. (Die Hofdame der Kaiserin, Marie Gräfin Festetics, schreibt

---

[198] Baltazzi/Swistun, a.a.O., S. 155.

übrigens in ihrem Tagebuch, dass sich Kaiser Franz Joseph über die dortigen Zudringlichkeiten von Helene Vetsera [damals 28-jährig] dem Kronprinzen gegenüber sehr kritisch geäußert hat.) 1883 gewann Hector in der Krieau in Wien das Reit- und Springturnier der Campagnereiter-Gesellschaft, wofür ihm der Preis von Kaiserin Elisabeth persönlich überreicht wurde.

Am 26. Dezember 1874 heiratete er die 19-jährige Anna Gräfin Ugarte, Tochter des Josef Graf von Ugarte, k.k. Kämmerer, außerordentlicher Gesandter und bevollmächtigter Minister in Württemberg (Stuttgart), Herr auf Rossitz (nahe Brünn) und Jaispitz (nahe Znaim), zuletzt Reichsratsabgeordneter. Auch sie war eine Pferdeliebhaberin und als Kunstreiterin bekannt. Hector Baltazzi verwaltete zunächst die umfangreichen Güter der Familie Ugarte, verlor jedoch beträchtliches Kapital durch oftmalige Glücksspiele. (1881 kaufte übrigens der Bankier und Rennstallbesitzer Moritz von Hirsch auf Gereuth, der spätere Geldgeber für Kronprinz Rudolf, die beiden genannten Güter.)

1888 gab Hector Reitstunden für Katharina Schratt, worüber Kaiser Franz Joseph nicht sehr erbaut war und ihr am 7. Juni 1888 schrieb, dass es ihm lieber sei, wenn sie nicht mit ihm regelmäßig ausritte. Denn einerseits sei er von der Sicherheit seiner Pferde nicht überzeugt, andererseits „... ist noch etwas, was ich Sie aber bitte, gewiß für sich zu behalten: Hector Baltazzi hat, obgleich ich selbst mitunter mit ihm spreche, und auch die Kaiserin in früherer Zeit mit ihm und seiner Frau verkehrte, keinen ganz korrekten Ruf in Renn- und Geldangelegenheiten […] Genau kenne ich diese Verhältnisse nicht und möchte ihm auch nicht schaden und so bitte ich Sie daher dringend, ja keinen Gebrauch von meiner Bemerkung zu machen. Ich könnte ihm, selbst im Halbdunkel des frühesten Morgen, keine Satisfaktion in den Praterauen geben ...".[199] So war die „allerhöchste Einschätzung".

Die Brüder Baltazzi hatten die Jahre ihrer Erziehung abwechselnd bei ihrer britischen Verwandtschaft in England und bei den Großeltern mütterlicherseits in Pressburg verbracht, wo die Familie um 1871 eine große Wohnung an der Ivan-Simonyi-Lände Nr. 1 nahe der Donau in einem Haus des Fürsten Arthur Rohan wohnte. Der Bezug zu Pressburg war durch die erwähnten Großeltern väterlicherseits, Carolina und Georg Bernhard Vetsera gegeben, die auch ihr Vormund waren, sowie durch das vom Großvater Theodor Baltazzi stammende Gut Magendorf auf der großen Schüttinsel.

In Pressburg gab es im Stadtteil Engerau eine der hervorragendsten Pferderennbahnen der Monarchie, wo nach englischem und französischem Vorbild die Gründung des „Jockey-Clubs für Österreich" am 28. Dezember 1866 im Hotel „Palugyays" erfolgt war (der Ursprung dieses berühmten

---

[199] Zitiert nach: Sokop, a.a.O., S. 166.

Clubs lag also in Ungarn). Die Initiative kam von einigen jungen Adeligen: Nikolaus Graf Esterházy („Niki"), der wiederholte „Jagdmaster" von Kaiserin Elisabeth in Gödöllö, in Megyer und in Göding, Louis Fürst Rohan, Alfred Fürst Salm-Salm, Albert Graf Saint-Julien, den Grafen Otto und Georg Stockau und den Brüdern Baltazzi.

Förmlich als Relikt der Ritterzeit hatten die Adeligen eine besondere Beziehung zu Pferden, weshalb für ihre Söhne nur der Dienst in einem Kavallerieregiment von Ansehen war, oder die im zivilen Bereich die Parforcejagden und Pferderennen als ihre angemessene Domäne sahen. Die Begeisterung für den Pferdesport kam aus England, wohin auch Kaiserin Elisabeth als waghalsige Reiterin bevorzugt reiste. Bezeichnend für diese Pferdebesessenheit ist eine Einschätzung der französischen Schriftstellerin und Frauenrechtlerin Flora Tristan (1803–1844) die meinte, das am höchsten geschätzte Wesen der Gesellschaft sei in Frankreich die Frau, in England hingegen das Pferd.[200] Die Pferderennen waren damals das, was heute die großen Autorennen sind. Aber auch Industrieunternehmer, reiche Kaufleute und Bankiers gefielen sich als Sportsleute, die, wenn sie nicht selbst den Reitsport betrieben, sich als Rennstallbesitzer einen Namen machten und Jockeys engagierten, die für sie die Rennen liefen. Die Brüder Baltazzi waren solche „Herrenreiter", die ähnlich gefeiert wurden wie heute erfolgreiche Rennwagenlenker. Sie waren daher auch gerne gesehen bei Festlichkeiten, Bällen, Konzerten, Karussells, Théâtres parés und Garden partys, worüber vor allem im *Wiener Salonblatt* regelmäßig berichtet wurde.

Als Heinrich Baltazzi, der jüngste der vier Brüder, 1884 in Wien beim Armee-Steeplechase für sein Regiment den 1. Preis gewann, dessen Trophäe ihm von Kaiser Franz Joseph persönlich überreicht wurde, sagte dieser zu ihm: „Ich kenne ja auch Ihre Brüder als wunderbare Reiter" – ein Hinweis auf das Ansehen der Baltazzi-Brüder im Rennsport.

Sie waren alle Mitglieder und große Förderer des Wiener Jockeyclubs, der sich in der ersten Etage des eleganten, 1884 erbauten „Philipphofes" (benannt nach dem Vorbesitzer Philipp Freiherr von Haase) gegenüber der Albertina in Wien befand (1945 durch Bomben zerstört). Er war nach britischem und französischem Vorbild als repräsentativer Club geführt, wo der Hochadel den Tod angab. Es standen 16 Gesellschaftsräume zur Verfügung (darunter vier Speisesäle und drei Spielzimmer), an der Wiener Hofoper hatte man zwei Logen für die Mitglieder gemietet. In diesem Club wurden die Baltazzi-Brüder mit den angesehensten Persönlichkeiten des österreichischen Pferdesports und des Hochadels bekannt, erlangten aber später durch spekulative Geldspiele auch einen zweifelhaften Ruf. Laut

---

[200] Stephen Clarke: 1000 years of ennoying French. New York 2010, S. 514.

Judtmann war dort die Hocharistokratie fast vollzählig vertreten, bildete förmlich einen Staat im Staate, wo nicht nur hoch gespielt, sondern auch Politik gemacht wurde (auch bezüglich des Kronprinzen).

Nun zum jüngsten Onkel von Mary, Heinrich („Henry", geb. 5. August 1858, also gleich alt wie Kronprinz Rudolf). Er besuchte das Theresianum in Wien und wäre nach Aussage seines Sohnes gerne Architekt geworden. Sein Vormund, Baron Vetsera, hatte ihn jedoch für die Offizierslaufbahn vorgesehen, was als der einzige gesellschaftsfähige Dienst für einen vermögenden jungen Mann seines Standes betrachtet wurde. Im September 1876 trat er als Freiwilliger in die Armee ein, wo er seine Offiziersausbildung beim Dragonerregiment Nr. 10, „Fürst Montenuovo", erhielt.[201] Er diente dann im Husarenregiment Nr. 5, Graf Radetzky (ab 1. November 1879 Leutnant), in der Garnison von Pardubitz, wurde am 1. Mai 1885 Oberleutnant, später Rittmeister im Husarenregiment Nr. 11, „Fürst Windischgrätz", das als eines der vornehmsten Kavallerieregimenter galt. Als gewandter Reiter bekannt, war er 1883 und 1884 Sieger der von Offizieren gerittenen Armee-Steeplechase. 1886 wurde er außer Dienst gestellt und verwaltete danach sein Gut Magendorf auf der großen Schüttinsel bei Pressburg. In Pardubitz hatte er in der damaligen Vorstadt bereits Anfang der 80er Jahre vom Fürsten Fürstenberg ein großes Anwesen mit Pferdestallungen und dazugehöriger Rennbahn gekauft und betrieben.[202]

Heinrich Baltazzi war durch seinen orientalischen Einschlag (auch bei seinen Geschwistern charakteristisch) ein interessanter Mann, wird als mittelgroß, mit scharfen Gesichtszügen, dunklen Haaren und blauen Augen beschrieben (ebenso seine Schwester Helene und deren Tochter Mary), ein „Feschak", der auch etliche Duelle überstand.[203] Sogar Arthur Schnitzler bewunderte Heinrich Baltazzi und sagt in seinem autobiografischen Erinnerungsbuch „Eine Jugend in Wien", dass dieser ob seiner Eleganz und seines Glückes bei Frauen das Vorbild für den Grafen in seinem Theaterstück „Der Reigen" (1900) gewesen sei – ein beredtes Zeugnis für die Rolle Heinrichs in der Wiener Gesellschaft dieser Zeit.[204]

---

[201] Swistun: Mary Vetsera, a.a.O., S. 49.
[202] Planitz 1. Bd., a.a.O. S. 327 f.
[203] Sokop, a.a.O., S. 139.
[204] Arthur Schnitzler: Jugend in Wien. Wien, München, Zürich 1968. S. 327.

Onkel Heinrich und Gräfin Larisch

In Zusammenhang mit Marys Onkel Heinrich Baltazzi ist dessen Liaison mit Marie-Louise von Wallersee zu erwähnen. Sie entstammte einer Verbindung des bayrischen Herzogs Ludwig in Bayern (ältester Bruder von Kaiserin Elisabeth) mit der Schauspielerin Henriette Mendel. Diese wurde zur Baronin Wallersee geadelt, welchen Namen auch ihre Tochter trug, deren Herkunft jedoch mit dem Makel der Unstandesgemäßheit behaftet war. Kaiserin Elisabeth entzückte aber ihr frisches, unbekümmertes Auftreten derart, dass sie sie zu ihrer Lieblingsnichte, Vertrauten und Begleiterin erkor, was sicherlich auch ihrer Vorliebe für die Brüskierung des Hofes entsprach. Auf ausdrücklichen Wunsch ihrer Tante wurde Marie-Louise 1877 mit dem k.u.k. Kämmerer Georg Graf Larisch-Moennich, Herr auf Ostrosnitz[205], verheiratet, einem Neffen des ehemaligen Finanzministers (1865–1867) Johann Graf Larisch-Moennich (1821–1884). Dieser war ein Großgrundbesitzer und Industrieller in Österreich-Schlesien, k.k. Kämmerer und Obersthofmarschall bei Kaiser Franz Joseph, der ihn zum Mitglied des Herrenhauses ernannte. Als Finanzminister 1865/66 setzte er sich für die Ordnung der Staatsfinanzen und den Eisenbahnbau ein. Sein 1867 von den Ringstraßenarchitekten August von Siccardsburg und Eduard van der Nüll errichtetes Palais befindet sich noch heute an der Ecke Johannesgasse 26 / Lothringerstraße 13. Er stand insbesondere bei Kaiserin Elisabeth in hohem Ansehen, daher auch deren Bekanntschaft mit seinem Neffen. Bei dessen Hochzeit mit Marie-Louise war auch Kronprinz Rudolf unter den prominenten Gästen. Das junge Paar nahm eine Wohnung in der Praterstraße 38, das bis 1886 ihr Wiener Wohnsitz blieb. Das war also nicht weit vom ursprünglichen Hause der Vetsera, in der Schüttelstraße, womit auch in Wien der Kontakt zur Familie der Schwester von Heinrich Baltazzi gepflegt werden konnte.

Die jüngere Schwester von Georg Graf Larisch, Marie Leontine Larisch-Moennich, hat übrigens 1883 den ältesten Sohn von Ernst Karl Graf Hoyos-Sprinzenstein, Ernst Karl den Jüngeren (1865–1940), geheiratet, was auf einen engen Bezug zwischend diesen beiden Familien schließen lässt. Damit erscheint auch ein Kontakt zu Josef Graf Hoyos, dem späteren Zeugen von Mayerling, nahe liegend.

---

[205] Ehemals in Preußisch-Schlesien, heute polnisch.

Georg Graf Larisch ließ für seine Familie in der zweiten Hälfte der 80er Jahre „bei Pardubitz ein größeres Landhaus durch den Wiener Architekten Kaiser" erbauen[206], wo sich seine Frau gerne aufhielt. In Pardubitz selbst waren das Anwesen, die Pferdeställe und die Reitbahn von Heinrich Baltazzi, wo Marie-Louise bald häufig zu Gast war. Seine Brüder Alexander und Aristides sowie deren Schwester Helene waren ihr von einer Hofjagd in Gödöllö seit 1876 bekannt. In ihren Memoiren schreibt sie zwar, dass sie mit der Famlie Vetsera und den Baltazzi-Brüdern erst 1888 in freundschaftlichen Kontakt getreten sei. Es ist aber ein Brief vom Februar 1881 an Helene Vetsera erhalten, in dem sie über ihre Reise nach England mit der Kaiserin berichtet, womit eine frühe Bekanntschaft erwiesen ist.

Vielsagend ist auch ein erhaltener Konfidentenbericht über Kronprinz Rudolf vom 15.Jänner 1879 der meldet: „Er erscheint öfter I., Nibelungengasse 4, wo hübsche junge Damen wohnen sollen, in Begleitung des Grafen Larisch (Wallersee)." Das lässt auf ein vertrautes Verhältnis der beiden jungen Herren für den Besuch dieses Ortes schließen. Es war das „Etablissement" von Mme. Wolf, wo Kronprinz Rudolf später auch seine Langzeitgeliebte Mizzi Caspar kennen gelernt hat. Die erste Leidenschaft von Georg Larisch war offenbar bald abgekühlt (1878 war der Sohn Franz Joseph geboren worden, 1879 die Tochter Marie Valerie – man beachte die beziehungsvollen Vornamen), nach sieben Ehejahren erfolgte die Scheidung. Marie-Louise ist bald ihre eigenen Wege gegangen, ihr nächstes Kind war 1884 die Tochter Marie Henriette (Mary genannt), in Wien geboren, ebenso der 1886 folgende Sohn Georg Heinrich. Die bezeichnenden Vornamen Henriette/Heinrich lassen auf den tatsächlichen Kindesvater schließen, nämlich Heinrich Baltazzi! Der hatte übrigens zur selben Zeit ein Verhältnis mit Jenny Groß, einer beliebten Schauspielerin am Carltheater in Wien.[207] Marie Larisch verlangte jedenfalls für die von ihm stammenden Kinder beträchtliche Zahlungen, weshalb er sich 1887 „wegen Verschwendung" vom Landesgericht Wien unter Kuratel stellen ließ, damit er keine Alimente mehr zahlen musste.[208] Als er zehn Jahre später die Freiin Paula von Scharschmid-Adlertreu ehelichte, musste die Schwiegerfamilie vor der Heirat noch 44.000 Gulden Schulden für ihn bezahlen, worauf erst die Kuratel aufgehoben und sein Vermögen auf die Braut überschrieben wurde. 1902 musste Mutter Scharschmid abermals Wucher-Forderungen in Höhe von 49.000 Kronen begleichen, ein Jahr später weist Alexander Baltazzi darauf hin, dass sein Bruder Heinrich für Schulden von Marie Larisch haftbar sei.

---

[206] Planitz 1. Bd., a.a.O., S 339. (Es war vermutlich Eduard Kaiser, ein Baumeister der Ringstraßenzeit.)
[207] Sokop, a.a.O., S. 154.
[208] Sokop, a.a.O., S. 152 (dort auch die folgenden Details).

Nach Verhandlungen wegen der Zinsen (für 16 Jahre!) mit dem Wucherer Feiglstock verglich man sich und zog einen Wechsel mit 152.000 Kronen. Alexander verkaufte dafür Land bei Istanbul, die Familie Scharschmid legte 35.000 Kronen dazu, also eine kostspielige Affäre. Marie Larisch selbst erwähnt in ihren Memoiren mit keinem Wort diese Beziehung. Sie spielte jedoch 1888 eine entscheidende Rolle für die Vermittlung der Rendezvous von Kronprinz Rudolf mit Mary Vetsera. Deshalb vermutete man, Heinrich Baltazzi habe aus seiner Nähe zur Larisch genauere Kenntnis über die Umstände von Mayerling gehabt, was sich aber als irrig erwiesen hat. Sein Sohn berichtet, dass er Anfang Jänner 1889 mit Nathaniel (Nathi) Rotschild nach Paris gereist sei und von dort weiter nach Madeira. Erst kurz nach der Beerdigung des Kronprinzen sei er nach Wien zurückgekehrt.[209] Er kann daher mit dem Drama in Mayerling nicht in Verbindung gebracht werden. Larisch wurde wegen ihrer unrühmlichen Rolle in dieser Affäre 1889 vom Kaiserhof verbannt.

Ihr Sohn, Georg Heinrich, hat sich übrigens am 4. Juni 1909 in Neapel erschossen, nachdem er im Jahr zuvor seine militärische Laufbahn aufgeben musste. Seit 1906 wusste er, dass sein vermeintlicher Vater nicht sein wirklicher Vater war, und litt sehr unter dieser Tatsache. Ob dies auch Anlass für seinen Selbstmord war, ist ungeklärt.[210]

---

[209] Baltazzi/Swistun, a.a.O., S. 218.
[210] Sokop, a.a.O., S. 339f.

Mary und ihre Familie in Wien

Kehren wir zurück zu Marys Familie in Wien. Dort waren durch die beruflichen Kontakte von Albin Vetsera und durch die Ehen der Baltazzi-Geschwister mit bedeutenden Adelsfamilien vielfältige Beziehungen zu hohen Gesellschaftskreisen entstanden. Von der Heirat der Marie Virginie Baltazzi, Liebkind in der Familie Schwarzenberg, ist schon berichtet worden. Ihre Ehe mit Graf Saint-Julien wurde 1875 geschieden, im selben Jahr heiratete sie Otto Graf von Stockau. Diesen scheint sie über ihre Schwester Eveline kennen gelernt zu haben, die 1872 dessen Bruder Georg Graf Stockau geheiratet hatte. Die Schwester der beiden, Maria Theresia, war mit Aristides Baltazzi verheiratet.

Durch Marie Virginie ist auch ihre Schwester Helene Vetsera oftmals zu den mondänen Soireen von Fürstin Eleonore („Lori") Schwarzenberg eingeladen worden. Als diese 1873 starb, nahm die aus Paris zurückgekehrte Fürstin Pauline Metternich bald darauf ihren Platz ein. Da sie die Vetseras bereits von Paris her kannte, waren diese nun auch zu den von ihr im Palais Auersperg veranstalteten Theaterabenden eingeladen. Hier gab sich die mondäne Gesellschaft Wiens ein Stelldichein, worüber das *Wiener Salonblatt* immer ausführlich berichtete. Anfang 1880 lud Fürstin Hohenlohe-Bartenstein zu einem prunkvollen Abend, bei dem unter anderem ein Tableau „Die Afrikanerin" – gestaltet nach der gleichnamigen Oper von Giacomo Meyerbeer – aufgeführt wurde. Baron Othon de Bourgoing (der erwähnte französische Honorarkonsul in Budapest, der nun in Wien lebte) inszenierte das Stück, bei dem Helene Vetsera die Titelfigur darstellte. Auch Erzherzog Wilhelm befand sich unter den Gästen und gratulierte ihr als einer der Ersten. Er war sehr musikalisch, als guter Klavierspieler bekannt und nahm gerne am mondänen Gesellschaftsleben Wiens teil. Man sah ihn auch später oftmals als Gast bei den Soireen im Palais Vetsera in der Salesianergasse.

Im April 1880 wurde vom Wiener Adel zugunsten der notleidenden Provinzen der Monarchie in der Hofreitschule ein großes Reiterkarussell inszeniert, worüber wiederum das *Wiener Salonblatt* ausführlich berichtete. Die Organisation des Festes lag in Händen des Generals der Kavallerie Nikolaus Casimir Graf Török von Szendrö – damals Präsident der Campagne-Reitergesellschaft – und Hans Graf Wilczek. Der berühmte Maler Hans Makart hatte dazu die Kostüme entworfen. Da Erzherzog Wilhelm an der Spitze der Mitwirkenden ritt, war es für Graf Török naheliegend, auch die mit ihm befreundete Helene Vetsera dazu einzuladen. Ihr Sohn Feri führte in einer turbulenten Jagdszene eine große Dogge in die Arena, Bruder Hector Baltazzi war in der Gruppe der Gamsjäger, die Baronin und ihre beiden Töchter in Begleitung ihrer Gouvernanten befanden sich im Publikum. Beim Jagdreiten mussten siebzehn Herren, darunter Georg und Heinrich Larisch, Georg Stockau und Aristides Baltazzi nach Art mittelalterlicher Turniere „Thierköpfe stechen" (eine Nachfolge des bis zum Wiener Kongress geübten „Türkenkopfstechens"). Unter den Amazonen sah man Gräfin Marie Larisch und ihre Schwester Henriette. Bei der Damen-Quadrille brillierten neben Mitgliedern der Familien Andrássy, Kinsky, Palffy, Khevenhüller und Apponyi auch Gräfin Eveline Stockau-Baltazzi und Anna Baltazzi-Ugarte (Hectors Frau), bei den „Damen ohne Herren, mit Pagen", „Hélène Baronne Vetsera" neben Angehörigen der Familien Fürstenberg, Auersperg, Trauttmansdorff und Hardegg.

An dieser Stelle verdient eine Episode aus Töröks Leben (1812–1884) besondere Erwähnung. Er heiratete am 20. Mai 1880 (angeblich auf Weisung von Kaiser Franz Joseph) die aus dem Hofburgtheater ausgeschiedene Schauspielerin Johanna Buska, die zu dieser Zeit die Liebhaberin von Kronprinz Rudolf war. Der Maler Hans Makart, damals als Künstler höchst angesehen und wegen seiner wechselnden Amouren mit Schauspielerinnen bekannt, hat von Johanna Buska ein Porträt geschaffen. Sie war 35 Jahre jünger als ihr Gatte und brachte wenige Monate nach der Heirat einen Knaben zur Welt. Török starb vier Jahre später. Buska war in zweiter Ehe mit dem Theaterdirektor und Sänger Angelo Neumann in Prag verheiratet, wo sie weiterhin Karriere machte. Diese Aufsehen erregende Affäre hat Theodor Fontane in seinem Gesellschaftsroman „Graf Petöfy" (1883) verarbeitet. Noch viel später, im April 1948, berichtete der Journalist Egon Erwin Kisch in der *Weltpresse* von dieser Geschichte.[211]

Die Familie Vetsera verkehrte also mit den Mitgliedern der „ersten Gesellschaft" und konnte es sich leisten, 1880 ihren Status durch die Übersiedlung in ein herrschaftliches Palais zu unterstreichen. Es befand sich in der Salesianergasse 11 im dritten Bezirk von Wien, für das eine Jahresmiete von 3.417 Gulden zu zahlen war. Den ursprünglichen Barockbau hatte 1855 Fürst Milos Obrenovic von Serbien erworben, um angesichts der nicht endenden Balkanwirren ein sicheres Exil zu besitzen. Er ließ das Haus durch den Zubau zweier Seitentrakte erweitern, sodass ein von drei Seiten umschlossener Vorgarten entstand. Das Palais lag zwischen „cour et jardin", d. h., es gab den Vorgarten, der zur Straße mit einem schmiedeeisernen Gitter abgeschlossen war, und einen hinteren Garten, der an den Park des

---

[211] Sokop, a.a.O., S. 121.

Helene Vetsera, geb. Baltazzi.

Palais Modena angrenzte. Dorthin erstreckte sich der linke Seitentrakt des Palais, in dem der Empfangssalon und eine kleine Spiegelgalerie lagen (1916 wurde das Palais demoliert, worauf die Neulinggasse ihren heutigen Verlauf erhielt).[212] Die Gestaltung und die Einrichtung der Räume erfolgte durch den Hoflieferanten „Portois und Fix", damals die vornehmste Wiener Ausstattungsfirma, die auch für Kronprinz Rudolf arbeitete. Ein Hausportier wurde aufgenommen, Josef Jahoda, dessen Tochter Agnes Kammerzofendienste bei Hanna und Mary verrichtete (Agnes war in den Jahren 1888/89 in Marys Liebesabenteuer eingeweiht, begünstigte und deckte deren heimliche Entfernung aus dem Elternhaus zu den Treffen mit dem Kronprinzen). Derart ausgestattet, pflegte man in Hinblick auf die bald heiratsfähigen Töchter den geselligen Verkehr mit jener „ersten Gesellschaft", in die man Eingang gefunden hatte, und in die man nun auch integriert werden wollte. Materieller Reichtum, der als Schranke für die Teilhabe an der „ersten Gesellschaft" galt, hatte keine Bedeutung, denn die Vetseras waren durch das Baltazzierbe von Mutter Helene vermögend, und standen an Aufwand für Alltag und Fest niemandem nach. Einzig das Vorrecht der hohen Geburt blieb unerreichbar.

Eine Vorstellung von der damaligen Wiener Hofgesellschaft gibt der ehemals zum Hofstaat von Kronprinz Rudolf gehörige Major Victor von Fritsche: „Die Wiener Hofgesellschaft ist als die exklusivste bekannt. Sie ist eine der wenigen, in welchen fast ausschließlich das Vorrecht der Geburt und der Verwandtschaft ausschlaggebend ist. Obwohl die Hoffähigkeit in den letzten zwanzig Jahren große Erweiterungen erfahren hat, ist sie für moderne Verhältnisse auch heute noch eng begrenzt. Die Herrschaft führt noch immer die spanische Hofetikette, und in keinem Land der Welt wird noch so sehr an ihren Traditionen festgehalten [...] In alter Zeit war es eine Gesellschaft, in der ein Diner dem anderen folgte und die Bälle und Soireen in der Wintersaison in ununterbrochener Kette sich aneinanderreihten. Welcher Unterschied gegen die Geselligkeit von heute. Jetzt konzentriert sich das ganze gesellschaftliche Leben auf die verschiedenen Sporte."[213]

Auch für Helene Vetsera waren daher Diners, Hausbälle, kleine Maskenfeste, Einladungen und Gegeneinladungen wichtige Etappen auf dem Weg in die erste (Hochadels-)Gesellschaft. Für die Damen bedeuteten diese Feste geradezu Turnierplätze, wo man charmante Bekanntschaften paradieren lassen konnte und wichtige (Geschäfts-)Verbindungen und Ehen anbahnte. Das Haus Vetsera war für seine gute Küche und gastfreundliche Tafel bekannt, worüber Marie Larisch in ihren Erinnerungen Folgendes

---

[212] Edgard Haider: Verlorenes Wien. Wien 1990, S. 117 ff.
[213] Victor von Fritsche: Bilder aus dem österreichischen Hof- und Gesellschaftsleben. Wien 1914, S. 250 f.

schreibt: „Das ganze elegante Wien verkehrte im Vetsera-Palais, und wenn die Frauen auch böse Dinge über die Gastgeberin tuschelten, so amüsierten sie sich doch trefflich auf ihren Diners; denn sie war eine bedachtsame und taktvolle Frau, die immer dafür sorgte, daß ihre Gäste die Leute bei ihr trafen, die sie zu treffen wünschten."[214] Was die üble Nachrede anbelangt, so wurde behauptet, Helene Vetsera habe ein Verhältnis mit Erzherzog Wilhelm und mit dem Fürsten Alfred von und zu Liechtenstein gehabt, was wohl der Wiener Gerüchteküche entstammt.[215]

Am 8. Dezember 1881 traf die Familie ein schwerer Schicksalsschlag: Ladislaus, „Lazi", Zögling der Major Frieß'schen Militärschule auf der Schottenbastei, erhielt nach Ausfall des vor ihm gereihten Kandidaten eine Karte für eine Aufführung von „Hoffmanns Erzählungen" von Jacques Offenbach im Theater an der Ringstraße. Dieses wurde genau an diesem Abend durch eine Brandkatastrophe zerstört, wobei sich Lazi unter den 386 Opfern befand. Nur 295 Tote konnten identifiziert werden. Lazi und fünf seiner Kameraden zählten nicht dazu. Dem zur Brandstelle geeilten Erzherzog Albrecht meldete man voreilig: „Alles gerettet, Kaiserliche Hoheit." Kronprinz Rudolf war über diese, die wahren Tatsachen verschleiernde Falschmeldung empört, und nahm demonstrativ am Requiem für die Opfer am 12. Dezember 1881 im Stephansdom teil. Nach den Überlieferungen von Marys Onkel, Georg Stockau, war dieses Unglück für die zehnjährige Mary ein tief erschütterndes Erlebnis, machte sie melancholisch und warf für sie die Frage nach dem Sinn des Lebens auf.

Nach Neujahr 1882 wurde Mary, die bisher in Privatunterricht erzogen worden war, der Klosterschule der Salesianerinnen am Rennweg anvertraut. Ihre Schwester Hanna besuchte bereits das daneben gelegene, anspruchsvollere „Sacre Coeur"; beide besaßen als Erziehungsinstitut für adelige Mädchen einen guten Ruf. In dieser Zeit konvertierte ihre Mutter von der anglikanischen Hochkirche zum römisch-katholischen Glauben.

Im Sommer 1884 erfolgte die glanzvolle Hochzeit von Aristides Baltazzi mit Marie Theresia von Stockau (Schwester von Georg Graf Stockau) in der Prälatenkapelle des Schottenstiftes in Wien. Wie bereits erwähnt, zeugten die Namen der illustren Gäste von der hervorragenden Stellung der Baltazzis und der Vetseras in der Gesellschaft ihrer Zeit.

Im Frühjahr 1885 wurde Marys 17-jährige Schwester Hanna bei einem hauseigenen Kostümfest der Gesellschaft als „erwachsen" vorgestellt. Alexander Baltazzi vertrat den abwesenden Hausherrn, Mary war als Slowakin (Anspielung auf den Ursprung ihrer Großeltern), ihr Bruder Feri als

---

[214] Maria von Wallersee: Meine Vergangenheit, a.a.O., S. 131.
[215] Camillo Schaeffer: Mayerling. Die Tragödie und ihre Deutungen. Wien 1987, S. 100.

Spanier kostümiert, Felix Graf Thun führte durch das Tanzprogramm. Die Namenliste der Gäste ist atemberaubend: Neben dem deutschen Botschafter-Ehepaar Fürst Reuß waren Fürstin und Fürst von Thurn und Taxis, die gräflichen Familien Clam, Graf Bombelles, Angehörige der Adelsfamilien Robilant, Harrach, Zichy, Kinsky, Trauttmansdorff, Attems, Berchtold, Bellegarde, Széchényi und andere anwesend.[216] Von der Ballsaison 1886 wird berichtet, dass am 20. Februar im Hause Vetsera die Tochter Mary offiziell mit einem großen Ball in die Gesellschaft eingeführt wurde, wo unter den „Anwesenden aus der höchsten Aristokratie" Erzherzog Wilhelm, Mitglieder der Familien Liechtenstein, Schwarzenberg, Taaffe, Hoyos, Herberstein, Goess, Coburg, Paget und Esterházy zu sehen waren.[217]

Zum alljährlichen Ballfest im Palais des Markgrafen Pallavicini am Josefsplatz in Wien erschien auch Kaiser Franz Joseph. Die Gästeliste musste zuvor dem Obersthofmeisteramt vorgelegt werden, Helene Vetsera und ihre Brüder wurden dabei akzeptiert. Sie waren also auch den höchsten Hofkreisen bekannt, allerdings nie bei Hof geladen, und die Akzeptanz hielt sich in Grenzen, wie die im vorangehenden Kapitel zitierten Stellen aus Briefen Kaiser Franz Josephs an Katharina Schratt zeigen.

Im April 1886 arrangierte Fürstin Pauline Metternich zu Gunsten der Poliklinik und des „Weißen Kreuzes" in ihrem Palais eine Revue mit dem Titel „Die Götterdämmerung in Wien". Unter der Regie von Franz Jauner (Direktor des Carltheaters in Wien und selbst ein berühmter Schauspieler) trat rund um die Fürstin (sie spielte die Göttin Juno) eine Vielzahl junger Adeliger auf. Hanna Vetsera stellte dabei eine fesche Gardistin dar, Onkel Heinrich Baltazzi den Gott Bacchus; unter den anderen Götterfiguren befanden sich Rudi Graf Kinsky und Nikolaus Esterházy. Die Revue wurde an drei aufeinanderfolgenden Tagen aufgeführt, am zweiten Tag erschien auch Kaiser Franz Joseph mit seiner Suite, Helene Vetsera mit Mary und Feri waren ebenfalls unter den Gästen.

An einem von „Ihrer Excellenz, der Baronin Vetsera" gegebenen Ballfest im Fasching 1887 sah man wiederum Erzherzog Wilhelm, Prinz Philipp von Coburg, die Botschafter Fürst Alexei Lobanoff (Russland), Sir August Paget (Großbritannien), Prinz Heinrich Reuß (Deutschland) und Monsieur Albert Décrais (Frankreich).

Nach dem unerwarteten Tod von Albin Vetsera im November 1887 in Kairo nahm seine Frau mit ihren beiden Töchtern einen mehrmonatigen Aufenthalt in der Stadt am Nil. Erst bei den Frühjahrsrennen im April 1888 waren die Vetsera-Damen wieder in Wien anwesend. Am 12. April er-

---

[216] Swistun, a.a.O., S. 75
[217] Sokop, a.a.O., S. 151.

blickte Mary in der Freudenau während einer Rennpause in der Hofloge Kronprinz Rudolf. Ein Augenflirt weckte ihre Begeisterung für ihn, die sich bald in eine schwärmerische, ja blinde Verliebtheit steigerte und schließlich in der bekannten Tragödie endete.[218]

Bemerkenswert ist eine Erinnerung ihres Französischlehrers Gabriel Dubray, der im Februar 1889 rückblickend über seine Schülerin schrieb: „Die Baronesse scheint sich im Frühjahr 1888 in den Kronprinzen verliebt zu haben, denn von dort an trat in ihrem Benehmen und in ihrer Stimmung eine auffallende Veränderung zu Tage. Sie sprach von ihm mit

Mary Vetsera im Jahre 1888

großer Begeisterung, aber ich, der ich darüber berichte, hielt die Sache für ungefährlich; sie werde sich schon wieder verflüchtigen, hoffte ich, wenn einmal ein ernster Bewerber um das schöne, damals 17-jährige Mädchen auftrete."[219]

Im Sommer 1888 weilte Helene Vetsera mit ihren Kindern auf Einladung von Baron Othon de Bourgoing in dessen „Theresien-Villa" in Reichenau. Damals erbat Mary von ihrem Gastgeber stürmisch ein Kinderfoto des Kronprinzen in Uniform. Anfang Oktober machte der eben an die Regentschaft gekommene Kaiser Wilhelm II. bei Kaiser Franz Joseph einen Antrittsbesuch, bei dem auch eine Jagd in Mürzsteg auf dem Programm stand. Als Mary erfuhr, dass der Hofzug auf der Fahrt dorthin bald die Semmeringstrecke passieren werde, entfernte sie sich ohne Erlaubnis aus dem Garten der Villa und lief zum nahen Schwarzaviadukt in Payerbach. Von ihrer Mutter zur Rede gestellt, antwortete Mary, sie habe nur den Hofzug aus der Nähe sehen wollen. Dass der im Zug mitfahrende Kronprinz Rudolf der wahre Grund dafür war, erfuhr man erst nach dem Drama von Mayerling. Mary hatte bereits seit April eine feurige Liebe für ihn entwickelt, die

---

[218] Eine genaue Darstellung dieser Entwicklung bei Swistun, a.a.O., S. 99 ff.
[219] Swistun, a.a.O., S. 92.

man aber im Moment nur als Teenagerschwarm angesehen hatte, ähnlich wie bei vielen anderen jungen Mädchen der Zeit, die von Rudolf träumten.

Das Bild der gesellschaftlichen Verflechtungen der Familie Vetsera ist noch mit Herzog Miguel II. de Braganza (1853–1927) zu ergänzen, der kurze Zeit mit ihr und ihrer Familie in engem Kontakt stand. Um zu ermessen, was die Freundschaft mit diesem hochadeligen Spross bedeutet hat, muss kurz das Verwandtschaftsnetz seiner Familie dargestellt werden.

Das Haus Braganza war für Portugal das, was für Österreich das Haus Habsburg bedeutete. Von 1640–1910 regierte diese Dynastie in Portugal. Im Jahre 1807 besetzten die napoleonischen Truppen Portugal, weil sich König Johann VI. geweigert hatte, die von Napoleon geforderte Kontinentalsperre gegen England zu verhängen. Die Königsfamilie floh daraufhin in ihre Kolonie nach Brasilien. Das Königreich Portugal wurde 1815 vom Wiener Kongress wiederhergestellt, Portugal und Brasilien in Personalunion verbunden. Auf Rat Metternichs heiratete Erzherzogin Leopoldine, Tochter von Franz I., König Pedro I. (1798–1834), Kaiser von Brasilien. Nach seiner Absetzung 1831 kehrte er nach Portugal zurück. In zweiter Ehe war er mit Amélie von Leuchtenberg verheiratet und hatte mit ihr eine Tochter, Maria Amalia von Braganza. Sie war als künftige Ehefrau von Erzherzog Ferdinand Max (Bruder von Kaiser Franz Joseph) vorgesehen. Die Verlobung war so gut wie vereinbart, doch sie starb 1853, erst 22-jährig, an Tuberkulose. Maximilians Liebe zu ihr scheint sehr groß gewesen zu sein, denn er trug zeit seines Lebens einen Ring aus ihren Haaren an einem Finger.

Der Bruder von Pedro, Miguel I. von Portugal, war mit Prinzessin Adelheid von Löwenstein-Wertheim-Rosenberg verheiratet. Bei einem Aufstand 1824 entzog ihm sein Vater Johann VI. den Oberbefehl über die Armee und zwang ihn zum Exil nach Österreich, wo er von den reaktionären Kräften um Metternich offen aufgenommen wurde. Als Johann 1826 starb, setzte Pedro seine von Maria Leopoldine von Österreich stammende Tochter Maria II. als Regentin ein, wogegen sich Miguel auflehnte und mit seinen Anhängern opponierte. Es kam 1832–1834 zum sogenannten Miguelistenkrieg zwischen den absolutistischen Anhängern Miguels und seinen konstitutionellen Gegnern, der zu seinen Ungunsten entschieden wurde und ihn abermals ins Exil zwang, wo er 1866 starb. Maria blieb Königin von Portugal und heiratete in zweiter Ehe 1836 den Prinzen Ferdinand von Sachsen-Coburg, den Neffen von König Leopold I. von Belgien, der damit den Titel eines Herzogs von Braganza erhielt und die jüngere Linie der Braganza begründete, die bis 1910 regierte.

Miguel II. von Braganza (Sohn von Miguel I.) lebte als portugiesischer Thronprätendent im österreichischen Exil. Geboren am 18. September 1853 in Kleinheubach (Unterfranken) auf dem mütterlichen Schloss Löwenstein, trat er nach Studien in Metz und Innsbruck in den österreichischen Militärdienst ein, war Oberleutnant im 14. Dragonerregiment der k.u.k. Armee und Ritter des Ordens vom Goldenen Vlies. Seine erste Ehe schloss er mit Elisabeth von Thurn und Taxis (1860–1881), der Nichte von Kaiserin Elisabeth (Tochter ihrer älteren Schwester Helene, 1834–1890), mit der er drei Kinder hatte. Seine Schwester Maria Josepha von Portugal (Infantin Josée, 1857–1943) heiratete 1874 den Bruder von Kaiserin Elisabeth, Karl Theodor, Herzog in Bayern (1839–1909), wodurch auch eine Verwandtschaft und Freundschaft mit der späteren Gräfin Larisch-Wallersee entstand. Eine andere Schwester Miguels, Maria Theresia von Braganza (1855–1944), war die dritte Ehefrau von Erzherzog Karl Ludwig (Bruder von Kaiser Franz Joseph), die von Kronprinz Rudolf schwärmerisch verehrt wurde. Die jüngste Schwester Miguels, Maria Antonia von Portugal (1862–1959), heiratete in zweiter Ehe den Herzog Robert von Parma. Eines ihrer zwölf Kinder, Zita Maria, wurde die Gattin des späteren Kaiser Karl. Das ist in Kürze das verwandtschaftliche Netzwerk der Familie Braganza, welches das hohe Ansehen von Miguel erklärt.

Nach dem frühen Tod seiner Frau (1881) blieb er jahrelang Witwer und lebte im Talschloss von Seebenstein (dem Fürsten Liechtenstein gehörig), also nicht weit vom Schloss Schwarzau entfernt, das die Vetseras seit 1882 als Sommerdomizil gemietet hatten. Braganza zählte zu den gelegentlichen Jagdgefährten von Kronprinz Rudolf und dem Freundeskreis von Marie Larisch, wodurch auch die Bekanntschaft mit der Familie Vetsera entstand. Als Verehrer von Mary besuchte er sie wiederholt in Schwarzau und war auch oft bei Soireen im Palais Vetsera in Wien zu Gast. Dieser häufigen Besuche wegen galt er 1888 als Verlobter Marys, man sprach sogar von einer bevorstehenden Ehe. Ob sie tatsächlich aus gesellschaftlichen Gründen den um 20 Jahre älteren Familienvater heiraten wollte, ist ungewiss, denn in dieser Zeit war bereits Kronprinz Rudolf ihr Idol. Braganza blieb für Mary aber ein willkommener Informant über dessen Lebensgewohnheiten.

Laut der Rechtfertigungsschrift von Hoyos hat Mary in Mayerling sogar einen Abschiedsbrief an Miguel geschrieben,[220] dem der Kronprinz den burschikosen Gruß „Servus Wasserer" beigefügt hat, was auf ein vertrautes Freundschaftsverhältnis schließen lässt (Wasserer waren bei den Fiakerständen die Burschen, welche die Pferde getränkt haben. Sie trugen ein rotes Halstuch. Braganza hatte ein solches einmal bei einer Jagd mit dem Kronprinzen.)

Er wird noch ein weiteres Mal von Hoyos erwähnt. Braganza habe ihm erzählt, dass Mary zu ihrem Begleiter am Eislaufplatz, Gundakar (oder

---

[220] Mitis/Wandruszka, a.a.O., S. 350.

Gundacker) Graf Wurmbrand, gesagt habe, sie werde in wenigen Wochen sterben und ihm einen bekannten Fingerring vermachen, was Wurmbrand Hoyos gegenüber auch bestätigt hat.[221] Das deutet doch auf eine enge Freudschaft hin. Und warum wohl Gundakar? Weil er Mary wahrscheinlich Auskünfte über ihren geliebten Rudolf geben konnte. Man steht hier wieder vor einem Beziehungsnetz, dessen Zusammenhänge nur indirekt erschlossen werden können. Dieser Gundakar Ferdinand Karl Heinrich von Wurmbrand-Stuppach (1863–1933) war laut Hoyos der Adjutant von Erzherzog Ludwig Viktor und stand dadurch in relativer Nähe zur kaiserlichen Familie. Sein entfernter Verwandter Hugo Graf Wurmbrand (1839–1904, beide hatten den gleichen Urgroßvater und waren Zeitgenossen)[222] war ein vorbildlicher und hoch geschätzter Kavallerist, 1883 Oberstleutnant im Generalstab und Generalstabschef der 25. Truppendivision. Wiederholt hielt er im militärwissenschaftlichen Verein in Wien Vorträge. So auch im Frühjahr 1884 in Anwesenheit von Kronprinz Rudolf und Erzherzog Johann Salvator über „Die Tätigkeit der Kavallerie durch die Generalstabsbrille".[223] Ein gemeinsames Foto aus 1884 unterstreicht den wichtigen Anlass des Vortrages.[224] Beide Erzherzöge waren an Grundsatzfragen der Armee sehr interessiert und haben darüber geschrieben, weshalb angenommen werden kann, dass der Kronprinz mit Hugo von Wurmbrand fortan in Kontakt geblieben ist. Der Onkel von Gundakar Wurmbrand, Ladislaus Gundakar von Wurmbrand (1838–1901), war von 1884–1893 Landeshauptmann der Steiermark und für seine liberale Haltung bekannt (in Graz lebte auch der frühere Kriegsminister General Franz Kuhn, der das Vertrauen des Kronprinzen hatte). Er war ein anerkannter Fachmann für Urgeschichte und Mitarbeiter am Kronprinzenwerk „Die Österreichisch-Ungarische Monarchie in Wort und Bild", wo er im Band „Oberösterreich – Salzburg" einen Beitrag über Pfahlbauten und die Funde in Hallstatt geschrieben hat. In der Frage der Pfahlbauten stand er auch mit dem früheren Lehrer des Kronprinzen in Verbindung, dem Direktor des Naturhistorischen Museums Ferdinand von Hochstetter. Aus der Kenntnis dieser Beziehungen kann abgeleitet werden, dass Gundakar Graf Wurmbrand nicht nur des Eislaufens wegen Marys geschätzter Begleiter war, sondern weil er zu jenem Familienclan gehörte, der mit ihrem angehimmelten Idol, Kronprinz Rudolf, in engem Kontakt stand.

Gundakar war das älteste von fünf Geschwistern. Sein jüngster Bruder, Ferdinand (1879–1933), diente als Leutnant beim Dragonerregiment Nr. 14. In dieser Funktion blieb er eine Zeit lang in Napajedl stationiert, wo

---

[221] Ebenda.
[222] Biographisches Lexikon des Kaisertums Österreich, Bd. 58, Wien 1889, S. 305 ff.
[223] Armee- und Marinezeitung Wien, 2. Jg., Nr. 35 vom 10.4.1884.
[224] Katalog Hermesvilla 1989, a.a.O., S. 280.

Aristides Baltazzi sein Gestüt mit der Pferderennbahn hatte. Dabei scheint er mit dessen Familie in freundschaftliche Nähe gekommen zu sein, denn 1909 heiratete er Baltazzis Tochter May[225], womit sich wieder ein Bogen zur Familie Baltazzi/Vetsera schließt.

Braganza heiratete 1893 in zweiter Ehe seine Cousine, Prinzessin Maria Theresia zu Löwenstein-Wertheim-Rosenberg (1870–1935), aus welcher Ehe acht Kinder entstammten. 1917 schied er nach dem Eintritt Portugals in den 1. Weltkrieg im Rang eines Feldmarschallleutnants aus der k.u.k. Armee aus und widmete sich fortan dem Roten Kreuz. Er starb am 11. Oktober 1927 im Talschloss von Seebenstein (das Schloss wurde zu Kriegsende im April 1945 schwer beschädigt und 1967 demoliert).

---

[225] Fuhst, a.a.O., S. 64.

Die Denkschrift von Helene Vetsera

Helene Vetsera war natürlich von den Ereignissen um den Tod ihrer Tochter gezeichnet. Es wurde ihr untersagt, nach Heiligenkreuz zu fahren. Nach der Umbettung Marys im Mai 1889 besuchte sie dann das Grab allwöchentlich, was von den Agenten des Barons Krauß auch beobachtet und berichtet wurde.

Bald darauf zeichnete sie ihre Erinnerungen sowie die Berichte und Erlebnisse von Bruder und Schwager über Mayerling und Heiligenkreuz auf. Ebenso die Aussagen des mit Mary vertrauten Kammermädchens Agnes Jahoda, das ihr heimliches Verlassen des Elternhauses gedeckt hatte (ihr Vater war Portier im Hause Vetsera, dem sie jedes Mal den Schlüssl entwendete), sowie Informationen aus Abschriften der Briefe Marys an Hermine Tobis (ihre ehemalige Klavierlehrerin und Vertraute, die nun in Frankfurt lebte). Sie nannte diese Aufzeichnungen „Gedenkblätter", die sie nach Angabe ihres Neffen Heinrich Baltazzi-Scharschmid mit Hilfe des Journalisten Philipp Michael Ritter von Newlinsky, der mit Helenes Bruder Alexander befreundet war, zu einer „Denkschrift" umformuliert hatte. Die Bekantschaft mit Newlinsky (1841–1899) dürfte durch dessen Tätigkeit in Konstantinopel entstanden sein. Er stammte aus Wolhynien (heute Westukraine), hatte Rechtswissenschaften in St. Petersburg studiert und wurde unter Gyula Graf Andrássy in das österreichisch-ungarische Ministerium des Äußeren aufgenommen. 1876/77 war er der Botschaft in Konstantinopel dienstzugeteilt (Albin Vetsera lebte damals schon in Wien). Nach dem Rücktritt von Andrássy 1879 verließ er den Staatsdienst und arbeitete fortan als Wiener Korrespondent des *Le Temps* und des *Journal des Débats* (Paris). Auch zu Szeps und seinem Mitarbeiter Dr. Bernhard Frischauer hatte er freundschaftliche Beziehungen.[226] Nach Begutachtung durch Vetseras Rechtsfreund Dr. Sterio vermittelte der mit Aristides Baltazzi bekannte Dr. Karl Biel den Druck. Laut Judtmann, der sich auf eine Aktennotiz von Baron Krauß beruft, war Biel der Herausgeber der Zeitung *Volkswirth*. Er vermutet, dass auch dieser bei der Abfassung des Textes mitgeholfen hat. Verwirrend ist die Angabe von Krauß, dass der Druck von der Druckerei Plaut, Maria-Theresien-Straße, 1090 Wien, erfolgt sei. Die vorhandenen Ausgaben stammen alle aus der Druck- und Verlagsanstalt Johann Nepomuk Vernay, Canisiusgasse 10, 1090 Wien, eine der bedeutendsten Druckereien

---

[226] Baltazzi/Swistun, a.a.O., S. 207.

Wiens dieser Zeit. Die Schrift erschien laut dem Titelblatt im Juni 1889 mit einem Umfang von 88 Seiten.[227]

Diese Aufzeichnung sollte zunächst nur im privaten Kreis verteilt werden, weshalb viele Zeitzeugen zum Schutz vor der Öffentlichkeit nur mit dem Vornamen genannt wurden. Sie enthielt keine Angriffe gegen die kaiserliche Familie oder eine Respektsverletzung, wohl aber eine Anklage gegen das pietätlose Verhalten der Hof- und Polizeibehörden gegenüber dem Leichnam ihrer Tochter. Wie Heinrich Baltazzi-Scharschmid überliefert, war die Denkschrift „nicht gegen den Kaiser gerichtet, sondern geschrieben, um sie ihm zu übergeben", was aber nie geschehen ist.[228] Helene Vetsera wollte damit den Ruf ihrer Kinder Johanna und Feri sowie den ihrigen wiederherstellen. Sie schildert eingehend, wie es zur Liebesbeziehung ihrer Tochter mit dem Kronprinzen gekommen war und wie sich der Kontakt zwischen den beiden abspielte. Jedenfalls wird dabei die schwärmerische Liebe und blinde Ergebenheit Marys deutlich. Der weitere Teil ist dann den makabren Umständen und der Behandlung gewidmet, die ihr und ihrer Tochter seitens der Behörden nach der Katastrophe zuteil wurde. Auch die Abschiedsbriefe Marys an sie, ihre Schwester Hanna und ihren Bruder Feri hat die Baronin hier wiedergegeben. 1891 schrieb sie einen Zusatz über die Erpressung durch die Gräfin Larisch. Diese habe Mary gezwungen, dem Kronprinzen in einem Brief mitzuteilen, dass sie und ihre Schwester Hanna der Gräfin 25.000 Gulden vorgestreckt hätten und nun in argen Finanznöten seien, die Rudolf begleichen sollte. Nachdem Larisch bei Hofe in Ungnade gefallen war, musste Vetsera nicht mehr Rücksicht walten lassen und führte auch dieses Detail an.

Über die abenteuerliche Geschichte dieser Schrift berichtete erstmals Oskar von Mitis[229]: Auf Anordnung des Polizeipräsidenten Krauß wurden in der Druckerei die Druckstöcke und 200 versandbereite Exemplare begschlagnahmt und vernichtet. 25 Exemplare sollen der Zensur entgangen und z. T. ins Ausland gelangt sein. Krauß schrieb vor der Vernichtung mit Hilfe von drei Polizeibeamten den Text ab und hinterlegte ihn in seinem Mayerling-Akt. Auch das erscheint als charakteristisch für die Zeit: Man gehorcht dem Befehl der Vernichtung der Schrift, schreibt sie aber vorher ab. Einfacher wäre es wohl gewesen, ein Belegexemplar zu den Verschlussakten des Amtes zu geben. Die Pariser Zeitung *Le Temps* druckte am 26. August 1889 die Denkschrift teilweise ab (vermutlich über die Vermittlung Newlinskys), eine fast vollständige Wiedergabe erfolgte am 3. September 1891

---

[227] Judtmann, a.a.O., S. 187.
[228] Baltazzi/Swistun, a.a.O., S. 223.
[229] Mitis/Wandruszka, a.a.O., S. 430.

im Pariser *L'Éclair*, wo auch der inzwischen erfolgte Zusatz von Helene Vetsera über die Erpressung durch die Gräfin Larisch veröffentlicht wurde.

Ernst von der Planitz gab 1900 eine kommentierte Neuauflage der Denkschrift in Erzählform heraus, die aber durch seinen, den Text durchflechtenden Kommentar verzerrt erscheint. Die Verbreitung dieses Werkes wurde in Österreich verboten. Laut Katrin Unterreiner war der Anlass der Herausgabe dieser Abschrift eine zuvor in *L'Èclair* publizierte Behauptung von Prinzessin Giulia Odescalchi-Zichy über die Entmannung Rudolfs. Aus Empörung darüber und um dieser Lüge entgegenzutreten, habe Planitz diese Abschrift publiziert.[230]

1920 veröffentlichte die *Reichenberger Zeitung* (CZ) in einer 7-teiligen Artikelserie zwischen dem 25. Dezember 1920 und dem 5. Jänner 1921 ebenfalls den Inhalt dieser Schrift. Auf dieser Grundlage gab der Verlag Gebrüder Stiepel in Reichenberg einen Nachdruck heraus mit dem Titel: „Das Drama von Mayerling – Der Tod des Kronprinzen Rudolf u. der Baronesse Mary Vetsera. Gemeinsam verabredeter Tod. Die Denkschrift der Baronin-Mutter Helene Vetsera", der aber viele Fehler und sinnstörende Änderungen enthält. Auch in dieser „Reichenberger Fassung" der Denkschrift wird von der Erpressungsgeschichte berichtet und das makabre Begräbnis von Mary ausführlich geschildert. In Österreich wurde in der Wiener Zeitung *Die Stunde* in einer Artikelserie im Mai und Juni 1923, zusammen mit anderen Mayerling-Dokumenten, die Denkschrift publizert, allerdings mit einem tendenziösen Begleittext.[231]

Entgegen mancherlei Vermutungen in Baden besaß Heinrich Baltazzi-Scharschmid kein Exemplar der Denkschrift. Seiner Mitteilung nach gelangte eine handgeschriebene, ungekürzte Abschrift von Hanna Vetsera für Hermine Tobis nach ihrem Tod über deren Schwester Gabriele an die in Salzburg lebende Enkelin von Helene Vetsera, Ferdinanda (nur dort sei der Zusatz von der Erpressung durch die Gräfin Larisch enthalten). Durch sie ist das Dokument in die Hände von Hermann Swistun gelangt, worüber der französische Historiker Jean-Paul Bled berichtet.[232] Seit dem Tod Swistuns gilt es als verschollen. Baltazzi-Scharschmid gibt an, dass ihm 1980 noch fünf vorhandene Kopien der Denkschrift bekannt waren.[233]

---

[230] Georg Markus und Katrin Unterreiner: Das Original-Mayerling-Protokoll der Helene Vetsera: „Gerechtigkeit für Mary". Wien 2014, S. 287.
[231] Loehr, Mayerling, a.a.O., S. 122 ff.
[232] Er hat zum 100. Gedenkjahr von Kronprinz Rudolfs Tod das Buch „Rodolphe et Mayerling", Paris 1889 (deutsche Ausgabe Wien 2006) publiziert, wo er angibt, diese Kopie sei ihm „freundlicherweise von Herrn Hermann Swistun zur Verfügung gestellt" worden (S. 240). Angeblich sei davon eine Fotokopie erhalten.
[233] Baltazzi/Swistun, a.a.O., S. 224.

Am 1. Mai 1971 hat die Wiener Zeitung *Samstag* über eine „kürzlich aufgefundene Abschrift" der Druckversion berichtet (auch von Baltazzi erwähnt). Ein Ehepaar, das drei Kilometer von Mayerling entfernt (in Alland?) ein Landhaus geerbt hatte, fand dort in einem Kasten ein „in Buchform gebundenes Exemplar jener Denkschrift, die Helene Vetsera von der Tragödie in Mayerling verfasst hatte". Das Foto einer Textprobe zeigt eine schräg liegende Kurrentschrift, die Kopie dürfte auf Grund zahlreicher Abkürzungen und Abschreibfehler in großer Eile verfasst worden sein. Auf der Innenseite des Umschlagkartons ist ein linierter Zettel geklebt mit dem Titel: „Abschrift! Als Manuskript gedruckt. Im Selbstverlage der Baronion Vetsera. Das Recht der Übertragung in fremde Sprachen vorbehalten." Von anderer Hand findet sich mit Bleistift der Vermerk: „Nicht erschienen". Dem späteren Besitzer war also die Drucklegung nicht bekannt. Über den Verbleib dieser Kopie machte die Zeitung keine Angaben.

Die Autorin Katrin Unterreiner erwähnte 2008 in ihrem Buch über Kronprinz Rudolf[234] Details aus einer damals in ungenanntem Privatbesitz in Ungarn befindlichen Kopie. Dieses Exemplar im Umfang von 148 Seiten, das der Wiener Habsburg-Sammler Mario Plachutta 2013 erworben hatte, wurde 2014 als Faksimile publiziert.[235] Laut Angaben der Herausgeberin handelt es sich hierbei jedoch nicht um eine Abschrift der Druckversion, denn sie führt im Gegensatz zu jener alle Namen der beteiligten Personen an und gibt ausführlichere Angaben über die Vorgangsweise des Obersthofmeisteramtes, was dieser Kopie eine besondere Bedeutung gibt. Es wird daher vermutet, dass es sich um eine Abschrift von Helene Vetseras Originalversion handelt.

Eine weitere Abschrift im Umfang von 119 Seiten ist in der Bibliothek des Heimatforschers Norbert Toplitsch in Payerbach erhalten (aus dem Antiquariatshandel erworben). Sie trägt den Vermerk: „Eigenhändig copiert von dem Original Druck Exemplar als Abschrift. Wien, 4. Februar 1892, Franz … (unleserlich)". Baron Krauß war also nicht der einzige Kopist.

Auch in der Handschriftensammlung der Österreichischen Nationalbibliothek ist eine Abschrift erhalten, die 1941 dorthin gelangt ist (vermutlich aus beschlagnahmtem jüdischem Vorbesitz). Das Dorotheum in Wien versteigerte am 22. Juni 2009 eine von der Druckerei Vernay 1889 hergestellte Originalausgabe.

---

[234] Katrin Unterreiner: Kronprinz Rudolf. „Ich bin andere Wege gegangen". Wien 2008.
[235] Siehe Fußnote 230.

Helene Vetsera nach 1889

Im Jahre 1891 erwarb Helene Vetsera in Payerbach die repräsentative „Villa Cary" im Ortsteil Mühlhof, die sie nach den Plänen des angesehenen Architekturbüros Bauqué & Pio (Amand Louis Bauqué aus Paris und Albert Emilo Pio aus Mailand) in ein „Herrenhaus" umbauen ließ (dieses Architektenduo war in Wien hoch angesehen, hatte u.a. das Palais Hoyos-Sprinzenstein, das Palais für Othon de Bourgoing, und in Reichenau das Schloss Hinterleiten für Nathaniel Rothschild gebaut). Den großen Park, von dem heute noch ein riesiger Mammutbaum zeugt, gestaltete der Wiener Stadtbaumeister Heinrich Glaser. 1895/96 wurde der bisher unsymmetrische Bau durch einen Ostflügel erweitert. Ein Portierhaus im Stil eines Bahnwärterhauses der Semmeringbahn war 1894 errichtet worden.

Helene Vetsera erfreute sich in Payerbach wegen ihrer sozialen Haltung hoher Wertschätzung. Sie unterstützte durch Ankauf von Lehrmitteln die Schule und beschenkte alljährlich zu Weihnachten arme Schulkinder. Ihr persönliches Schicksal blieb aber vom Tod ihrer Kinder und Geschwister überschattet. Im März 1899 war die in England lebende älteste Schwester Elisabeth gestorben. Ihre Tochter Hanna, die am 26. Mai 1897 in London den päpstlichen Geheimkämmerer Hendryk Graf Bylandt-Reydt geheiratet hatte, starb am 20. Februar 1901 in Rom nach einer Fehlgeburt an Typhus. Im Juli darauf verlor sie ihre Schwester Eveline, die mit dem ihr besonders nahe stehenden Georg Graf Stockau verheiratet war. 1914 starb ihr Bruder Aristides, der in Payerbach bestattet wurde, 1916 ihr Bruder Hector.

Ihr Sohn Franz Albin (Feri), Rittmeister der 1. Escadron des Husaren-Regimentes Nr. 9, fiel am 22. Oktober 1915 bei schweren Kämpfen in Wolhynien (Westukraine) nahe Kukli am Styr und wurde auf dem Friedhof von Rozyszcze provisorisch beerdigt, später in die heutige Gruft am Pfarrfriedhof von Payerbach überführt. Helene Vetsera besuchte regelmäßig per Rad den Friedhof und war dafür bekannt. Sogar Arthur Schnitzler, ein regelmäßiger Gast in Reichenau, notierte am 9.9.1919 in sein Tagebuch: „Die alte Baronin Vetsera, hexenhaft, uralt, mit dem Rad durch die Herbstlandschaft geisternd, am Zaun des Kurhausparks vorbei. Mehr als 30 Jahre – als sich der Kronprinz mit ihrer Tochter umbrachte – mit den Habsburgern ists vorbei – sie radelt noch durch das alte Revier."[236]

---

[236] Schnitzler Arthur: Tagebuch 1917–1919. Wien 1985, S. 288.

Feri Vetsera war seit 1904 mit Margit, geb. Gräfin von Bissingen und Nippenburg (1883–1945) verheiratet und hatte mit ihr drei Töchter: Ferdinanda (Nancy), 1905–1990, Alexandrine (Alitschi), 1906–1944, und Eleonora (Nora), 1907–1991, die während des Ersten Weltkrieges bei ihrer Großmutter in Payerbach wohnten und dort zur Schule gingen. Dadurch dürften sie in den Besitz umfangreicher Familiendokumente gekommen sein. Hermann Swistun berichtet[237], Helene Vetsera habe ihrer Schwiegertochter Margit den Auftrag gegeben, nach ihrem Ableben ein Konvolut von Schriftstücken über den Tod ihrer Tochter Mary zu vernichten, damit diese nicht in unbefugte Hände gerieten (auch Judtmann berichtet über die Vernichtung von Familiendokumenten). Unter der Zeugenschaft ihrer treuen Kammerfrau Anna Leschantz und eines Bekannten der Familie, Rudolf Graf van der Straaten (damals Leiter der Spanischen Hofreitschule in Wien), seien eine Reihe von Unterlagen verbrannt worden. Darunter waren die Manuskripte ihrer Denkschrift aus der Hand Newlinskys, zwei Majestätsgesuche mit den Antworten des Kaisers, ein Brief von Bratfisch, worin dieser ihr mitteilte, dass er Mary als Letzter gesprochen habe und sie mutig in ihr Schicksal gegangen sei, sowie Abschiedsbriefe von Mary. Entgegen dieser Darstellung beweist der im Juli 2015 gemachte Fund der Abschiedsbriefe Marys und anderer auf sie bezüglicher Dokumente in einer Wiener Bank, dass doch nicht alles verschwunden ist, was man verloren glaubte. Über die Abschiedsbriefe schrieb ihr Bruder Feri am 19. Februar 1889 aus dem Hotel „Britannia" in Venedig an den Französischlehrer Gabriel Dubray: „… Bevor sie starb, hat sie jedem von uns einen Brief geschrieben. In dem an Hanna lässt sie Sie herzlich grüßen. …"[238] Das bedeutet also, dass Mary mit vollem Entschluss in den Tod ging und Zeit fand, an ihre Familienmitglieder Abschiedsbriefe zu schreiben. Aus der Ortsangabe der Briefe ist auch der Aufenthaltsort von Helene Vetsera in Venedig ersichtlich, als sie Wien wegen des Begräbnisses des Kronprinzen verlassen musste. Trotz der Vernichtung von Dokumente besaßen die Enkeltöchter Ferdinanda und Eleonora noch viele andere Papiere der Familie (siehe Kapitel „Swistun").

In Wien hatte Helene Vetsera nach der Verheiratung ihrer Tochter Hanna das Palais in der Salesianergasse im Jahre 1897 aufgegeben und eine große Mietwohnung in der Technikerstraße 5, 1040 Wien, bezogen. Das Ende der Monarchie brachte den Verlust auch ihres Vermögens mit

---

[237] „Gefährtin für den Tod". In: Katalog Hermesvilla, a.a.O., S. 109 f.
[238] Heinrich Baltazzi-Scharschmid berichtet, bei der 402. Kunstversteigerung (Oktober 1972) im Wiener Dorotheum seien Vetsera-Briefe angeboten worden, und zwar drei Briefe Marys, einer ihrer Mutter und einer ihres Bruders Feri aus Venedig, alle in französischer Spache.

sich, die Tschechoslowakische Republik zahlte ihr ab 1919 keine Witwenpension mehr, sodass sie die Villa in Payerbach 1921 verkauft und das Geld in Wertpapieren angelegt hatte, die im Zuge der Inflation natürlich rasch ihren Wert verloren. Die Wohnung in der Technikerstraße übernahm ihre Schwiegertochter Margit, die dort mit ihren beiden jüngeren Töchtern bis 1927 wohnte (danach zog sie nach Salzburg). Helene Vetsera fand ihr letztes Domizil in der Prinz-Eugen-Straße 10/1, 1040 Wien, wo sie am 1. Februar 1925 verstarb. Sie wurde in Payerbach in der Gruft ihres Sohnes Feri bestattet. In die schwere Gruftplatte ist das Wappen der Freiherren von Vetsera eingemeißelt.

Die Vetsera-Villa in Payerbach hatte eine Frau Rosa Klinger gekauft, und führte dort eine Pension. Von ihren Erben erwarb die Israelitische Kultusgemeinde 1935 das Anwesen, in dem die „Eduard und Rosa Gottlieb'sche Wohltätigkeitsstiftung" ein Kinderheim für jüdische Kinder eingerichtet hat. Im März 1938 beschlagnahmten die neuen Machthaber das Gebäude, wo der Verein „Nationalsozialistische Volkswohlfahrt Berlin" ab 1939 ein Jugendheim führte. Im April 1945 wurde die Villa im Zuge der Kriegshandlungen stark beschädigt. Der Besitz gehörte ab 8. Mai 1945 der Republik Österreich und wurde 1952 der Israelitischen Kultusgemeinde rückerstattet. Die unbewohnbare Villa verfiel aber mehr und mehr, der Plan einer Parzellierung des Areals scheiterte. Seit Jahren ist die Villa nur noch eine Ruine.[239]

---

[239] Norbert Toplitsch: Payerbacher Kulturwege. Ternitz 1999, S. 93 ff.
Fischer, Lisa: Liebe im Grünen. Kreative Sommerfrischen im Schwarzatal und am Semmering. Wien 2014, S. 67 ff.

Die Onkel Baltazzi bleiben im Sattel

Man könnte annehmen, dass Marys Onkel wegen des Zusammenhanges ihrer Nichte Mary mit dem unrühmlichen Tod des Kronprinzen Rudolf von der Wiener Gesellschaft fallen gelassen wurden oder zumindest zeitweilig ihre Position verloren. Dem war aber durchaus nicht so.

Im Jockey-Club, wo die Mitglieder der Hocharistokratie verkehrten, wusste man ja trotz der offiziellen Verschleierungstaktik von den wahren Hintergründen. Wie schon erwähnt, herrschte laut Konfidentenberichten bei einigen Mitgliedern sogar eine gewisse Genugtuung über den Tod des Kronprinzen.

Alexander Baltazzi stand nach der Katastrophe von Mayerling seiner Schwester Helene ritterlich bei. Von der Beerdigung seiner Nichte blieb er der Familienüberlieferung nach sichtlich gezeichnet. Sein letzter Wohnsitz war in der Wohllebengasse 3 im vierten Wiener Gemeindebezirk, doch lebte er oftmals in der Villa seiner Schwester in Payerbach. Er starb am 24. November 1914 nach einem Blinddarmdurchbruch und wurde in einer Gruft am Friedhof von Payerbach bestattet, links neben der späteren Grablege seines Neffen Franz Albin und seiner Schwester Helene. 1963 verkaufte Heinrich Baltazzi-Scharschmid diese Gruft an die Familie Michelfeit (damals Eigentümer eines großen Wiener Möbelhauses).

Sein Bruder Aristides, der mit ihm die berühmten Rennerfolge erzielt hatte, ging weiterhin im Jockey-Club ein und aus. In den 1890er Jahren hatte der Rennsport einen derartigen Umfang angenommen, dass neben der Freudenau in Wien der Bedarf an einer weiteren Rennbahn entstand, die nach englischem Muster auch die Möglichkeit für Hindernisrennen bieten sollte. Entscheidende Befürworter waren Fürst Alfred Montenuovo (Oberstofmeister von Kaiser Franz Joseph) und Generalmajor Karl Graf Auersperg. Der Jockey-Club kaufte zu diesem Zweck 1894 das Schloss Kottingbrunn bei Baden mit seinen umfangreichen Gütern, wo dann die größte Pferderennbahn der Monarchie entstand. Der Entwurf und der Bau erfolgten durch die bereits genannten Architekten Amand Louis Bauqué und Albert Pio, welche die Baltazzis schon lange kannten. Aristides war der führende Organisator für den Bau und hatte dafür eine Sommerwohnung im Schloss. Er war nicht nur als ausgezeichneter Reiter, sondern auch als ein gewandter Tennisspieler bekannt, sodass er 1908 zum Präsidenten des „Internationalen Sportplatzes Baden" (gegründet 1899) gewählt wurde, der damals nur aus einer Tennis- und einer Fußballsektion bestand (seit 1919 der „Badener Ahleticsport Club", BAC). Die Rennbahn in Kottingbrunn war Aristides Stolz, doch sie fand ein trauriges Ende: Am 10. Juni 1914 brach bei Spenglerarbeiten ein verheerender Großbrand aus, der den „Kaiserpavillon" und die Tribünen zerstörte. Infolge des Beginns des Ersten Weltkrieges wurden die Gebäude nicht gleich wieder aufgebaut, nach dem Zerfall der Monarchie bestand kein weiterer Bedarf an dieser Rennbahn, das Gelände wird heute landwirtschaftlich genutzt.[240] Aristides lebte abwechselnd in seiner Wohnung in der Belvederegasse 34, 1040 Wien, und in seiner Villa in Abbazia, die er des gesunden Klimas wegen erworben hatte. An einem Rückenmarksleiden erkrankt, starb er am 24. Oktober 1914 in Anwesenheit seiner Gattin nach einem Souper im Hotel Imperial. Wie seine Schwester Helene war auch er zum katholischen Glauben übergetreten. Die Trauerfeier für ihn fand in der Hofkirche zu St. Augustin in Wien statt, wo nach dem Bericht seines Neffen, Heinrich Baltazzi-Scharschmid, der Obersthofmeister des Kaisers, Fürst Montenuovo, Ministerpräsident Graf Stürgkh, Außenminister Graf Berchtold, Ackerbauminister Freiherr von Zenker, Fürst Starhemberg, Prinz von Thurn und Taxis, die Grafen Kinsky, Goluchowsky und Szeczen unter den zahlreichen Trauergästen waren. Das kann als Zeichen höchster Wertschätzung gelten. Seine Bestattung erfolgte in Napajedl.

Der Bruder Hector löste 1890 seine Ehe mit Anna, Gräfin Ugarte. Im gleichen Jahr bot der bayrische Baron Moritz Freiherr von Hirsch auf Gereuth (ehemals Kreditgeber von Kronprinz Rudolf) Hector die Leitung seiner Rennställe in Paris und in Belgien an, die er bis zu dessen Tod 1896 führte. Mit dem Rennsport war es für ihn nun altersbedingt vorbei. Im selben Jahr löste er sein Junggesellendomizil in der Lothringerstraße 5, 1030 Wien, auf und ging nach Paris, wo er sich bis 1914 als Kunst- und Antiquitätenhändler über Wasser hielt. Nach dem Eintritt Frankreichs in den Krieg war er zum Angehörigen einer feindlichen Kriegsmacht geworden und musste Paris verlassen. Da bereits kränklich, half ihm seine Schwester, Marie-Virginie („Tante Bibi"), bei seiner Rückkehr, die über den Hafen von Bordeaux, das neutrale Spanien und Italien nach Wien erfolgte. Hier nahm er Quartier im prominenten Hotel „Erzherzog Karl" in der Kärntnerstraße (an seiner Stelle befindet sich heute ein Großkaufhaus). Schon längere Zeit leidend, starb er am 2. Jänner 1916 im Lesezimmer des Jockey-Clubs und wurde in einem einfachen Grab am Wiener Zentralfriedhof beerdigt.

Erwähnenswert ist seine Affäre 1892 mit der jungen Balletttänzerin (später Sängerin) an der Wiener Hofoper, Clementine Krauss (1876–1938).

---

[240] Joachim Künzel: Kottingbrunn. Von Einst ins Jetzt. Kottingbrunn 2010, S. 75 ff.

Sie war die Tochter von Maximilian Krauss, dem Privatsekretär[241] von Richard Fürst Metternich (ehemals österreichischer Botschafter in Paris), der mit der Familie von Helene Vetsera, Hectors Schwester, schon lange bekannt war. Aus dieser Beziehung entstammte der musikalisch höchst begabte Sohn Clemens (1893–1954). Er wurde später der berühmte Dirigent und Operndirektor in Berlin und Wien, auf den das Neujahrskonzert der Wiener Philharmoniker zurückgeht. Aus seiner ersten Ehe mit Margarete Abraham entstammten zwei Söhne, Oktavian (1923) und Oliver Hector (1925), dem wir im Kapitel Hermann Swistun nochmals begegnen werden.

Dem jüngsten der Baltazzi-Brüder, Heinrich, war die Anwesenheit in Mayerling in der Todesnacht angedichtet worden, ja es ging sogar das Gerücht, er habe den Kronprinzen mit einer Champagnerflasche erschlagen (bereits in den Aufzeichnungen der Pfarrchronik von St. Helena 1890 erwähnt!), und hielt sich bis in die Gegenwart. Er ist jener Baltazzi, der in Zusammenhang mit Mayerling am häufigsten genannt wird. Vermutlich war seine Affäre mit der Gräfin Larisch, über die natürlich nur unter vorgehaltener Hand gesprochen wurde, der Grund dafür. Wie schon erwähnt, fuhr er laut seinem Sohne, der sich auf die Angaben im Tagebuch der Tante Seraphine stützt, Anfang Jänner 1889 gemeinsam mit Baron Rothschild nach Paris. Er reiste dann weiter auf die Insel Madeira, von wo er in den ersten Februartagen 1889 zurückkehrte, also kurz nach den Ereignissen in Mayerling.[242] Daher erscheint die Behauptung seiner Anwesenheit in Mayerling aus der Luft gegriffen. Sie dürfte durch die für die Zeitgenossen unklare Kenntnis über Leben und Rolle der einzelnen Baltazzi-Brüder entstanden sein. Über die möglichen Zusammenhänge wird in einem späteren Kapitel berichtet.

---

[241] Neue Deutsche Biographie Bd. 12, Berlin 1979, S. 712ff.
[242] Baltazzi/Swistun, a.a.O., S. 198.

Onkel Heinrich in Baden

Heinrich Baltazzi heiratete nach einem bewegten Junggesellenleben 1897 Paula Freiin von Scharschmid-Adlertreu (1866–1945) in Baden, womit seine gesellschaftliche Stellung gefestigt wurde. Paulas Vater war der hoch angesehene Maximilian Freiherr von Scharschmid-Adlertreu (1831–1905), Herr auf Trnova in Böhmen (nahe Prag). Ursprünglich Jurist im Innenministerium, wirkte er von 1876 bis 1892 als Hofrat im Verfassungsgerichtshof, dessen Errichtung er maßgeblich gefördert hatte. 1876–1897 saß er im Reichsrat als deutschliberaler Abgeordneter und Vertreter des böhmischen, verfassungstreuen Großgrundbesitzes. Bekannt als Gegner des Ausgleichs mit den Tschechen, stand er in Opposition zur Regierung Taaffe. 1897 wurde er auf Lebenszeit Mitglied des Herrenhauses. Sein Schwiegervater, Louis Haber von Linsberg, war ein vermögender Industrieller, Mitbegründer des Creditanstalt-Bankvereins und ebenfalls Mitglied des Herrenhauses.

Das hohe Ansehen der Familie Scharschmid stammte aus der Zeit des Goßvaters, des Juristen Dr. Franz von Scharschmid (1800–1887), welcher einer der Erzieher der Kinder von Erzherzog Karl (Albrecht, Karl-Ferdinand, Friedrich, Wilhelm und Marie-Caroline) in Wien und in der Weilburg in Baden gewesen war, wofür er in den Freiherrnstand erhoben wurde („Adlertreu" – ein treuer Diener des Doppeladlers). Er hatte zuletzt das Amt des Präsidenten des Landesgerichtes in Wien inne. Seine Trauung mit Maria von Kopetz fand in der Kapelle der Weilburg statt. Als Trauzeuge fungierte Ludwig Ritter von Köchel, der für das Werkverzeichnis Mozarts berühmt wurde und ebenfalls zu den Erziehern der erzherzoglichen Kinder gehörte.

Die Familie Scharschmid-Adlertreu besaß in der Giselastraße 7 (Ecke der heutigen Akademiestraße–Bösendorferstraße, 1010 Wien) ein elegantes Stadtpalais, wo regelmäßig Salon gehalten wurde, bei dem zahlreiche Prominente aus Politik und Kultur der damaligen Zeit zu Gast weilten. So etwa der Industrielle und Kunstmäzen Nikolaus Dumba (Präsident des Rechnungshofes), Adolph Fürst Auersperg (Ministerpräsident 1871–1879), die Komponisten und Dirigenten Josef Hellmesberger senior und junior, der Dirigent der Wiener Hofoper Hans Richter, die angesehene Schauspielerin Anna Mildenburg (später Ehefrau von Hermann Bahr), oder – eingeführt vom Juristen und Mitbegründer des Österreichischen Alpenvereines, Guido von Sommaruga – der junge Hugo von Hofmannsthal, der in diesem Salon 1893 seine frühen Gedichte vortrug. Unter den bildenden Künstlern

Heinrich Baltazzi und seine Frau Paula, geb. Freiin Scharschmid von Adlertreu, 1897

sah man Heinrich von Angeli, der Kronprinz Rudolf porträtiert hat, sowie Julius Blaas, der u. a. Reiterbilder von Kaiser Franz Joseph und Kaiserin Elisabeth gemalt hat. Den Sommer verbrachte man mit den beiden Töchtern Serafine und Paula in Baden, zuerst im angesehenen Julienhof (dieser befand sich an der Ecke Welzergasse und Kaiser-Franz-Ring; heute steht dort eine Wohnhausanlage), später in der „Villa Gallia" (Villa des Dr. Alfred Gallia, ehemals Weilburgstraße 20).

Bei einer Soiree in der Ballsaison 1897 im Hause Scharschmid wurde Heinrich Baltazzi durch Freunde in die Familie eingeführt und lernte dabei die Tochter Paula kennen – und lieben. Bereits am 8. November desselben Jahres erfolgte die Trauung in der Stadtpfarrkirche in Baden, der anschließende Empfang fand im Julienhof statt.

Der Wohnsitz des jungvermählten Paares wurde Schloss Tannenmühle in Innermanzing bei Neulengbach, das Paula als Mitgift in die Ehe mitbekommen hatte. Dort kamen auch die drei Kinder des Paares zur Welt, Pauline (1898), Heinrich (1900) und Franziska (1903). Paula Baltazzi fühlte sich auf Grund ihrer Kindheitserlebnisse aber weiterhin eng mit Baden verbunden. Ihr wurde bekannt, dass dort 1907 Schloss Leesdorf zum Verkauf ausgeschrieben war, damals ziemlich renovierungsbedürftig, aber aus altadeligem Besitz stammend, jenem des Freiherrn Dr. Robert von Bach, Sohn des Alexander von Bach (1848 Justizminister, 1849–1859 Innenminister). Man entschloss sich, das Gut Tannenmühle zu verkaufen und mit dessen Erlös sowie mit einem elterlichen Zuschuss Schloss Leesdorf zu erwerben, was am 15. Oktober 1907 geschah. Dank der Freundschaft mit Hans Graf Wilczek konnte für die Schlossrenovierung der angesehene Architekt Walter von Moltheim gewonnen werden, der auch die Burgen Kreuzenstein (Stammsitz des Grafen Wilczek) und Liechtenstein bei Mödling restauriert hatte. Damals erhielt das Schloss seine heutige Erscheinungsform, d. h. der Vordertrakt mit dem Torturm wurde umgebaut und mit einem Mansardendach ausgestattet, der alte Turm (Bergfried) vom Putz befreit, an der südlichen Seite im 1. Stock eine Loggia, im Hof eine Fassadenuhr eingebaut, eine Zentralheizung und elektrisches Licht installiert, im Garten legte man Tennisplätze an. 1908 zog die Familie in das Schloss, über dessen Innenausstattung die Beschreibung und die Fotos in der Kunsttopographie des Bezirkes Baden[243] einen anschaulichen Eindruck vermitteln. Im Festsaal waren Heinrichs Rennpreise und die berühmte Trophäe des Epson-Rennens seines Bruders Alexander ausgestellt, die im Erbweg an ihn gelangt war. Dort befand sich auch ein großes Reiterbild von Julius Blaas, Heinrich zu Pferd darstellend (heute im Besitz des Badener Architekten Dipl.-Ing. Albert Zweymüller). Man hielt Pferde und Kutscher, umfangreiches Personal begleitete den Alltag der Familie. Eine Einladung zum Déjeuner bei Erzherzog Rainer in seiner Villa in Baden (Karlsgasse) am 21. Oktober 1909, bei dem auch die Ehepaare Graf Montecuccoli, Harnoncourt und zwei Barone Doblhoff (vermutlich Rudolf, vom Schloss Tribuswinkel und Heinrich, Besitzer von Schloss Weikersdorf) anwesend waren, besiegelte die Aufnahme in die Badener adelige Gesellschaft. Durch die weit verzweigte Familie, als Gestütbesitzer in Pardubitz und durch die führende Mitgliedschaft im Jockey-Club in Wien hatten Heinrich und seine Brüder einen großen und prominenten Freundeskreis, den sein Sohn Heinrich Baltazzi-Scharschmid in seinem Erinnerungsbuch anschaulich beschrieben hat.

Mutter Paula setzte in Schloss Leesdorf die mondänen Soireen der Giselastraße fort (das Palais in Wien war verkauft worden), aus 1912 und 1913

---

[243] Österreichische Kunsttopographie Band XVIII, Wien 1924, S. 167 ff.

sind Presseberichte von Konzerten im Schloss Leesdorf überliefert,[244] wo sich jeweils die Prominenz Badens einfand und die beiden Töchter Pauline und Franziska sich im Klavierspiel auf einem Steinwayflügel auszeichneten. Die Gästeliste gibt ein Bild von der adeligen Welt in Baden am Vorabend des Ersten Weltkrieges. Anwesend waren Gräfin Marianne Orsini-Rosenberg, Fürstin Lobkowitz, die Prinzessinnen Esperance und Mathilde Solms-Braunfels, Graf und Gräfin Bylandt-Reydt, Graf und Gräfin Ceschi, die Grafen Erich, Karl und Toni Attems, Franziska Rainer von Harbach, General der Infanterie Herr von Radanovic mit Frau, Baronin Marietta Doblhoff, Baronin Karoline Doblhoff-Meran und Baronin Isolde Hammerstein, wobei die Kinder einiger der Genannten ebenfalls einen Klavierpart zum Besten gaben. Bezüglich Orsini-Rosenberg (Graf Maximilian) ist zu erwähnen, dass er als Adjutant von Kronprinz Rudolf bereits zu dessen Lebzeiten die Familie Vetsera gut kannte. Nach Rudolfs Tod wurde er Haushofmeister von Erzherzog Rainer und lebte in Baden, Helenenstraße 5. Oftmals war er Gast im Schloss Leesdorf bei Paula und Heinrich Baltazzi.[245] 1910 bis 1913 organisierten diese alljährlich eine Weihnachtsbescherung im Turnsaal der „Kaiser-Jubiläumsschule" in Leesdorf (heute Pflegerschule) für 50 arme Kinder des Ortes, die nach einer Jause mit Kleidern, Schuhen, Büchern und Weihnachtsbäckerei beschenkt wurden (schon 1908 und 1909 gab es solche Feiern im Festsal ihres Schlosses).

Der Erste Weltkrieg brachte eine fühlbare Zäsur im bisherigen Leben der Familie. Heinrich Baltazzi, bereits 56-jährig, wurde nicht an die Front, sondern wegen seiner Sprachkenntnisse kurzzeitig zur englisch-französischen Zensurstelle der Armee einberufen und bald zum Rittmeister befördert. In Baden, das bald nach Beginn des Ersten Weltkrieges von der Kurstadt zur Lazarettstadt geworden war, hatte sich Paula Baltazzi sofort aktiv im Rahmen des Roten Kreuzes für die Aufnahme und Versorgung von Verwundeten eingesetzt. Im Jänner 1917 übersiedelte das Armeeoberkommando von Teschen nach Baden. Zdenko Prinz Lobkowitz, der Generaladjutant von Kaiser Karl, war in dieser Zeit oftmals Gast in Schloss Leesdorf. Paula nahm auch an zahlreichen Kinderhilfsaktionen adeliger Damen teil,[246] man ernannte sie bald zur Präsidentin des Badener Rot-Kreuz-Vereines, 1923 zum Ehrenmitglied des Landesvereines als Anerkennung für ihre hohen Verdienste. Der Zusammenbruch der österreichisch-ungarischen Monarchie und ihres Gesellschaftssystems bedeutete aber auch für die Baltazzis das Ende ihres Familienvermögens, da ihr Gestüt und die Rennbahn nunmehr im Ausland lagen (Tschechoslowakei), von wo keine Entschädigung

---

[244] Erhalten im Biographischen Archiv des Badener Stadtarchivs.
[245] Baltazzi/Swistun, a.a.O., S. 229.
[246] Wallner, a.a.O., S. 163 f., und Baltazzi/Swistun, a.a.O., S. 358 ff.

oder Pension gezahlt wurde. Seit 1928 kränklich, starb Heinrich Baltazzi am 17. Februar 1929 im Schloss Leesdorf, wo er nach Aufbahrung in der Schlosskapelle am Helenenfriedhof in Baden, in der heute noch bestehenden Gruft beigesetzt wurde.

Seine Witwe konnte bald die Kosten für den Unterhalt des Schlosses nicht mehr bestreiten, sodass sie zum Verkauf schreiten musste. Dieser erfolgte am 2. Jänner 1934 an den Dritten Orden vom hl. Franziskus, die sogenannten Hartmannschwestern, im 4. Bezirk in Wien, die darin ein Erholungsheim („Elisabethheim") für die Ordensschwestern einrichteten und den weitläufigen Garten zur Gemüseproduktion für ihr Spital in Wien nützten. Paula Baltazzi lebte danach teils in Wien, teils bei ihrer jüngeren Tochter Franziska, die in Athen mit Constanin Dimitri Bébis verheiratet war, einem Angestellten der Shell-Oil-Company. Ihre ältere Tochter, Pauline, hatte 1921 Otto Freiherr Skrbensky von Hrzistie (1887–1952) geheiratet, einen Beamten im Unterrichtsministerium in Wien. Bei Kriegsbeginn zog sie wieder nach Baden, lebte in wechselnden Hotelquartieren, u. a. im Hotel „Esplanade". Nachdem im April 1945 die sowjetischen Besatzungstruppen alle Hotelbetriebe in Beschlag genommen hatten (Baden wurde Sitz der Militärverwaltung der sowjetischen Besatzungszone in Österreich), fand die nunmehr Vermögenslose eine Unterkunft im seinerzeitigen Altersheim in Baden, Wienerstraße 70, wo sie am 22. September 1945 starb.

Marys Cousin Heinrich Baltazzi-Scharschmid

Der Sohn von Marys Onkel Heinrich Baltazzi hieß ebenfalls Heinrich, war also Marys Cousin, der durch seine Mutter den Doppelnamen Baltazzi-Scharschmid trug. Er lebte in Baden als eine bekannte Persönlichkeit, mit der sich die Mayerlingfama fortgesetzt hat, da er zu seinen Lebzeiten wegen seiner Verwandtschaft mit Mary Vetsera als Geheimnisträger angesehen wurde. In Zusammenhang mit der Diskussion um die Todesursache von Kronprinz Rudolf geriet er wiederholt in die Schlagzeilen. Als Abkömmling einer angesehenen Familie und als Baron (genau genommen führte nur seine Mutter den Freiherrntitel) wurde er mit entsprechender Achtung und Wertschätzung behandelt. Wie geschildert, hatte sein angeheirateter Onkel Georg Graf Stockau, vermählt mit Heinrichs Tante Eveline Baltazzi, den makabren Leichentransport seiner Nichte Mary von Mayerling nach Heiligenkreuz und die dortige Beerdigung durchgeführt. Er konnte dafür die Begleitung seines Schwagers Alexander Baltazzi erreichen. Daher wurde vermutet, dass sein Neffe, Heinrich Baltazzi-Scharschmid – von seinen Eltern oder aus dem Familienkreis – genauere Informationen über die Todesnacht des Kronprinzen habe, worüber viel spekuliert wurde. Genaues wusste man nicht, erst sein erwähntes Buch brachte einige Klarheit, doch ist er wenige Jahre nach dem Erscheinen seiner Lebenserinnerungen gestorben, sodass weitere Nachforschungen zu seiner Biografie unterblieben sind. Sie soll daher nachfolgend dargestellt werden, wobei sich die Angaben auf sein Buch und auf dankenswerte Angaben seiner Tochter Christine (verheiratete Hollemann) und deren Familiendokumente stützen.

Heinrich Baltazzi-Scharschmid wurde am 1. Juni 1900 als mittleres von drei Geschwistern auf dem Landsitz der Familie Scharschmid, Schloss Tannenmühle bei Neulengbach, geboren. Von dort übersiedelte die Familie im Jahre 1908 nach Schloss Leesdorf in Baden, wo der junge Heinrich in einer kultivierten und eleganten Umgebung aufwuchs. Er absolvierte das Gymnasium in der Biondekgasse, legte 1919 die Matura ab und inskribierte dann an der Hochschule für Bodenkultur in Wien, ohne das Studium abzuschließen. 1924 erwarb er den Führerschein, war damit einer der ersten Autofahrer in Baden und blieb sein Leben lang dem Automobil eng verbunden (im Alter wegen seiner defensiven Fahrweise bei den Badener Verkehrsteilnehmern auch gefürchtet). 1928 war er auf einem landwirtschaftlichen Betrieb in Ungarn tätig, 1930–1934 als Kraftfahrer bei der Domainen-Direktion von

Uhrovec in Böhmen[247]. Nach dem Verkauf des elterlichen Schlosses im Jänner 1934 stellten sich für ihn neue Existenzsorgen. Von Oktober 1934 bis Juni 1935 absolvierte er die Croupierschule des neu eröffneten Badener Spielcasinos (1934), wo er danach als Croupier arbeitete.

Am 15. April 1941 wurde er zur deutschen Wehrmacht einberufen und kam als Kraftfahrer und Fahrlehrer in die Kaserne von Spratzern bei St. Pölten zum Einsatz. Er machte dann den Balkanfeldzug bis Athen mit, von wo er beim Rückzug der deutschen Armee unbeschadet über Saloniki, Belgrad, Skopje, Sarajevo und Zagreb Ende 1944 nach Baden zurückkam. Hier hatte inzwischen seine Frau, die kriegsbedingt in der Badener Molkerei arbeitete, 1944 ein Filialgeschäft in der Pergerstraße 11a übernommen, das fortan die Lebensgrundlage der Familie bilden sollte. Ab 1958 pachtete Heinrich Baltazzi für einige Jahre eine Tankstelle in der Braitnerstraße (an der Stelle des heutigen Parkhauses).

Seine Gattin war die am 2. Mai 1916 geborene Johanna Kögl aus der Kanalgasse unweit des Schlosses Leesdorf, die er schon in jungen Jahren kennen gelernt zu haben scheint. Ihr Vater, Anton Kögl, verdingte sich als Müllergehilfe in der Hansymühle in Leesdorf (heute Wohnhausanlage in der Bachgasse). Er hatte die Witwe Leopoldine Stoisser, geb. Faist geheiratet. Johanna Kögl war Lehrmädchen in der Schneiderei der Hermine Fuchs in der Antonsgasse 1 (heute die „Heilquell Apotheke"), wo Heinrich Baltazzi – den Erzählungen von Zeitzeugen nach – wiederholt beim ebenerdigen letzten Fenster, wo die Schneiderei lag, zu einem Flirt mit ihr verweilte. Am 2. Juli 1941 erfolgte die Heirat, am 6. September 1944 kam Tochter Christine zur Welt. Mutter Johanna führte das Molkereigeschäft, den Haushalt besorgte die Großmutter Leopoldine Kögl (gest. 1965), die gemeinsam mit der jungen Familie wohnte. Eigentlich lebte man nebeneinander, denn Heinrich Baltazzi hatte ein äußerst gespanntes Verhältnis zu seiner Schwiegermutter, was insbesondere für die heranwachsende Tochter sehr belastend war. Nach mehrmaligen Wohnungswechseln, bedingt durch die prekäre Wohnsituation während der sowjetischen Besatzungszeit, fand die Familie 1956 eine feste Bleibe im Haus Pfarrplatz 5, wo auch Baltazzis Buch entstanden ist.

Die Tochter Christine war Gymnasiallehrerin in Mödling für Latein und Französisch. 1970 heiratete sie den später vielfach ausgezeichneten akad. Maler Bernhard Hollemann (u. a. Kulturförderungspreis der Stadt Baden 1976, Kulturpreis der Stadt Baden 1991), dem sie zwei Söhne, David und Simon, schenkte. Der Autor dieser Zeilen ist Taufpate von David und erhielt von dessen Eltern für seine Waffensammlung den Kavalleriesäbel und die Sporen von Großvater Heinrich Baltazzi, die seither als besondere

---

[247] Baltazzi/Swistun, a.a.O., S. 379.

Kostbarkeit des von Arthur Schnitzler im „Reigen" verewigten Vorbesitzers aufbewahrt werden.

Heinrich Baltazzi-Scharschmid war ein liebenswürdiger, zuvorkommender Mensch, verhielt sich aber oft schrullig, mit einer Neigung zu sarkastischen Urteilen über Zustände und Zeitgenossen. Wegen eines Hüftleidens musste er seit den 1960er Jahren mit zwei Krücken gehen, blieb aber stets eine Frohnatur. Eigenartigerweise hat er sich Dritten gegenüber niemals – auch nicht im Familienkreis – über die Geschichte seiner Familie und deren Lebensumstände geäußert.

Seine Tochter berichtet, dass dadurch die Familienvergangenheit wie ein dunkles Geheimnis auf ihr lastete, von der sie eher von Außenstehenden als von ihrem Vater etwas erfahren hat. Es war ihr nicht bekannt, dass Fritz Judtmann bei seinen über fünf Jahre dauernden Forschungen für sein 1968 erschienenes Buch „Mayerling ohne Mythos" ihren Vater bereits seit 1960 wegen verschiedener Auskünfte und Fragen aufgesucht hatte.[248] Etwa 1968 trat der Journalist Hermann Swistun mit ihm in Kontakt, dessen schriftstellerische Erfahrung ihm von Nutzen war. Er kam zur Abfassung des gemeinsamen Buchmanuskriptes wiederholt in die Wohnung, doch verschloss ihr Vater jedes Mal die Tür seines Zimmers und niemand wusste, worüber die beiden sprachen. Auch über die Gespräche mit dem Mayerlingforscher Dr. Gerd Holler wurde geschwiegen. Dies führte dazu, dass sich seine Tochter gegen die Familiengeschichte förmlich sperrte. Die Publikation des Memoirenbuches ihres Vaters und dessen Präsentation in der Badener Buchhandlung Carl Zweymüller am 20. Februar 1981 bedeutete auch für sie eine Überraschung. Ihrer Meinung nach hätte ihr Vater dieses Buch nie ohne Anstoß von außen verfasst. Erst lange nach seinem Tod und auf Grund zahlreicher Publikationen aus Anlass des 100-jährigen Gedenkens des Geschehens von Mayerling interessierte auch sie sich für die Familiengeschichte, sammelte Informationen von den noch lebenden Mitgliedern der Familie und ordnete für ihre Söhne die wenigen vorhanden gebliebenen Dokumente. Heinrich Baltazzi-Scharschmid starb am 15. März 1983 an einer schon länger behandelten Herzschwäche. Seine Frau Johanna folgte ihm fünf Jahre später, am 21. März 1988. Beide sind in der Familiengruft auf dem Badener Helenenfriedhof beigesetzt.

Die Mutmaßungen über Baltazzis genaue Kenntnisse bezüglich der Vorgänge in Mayerling beruhen auf seiner Familiengeschichte und auf Gerüchten, die in Baden kursierten. So berichtete etwa Frau Hilde Klimacek, sie habe vom ehemaligen Kammerdiener der Familie Baltazzi, Franz Douda, erfahren, dass Kronprinz Rudolf die letzte Nacht vor Mayerling mit Mary

---
[248] Baltazzi/Swistun, a.a.O., S. 239.

im Schloss Leesdorf verbracht habe, worüber Baltazzi unter Eid schweigen musste. Douda wohnte mit seiner Familie nach dem Verkauf des Schlosses in dessen Gärtnerhaus Göschlgasse 18, Klimacek war die Nachbarin auf Nr. 20. Auf meinen Hinweis, dass Baltazzi zu diesem Zeitpunkt noch gar nicht der Besitzer des Schlosses gewesen sei, kam die Antwort: „Ja, aber der Douda hat das so gesagt." Die vermutete oder tatsächliche Autorität von Zeitzeugen wog also mehr als historische Fakten, die man nicht kannte. So entstanden die abenteuerlichsten Geschichten. Es darf nicht vergessen werden, dass die erste authentische Biografie über den Kronprinzen – aus der Feder des Freiherrn von Mitis – erst 1928 erschienen ist. Bis dahin ist Aussagen von zeitgenössischen Personen aus dem Umfeld der Mayerlinggeschichte ein – wenngleich unüberprüfbarer – hoher Wahrscheinlichkeitsgrad beigemessen worden.

Zu seinen Lebzeiten gab Heinrich Baltazzi-Scharschmid bei Befragen nach Hintergründen von Mayerling ausweichende oder verschmitzte Antworten, die keine Schlüsse zugelassen haben. Sein Buch „Die Familien Baltazzi-Vetsera im kaiserlichen Wien" schildert das familiäre Umfeld Marys, die Rolle ihrer Onkel und deren Verwandten in der Wiener Gesellschaft. Wesentlich erscheint dabei eine in der Familie überlieferte Aussage seiner Tante Helene. Sie habe nur ein einziges Mal mit ihren Enkeltöchtern über Mary und Mayerling gesprochen und gesagt, Mary sei in Kronprinz Rudolf so sehr verliebt gewesen, dass sie bereit war mit ihm zu sterben. Larisch habe hinter ihrem Rücken raffiniert zu dieser Affäre verholfen. Das war alles. Angebote von Journalisten und Zeitungsredaktionen, gegen Geld das „Geheimnis von Mayerling" preiszugeben, lehnte sie stets kategorisch ab.[249] Damit blieb auch sie dem Schweigegebot treu.

Altersbild von Heinrich Baltazzi-Scharschmid (im Hintergrund das Reiterbild seines Vaters von Julius Blaas).

---

[249] Baltazzi/Swistun, a.a.O., S. 374.

Eine wichtige Grundlage für die Schilderungen Baltazzis waren die 17 gebundenen Tagebücher seiner Tante Franziska Seraphine Rainer von Harbach (1863–1943, geb. Scharschmid, der älteren Schwester seiner Mutter). Ihr Name steht in Zusammenhang mit dem schon erwähnten Schloss Harbach bei Klagenfurt, das kurze Zeit im Besitz des Grafen Leiningen gewesen war. Einer der Vorbesitzer im 18. Jahrhundert, Dr. Franz Anton Rainer, wurde 1755 zu „Rainer von Harbach" geadelt. Ein späterer Nachfahre, Bruno Rainer von Harbach (1865–1943), war der Mann dieser Tante Seraphine, also ein angeheirateter Onkel von Heinrich Baltazzi-Scharschmid. Er amtierte seit 1905 als k.k. Bezirkskommissär an der Bezirkshauptmannschaft in Baden, wurde 1906 zur k.k. Statthalterei von Niederösterreich nach Wien versetzt und 1909 zum Statthaltereisekretär ernannt.[250] Er blieb in Baden, Weilburgstraße 20, wohnhaft (zuletzt genannt im Adressbuch der Stadt Baden 1920). Von den erwähnten Tagebüchern der Tante Seraphine sind heute nur mehr die Bände 10 bis 17 (26.10.1895–31.12.1909) im Familienarchiv Hollemann vorhanden. Die vorangehenden Bände, die also auch das Jahr 1889 umfassen, hat sich mit großer Wahrscheinlichkeit der Mitautor Hermann Swistun von Baltazzi-Scharschmid „ausgeliehen" und sind verschollen.

Seit 1966 wusste man in Baden auch von einem Kleinkrieg zwischen Heinrich Baltazzi-Scharschmid und dem Mayerlingforscher und Kronprinz-Rudolf-Sammler Hermann Zerzawy. Dieser hatte behauptet, Alexander Baltazzi – oder er gemeinsam mit seinem Bruder Heinrich – hätte Kronprinz Rudolf bei einer Auseinandersetzung wegen der Affäre mit ihrer Nichte Mary in Mayerling mit einer Champagnerflasche erschlagen (Näheres über diese These im Kapitel Zerzawy). Baltazzi-Scharschmid hat vehement dieser Theorie widersprochen. Im Zuge dieser Auseinandersetzungen trat er auch mit Theodor Rudolf Pachmann (Sohn des vermuteten außerehelichen Sohnes des Kronprinzen, Robert Pachmann) in Kontakt, der in Salzburg (Hellbrunn) lebte und mit Heinrich Baltazzi-Scharschmid wegen eines amerikanischen Filmprojektes über Mayerling mit Mel Ferrer und Audrey Hepburn in den Hauptrollen in Kontakt stand. Auch hier ging es um die Geschichte mit der Champagnerflasche, doch wurde der Film schließlich nicht gedreht.

---

[250] Laut Biographischem Archiv im Stadtarchiv Baden.

III.
Nachforschungen zum Drama von Mayerling

Wie schon eingangs erwähnt, erschienen nach dem Tod des Kronprinzen zahlreiche Publikationen mit verschiedenen Mutmaßungen über sein Ende, die erst durch die Kronprinz-Rudolf-Biografie des Freiherrn von Mitis auf eine sachliche Grundlage gebracht wurden. Dennoch fanden sich auch danach Autoren, die ihre eigene These vertraten und darüber publizierten. Es ist spannend zu erfahren, welch verschlungene Wege diese Geschichten gegangen sind und wie gerade in Baden, unweit von Mayerling, eine Vielzahl von Gerüchten entstanden oder überliefert sind.

Erzherzog Rudolf Kronprinz von Oesterreich
† 30. Januar 1889.

Dr. Hermann Anton Zerzawy – ein k.u.k. Offizier sucht Spuren

*D*r. Hermann Zerzawy war ein früher Sammler von Nachrichten über Kronprinz Rudolf und forschte über die möglichen Hintergründe von Mayerling. Seit 1956 lebte er in Baden und war mit Heinrich Baltazzi-Scharschmid bis zum geschilderten Zerwürfnis befreundet.

Zerzawy wurde am 28. Juli 1880 in Auspitz (heute Hustopece, Südmähren) als ältester von fünf Brüdern (Hermann, Fritz, Oskar, Richard und Artur) geboren. Sein Vater war Lehrer, der ihn zehnjährig nach Wien zu seinen Großeltern mütterlicherseits (Smutnek; Florianigasse 20, 1080 Wien) gab, um die Schottenfelder Realschule in der Neustiftgasse besuchen zu können. Dort erhielt er auch eine gute musikalische Ausbildung, lernte das Klavierspiel, Geige und Cello. Eigener Erzählung nach nahm er sein Cello sogar beim Kriegseinsatz nach Przemysl mit.

Nach seiner Matura wählte er die militärische Laufbahn, absolvierte die Infanterie-Kadettenschule Königsfeld bei Brünn, wurde am 1. November 1900 zum Leutnant ausgemustert und kam zum Infanterie-Regiment Nr. 56 „Graf Daun" in Krakau, das seine Stammeinheit blieb. Am 1. Juni 1905 wurde er zum Militärgeographischen Institut in Wien transferiert, 1906 zum Oberleutnant befördert. 1907 war er kurzfristig im Eisenbahnbüro des Generalstabes tätig. Von 1909 bis 1912 arbeitete er in der Terrainzeichnungsabteilung der kartografischen Gruppe des Militärgeografischen Institutes. Dabei fand er Kontakt zum Technischen Rat Erich Ritter Mor von Sunnegg und Morberg, Herr und Landmann in Tirol, einem hervorragenden Historiker, sowie zum Genealogen und Heraldiker Ernst August Krahl sen., die beide sein historisches Interesse weckten. (Krahl, 1858–1926, war „k.u.k. Hofwappenmaler und Heraldiker", von dem der Entwurf für das Wappen der Ersten Republik stammt.) Mit dem dort ebenfalls tätigen Schriftsteller und Offizier Franz Karl Ginzkey verband Zerzawy bald eine enge, lebenslange Freundschaft.

Am 16. Juni 1912 wurde er auf Dauer in das Evidenzbüro des Generalstabes kommandiert, wo er im Mai 1913 unmittelbarer Zeuge der Aufdeckung des Spions Oberst Alfred Redl war. Dieser hatte als Chef des Geheimdienstes der Monarchie österreichische Aufmarschpläne an Russland verraten, um mit dem dafür erhaltenen Geld seinen Liebhaber bezahlen zu können.

Als die Sache aufflog, wurde Redl – aus Panik über diesen verräterischen homosexuellen Generalstäbler – in der folgenden Nacht zum Selbstmord gezwungen, ohne ihn vorher über den Umfang seines Verrates zu befragen. Es war der ärgste Spionagefall in der Monarchie, noch dazu kurz vor Ausbruch des Krieges 1914, was tragische Konsequenzen für die Kriegsführung hatte, insbesondere an der russischen Front. Zerzawy hat in seinen Erinnerungen von 1958 seine Rolle bei der Entdeckung der Affäre aufgebauscht.[251]

Am 1. November 1913 zum Hauptmann befördert, war Zerzawy ab 15. Juni 1915 Konzeptsoffizier auf leitendem Generalstabs-Posten und kam als 1. Kundschafts-Offizier und Leiter der Haupt-Kundschafts-Stelle zum Brückenkopfkommando in Przemysl (die Festungsanlage war im Mai 1915 rückerobert worden). Am 14. Juli 1916 wurde er Kommandant im Infanterie-Regiment Nr. 56, wo er zwei Wochen später im Kampf eine schwere Gasvergiftung erlitt. Wiederhergestellt kehrte er Ende Februar 1917 zu seinem Regiment zurück, wurde am 27. Mai 1917 Leiter der Nachrichtenstelle beim Militärkommando Krakau, wenige Monate später Konzeptsoffizier beim Nachrichtenbüro des Armeeoberkommandos. Nach dem Zusammenbruch der Monarchie konnte er in das Evidenzbüro des Staatsamtes für Heereswesen übernommen werden, kam Anfang des Jahres 1919 als Referent für das Nachrichtenwesen in das Kriegsarchiv (damals in der Stiftskaserne in Wien), wo er am 22. Februar 1919 zum Major, am 3. April 1922 zum Oberstleutnant befördert wurde.

Neben seiner Archivtätigkeit begann er das Studium der Geschichte an der Universität Wien, u. a. bei Univ.-Prof. Dr. Viktor Bibl (er publizierte 1938 eine Biografie über den Kronprinzen Rudolf, die von einer großdeutschen Sichtweise geprägt ist). Am 15. März 1932 promovierte er mit der Doktorarbeit „Die Besiedlung des Banates mit Deutschen unter Kaiser Karl VI.", also einem Grenzlandthema, das für ihn, der selbst aus einem Grenzland stammte, von besonderem Interesse war. Im Rahmen seiner Dienstaufgaben sammelte Zerzawy Archivmaterial in den Sudetenländern und brachte es verdienstvollerweise nach Wien. Er war auch Mitarbeiter des Großen Brockhaus-Lexikons, für das er Artikel über bedeutende Persönlichkeiten der Entente und das ungarische Heerwesen der Nachkriegszeit geschrieben hat.

Im Zuge der Wirtschaftskrise wurde er 1932 mit Wartegeld beurlaubt, 1937 als Regierungsrat pensioniert. Bei Ausbruch des Zweiten Weltkriegs erfolgte am 27. September 1939 seine Einberufung zur Deutschen Wehrmacht, wo er als Leiter der neu aufzustellenden „Auslands-Telegramm-

---

[251] Verena Moritz und Hannes Leidiger: Oberst Redl. Der Spionagefall. Der Skandal. Die Fakten. Wien 2012, S. 38 u. S.159.

Prüfstelle Wien" fungierte. Diese befand sich übrigens im selben Amtsgebäude, in dem 50 Jahre zuvor Julius Schuldes tätig gewesen war. Ein Jahr später wurde seine Mobilisierungsverwendung aufgehoben.

Er setzte danach seine privaten Studien der Geschichte, Genealogie, Anthropologie, Kriminologie, Psychologie und Grenzwissenschaften fort. Nach 1945 war er Vorstandsmitglied des Österreich-Institutes an der Universität Wien und Vortragender an der Volkshochschule Wien-West. Diese Tätigkeit sowie seine schriftstellerische Arbeit für in- und ausländische Zeitungen als Musikkritiker, als Feuilletonist mit Artikeln über Themen der Monarchie und als Historiograf des Dichters Franz Karl Ginzkey führte 1957 zu seiner Ernennung als Professor. Neben seinen Zeitungsartikeln verfasste er „Seegeschichten" (1912), einen Dienstbehelf „Der Sabotage-Abwehrdienst im Kriege" (1918) und war Mitautor des Buches „Helden der Ostmark" (1937).[252] Eine entfernte Verwandte von ihm, Frau Ida Olga Höfler, publizierte einen Teil seiner Erinnerungen unter dem Titel „Hermann Zerzawy: „Eine Welt ging unter. Erinnerungen, Erlebnisse, Augenzeugenberichte aus dem Ersten Weltkrieg", Gänserndorf 1997.

Zerzawy hatte am 25. Mai 1914 in Brünn Leopoldine Schwanda (28.8.1881–15.8.1976) geheiratet, doch blieb die Ehe kinderlos. In den 1920er Jahren führte seine Frau eine Sommerpension in Grado – Zeit für einen Seitensprung des Ehemannes mit einem Dienstmädchen namens Schober, dem der Sohn Ferdinand entstammte. Zerzawy nahm es aber mit den Alimenten nicht sehr genau, sodass Frau Schober ihren Sohn zu Pflegeeltern geben musste, die ihm eine gute Erziehung angedeihen ließen. Ferdinand studierte Architektur und wirkte als Bauingenieur an zahlreichen Großbauten mit, wie etwa im Stab von Clemens Holzmeister beim Bau des Salzburger Festspielhauses oder im Büro von Gustav Peichl beim Bau des ORF-Zentrums am Küniglberg in Wien.[253] Darüber war sein Vater sehr stolz, hatte aber keinen Kontakt zu ihm.

Hermann Zerzawy zeichnete sich als ein engagiertes Mitglied verschiedener Vereinigungen aus, so im Verband kriegsbeschädigter Intellektueller, den er mitbegründet hat, in der Liga für Menschenrechte und in der Pan-Europa-Bewegung, wodurch er ein weit verzweigtes Beziehungsnetz zu angesehenen Zeitgenossen aufbauen konnte. Er und sein Bruder Artur waren seit 1922 auch Mitgleid der Wiener Freimaurerloge „Zukunft" (Hermann bis 1946, Artur bis an sein Lebensende 1984).[254] Gemeinsam mit seinen Brüdern war er Mitglied der Schlaraffenvereinigung „Vindobona", wo er

---

[252] Österreich-Lexikon, Wien–München 1966, 2. Bd., S. 300.
[253] Auskünfte vom Neffen Hermann Zerzawys, Dr. Kurt Zerzawy, Wien.
[254] Günter K. Kodek: Unsere Bausteine sind Menschen. Die Mitglieder der Wiener Freimaurerlogen (1869–1938). Wien 2009, S. 392.

wegen seiner heiteren Dichtungen sehr geschätzt war. Mit den Schlaraffen hängt auch sein späterer Wohnungswechsel nach Baden zusammen. Er wohnte urspünglich in der Lerchenfelder Straße 63/19, 1080 Wien, wo er seine umfangreiche Kronprinz-Rudolf-Sammlung bis 1964 aufbewahrte. Im selben Haus lebte bis 1931 die Familie von Elisabeth Hallenstein, Tochter des Carl Reich (1847–1931), dem angesehenen Direktor der Sparkasse in Baden, der ebenfalls Schlaraffe war (in „Aquae Therme"). Die lebenslange Freundschaft mit ihm und seiner Familie war dann der Anlass für Zerzawy, im Oktober 1955 seinen Alterswohnsitz in Baden, Schlossgasse 46, zu nehmen. Bei den Schlaraffen in Baden stieß er auf Franz Bilko, dem Porträtisten von Julius Schuldes. Bis ins hohe Alter nahm er Anteil am kulturellen Leben der Stadt und war regelmäßig Ehrengast bei der alljährlichen Barbarafeier der Artillerieschule in der ehemaligen Badener Martinek-Kaserne (2013 aufgelassen). Am 11. Dezember 1976 starb er in Baden (vier Monate nach dem Tod seiner Frau) und wurde auf dem dortigen Helenenfriedhof beerdigt (das Grab wurde 1996 aufgelassen).

Zerzawy hat 1958 im Rahmen einer 8-teiligen Artikelserie über seine Jugendjahre und seine Kronprinz-Rudolf-Sammlung berichtet.[255] Hier erzählt er über sein frühes Interesse an Geschichte, insbesondere die seiner Heimat und seiner Vorfahren. Gerne lauschte er den Erzählungen seines Großonkels „Toni" (Anton Tomanzik), der 1888 gemeinsam mit seinem Schwager Karl Kreysa in der „Goldenen Waldschnepfe" in Dornbach Zeuge des Besuches von Kronprinz Rudolf, Erzherzog Otto und Erzherzog Johann (Orth) war, wo auf der Gartenterrasse die Schrammeln und der Fiaker Bratfisch als Sänger die hohen Gäste unterhielten. Eine andere Anekdote seines Onkels berichtet von einer Begebenheit, bei der Johann Strauss eines Abends in Anwesenheit des Kronprinzen bei den Schrammeln saß, wo ein Sänger das damals populäre Lied „Das is 'n Weana sein Schan!" begann. Aus Beklommenheit über die Nähe des hohen Gastes blieb aber der Sänger plötzlich stecken. Da soufflierte ihm der Kronprinz leise den Text, sodass er weitersingen konnte, was alle Anwesenden begeistert hat. Das sind mündliche Überlieferungen, deren Wahrheitsgehalt nicht belegbar ist. Sie zeugen aber von der Popularität des Kronprinzen, mit dessen Gestalt Zerzawy auf diese Weise schon früh bekannt wurde.

---

[255] „Vor hundert Jahren: Eine Welt ging auf – und bald unter." In: Neue illustrierte Wochenschau, Juli bis September 1958.

Das „Kronprinz-Rudolf-Museum" von Dr. Zerzawy

Etwa 1910 erfuhr Zerzawy über das Vorhandensein von Gegenständen aus dem Nachlass des Kronprinzen Rudolf in der Familie von Carl Nehammer (wohnhaft in der St.-Veit-Gasse 31, 1130 Wien). Nehammers Vater stand bereits im Dienst von Erzherzog Karl, und der Vater seiner Frau Maria war im Palais des Erzherzogs Albrecht (heutige Albertina) angestellt. Carl Nehammer (1816–1907) war erst „Leibkammerdiener" bei Kaiser Ferdinand, dann bei Kaiser Franz Joseph. 1865 kam er als Kammerdiener zum damals siebenjährigen Kronprinzen und wurde bald dessen engster Vertrauter. Er kam bei besonders heiklen Aufgaben zum Einsatz, etwa bei der Besorgung des Briefwechsels mit dem Zeitungsherausgeber Moriz Szeps oder später bei den Besuchen von Mary Vetsera, die er alleine über Geheimgänge in der Hofburg zum Kronprinzen geführt hat.

Frau Nehammer, geb. 1835 am Neubau 35 in Wien, kam um 1848 nach Auspitz, wo sie mit der Großmutter Zerzawys zur Schule ging, ebenso wie deren Tochter mit der Mutter Zerzawys, wodurch eine freundschaftliche Beziehung zwischen den beiden Familien entstand, die über den Tod Carl Nehammers hinaus andauerte. In dessen Besitz befanden sich zahlreiche Objekte aus dem persönlichen Besitz des Kronprinzen Rudolf, die er wohl auf Grund seiner Vertrauensstellung erhalten hatte. Seine Tochter Marie wollte diese nur in pietätvolle Hände gelangen lassen und schenkte Hermann Zerzawy 1912 eine kleine Harfe aus dem Besitz des Kronprinzen (notariell beglaubigt), eine kleine Schreibmappe, Geschenk des Kaisers an seinen Sohn, und eine sogenannte Stoß-Gitarre aus dessen Besitz.

Bereits 1917 hatte Marie Nehammer die Sammlung ihres Vaters dem Wiener Heeresmuseum angeboten, das diese aber mangels finanzieller Mittel nur geschenkweise hätte annehmen können. Nach dem Zusammenbruch der Monarchie befand sich die Familie Nehammer in finanzieller Notlage und verkaufte 1920 (oder 1922) an Zerzawy kostbare und tadellos erhaltene Kinderuniformen des Kronprinzen, der dafür in zwei Raten (am 22.12.1920 und am 13.1.1921) 6.000 Goldkronen bezahlte.

Es waren seine Uniformen als Oberst-Inhaber des k.u.k. Infanterieregimentes Nr. 19 (Pressburg), als Oberst des 2. Artillerieregimentes und der Trabantenleibgarde.

Weiters zwei Fahnen sowie zwei Degen für Marineoffiziere aus dem Besitz des Marinekommandanten Erzherzog Friedrich (26-jährig gestorben am 5.10.1847 in Venedig, vermutlich durch Gift; er starb in den Armen von Carl Nehammer).

Zu diesen Stücken aus dem Besitz Nehammers kamen später Erwerbungen aus anderen Quellen. Von Ing. Kurt Kocourek in Prag erhielt er am 14. März 1947 ein Vogelaquarell des Kronprinzen, signiert 1873.

Ein weiteres schönes Objekt war ein großes, gerahmtes Jugendbild Rudolfs, das aus dem Nachlass seines Erziehers General Joseph Latour von Thurmburg stammte und lange Zeit in dessen Jagdzimmer in der Hofburg, später im Schlafzimmer Rudolfs hing. Zerzawy sagt, er habe es als Geschenk von Joseph Latours Stiefsohn, Obstl. a. D. Ing. Wilhelm Wagner-Latour, erhalten; laut dem Inventar von 1964 hat er es aber von diesem am 16.1.1953 käuflich erworben, nachdem er es in einer Bodenkiste im Hause Latours, Zieglergasse 98/3/19, 1080 Wien, gefunden hatte.

Am 20. Dezember 1954 ersteigerte Zerzawy bei einer Kunstauktion in Wien zwei lebensgroße Ölbilder des Kronprinzenpaares, signiert von Wilhelm A. Vita. Am 20. September 1958 erhielt Zerzawy (laut dem Inventar von 1964) vom Sohn des Kammerdieners Loschek, Johann Loschek jun., damals Altbürgermeister von Klein-Wolkersdorf, eine Leder-Kniehose, einen Reitstock mit Monogramm und eine Jägerweste des Kronprinzen sowie die Abschrift des Aussageprotokolls seines Vaters aus dem Jahr 1928. Am 21. August 1960 bekam er vom Wiener Rechtsanwalt Dr. Karl Palisch zwei rote Rapportbücher Rudolfs, eines vom 21. März bis 26. Dezember 1886, das andere vom 1. Jänner 1887 bis 31. März 1888[256]. Ein weiteres Objekt der Sammlung war ein Reitstock der Kaiserin Elisabeth mit Monogramm, der aus dem Besitz des Reitlehrers der Kaiserin stammte, dem k.k. Oberbereiter Gustav Hüttemann, später Reitschulbesitzer in Pilsen (gest. am 27.4.1918). Seine Nichte, Frau Anna Senft, Wien, schenkte Zerzawy dieses Stück.

Besonders stolz war Zerzawy auf die beglaubigte Abschrift des zweiten Testamentes des Kronprinzen (Wien, 2.3.1887), die mit 2. Februar 1889 datiert und die Stampiglie des Obersthofmarschallamtes sowie der Unterschrift des Kaiserlichen Rates Rudolf Bayer von Thurn trug. Weiters befand sich eine große Zahl von Forschungsregesten und geschichtskritischen Unterlagen in seinen Händen, die er für eine beabsichtigte Buchpublikation gesammelt hatte. Besonderen Wert legte er auf Denkschriften („Protokolle") von Nachfahren der an den Vorgängen in Mayerling beteiligten Personen.

---

[256] Ein Rapportbuch des Infanterieregimentes Nr. 36, wo der Kronprinz in Prag seine Dienstleistung absolvierte, war 2000 bei der Kronprinz-Rudolf-Ausstellung in der Hofburg gezeigt worden. Es befindet sich heute – gemeinsam mit dem Zerzawy-Nachlass – im Kriegsarchiv.

Beispielsweise hat er am 18. April 1957 die Tochter des Leibfiakers von Kronprinz Rudolf, Bratfisch, Frau Antonia Konhäuser, zur Niederschrift persönlicher Erinnerungen über ihren Vater und über Kronprinz Rudolf veranlasst (sie war 1888 siebzehnjährig; voller Text in *Neue illustrierte Wochenschau* vom 7.9.1958).

Am 6. Februar 1951 protokollierte er in Gegenwart des Badener Baumeisters Hans Vock die Aussagen des in Alland lebenden Tischlers Franz (richtig: Friedrich) Wolf (1869–1951) über dessen Beobachtungen in Mayerling 1889.

Wichtig war ihm die eigenhändig hergestellte Abschrift der Eintragungen über den Tod des Kronprinzen im Gedenkbuch der Pfarre St. Helena (er spricht vom „Tagebuch eines Priesters").[257] Dieses wurde laut Zerzawy von Dr. Godfried Marschall (s. u.) bei einer Pfarrvisitation („visitatio canonica") am 20. Juli 1905 vidiert (beglaubigt), was von Zerzawy als Beweis für die Richtigkeit der dort überlieferten Fakten interpretiert worden ist.

Weitere Objekte der Sammlung waren vier Briefe des Kronprinzen (davon zwei gesiegelt), fünf an Nehammer adressierte Kuverts, das von Kaiser Franz Joseph unterschriebene Ernennungsdekret Rudolfs zum Oberst-Inhaber des Ulanenregimentes Nr. 1 vom 14. April 1885, ein Urlaubsgesuch vom 13. Juli 1887, ein Aschenbecher aus dem Huf von Rudolfs letztem Pony sowie Fotografien von Rudolf und Stephanie.

Eine Dornenkrone, die Kronprinz Rudolf der Überlieferung nach von seiner Orientreise aus Jerusalem mitgebracht hatte, bedeutete für Zerzawy ein besonders wertvolles Stück seiner Sammlung. Sie war auf dem Grabstein Christi in der Grabeskirche geweiht worden, aus Zweigen der Pflanze Gleditsia triacanthos L. gefertigt und um ihre Achse drehbar. Zerzawy hatte sie im April 1952, nach dem Tod von Frau Nehammer, von deren Tochter, Marie Seidl, erhalten. Der Kronprinz berichtet im 6. Kapitel seiner „Orientreise" über die vom Burgpfarrer Laurenz Mayer am 30. März 1881 in der Grabkapelle der Grabeskirche gelesene Messe, „… wo der Prälat auch die Weihe der vielen eingekauften frommen Andenken vor[nahm], die während des Gottesdienstes am Grabstein gelegen waren". Darunter befand sich möglicherweise diese Dornenkrone.

An dieses Objekt knüpft sich eine persönliche Erinnerung: Während meiner Militärzeit in der Badener Martinekkaserne lernte ich Zerzawy 1965 bei der Barbarafeier der Artillerieschule kennen. Noch heute ist mir in Erinnerung, dass er als ehemaliger k.u.k. Oberst mit einer Ehrerbietung behandelt wurde, wie sie die Bundesheeroffiziere nicht erfahren hatten. Damals hörte ich auch von seiner Kronprinz-Rudolf-Sammlung. Ich begeg-

---

[257] Erhalten im Zerzawy-Nachlass des Kriegsarchivs.

nete ihm später öfters bei Konzerten und lud ihn am 4. November 1972 in mein Elternhaus ein, wo er von meiner damaligen Antiquitätensammlung sehr beeindruckt war (er sagte: „Je suis paff!"). Bei einem Gegenbesuch in seiner Wohnung konnte ich die oben erwähnte Dornenkrone bewundern, die er mit besonderem Stolz zeigte (außer einigen persönlichen Erinnerungsstücken an die k.u.k. Armee waren aber keine Objekte aus dem Besitz des Kronprinzen mehr vorhanden). Durch meine Abreise als Lektor an die Universität in Bukarest 1972 riss dann der Kontakt mit ihm ab. Später habe ich erfahren, dass Zerzawy 1976 gestorben und seine Sammlung in das Palais Auserperg gelangt ist.

Seit 1958 hatte Zerzawy die Absicht, die Bestände seines in Wien verbliebenen „Kronprinz-Rudolf-Museums" dauerhaft nach Baden oder nach Mayerling zu bringen. Er wollte sie im Hotel „Esplanade" in der Helenenstraße (gegenüber seiner Wohnung in der Schlossgasse, heute ein Appartementhaus) ausgestellt sehen und wandte sich an dessen Direktor, Johann Christ, der jedoch ablehnte.[258] Angeblich wegen finanzieller Schwierigkeiten im Zuge der Behandlung seiner kranken Gattin, bot Zerzawy seine Sammlung 1963 der Stadt Baden an. Der damalige Bürgermeister und Kulturreferent, Mag. Viktor Wallner, Professor für Geschichte und Deutsch am Bundesrealgymnasium in Baden, besuchte daraufhin gemeinsam mit dem Badener Archivar, Stadtrat Dr. Josef Kraupp, Zerzawy in Wien, um die Sammlung in genauen Augenschein zu nehmen.[259] Sie waren aber von der Authentizität man-

Oberst Dr. Hermann Zerzawy inmitten seiner Sammlung, mit der von der Orientreise des Kronprinzen aus Jerusalem stammenden Dornenkrone in Händen.

---

[258] Brief vom 1.1.1958 im Nachlass Zerzawy, Kriegsarchiv Karton B 962, Mappe 31.
[259] Viktor Wallner in: *Badener Zeitung* vom 16.2.1989.

cher Stücke nicht überzeugt, fanden den Preis zu hoch und Kraupp meinte schließlich, Baden habe mit dem Kronprinzen nichts zu tun, sodass der Ankauf unterblieb.

Zerzawy fand dann einen Interessenten für seine Sammlung in der Person des Kaffeegroßhändlers Kommerzialrat Alfred Weiß (1890–1974), der mit seiner Firma „Arabia Kaffee" und durch den Import von Espresso-Maschinen aus Italien (sie waren in den 1950er Jahren in Mode gekommen) vermögend geworden war. Er betätigte sich als Kunstmäzen, erwarb und restaurierte 1953 das Palais Auersperg sowie das Schloss Laudon in Hadersdorf bei Wien, das er 1962–1973 als Luxushotel führte. 1964 kaufte er um 50.000 Schilling die Sammlung Zerzawys und stellte sie im 1. Stock des Palais Auersperg in Wandvitrinen aus, wo ich sie selbst bewundert habe. Die erwähnte Dornenkrone behielt aber Zerzawy als pietätvolles Andenken bei sich. 2012 hat mir Viktor Wallner erzählt, Zerzawy habe ihm gegenüber ein Jahr vor seinem Tod den Wunsch geäußert, den Badener Kulturpreis verliehen zu bekommen. Als Gegenleistung bot er diese Dornenkrone an, was aber statutenmäßig nicht möglich war (die Krone hätte im Badener Kongresshaus auf dem Treppenabsatz der Aufgangsstiege ausgestellt werden sollen). Jedenfalls war sie 1975 noch vorhanden; mittlerweile gilt sie aber als verschollen.

Anlässlich des Ankaufs der Sammlung durch Weiß wurde am 28. Jänner 1964 ein Verzeichnis des Inventars des „Kronprinz-Rudolf-Museums, Prof. Hermann Zerzawy" erstellt, in dem auch umfangreichere Angaben über den Erwerb der Objekte angeführt sind, als sie Zerzawy 1958 in seiner Artikelserie gegeben hat. Dieses Inventar erhielt sich beim Enkel von Alfred Weiß, Andrew Demmer. Lars Friedrich konnte bei ihm 2003 Einsicht in das erwähnte Inventar nehmen, wo er 24 Objekte angeführt fand:
- Kindermantel mit den Aufschlägen des Infanterie-Regimentes Nr. 19,
- schwarze Salonhose mit rotem Passepoil,
- Galahose zur Artillerieuniform,
- Oberst-Waffenrock Muster 1861,
- Oberst-Waffenrock mit Fangschnur Muster 1871,
- Waffenrock der Trabantenleibgarde,
- blaue Lagermütze mit weißer Paspel für Infanterie (bis 1871),
- Artillerie-Oberst-Tschako vom 2. Artillerieregiment,
- Offizierskappe aus der Knabenzeit des Kronprinzen,
- Halsbinde,
- 1 Paar weiße Stulphandschuhe,
- schwarze Atlasgamaschen,
- goldenes Portepée FJI,
- gelbe Feldbinde für Offiziere aus Seide, FJI,

- zwei Artillerie-Kartuschen mit Riemen (Vorschrift bis 1863),
- zwei Rosshaarbüsche für Artillerietschako mit Goldrosette,
- zwei Offiziers-Säbelkuppen, Form ab 1863,
- Epauletten zur Oberst-Inhaber-Uniform des Kgl. Preuss. Kaiser-Franz-Grenadier-Regimentes Nr. 2
- Epauletten zum Waffenrock der Leibgarde-Uniform,
- ein Paar Anschlag-Sporen,
- Infanterie-Leibfahne nach Vorschrift 1863,
- gelbe Fahne mit Doppeladler.

Die von Zerzawy erwähnten Degen sind in diesem Inventar nicht angeführt (nicht mehr vorhanden?).

Nach dem Tod von Alfred Weiß verblieb die Sammlung im Palais Auersperg, das von einer Liegenschaftsverwaltung übernommen wurde. Zahlreiche Objekte daraus wurden anlässlich von Sonderausstellungen als Leihgaben gezeigt, so bei „Rudolf. Ein Leben im Schatten von Mayerling" (18.3.1989 bis 4.3.1990 in der Hermesvilla in Wien), „Kronprinz Rudolf. Die Tragödie von Mayerling" (8.6. bis 28.8.1998 in der Münze Wien) und „Kronprinz Rudolf: ‚Ich bin andere Bahnen gegangen ...'" (13.4. bis 10.9.2000 in der Wiener Hofburg), die im jeweiligen Katalog den Vermerk „Sammlung Palais Auersperg" tragen – die „Sammlung Zerzawy" war vergessen. Aus den Anmerkungen in den Ausstellungskatalogen können aber Rückschlüsse auf ihren Umfang gezogen werden.

Die Nutzung des Palais erfolgte später durch eine Wirtschaftsgütervermietung, die aber allmählich in Konkurs geriet. Noch vor der Konkurseröffnung hatte der Geschäftsführer der Liegenschaftsverwaltung, Anton Sitter, Mitte 2002 die zuletzt aus 22 Objekten bestehende Sammlung um € 70.000 an die Schloss Schönbrunn Kultur- und Betriebsgesellschaft verkauft.[260]

Vom schriftlichen Nachlass Zerzawys gelangte jener Teil, der die Freundschaft mit Franz Karl Ginzkey behandelt, in die Wiener Stadt- und Landesbibliothek. Der den Kronprinzen betreffende Teil, einschließlich persönlicher Dokumente Zerzawys, an denen sein ihm entfremdeter Sohn nicht interessiert war, wurden von seinem Neffen, Dr. Kurt Zerzawy in Wien, dem Kriegsarchiv übergeben.[261]

---

[260] Dankenswerte Mitteilung von Lars Friedrich auf Grund seiner Nachforschungen 2002 und 2003. Ihm hat Mag. Katrin Unterreiner, seinerzeit Kuratorin bei der Schönbrunn Kultur- und Betriebsges. m.b.H., mitgeteilt, dass die oben erwähnten Fotos, das Urlaubsgesuch des Kronprinzen und der Huf-Aschenbecher damals nicht übernommen werden konnten (nicht mehr vorhanden?).

[261] Persönliche Mitteilung 2011.

Zerzawy und die „Geheimehe" des Kronprinzen

Obwohl nicht mit Baden oder Mayerling in Zusammenhang stehend, muss diese Geschichte hier erwähnt werden, weil Zerzawy darüber eifrig geforscht und Dokumente gesammelt hat. Hintergrund ist die angebliche „Gewissensehe" des Kronprinzen mit seiner Cousine, Erzherzogin Marie Antoinette von Toscana (10.1.1859–13.4.1883, gestorben an Tuberkulose in Cannes-Canné, Villa Felicitas). Sie enstammte der ersten Ehe des Großherzogs Ferdinand IV. von Toscana (mit Anna Maria von Sachsen). Der Großherzog galt als passionierter Jäger und war bei der Orientreise des Kronprinzen (1881) sein engster und ranghöchster Begleiter. Ein ganzfiguriges Ölbild von ihm in Jagdkleidung, gemalt von Georg Decker, befand sich (laut Inventar) im Schlafzimmer des Kronprinzen in Mayerling (was Schuldes in der Beschreibung des Zimmers aber nicht erwähnt). Hing es nur der Jagd wegen dort oder waren andere Erinnerungen damit verbunden? Das ist ungeklärt. Etwa 1878 bis 1882 lebte Marie Antoinette als Ehrenäbtissin des Maria-Theresien-Damenstiftes am Hradschin in Prag, also genau zur Zeit des Prager Aufenthaltes von Kronprinz Rudolf. Am 1. Jänner 1880 ist angeblich durch den damaligen Hofkaplan Dr. Godfried Marschall in der Gardekirche am Rennweg in Wien eine Geheimtrauung der beiden erfolgt. Aus dieser Verbindung soll Robert Pachmann stammen (1883–1961; er nannte sich Carl Rudolf Salvator), der lange Zeit (bis 1953) ein gerichtliches Feststellungsverfahren über seine Herkunft betrieb. Die vermuteten Hintergründe und Zusammenhänge von Pachmanns Ursprung sind 1966 in dem Buch „Um Recht und Nachfolge im Hause Habsburg" von Hermann Altenberg (richtig: Otto Kittl) publiziert worden, in dem auch Zerzawy erwähnt wird. Er kannte Pachmann persönlich und war Zuhörer der beiden letzten Gerichtsverhandlungen in dieser Angelegenheit.

Laut Zerzawy scheint der Name Marschall ein weiteres Mal auf dem Umschlag des verschwundenen Faszikels über die Geheimehe Rudolfs auf, von dem eine Fotokopie im Archiv Zerzawys vorhanden war („La correspondence de ma Princesse. Documents de notre mariage secret en 1880. Les fonctions de Marschall. Rudolf". Auf der Rückseite der Vermerk: „In private Versperrung übernommen. Gf.Ed.Taaffe". – Umschlag und Inhalt seien bei einem Brand in Schloss Elischau des Grafen Taaffe vernichtet worden.). Diese Fotokopie ist jedoch nicht in seinem Nachlass erhalten.

Godfried Marschall (geb. 1840 in Neudorf nahe Laa/Thaya, gest. 1911 in Wien) absolvierte nach dem Priesterseminar in Wien seine theologischen Studien in Rom und wurde 1870 zum Hofkaplan ernannt. Als sehr ehrgeizig und konservativ bekannt, wurde er der Religionslehrer der Kinder des frommen Erzherzogs Karl Ludwig, darunter des späteren Thronfolgers Erzherzog Franz Ferdinand (auf Wunsch Kaiser Franz Josephs versuchte er 1900 dessen Heirat mit Sophie von Chotek zu hintertreiben, was zu einem Bruch mit dem Thronfolger führte). 1880 wurde er Domherr von St. Stephan in Wien und Propst der Votivkirche, wo er auch seine letzte Ruhestätte fand. 1901 wurde er zum Weihbischof ernannt. Seine Beziehungen mit Kronprinz Rudolf sind ungeklärt. Falls er tatsächlich die erwähnte Trauung durchgeführt hat, so setzte er sich über geltende kanonische Gesetze und Regelungen hinweg, um sich dem Erben des künftigen Reiches gefällig zu zeigen.

Zerzawy hat über diese angebliche Geheimehe und über Pachmann Nachforschungen angestellt und Dokumente darüber gesammelt. Er erwähnt, dass er Zeugen gekannt habe, die von eidesstattlichen Protokollen über „gewisse Zusammenhänge" gewusst hätten. Er forschte auch im Karmel von Mayerling nach einem Teppich mit dem Blut des Kronprinzen, denn dies „wäre ev. für den Blutgruppenvergleich mit dem Pachmanns vielleicht von ausschlaggebender Bedeutung". Es ist höchst unwahrscheinlich, dass solch ein Teppich erhalten geblieben ist, doch wird ein Rest davon – zum Schauder des Publikums – noch immer in Mayerling gezeigt. In Zerzawys Nachlass scheint Pachmann auch als Urkundenzeuge auf, der einige Befragungsprotokolle Zerzawys bezüglich der Causa Mayerling unterschrieben hat. Der anfangs freundschaftliche Kontakt kühlte aber im Laufe der Jahre ab und endete 1967, als sich auch Pachmann vehement gegen die von Zerzawy vertretene Totschlagthese wandte.[262] Diesbezüglich stand Pachman auch mit Heinrich Baltazzi-Scharschmid in engem Kontakt.

Im Jahre 1951 trat Zerzawy mit dem Kronprinz-Rudolf-Biografen Oskar Freiherr von Mitis (damals in St. Johann in Tirol lebend), mit dem er schon früher bekannt war, neuerlich in Kontakt. Er bot ihm an, gemeinsam mit ihm und auf Grundlage seiner Forschungsergebnisse eine Neuauflage des 1928 erschienenen Werkes zu schreiben. Zerzawy wollte vor allem die „Pachmann-Affaire" einbringen. Mitis lehnte ab, meinte aber: „Ich war der Einzige in unserem Amt, der die Angelegenheit des Kronprinzensohnes ernst nahm und ernst behandelt sehen wollte …"

Am 13. April 1953 schrieb ihm Zerzawy einen eingehenden Bericht über seine Forschungen zur Aufhellung des Problems. Mitis antwortete am

---

[262] Brief Pachmanns vom 28. Juli 1967 an Zerzawy in seinem Nachlass.

27. April 1953 abermals ablehnend bezüglich eines neuen Werkes, meinte aber, ein neues Buch über den Kronprinzen müsste die folgenden Abschnitte umfassen: 1) die Geheimehe von 1880, 2) die Familie Pachmann, 3) die ungarische Thronfolge.[263] Die ausdrückliche Nennung der Geheimehe durch Mitis bestärkte Zerzawy in seiner Annahme, weshalb er weitere Nachforschungen darüber anstellte, aber nie etwas publizierte. Die Unterlagen dazu sind im Kriegsarchiv erhalten. Diese Geschichte beschäftigte viele andere Geister bis in unsere Tage. So etwa hat der Autor Georg Markus in der Tageszeitung *Kurier* vom 12. Mai 2013 über das negative Ergebnis einer DNA-Analyse zur Feststellung der Blutsverwandtschaft zwischen einem Habsburg-Nachkommen und dem Sohn Pachmanns berichtet.

Nach Lars Friedrich[264] habe Zerzawy beabsichtigt, von Mitis die Rechte an dessen Rudolf-Biografie zu erwerben, was dieser jedoch am 1. November 1951 ablehnte (auch der Nachfolger des Insel-Verlages in Wiesbaden lehnte eine von Zerzawy angeregte Neuauflage der Rudolf-Biografie von Mitis – es waren vier Auflagen erschienen – am 13. Juni 1953 schriftlich ab). Am 13. April 1953 machte Zerzawy dem betagten Mitis abermals den Vorschlag, gemeinsam mit ihm und dem Pachmann-Anwalt Dr. Friedrich Zeller eine neue Biografie zu verfassen. Mitits lehnte auch dies in einem Brief vom 27. April 1953 ab und bekräftigte sein Nein am 10. August 1953 (er starb zwei Jahre später am 22. August 1955).

Aus dem vorhandenen Briefwechsel im Kriegsarchiv ist ersichtlich, dass Zerzawy seine Artikelserie über Kronprinz Rudolf und die Schilderungen über die letzten Jahre der Monarchie verschiedenen Verlagen zum Druck angeboten hatte (Böhlau, Otto Müller, Ullstein, Oberösterreichischer Landesverlag), die jedoch alle ablehnten. In sein umfangreiches Archivmaterial konnte aber Clemens M. Gruber Einsicht nehmen, der vieles davon in sein Buch „Die Schicksalstage von Mayerling" (1989) aufgenommen hat.

---

[263] Zerzawy in der 4. Fortsetzung seiner Artikelserie der *Neuen illustrierten Wochenschau* vom 17.8.1958.
[264] Lars Friedrich: Das Mayerling-Sammelsurium, a.a.O., S. 91 f.

Zerzawy und seine These vom Totschlag

Die These vom Totschlag des Kronprinzen durch einen Herrn Baltazzi, ebenso wie die „Förstergeschichte", sind ein Gerücht (oder eine Vermutung) der ersten Stunde, das von Baden seinen Ausgang nahm.

Bereits Anfang Februar 1889 taucht die Behauptung einer Täterschaft von Aristides Baltazzi auf. In der Pfarrchronik von St. Helena wird diese Nachricht erstmals am 5. Februar aufgezeichnet, zwei weitere Male wird diese Vermutung erwähnt. Auch Ernst von der Planitz, der erste ernst zu nehmende Mayerlingforscher, berichtete schon 1889 von dieser Geschichte, wobei er sich auf einen Informanten aus Baden beruft. Er schreibt in einer späteren Auflage: „Dieselbe Persönlichkeit, der ich die direkten Nachrichten aus Baden verdanke, teilte mir nun auch zu dieser Frage mit, daß die eben berührte Version (eines Handgemenges) in den besten Kreisen Badens noch heute (1901) die allein geglaubte sei. Sie schrieb: ‚Baltazzi wurde von dem Kronprinzen mit einem Revolver angeschossen. Ersterer aber besaß trotz der Wunde noch die Kraft, sich auf Se. Kaiserliche Hoheit zu stürzen. Mit einer Champagnerflasche schlug er dem Prinzen den Schädel ein und erwürgte sodann die Baronesse. Halbtot wurde Baltazzi nach Baden geschafft.'"[265] Planitz unterstreicht allerdings, dass immer nur von „einem" Baltazzi die Rede sei, er aber nicht feststellen konnte, welcher der Baltazzi-Brüder in Mayerling anwesend gewesen sei. (Über die Geschichte mit dem verletzten Baltazzi wird noch später berichtet.) Allerdings weist er auch darauf hin, dass es sich um ein nicht belegbares, aber weit verbreitetes Gerücht handle. Er selbst nahm einen Doppelselbstmord an, da Rudolf durch Marys Liebe in eine Zwangslage gebracht worden sei, aus der beide keinen anderen Ausweg als den Tod sahen. Ein Doppelselbstmord bedeutet allerdings, dass sich jeder der beiden aus eigener Hand umgebracht hat, womit der Vorwurf, der Kronprinz sei ein Mörder gewesen, vermieden wurde. Vermutlich hat Zerzawy die Darstellung von Planitz gekannt, erwähnt ihn aber nicht, da dieser die Baltazzigeschichte als Gerücht qualifiziert.

Für Zerzawy, der nach den Aussagen von Zeitgenossen ein Anhänger der Monarchie war und sich als Repräsentant dieser vergangenen Epoche sah (was ich selbst erlebt habe), stand die These von einem Mord und dem Selbstmord des Kronprinzen in tiefstem Widerspruch zum Ehrbegriff des

---

[265] Planitz, a.a.O., 2. Bd., S. 142.

kaiserlichen Offiziers, der er selbst einmal war. Aus Anlass des berühmt gewordenen Filmes „Mayerling", mit Omar Sharif, Catherine Deneuve und Ava Gardner in den Hauptrollen, brachte die *Schweizer Illustrierte* am 6. Mai 1968 einen langen Artikel: „Neue Enthüllungen über das Drama von Mayerling. Kronprinz Rudolf wurde mit der Sektflasche erschlagen", der auf Grundlage eines Interviews mit Zerzawy erschienen war. Er schilderte dort diese Totschlagsgeschichte und sagte bezüglich des Selbstmordes: „Dazu war der Kronprinz nach allen Zeugnissen viel zu sehr Kavalier und viel zu verantwortungsbewußt." Daher suchte Zerzawy zeit seines Lebens nach Hinweisen auf den möglichen Totschlag, den er bei Zeitzeugen (oder deren Nachkommen) und in den Aufzeichnungen der Pfarrchronik von St. Helena gefunden zu haben glaubte.

Zerzawy trat mit seiner Behauptung bereits 1966 an die Öffentlichkeit. Der Anlass dafür war das Drama „Der Kronprinz" von Edmund Oertl. Der aus Wr. Neustadt stammende Dramatiker (1902–1968), war 1935 mit „Die Liebe der Anna Nikolajeva" bekannt geworden. 1938 wurde er Dramaturg bei „Wien-Film", nach 1945 lebte er in Wien als freier Schriftsteller und Filmrezensent (u. a. „Macht und Magie des Films", 1959). Angeregt durch das 1963 erschienene Buch „Kronprinzen-Mythos und Mayerling-Legenden" von Emil Franzel, hat er sein genanntes Drama geschrieben, das am Badener Stadttheater am 3. Februar 1966 uraufgeführt wurde. Es hat die angebliche ungarische Verschwörung zum Hintergrund, wo sich Kronprinz Rudolf erst auf die Seite der Verschwörer stellt, dann aber, als ihn Kaiser Franz Joseph deshalb zur Rede stellt, diesem das Ehrenwort gibt, sich nicht gegen ihn zu erheben. In dieser ausweglosen Situation begeht er Selbstmord und nimmt Mary mit in den Tod, um die wahren Hintergründe zu verschleiern. Oertl will damit weg von der verkitschten Liebesaffäre in zeitgenössischen Filmen. Anlässlich dieser Aufführung behauptete Zerzawy in einem Beitrag der *Badener Nachrichten* vom 17. Februar 1966 neuerlich, für den Totschlag am Kronprinzen sei einer der Baltazzi-Brüder verantwortlich. Der mit ihm bis dahin befreundete Heinrich Baltazzi-Scharschmid wurde daraufhin sein erbitterter Gegner (1955 besuchten beide noch gemeinsam Heiligenkreuz und Mayerling).

Zerzawy führte in diesem Artikel zur Untermauerung seiner These an: „Nur mein Lehrer, Univ.Prof. Viktor Bibl, hat in seinem Werk ‚Geschichtslügen' die Version ‚Tod durch fremde Hand' deutlich gemacht." (Zerzawy hatte bei Bibl 1932 dissertiert). Richtigerweise handelt es sich um Bibls Buch „Lügen der Geschichte" (Hellerau bei Dresden, 1931), wo er im Kapitel „Die ‚exakte' Wissenschaft" (gemeint ist die Geschichtsschreibung) über die Verschleierungen historischer Tatsachen schreibt und in diesem Zusammenhang auch auf Kronprinz Rudolf zu sprechen kommt (S. 86/87).

Er erwähnt dabei, dass Zweifel an der amtlichen Mitteilung über dessen Tod „kürzlich wieder" durch die „Enthüllungen" des Bonner Universitätsprofessors Marx in der *Kölnischen Zeitung* laut geworden seien.

Dieser Dr. Friedrich Marx war Professor für klassische Philologie in Bonn, der im Mai 1931 in der *Kölnischen Zeitung* eine Artikelserie über die angeblich wahren Hintergründe von Mayerling publiziert hat.[266] Er gibt an, er sei 1896–1899 Professor an der Universität Wien gewesen und habe damals einen „Friedrich Edlen von Langer kennen gelernt, der als Staatsanwalt zu den wenigen Wissenden über die Schreckenstat von Mayerling (gehörte)". Von diesem will er erfahren haben, dass Aristides (!) Baltazzi gemeinsam mit „einem Kavalier, der die Baronesse Vetsera geliebt hat" (es wird kein Name genannt) am Abend des 29. Jänner nach Mayerling fuhr und dort bewaffnet ins Schloss eingedrungen sei. Er spricht von einer „vorangegangenen Orgie", wo man den Kronprinzen zur Rede gestellt habe. Im Zuge der Auseinandersetzung sei es zu einer Schießerei gekommen und der Kronprinz in einem Handgemenge durch einen Hieb mit einer Champagnerflasche erschlagen worden.

Bibl geht 1938 in seiner Kronprinz-Rudolf-Biografie[267] auf diese Geschichte näher ein und erwähnt, dass dieser Edle von Langer ein Protokoll über die Hintergründe des Todes des Kronprinzen mit dem vorhin geschilderten Sachverhalt verfasst habe. Dieser Darstellung widersprach vehement der frühere Leiter des Pressedienstes von Kaiser Karl, Hauptmann Karl Werkmann, der in Wien als Führer der Legitimisten galt und dieses Protokoll als ein „Hirngespinst" abwertete (interessant, dass in diesem Falle ein dem Kaiserhaus nahe stehender Beamter den Tod des Kronprinzen durch fremde Hand ausschließt, obwohl dieser damit entlastet würde). Der Bruder des inzwischen verstorbenen Friedrich Langer, Feldmarschallleutnant a. D. Robert von Langer, stellte in einer Erklärung fest, dass sein Bruder zur Zeit der Tragödie in Mayerling gar nicht Staatsanwalt in Wien, sondern als Auskultant (Beisitzer) beim Bezirksgericht Feldsberg eingesetzt gewesen sei, daher amtlich mit der Sache nichts zu tun hatte. Überdies sei für das Kaiserhaus als Gerichtsstand das Obersthofmarschallamt zuständig gewesen, wo Langer nicht tätig war. Bibl meinte zur Entlastung von Marx, dass Langer ihm möglicherweise von einem Protokoll erzählt habe und Marx dies so verstanden habe, dass Langer es selbst verfasst habe.[268] Friedrich Marx beruft sich dann auf einen anderen Zeugen seiner Behauptung, den

---

[266] Erhalten im Archiv des „Altlaxenburger Kulturvereins".
[267] Bibl, a.a.O., S. 54 f.
[268] Bibl verweist in diesem Zusammenhang auf zwei Zeitungsartikel: „Die Kronprinzenlegende". In: *Neues Wiener Journal* vom 14. Mai 1931, und „Die angeblichen Enthüllungen über die Tragödie von Mayerling". In: *Neue Freie Presse* vom 12. Mai 1931.

damals hoch angesehenen Theologen und Professor für Philosophie an der Wiener Universität, Laurenz Müller, dem ein römischer Kardinal erzählt habe, es sei nicht wahr, was man über den Tod des Kronprinzen in Wien sage, er sei vielmehr von einem Nebenbuhler ermordet worden. Marx vermutet, dass mit diesem Konfidenten Kardinal Rampolla gemeint sei (Mariano Rampolla von Tindaro war als Kardinalstaatssekretär [1887–1903] sehr einflussreich und hatte den Gedenkgottesdienst für Kronprinz Rudolf in der Anima in Rom boykottiert.) Er zitiert noch einen anderen Gewährsmann in Wien, den damaligen Orientalisten der Wiener Universität Hofrat Joseph von Karabaczek, dem Prinz Philipp von Coburg gesagt habe, Rudolf sei tatsächlich durch eigene Hand gestorben, und die Leiche der Baronesse sei völlig unbekleidet aufgefunden worden. Marx erwähnt dies, weil Hoyos in seinem Bericht sagt, Mary sei schwarz gekleidet gewesen. Also einerseits berichtet Marx von Rudolfs Tod durch fremde Hand, andererseits führt er auch die Selbstmordthese an, was verwirrend ist. Für Bibl bleibt bezüglich Letzterem der Zweifel aufrecht, doch legt er sich nun nicht so klar fest, wie er dies in seinem 1931 erschienenen Buch getan hat. Zerzawy hat offenbar den Bericht von Marx gekannt und sich durch Bibl in seiner Annahme vom Totschlag bestärkt gefühlt. Jedenfalls hat die Artikelserie von Marx zu ihrer Zeit großes Aufsehen erregt und trotz zahlreicher Dementis bis heute die Fantasie von sensationssüchtigen Autoren und Lesern beflügelt.

Interessanterweise wurde die Totschlagversion im Jahre 2010 abermals in Köln in Umlauf gebracht (*Kölner Stadt-Anzeiger* und *Kölnische Rundschau* vom 4. Jänner). Grundlage war das Buch „Retusche – Ende der Legenden um Kronprinz Rudolfs Tod im Schloss Mayerling bei Wien" des in Gummersbach (50 km östlich von Köln) lebenden Architekten Wolfgang Löffler (damals 79-jährig), das er im Eigenverlag publiziert hat. Löffler bezeichnet sich als einen Urenkel des Hoffotografen Robert Leopold Hawlik, der auf Grundlage persönlicher Erzählungen seiner 1966 verstorbenen Großmutter Clothilde Löffler (Tochter von Hawlik) sowie von Dokumenten und schriftlichen Aufzeichnungen in seiner Familie die Version des Totschlages bringt. Der Leibfiaker Bratfisch habe seinem Urgroßvater berichtet, dass am Abend des 29. Jänner Georg Graf Stockau und Alexander Baltazzi den Kronprinzen in Mayerling aufgesucht hätten und ihn zwingen wollten, ein Schriftstück zu unterschreiben, mit dem er „auf die Nachfolge seines Vaters und auf den Thron von Habsburg" verzichten sollte. Es kam zu einer heftigen Auseinandersetzung, in deren Verlauf der Kronprinz einen Revolver auf Georg Stockau gerichtet und ihn aufgefordert haben soll, den Raum zu verlassen. In diesem Augenblick soll Baltazzi eine Champagnerflasche ergriffen und damit den Kronprinzen erschlagen haben. Hawlik sei in der Todesnacht im Gästehaus von Mayerling anwesend gewesen, wo ihn der völlig aufgelöste Bratfisch aufgeweckt und er heimlich vier Fotos vom toten Kronprinzen gemacht habe. Zwei Fotoplatten stellte er der k.u.k. Geheimpolizei zur Verfügung, die ihn verhörte und mit der Drohung des Entzuges seiner Lizenz als Hoffotograf zum Schweigen gebracht habe. Die beiden anderen Fotoplatten versteckte er und übergab sie kurz vor seinem Tod seiner Frau. Über den Tod Marys habe Löffler eine Theorie, die er aber noch nicht formulieren wolle, da die Erinnerungen seiner Großmutter dazu keine klare Antwort lieferten. Bei der Flucht der beiden Verwandten Marys aus dem Schloss könnte sich ein Schuss gelöst haben, der sie tödlich traf.

In *Lehmanns Wohnungs-Anzeiger*, Wien 1889, ist zwar ein Robert Hawlik, Fotograf, II., Prager Reichsstraße 139 genannt, doch scheint dieser weder im Branchen- noch im Firmenverzeichnis auf. Auch im Hofschematismus von 1889 ist unter den Hoflieferanten kein Hoffotograf dieses Namens angeführt, was diese Darstellung sehr fraglich erscheinen lässt. Lars Friedrich, der nach Fotos des toten Kronprinzen geforscht hat, ist ebenfalls auf keinen Fotografen dieses Namens gestoßen.

Laut den Kölner Zeitungsberichten suchte Löffler einen Verleger für seine Aufzeichnungen. Jedenfalls ist auf diese Weise 2010 die Totschlagsthese neuerlich als sensationelle Enthüllung präsentiert worden, abermals in Köln!

Ein Brief von Robert Doblhoff als „Beweis"

Zerzawy meinte eine weitere glaubwürdige Grundlage für seine Annahme bei der in der Familie des Freiherrn von Doblhoff in Baden überlieferten Geschichte über das Mayerlingdrama gefunden zu haben. Auf sein Ersuchen schilderte ihm ein Nachfahre der Familie, Robert Doblhoff, in einem ausführlichen Brief vom 30. August 1951 die ihm bekannte Todesversion.

Angeblich begegnete sein Vater Josef Doblhoff am 30. Jänner 1889 Graf Hoyos in der Hofburg, als dieser eben aus dem Fiaker ausstieg, um die Todesnachricht zu überbringen. Hoyos sei ganz aufgeregt gewesen. Auf die Frage Doblhoffs, was denn los sei, sagte er ganz spontan: „Der Kronprinz ist erschlagen worden." Diese Aussage, die als ein in der Aufregung getaner Versprecher gewertet wurde, ist für manche Historiker die Grundlage für die Annahme des Todes aus zweiter Hand.[269] Die Glaubwürdigkeit der Aussagen von Robert Doblhoff wird von der Bedeutung seiner Familie abgeleitet, die zum Verständnis der Zusammenhänge hier kurz geschildert sei.

Die Familie des Freiherrn von Doblhoff zählte in Wien und in Baden zu einer der angesehensten Adelsfamilien. Robert Doblhoff war der Sohn des in Wien, später in Salzburg lebenden Josef Freiherrn von Doblhoff (1844–1928). Dieser hatte zwei Brüder, Rudolf und Heinrich (1838–1913). Letzterer war der Besitzer des Schlosses Doblhoff (Weikersdorf) in Baden. Rudolf von Doblhoff (1849–1924), saß als Vertreter der Großgrundbesitzer im NÖ. Landtag und hatte 1877 das Schloss Tribuswinkel bei Baden gekauft, wo er einen milchwirtschaftlichen Musterbetrieb eingerichtet hatte. Bis zum Verkauf des Schlosses 1917 war dieses ein gesellschaftlicher Mittelpunkt.[270] (Bei einem der Vorbesitzer handelte es sich übrigens um einen Urahn von Josef Graf Hoyos, Hanus Graf von Hoyos (1506–1561); dieser war mit Kaiser Ferdinand I. aus Spanien gekommen und hatte das Schloss 1554 erworben.)

Josef von Doblhoff hatte früh seine Eltern verloren und bekam als Vormund seinen in Baden lebenden Onkel Anton von Doblhoff-Dier (1800–1872). Dieser war 1848 als liberaler Politiker im Kabinett Pillersdorf Minister für Ackerbau, Handel und Gewerbe, später Abgeordneter im Reichsrat, dann Vizepräsident des Herrenhauses. Er hatte bei seiner Regierungstätigkeit 1848 wesentlichen Anteil an der Aufhebung der bäuer-

---

[269] Überliefert von Clemens Gruber, a.a.O., S. 32.
[270] Hans Meissner: Die Doblhoffs und Baden-Weikersdorf. Neue Badener Blätter, 4. Jg. Heft IV, Baden 1993.

lichen Untertänigkeit und wurde von Erzherzog Johann angespornt, die Monarchie auf konstitutioneller Grundlage zu erhalten. Sein selbstloser Einsatz und sein kluges Handeln machten ihn zu einer der angesehensten Persönlichkeiten seiner Epoche.

Sein Neffe und Mündel Josef wurde Jurist, kam 1868 als Beamter in das k.u.k. Ministerium des Äußeren und war als Attaché in Bern tätig. 1870 gab er den Staatsdienst auf und widmete sich fortan Reisen und wissenschaftlichen Forschungen.[271] (Die Sammlungsobjekte seiner Reisen sind im Badener „Rollettmuseum" erhalten.) Er war u. a. Mitglied der Geographischen Gesellschaft. Diese stand unter dem Protektorat von Kronprinz Rudolf, der auch wiederholt ihre Sitzungen besuchte. In Wien gründete er den archäologischen Verein „Carnuntinum" und den „Wissenschaftlichen Club" (1938 aufgelöst). Seit 1883 lebte er mit seiner Familie in Salzburg, wo er an der Bibliothek des Museums Carolino Augusteum tätig war. Auf Grund seiner familiären Herkunft und seiner wissenschaftliche Kompetenz war er eine angesehene Persönlichkeit seiner Zeit. Im Winter 1888/89 lebte er in Wien, genau zum Zeitpunkt des Todes von Kronprinz Rudolf.

Sein Sohn Robert (1880–1960) wuchs in Salzburg auf, studierte an der Wiener Kunstakademie bei Siegmund L'Allemand Malerei, war 1914 Kriegsmaler im Kriegspressequartier und bald ein gesuchter Porträtist (von ihm stammt u. a. ein Porträt von Bundeskanzler Ignaz Seipel, das im Parlament in Wien erhalten ist). Er verfasste eine Familienchronik.

1951 trat Hermann Zerzawy mit ihm in Kontakt und bat ihn um eine Darstellung der in seiner Familie überlieferten Geschichten über Kronprinz Rudolf. Der 12-seitige Brief ist im Kriegsarchiv erhalten.[272] Doblhoff gibt an, die Grundlage seiner Darstellung seien die Mitteilungen seines Vaters, „der in Wien in einem Kreise lebte, in dem er Gelegenheit zur richtigen Orientierung zu seiner Verfügung hatte". Er schildert nicht nur die Umstände von Mayerling, sondern beschreibt auch zahlreiche Elemente aus dem Leben des Kronprinzen, wie sie eben in der Familie forterzählt worden sind. Wenn diese auch nicht immer mit den historischen Tatsachen übereinstimmen, so zeigen sie doch, welches Bild man sich von ihm gemacht hat. Die Schilderungen erscheinen insofern glaubwürdig, als Robert Doblhoff ja nicht die Absicht hatte, einen sensationslüsternen Zeitungsartikel zu schreiben, sondern einfach das wiedergibt, was ihm aus Familienerzählungen bekannt war und welche Sicht der Dinge seine Elterngeneration hatte.

Eingangs berichtet er, dass Helene Vetsera mit ihrer Tochter Mary mehrere Sommer lang im Schloss Tribuswinkel (seinem Onkel Rudolf gehörig)

---

[271] Josef Doblhoff: Tagebuchblätter einer Reise nach Ostasien 1873–1874. Wien 1874, und: Von den Pyramiden zum Niagara. Eine Reise um die Erde. Wien 1882.
[272] Nachlass Zerzawy, Mappe 962/23.

eine Wohnung gemietet habe. Dies kann nur zwischen 1877 und 1882 gewesen sein, als Mary sechs bzw. elf Jahre alt war. 1871–1874 sind Sommeraufenthalte der Familie Vetsera in Gmunden bei Baron Prokesch-Osten überliefert, ab 1882 hat die Familie den Sommer über in Schloss Schwarzau gelebt. Heinrich Baltazzi-Scharschmid erwähnt allerdings in seinem Buch die Aufenthalte in Tribuswinkel nicht, was damit zusammenhängen mag, dass die von seiner Tante Seraphine geführten Tagebücher – die Grundlage seiner Darstellung – erst ab ca. 1886 geführt wurden.

Doblhoff erwähnt sodann die Aussagen des Oberstleutnants von Fritsche (laut Doblhoff ein unehelicher Sohn des Herzogs von Württemberg), der als junger Leutnant dem Kronprinzen als „Vergnügungs-Adjutant" zugeteilt worden sei. Dieser habe zwei Jahre vor seinem Tod Robert Doblhoff erzählt, dass Graf Bombelles auf Empfehlung von Erzherzog Karl Ludwig zum Obersthofmeister von Kronprinz Rudolf bestellt worden sei, um diesen zugrunde zu richten und dadurch den Kindern seiner Linie zur Thronfolge zu verhelfen (was schließlich mit Erzherzog Franz Ferdinand tatsächlich der Fall war). Fritsche sei auch derjenige gewesen, der im Auftrag des Kronprinzen nach dessen Tod das in seinem Schreibtisch in der Hofburg verwahrte Kuvert mit 8000 Gulden an Mizzi Caspar überbracht habe (tatsächlich hat der Kronprinz Graf Szögyény damit beauftragt). Laut Fritsche hätte der Kronprinz nicht die Absicht gehabt, aus dem Leben zu scheiden, da er zahlreiche Termine nach dem 30. Jänner 1889 vorgemerkt hatte. Angeblich habe es Gräfin Larisch arrangiert, dass Mary dem Kronprinzen von Loschek nach Mayerling nachgeführt werde, um „ihm eine angenehme Überraschung zu bereiten". (Doblhoff verwechselt hier den Kammerdiener Loschek mit dem Fiaker Bratfisch.)

Eine teilweise Klärung dieser obskuren Aussagen von Doblhoff über Fritsche wurde in einem Bericht der *Wiener Volkszeitung* vom 30.1.1934 gefunden, wo unter dem Titel „Die letzten zwei" über Arthur Baron Giesl von Gieslingen (1857–1935), Flügeladjutant von Kronprinz Rudolf, und Major Victor von Fritsche-Fritschen (1857–1945) berichtet wird. Letzterer war ursprünglich der Personaladjutant des Herzogs (Wilhelm Nicolaus) von Württemberg (1828–1896) gewesen, einer der angesehensten österreichischen Generäle. Kronprinz Rudolf habe Victor von Fritsche in Lemberg kennen gelernt, wo Wilhelm von Württemberg von 1883–1889 der Kommandant des XI. Armeecorps gewesen ist. Fritsche war seit 1886 im Rang eines Oberleutnants dem Sekretariat des Kronprinzen zugeteilt (nach dessen Tod Adjutant von Feldzeugmeister Friedrich Graf Beck, dem Leiter der Militärkanzlei von Kaiser Franz Joseph). Er habe Graf Szögyény jenen Brief des Kronprinzen überbracht, in dem dieser schreibt: „Ich muß aus diesem Leben scheiden …"

Doblhoff berichtet weiters, Kronprinz Rudolf habe sich einige Monate vor seinem Tod den Spitzbart abrasiert und trug zuletzt einen Schnurrbart (tatsächlich seit Mai 1888). Diese Veränderung sei nach einer Wette mit dem Prinzen von Wales, „einem wüsten Lebemann", erfolgt, der damals im leopoldinischen Trakt der Hofburg Wohngast gewesen sei. Es war vereinbart, dass derjenige der beiden, der „bei einer Draherei zuerst unter den Tisch fallen würde, sich des Spitzbartes entledigen müßte".

Dann behauptet Doblhoff, Mary sei dem Kronprinzen auf der deutschen Botschaft vorgestellt worden und einige Tage danach seien beide nach Mayerling gefahren.

Henry (Heinrich) Baltazzi, Leutnant bei den 9er Husaren und angeblich vorgesehener Bräutigam Marys, fuhr mit seinem Bruder Aristides ebenfalls nach Mayerling (nicht dieser, sondern Alexander war dort!), wo es zu einer Trinkerei kam, bei der sogar Bratfisch pfeifen und singen musste. Dann wörtlich: „Der Kronprinz, jähzornig und beschwipst, leugnete zunächst Marys Anwesenheit, es entwickelte sich ein lebhafter Wortwechsel, da der Hausherr den Eindringling hinausjagen wollte. Dieser ließ sich nicht einschüchtern (Quelle: ein Mitglied der Familie Dumba), worauf der Kronprinz einen Revolver aus der Tasche zog und auf Baltazzi, der vor der Türe stand, durch die er eingetreten war, mehrere Schüsse abgab. Henry Baltazzi wurde getroffen, ergriff die Champagnerflasche auf dem Tisch und zerschmetterte in Notwehr die Schädeldecke Rudolfs. Mary hatte, allein in ihrem Zimmer darüber, offenbar den Lärm des Streites vernommen und, in der Angst hinuntergeeilt um Frieden zu stiften, trat sie im Augenblick als Rudolf schoss durch die Tür hinter Henry ein. Sie wurde tödlich getroffen. Der damalige Haustischler von Mayerling mußte am folgenden Morgen die im Holz und in der Wand stecken gebliebenen Revolverkugeln entfernen und die Löcher verkitten. Es war später in Baden, wo er dies erzählte. In einer Tramway Hotel Sacher-Bahnhof in Baden [gemeint ist die Tramwaystation beim Hotel Sacher in St. Helena] sprach ich später einmal mit einer Frau, die damals in Mayerling als Aufräumefrau bedienstet, das Speisezimmer in Ordnung bringen mußte. Sie erzählte mir, daß der Fußboden voll Blut und sogar am Plafond Blutspritzer und Gehirnteilen, von dem tötlichen Hieb mit der Champagnerflasche herrührend, ihr große Mühe bereiteten, um sie zum Verschwinden zu bringen. Henry Baltazzi, sehr schwer verwundet und transportunfähig, blieb sechs Wochen in Mayerling, wo er auf Befehl des Kaisers von Prof. Widerhofer, der täglich aus Wien hinausfuhr, behandelt wurde. Das war dazumal in Baden bekannt. Später wurde Henry Baltazzi, verheiratet mit Baronin Scharschmid, Besitzer des Schlosses Leesdorf und dadurch nächster Nachbar meines Onkels in Tribuswinkel. Er hat nie etwas darüber erzählt, da er unter Eid genommen, wie alle Mitwisser, die tatsächlich ihren Eid bis zum Lebensende hielten. Die Selbstmordversion wurde als weniger anstößig erst einige Tage nach dem Ereignis lanciert."

Bei der Nennung des Namens Dumba fügt Zerzawy im Brief mit Bleistift seine Vermutung hinzu, es handle sich um den österreichischen Diplomaten Constantin Dumba (1856–1945). Er war der Sohn des bekannten Wiener Industriellen und Kunstmäzens Nikolaus Dumba (1830–1900), welcher als liberaler Abgeordneter im NÖ. Landtag (ab 1885 auch Herrenhausmitglied) tatsächlich zum Freundeskreis von Kronprinz Rudolf gehörte und als Gegner des Taaffe-Regimes galt. Auch mit Theodor Billroth verband ihn eine enge Freundschaft, sodass es durchaus wahrscheinlich erscheint, dass in diesem Kreis der Tod des Kronprinzen erörtert worden ist.

Doblhoff dann weiter: „Am Vormittag nach der Schreckensnachricht ging mein Vater zufällig durch die Hofburg über den Franzensplatz, als Graf Hoyos Josef hereinfuhr und seinem Fiaker entstieg. Er sah bleich und verstört aus, was meinen Vater veranlasste, auf ihn zuzugehen, ihn zu begrüßen und zu fragen, was ihm fehle. Noch war niemand erreicht worden und die Nachricht nicht nach Wien gedrungen. Er sagte sehr bewegt: ‚Es ist etwas Fürchterliches passiert, der Kronprinz ist tot, in einer Rauferei erschlagen worden. Ich soll Sr. Majestät davon in Kenntnis setzen. Ich hatte den Triester Schnellzug in Baden gerade noch erreicht, um ihn aufhalten zu lassen um rasch nach Wien zu kommen.'"

Er fährt fort, aus für Hoyos unbekannten Gründen sei zuerst die Vorleserin der Kaiserin, Frau von Ferenczy, zu Rate gezogen worden, in deren Wohnung zufällig Frau Schratt zu einem Morgenbesuch anwesend war. Beide Damen gingen zur Kaiserin. Schratt habe Doblhoff 1923 selbst erzählt, dass sich die Kaiserin nach dem ersten Schreck sehr heroisch gezeigt habe, als sie zu Kaiser Franz Joseph ging. Erst später brach sie unter dem Schmerz zusammen. „Sie wurde in den folgenden Jahren immer mehr Sonderling und menschenscheu." Auch hier irrt Doblhoff, denn Kaiserin Elisabeth überbrachte dem Kaiser alleine die Todesnachricht. Katharina Schratt kam erst am späteren Vormittag in die Hofburg, wo sie sofort von Franz Joseph empfangen wurde.

Dann berichtet Doblhoff, dass der in Salzburg lebende Maler Franz von Pausinger (er war ein Freund seines Vaters und hatte den Kronprinzen auf seiner Orientreise begleitet) nach Wien gerufen wurde, um von dem in der Hofkapelle aufgebahrten Kronprinzen eine Zeichnung anzufertigen. Dabei konnte er, noch ehe die Besucher in die Hofkapelle kommen durften, aus nächster Nähe seine Schädelverletzung betrachten, die mit Wachs überdeckt worden war. Das Gesicht schien von den Augenbrauen abwärts völlig unverletzt, worauf Doblhoff die Theorie vom „Wasserschuss" erzählt: „Es wäre möglich gewesen, daß sie, wie in der Selbstmordversion behauptet, durch die Explosionsfolge eines Wasserschusses in den Mund entstanden wäre – mittels eines Jagdgewehres." Doblhoff fragt sich diesbezüglich, woher der Kronprinz wohl einen Trichter und einen Stöpsel gehabt hätte, um dies durchzuführen. Weiters erinnere er sich, als 12-Jähriger (1892) ein Gespräch Pausingers mit seinem Vater mit angehört zu haben, bei dem jener sagte, „… dass die Schädeldecke des Toten in der Mitte zertrümmert war und die fehlenden Teile der von einem furchtbaren Hieb hervorgerufenen Wunde in kunstvoller Weise mit farbigem Wachs ergänzt und so nachmodelliert waren, dass dies in geringer Entfernung schon nicht mehr erkennbar war. Zudem war der Kopf durch eine weiße Binde umhüllt."

Angeblich sei auch Graf Wilczek in Mayerling gewesen, „worüber ich nichts weiß". Er berichtet weiters, dass Wilczek bei Kaiser Franz Joseph nicht in Gnade gewesen sei und von ihm auch nicht das goldene Vlies erhalten habe (dieses verlieh ihm erst Kaiser Karl 1918), weil er als Dienstkämmerer anlässlich des Monarchentreffens in Salzburg mit Kaiserin Eugénie einen gefährlichen Steig benützt hatte und weil er dazu beigetragen habe, „dass sich Kronprinz Rudolf zuviel unterhielt". Der Kaiser pflegte ihn als „der Herr Nachbar" zu bezeichnen wegen seines Palais am Beginn der Herrengasse, in Sichtnähe zur Hofburg.

Zum erwähnten Monarchentreffen ist zu sagen, dass dieses vom 18. bis 23. August 1867 zwischen Kaiser Franz Joseph und Napoleon III., begleitet von seiner Frau Eugénie, in Salzburg stattfand. Die Begegnung war als Kondolenzbesuch nach dem Tod von Maximilian von Mexiko gedacht (am 19.6.1867 hingerichtet; Frankreich hatte ihm eine in Aussicht gestellte Unterstützung verweigert). Sie sollte auch eine Annäherung zwischen den beiden Herrschern angesichts der neuen Situation nach 1866 (Niederlage bei Königgrätz und dem Verlust der österreichischen Vorherrschaft im Deutschen Bund zu Gunsten Preußens sowie Verlust von Venezien) bringen. Graf Wilczek, selbst im Rang eines k.u.k. Kämmerers, war bei diesem Besuch zum Dienstkämmerer von Kaiserin Eugénie bestellt worden, der ihr die Schönheiten der Umgebung Salzburgs zeigen sollte. Er schlug ihr am 22. August 1867 einen Besuch der Kugelmühle in Fürstenbrunn am Untersberg vor, wo er mit ihr über den schmalen Weg einer steilen Felswand zum Wasserbecken der Anlage aufstieg. Die Kaiserin war über diese waghalsige Tour sehr amüsiert. Kaiser Franz Joseph, den man darüber informiert hatte, erteilte dem Grafen aber eine strenge Rüge.[273] Wilczek blieb dem Kaiser aber nicht nur wegen dieser eigenmächtigen Episode in Salzburg suspekt, sondern auch weil er sein Konkurrent im Werben um Katharina Schratt ge-

---

[273] „Hans Graf Wilczek erzählt seinen Enkeln Erinnerungen aus seinem Leben." Herausgegeben von seiner Tochter Elisabeth Kinsky-Wilczek, Graz 1933, S. 69 f.

wesen ist, was erst in jüngster Zeit durch bisher unbekannte Briefe Wilczeks offenbar geworden ist.[274] Ein zehntägiger Gegenbesuch Kaiser Franz Josephs bei Napoleon III. erfolgte am 23. Oktober 1867, bei welcher Gelegenheit er auch die damalige Weltausstellung in Paris besuchte.

Was Doblhoffs Vermutung anbelangt, Wilczek sei in Mayerling gewesen, so hat diese einen realen Hintergrund. In seinen Lebenserinnerungen berichtet Graf Wilczek, er habe in seiner Funktion als Vorsitzender des Arbeitskomitees für das Heeresmuseum den Kronprinzen letztmalig im Jänner 1889 besucht. Nach dem Gespräch haben ihn dieser und die Kronprinzessin zum Frühstück behalten, wobei er von Rudolf in freundlicher Weise nach Mayerling eingeladen worden sei. „Trotzdem nahm ich seine Einladung, in zwei Tagen zu einer Jagd nach Mayerling zu kommen, nicht an, was ihn sehr aufbrachte."[275] Warum wohl war der Kronprinz über diese Absage verärgert? Darüber kann man nur spekulieren. Angesichts dieser Mitteilung verblüfft jedenfalls die Vermutung Doblhoffs. Vielleicht hat Wilczek selbst diese Episode anderen Personen erzählt, die sie dann später „umgedichtet" haben.

Zerzawy sah jedenfalls diese Schilderungen Doblhoffs als Bestätigung seiner These vom gewaltsamen Tod des Kronprinzen (entweder durch Erschlagen mit einer Champagnerflasche oder mit einem Sessel) an, die er 1958 im letzten Teil seiner Artikelserie der *Neuen illustrierten Wochenschau* vom 14. September 1958 publizierte und die damit weite Verbreitung fand. Er schildert darin die Tat wie folgt:

„Wie hat sich das ganze abgespielt? Durch die plötzliche, ungeahnte Flucht ihrer Tochter erschreckt, eilte die bestürzte Baronin Helene Vetsera erst zur Gräfin Larisch, dann zum Polizeipräsidenten Grafen Taaffe, wodurch das Obersthofmeisteramt alarmiert wurde, vor allem aber zu ihren Brüdern Baltazzi, Marys Onkeln.

In der tragischen Nacht stießen in Mayerling, wo die Jagdgäste und später abgesondert der Kronprinz und (heimlich) Mary anwesend waren, mit den konzentrisch aufgetauchten Abgesandten der vorgenannten alarmierten Gruppen zusammen. Zum Teil mussten sie sich, wie eingedrückte Fenster und Türen und Spuren im Schnee bewiesen, gewaltsam den Eintritt ins Haus verschaffen.

Die beiden Brüder Baltazzi verlangten vom Kronprinzen energisch die Herausgabe ihrer Nichte Mary, deren Anwesenheit Rudolf leugnete, worauf sie ihn, aufs höchste gereizt, in verschärfter Weise angingen. Der Kronprinz zog seinen Revolver und schoss einen der beiden Brüder Baltazzi durch

---

[274] Georg Markus: Was uns geblieben ist. Wien 2013, S. 18 ff.
[275] Wilczek, Erinnerungen, a.a.O., S. 360.

die Brust. Dieser hatte noch die Kraft, ihm mit einer Champagnerflasche den Kopf zu zertrümmern. In diesen Tumult, der sich zu einer allgemeinen Schlägerei steigerte, war aber vorher Mary hereingestürzt und von einer Kugel tödlich getroffen.

Eines meiner Protokolle enthält die von mir in Gegenwart des Badener Hausmeisters (richtig: „Baumeisters") Hans Vock am 6.2.1951 in Alland festgehaltene Erklärung des Allander Tischlers Franz Wolf (geb. 21.6.1869, gest. 20.5.1951, 82 Jahre alt). Dieser hatte als 20jähriger Tischlergehilfe gemeinsam mit seinem Vater, Tischlermeister in Alland, im Jahre 1889, acht Tage nach dem Drama im Jagdschloss Mayerling, den von Gendarmen bewachten blutbespritzten beschädigten Raum mit den umherliegenden, offenbar als Waffen benutzten abgebrochenen Sesselfüßen wieder in Ordnung zu bringen gehabt. Etwa fünf Kugeln steckten in den Wänden. Die Wände und die Decken zeigten Kugelspuren. Ein Kampfplatz, wie er sagte. Diese Aussage hat Franz Wolf auch als Mesner auf einem Versehgang dem Priester gegenüber gemacht, der es mir mitteilte."

Der schwer verletzte Baltazzi wurde laut Zerzawy nach Baden in das Militärsanatorium Peterhof gebracht, wo man ihn sechs Monate lang pflegte. Anderen Aussagen nach starb er dort, scheint jedoch in den Totenlisten der Stadt von 1889 nicht auf (den vorhandenen Dokumenten nach starb Alexander 1914, Hector 1916, Heinrich 1929).

Lars Friedrich berichtet,[276] Hermann Zerzawy habe 1976 der französischen Tageszeitung *Le Monde* ein Interview gegeben, in dem er seine These abermals wiederholt hat. Heinrich Baltazzi-Scharschmid erstattete daraufhin bei der Staatsanwaltschaft Wiener Neustadt Anzeige wegen Rufschädigung und Verleumdung, die jedoch wegen des hohen Alters des Beklagten eingestellt wurde (Zerzawy starb im Dezember 1976).

Der Mayerlingforscher Clemens M. Gruber übernahm in seinem Buch die von Zerzawy am 6. Februar 1951 vom Tischler Franz Wolf gemachten Aussagen.[277] Dieser habe erzählt, er sei mit seinem Vater Peter etwa zehn Tage nach der Tat ins Schloss „zum Herrichten der Schlossräume" geholt worden. Er berichtet von Kugeln in den Möbeln, von Blutspuren und von drei zertrümmerten Sesseln aus hartem Nussholz im Parterrezimmer (das müsste das Schlafzimmer des Kronprinzen gewesen sein).

Obwohl von Heinrich Baltazzi-Scharschmid und von vielen Historikern diese Totschlagthese mehrfach zurückgewiesen wurde, hielt sie sich in Badener Kreisen hartnäckig. Interessanterweise berichtete der bereits genannte Baumeister Hans Vock im Jahre 1980 (damals 86-jährig) bei einer

---

[276] Lars Friedrich, Das Mayerling-Sammelsurium, a.a.O., S. 92.
[277] Gruber, a.a.O., S. 72.

„Sippung" der „Schlaraffia Aquae Therme" abermals davon. Sein Vereinsname war „Ritter Fokus", Hermann Zerzawy hieß „Ritter Rabe". In der Chronik Bd. IV (1997) der Vereinigung wird die Tonbandaufzeichnung des Vortrages von Vock schriftlich wiedergegeben. Die kaum bekannte Quelle sei hier im Wortlaut mitgeteilt:

„Ich habe Euch schon viel über Baden und seine Geschichte erzählt, aber von einer Begebenheit habe ich noch nie etwas erwähnt. Sie liegt schon viele Jahre zurück und heute möchte ich sie los werden. Ich spür', ich werde es nicht mehr lange machen, und ich möchte Euch diese Geschichte als mein Vermächtnis und als Erinnerung an den Rt. Fokus mitgeben.

Im Jahre 1947 war ich einer der ganz wenigen Autobesitzer in Baden, und so hat mich damals mein Freund Rt. Rabe der hohen Vindobona (profan Dr. Herman Zerzawy, Oberst a. D., Professor für Volksbildung und Ehrenritter der hohen Aquae Thermae) öfters gebeten, ihn da oder dort hinzufahren. Er beschäftigte sich damals intensiv mit der Kronprinz-Rudolf-Forschung. Er verstand es, die ganze Geschichte so packend zu beleuchten, dass ich bald bei fast allen seinen diesbezüglichen Aktivitäten dabei war.

Zuerst sind wir natürlich nach Mayerling gefahren und haben versucht, mit Augenzeugen, Bediensteten oder deren Kindern zu sprechen, aber da haben wir nichts herausbekommen, die haben uns nichts gesagt. Bis wir eines Tages von einem Tischler hörten, der etwas wissen könnte und der bereits lange im Ruhestand sei und zurückgezogen in einem einsamen Waldhaus leben sollte.

Es war gar nicht leicht ihn zu finden. Wir sind zuerst mit dem Auto in der angegebenen Richtung gefahren und mussten das letzte Stück zu Fuß gehen. Nach vielem Suchen haben wir den Tischler dann in der Nähe seines kleinen Hauses gefunden, er war ein schon ziemlich alter Mann. Wir haben dann ein Gespräch mit ihm angefangen, und der Rt. Rabe hat ihn gleich nach Mayerling gefragt, nach den Begebenheiten von damals und ob er etwas über den Selbstmord von Kronprinz Rudolf wisse.

‚Sie, versündigen Sie sich da nicht', hat der Tischler zu erzählen angefangen, ‚das war kein Selbstmord. Ich kann mich noch gut an die Zeit erinnern. Mein Vater und ich sind damals sehr oft im Schloss gewesen. Wir haben damals nicht zu den Bediensteten gehört und deswegen hat man uns wahrscheinlich, als die anderen vereidigt worden sind, nichts zu sagen, übersehen. Aber wenn im Schloss ein Fest war, und das war nicht selten, mussten wir beim Aufräumen und Instandsetzen helfen. Da sind oft Berge von Scherben gelegen und wenn bei den Festen irgendwelche Holzteile kaputt gegangen sind, haben wir sie reparieren müssen.

Am 30. Jänner 1889 war dann dieses Ereignis. Wir, mein Vater und ich, waren schon um zwei Uhr früh unterwegs, denn wir hatten einen weiten

Weg und wir mussten rechtzeitig fertig sein, bevor die Herrschaft aufstand. Als wir dann nach Mayerling gekommen sind, haben wir schon gehört, dass etwas passiert sein soll. Wir mussten noch warten, bis wir ins Jagdzimmer durften, in dem schon etwas Ordnung gemacht worden war. Hier musste es ziemlich wild zugegangen sein. Uns fiel besonders ein zerbrochener Sessel auf, der im Zimmer lag. Mit Sesseln kenne ich mich aus, ich habe ja selber genug gemacht. Wenn man so einen Sessel gegen die Wand oder auf den Boden schlägt, schaut das anders aus. Außerdem habe ich noch Blutreste an einem Bein gesehen. Wie ich dann später ein Bild von dem toten Kronprinzen gesehen habe, mit dem Kopfverband, da ist es mir gedämmert, dass er mit dem Sessel erschlagen worden ist, denn bei einem Schuß, von dem da so viel geredet worden ist, wäre ein so großer Verband nicht erforderlich gewesen, und da sonst niemand in dieser Art verletzt worden ist, kann das nur der Kronprinz Rudolf gewesen sein, den man mit einem Sessel erschlagen hat.'

Das und noch einiges mehr, was ich aber schon vergessen habe, hat uns damals der Tischler erzählt. Der Ritter Rabe hat damals ein Protokoll angefertigt, das ich auch unterschrieben habe.

Wir sind dann noch viel miteinander unterwegs gewesen. Der Rabe hat mit den Jahren eine umfangreiche Rudolf-Sammlung zusammengetragen. Mich hat das alles nicht so sehr interessiert. Jetzt tut es mir leid, ich hätte mir damals noch einige Kopien machen lassen sollen.

Einige Jahre später hat der Rabe plötzlich seine Rudolf-Forschung eingestellt, warum, hat er mir nicht gesagt. Aber er hat schon eine ganze Menge interessante Dinge besessen. Als er dann vor einigen Jahren mit fast 95 Jahren gestorben ist, war die Sammlung auf einmal weg. Sie soll an ein Wiener Museum gegangen sein, ich habe aber nie erfahren, an welches."

So weit also die Schilderung eines alten Badeners vor einer honorigen Gruppe Badener Bürger über einen Zeitzeugen der Epoche. Was die Mitteilung des Tischlers über tumultartige Feste im Schloss anbelangt, so handelt es sich wohl um eine fantsievolle Übertreibung, denn laut Julius Schuldes fanden während der Zeit des Kronprinzen insgesamt nur zehn Jagden in Mayerling statt und niemals ausgelassene Feste mit vielen Gästen.

Ein bei dieser Sitzung von „Aquae Thermae" anwesender, namentlich nicht genannter Gast ergänzte anschließend (für diese Chronik) die Schilderungen des Baumeisters Vock wie folgt:

„...Was Rudolf wahrscheinlich gar nicht wusste, war die Tatsache, daß zur gleichen Zeit Graf Károly, einer der Führer der ungarischen Freiheitsbewegung, ebenfalls in Mayerling war und außerhalb des Schlosses Quartier bezogen hatte. Sehr wohl erfuhr aber davon der Kaiser in Wien. Er dachte sofort an einen Wortbruch seines Sohnes und schickte Geheimpolizei nach

Mayerling, die Aufklärung schaffen sollte. Wieder durch einen Zufall wurde diesmal nicht der Leibarzt und enge Freund Rudolfs, der sonst bei solchen Aktionen herangezogen wurde, mitgeschickt, da er in Triest weilte.

Die Abordnung kam ins Schloß und fand Rudolf im Jagdzimmer. Auf dem Tisch befanden sich zwei benützte Gedecke, seines und das von Mary. Diese befand sich bereits im anschließenden Schlafzimmer.

Man bezichtigte offensichtlich Rudolf des Kontaktes mit Graf Károly. Rudolf wollte wahrscheinlich den wahren Grund des Vorhandenseins des zweiten Gedecks nicht nennen, um Mary nicht zu kompromittieren. Es könnte darauf zu einem Streit mit Handgreiflichkeiten gekommen sein. Vielleicht hat Rudolf, der auch sehr jähzornig sein konnte, zuerst nach der Waffe gegriffen. Solche waren ja genug in dem Zimmer an den Wänden vorhanden. Im folgenden Handgemenge könnte sicher einer der Geheimpolizisten, wer, wird nie in Erfahrung gebracht werden können, den schweren Sessel genommen und auf Rudolf eingeschlagen haben.

Mary Vetsera dürfte durch den Lärm angelockt in das Jagdzimmer gekommen sein. Vielleicht ist sie erschossen worden, um eine Zeugin zu beseitigen, vielleicht traf sie aber auch nur eine verirrte Kugel.

Offensichtlich hat man gleich nach der Bluttat begonnen, die Spuren zu beseitigen. Mary Vetsera wurde in aller Stille in einer Kutsche nach Heiligenkreuz gebracht und dort beerdigt."

So weit die Ergänzung der Schilderungen von Baumeister Vock durch einen Gast der Schlaraffen, die voll von vermuteten Annahmen sind. Letzterer konstruiert einen Tathergang aus eigener Sicht, der in keinem Punkt belegbar ist. Bei dem genannten „Graf Károly" handelt es sich richtigerweise wohl um Gustav Sigmund Graf Kálnoky. Er war 1881–1895 k.u.k. Außenminister, der mit Kronprinz Rudolf in engem Kontakt stand, woraus sich auch die Vermutung einer ungarischen Verschwörung ableitet. Vermutungen werden für Tatsachen ausgegeben, noch dazu in einem honorigen Kreis, werden sogar in der Chronik der Schlaraffen 1997 gedruckt überliefert. Es ist ein Beispiel, wie abenteuerlich in Baden die vermeintlichen Hintergründe der Todesnacht von Mayerling weitererzählt worden sind und die Fama noch hundert Jahre später ausgeweitet wurde.

Das hohe Alter der (Zeit-)Zeugen und die schriftliche Fixierung ihrer Aussagen, die Zerzawy eidesstattlich eingeholt hat, manchmal durch gerichtliche Beglaubigung der Personen (nicht der Aussagen), sollten die Glaubwürdigkeit der Überlieferungen erhöhen. Aber sie sind ungenau und geben subjektive Meinungen wieder. Gerade deshalb bieten sie wohl den sagenhaften Stoff für geheimnisvolle Geschichten.

Man hat den Eindruck, dass die Schilderungen von Robert Doblhoff für Zerzawy die Grundlage, ja sogar die Gewissheit für seine Thesen des gewaltsamen Todes des Kronprinzen waren, die er in der Pfarrchronik von St. Helena ein weiteres Mal bestätigt fand. Auf Grund der pominenten Familientradition wurde an den Aussagen kaum gezweifelt, allerdings hat Zerzawy nie explizit in seinen Zeitungsartikeln auf diese Quellen hingewiesen. Es wird aber deutlich, dass eine Traditionslinie von Doblhoff über Zerzawy zu Baumeister Vock in Baden geht und damit diese Version hundert Jahre lang als plausible Erklärung gehandelt wurde – und oftmals heute noch erzählt wird.

Zerzawys Version vom Totschlag des Kronprinzen kann nicht belegt werden und wird von allen Historikern bezweifelt. Er hat seine These auch nur in Zeitungen publiziert und keine dokumentarisch belegte Darstellung seiner Nachforschungen veröffentlicht, sodass seine Berichte von der Mayerlingforschung kaum beachtet worden sind (auch Judtmann, Baltazzi und Holler nennen ihn nicht, wohl aber Swistun). Dennoch hält sich hartnäckig das von ihm vertretene Gerücht, das auch andere Autoren übernommen haben.

Der Einzige, der seiner These nachgegangen ist, war Clemens M. Gruber in seinem bereits erwähnten Buch „Die Schicksalstage von Mayerling" (1989). Er hat die von Zerzawy gesammelten Aussagen aller direkten Zeugen oder deren Nachkommen durch eigene Recherchen ergänzt und in einen logischen Zusammenhang gebracht, der den Totschlag möglich erscheinen lässt. Dabei ist auffallend, dass – wie die Aufzeichnungen in der Chronik von St. Helena und die Mitteilungen von Planitz zeigen – gerade in der Umgebung von Mayerling und Baden besonders viele mündliche Überlieferungen über die Totschlagthese bekannt sind. Sie kann nur indirekt und auf Grund mündlicher Zeugenaussagen angenommen werden, wurde aber schon seit dem Morgen des 30. Jänner kolportiert.

Man kann feststellen, dass die am 30. Jänner 1889 im Jagdschloss anwesenden Mitglieder der Hofkommission keinen Hinweis auf irgendeine Gewaltanwendung gesehen und die Selbstmordthese nicht bezweifelt haben (insbesondere die Aufzeichnungen des Sekretärs im Hofmarschallamt, Dr. Heinrich von Slatin, erscheinen glaubwürdig). Der Tod aus zweiter Hand – oder etwa die Andeutung eines Mordkomplottes – ist aus keinem einzigen Poizeiprotokoll des Präsidenten Krauß herauszulesen. Auch auf Grund der heute noch vorhandenen Dokumente (zahlreiche wichtige Zeugnisse sind verschollen) wird von der historischen Forschung die Mord- und Selbstmordthese als Tatsache angenommen, insbesondere auch von Univ.-Prof. Dr. Adam Wandruszka, der die Darstellung des Freiherrn von Mitis kritisch durchgearbeitet und 1971 neu herausgegeben hat (er erwähnt allerdings nicht den inzwischen aufgetauchten und publizierten Mayerling-Akt des Polizeipräsidenten Krauß). Wandruszka anerkennt auch die kritische Prüfung der Überlieferungen im Buch von Clemens Loehr „Mayerling. Eine wahre Legende" (Wien–München–Zürich 1968) und von Judtmann, die zahlreiche Widersprüche in den Quellen festgestellt haben, „weshalb die Hypothese eines unvorhergesehenen Ereignisses in Mayerling nicht mit absoluter Sicherheit ausgeschlossen werden kann".[278] Diese Aussage erscheint allerdings wie eine Rückversicherung, um die Möglichkeit neuer Erkenntnisse offen zu lassen. Seine Schülerin, Brigitte Hamann, kommt nach akribischer Forschung zum gleichen Schluss. Ihre Kronprinz- Rudolf-Biografie lässt den Selbstmord als logisches Ende eines von Anfang an zerrütteten Lebens erscheinen, bei welcher Darstellung aber der verheißungsvolle Beginn seines Lebens und die damit verbundenen Erwartungen der ihm nahe stehenden Zeitgenossen zu kurz kommen.

Die Historikerin Ingrid Haslinger kommt im Kapitel „Die Ungereimtheiten" ihres Buches auf Grund widersprüchlicher Hinweise und Aussagen in den vorhandenen Quellen zur Annahme, „dass sich in Mayerling etwas völlig Unvorhergesehenes abgespielt hat". Sie hat alle von Clemens Gruber gesammelten und aus anderen Quellen stammenden Aussagen über ein gewaltsames Ende des Kronprinzen zusammengefasst und damit diese Möglichkeit neuerlich aktualisiert.[279] Wie schon erwähnt, sind ihrer Meinung nach die zahlreichen, von ihr recherchierten Briefe Rudolfs, die ihn bis zuletzt als einen eifrig tätigen Menschen ohne Todesabsichten erscheinen lassen, ein Argument gegen den Selbstmord. Auch Rudolfs vorgemerkte Aufgaben für die Tage nach dem 30. Jänner widersprechen ihrer Meinung nach einer Selbstmordabsicht. Sie lässt allerdings Rudolfs Ankündigungen darüber sowie seine und Marys Abschiedsbriefe beiseite, geht nicht auf seine verzweifelte Lebenssituation und die damit einhergehenden psychischen Veränderungen in seinen beiden letzten Lebensjahren ein, von der viele Zeitzeugen berichten. Auch die Aufzeichnungen des Polizeipräsidenten Krauß widersprechen ja einer These von einem Mord an Rudolf.

Abschließend sei noch berichtet, dass die Geschichte des Totschlages mit einer Champagnerflasche, die auch im Kreis französischer Historiker erörtert wird, eine elsässische Weinkellerei dazu inspiriert hat, einen Sekt der Marke „Mayerling" herzustellen.

---

[278] Mitis/Wandruszka, a.a.O., S. 15.
[279] Ingrid Haslinger: „Rudolf war immer ein guter Sohn. Mayerling war ganz anders." Wien 2009. Dort im Anhang: „Stimmen und Meinungen zu Mayerling", S. 312 ff.

Der mögliche Ursprung des Totschlaggerüchtes

Ein Ausgangspunkt für das Gerücht eines Totschlages könnte die behauptete Anwesenheit eines der Baltazzi-Brüder und eines Begleiters bereits am 29. Jänner 1889 in Mayerling sein. Der zweite ist die tatsächliche Anwesenheit von Alexander Baltazzi und seinem Schwager Georg Stockau, die am Abend des 31. Jänner die Leiche Mary Vetseras von Mayerling nach Heiligenkreuz zu überführen hatten.

Diese mögliche Anwesenheit am 29. Jänner leitet sich aus den Eintragungen des Polizeipräsidenten Krauß in seinem Mayerling-Akt ab.[280] Er gibt an, dass ihn Gräfin Larisch am 28. Jänner um 12 Uhr mittags aufgesucht und das Entweichen Marys bei einem gemeinsamen Einkauf mitgeteilt habe, wobei sie vermutete, dass sie mit einer im Einverständnis stehenden Persönlichkeit verschwunden sei. Sie sei gleich nach dieser Entdeckung zu Marys Onkel Alexander Baltazzi in die Giselastraße 9 und danach zu Helene Vetsera gefahren, wo im Gespräch Kronprinz Rudolf als mögliche Ursache des Verschwindens erörtert wurde.

Helene Vetsera unternahm daraufhin sofort Schritte, um eine Spur ihrer Tochter zu finden. Ihr Bruder Alexander ließ in der Burg nachforschen, ob der Kronprinz in Wien anwesend sei, und erfuhr von seinem Aufenthalt in Alland (Mayerling), was seiner Meinung nach aber auch eine Fiktion sein könnte. In der Vermutung, dass Mary bei der Kupplerin Wolf auf den Kronprinzen warte, ließ er bei dieser nachfragen. Krauß meinte, sie sei nicht mehr in der Heumühlgasse (Nr. 10, was aber richtigerweise die Adresse von Mizzi Caspar war), sondern in der Pilgramgasse 16. Da sie nicht dort war, erhärtete sich sein Verdacht bezüglich Mayerling. Er setzte sich offenbar nochmals mit der Gräfin Larisch in Verbindung, denn um 19 Uhr sprachen beide gemeinsam bei Baron Krauß in dessen Wohnung vor. Baltazzi war der Überzeugung, Mary sei beim Kronprinzen, deshalb beabsichtige ihre Mutter zum Kaiser zu gehen, was sie aber nicht ohne Beweise tun könne. Diese wollte Baltazzi mit Hilfe von Krauß erhalten. Er wies jedoch darauf hin, dass Mayerling als Privateigentum des Kronprinzen ein Hofgebäude sei, zu dem die Polizei keinen Zutritt habe und nicht nachforschen dürfe. Am nächsten Tag (29. Jänner) notierte Krauß, dass um ca. 11 Uhr Baronin

---

[280] Krauß, a.a.O., S. 24 ff.

Vetsera und Herr Alexander Baltazzi vorgesprochen, ihm eine Fotografie von Mary überbracht und zur Aufklärung ihres Verschwindens um polizeilichen Beistand gebeten hätten, den er aber mit dem gleichen Argument wie am Vortag ablehnte. Wörtlich weiter: „Ich sprach dann H. Baltazzi meine Ansicht dahin aus, dass es am zweckmäßigsten wäre, wenn er selbst nach Meierling fahrt und sich daselbst überzeugt ob sein Verdacht begründet sei."[281] (Krauß wurde daraufhin aber doch aktiv und beauftragte den Polizeikommissar Eduard Bayer, am kommenden Morgen nach Mayerling zu fahren, um nach dem Verbleib von Mary Vetsera zu forschen.)

Nun kann wohl angenommen werden, dass Baltazzi dieser Anregung tatsächlich folgte und am selben Tag in Begleitung seines Schwagers Georg Graf Stockau nach Mayerling gefahren ist, wo sie aber keinen Einlaß fanden. Möglicherweise ist diese Anwesenheit vom nahe dem Schloss gelegenen Gasthof (heute „Zum alten Jagdschloss") beobachtet worden, sei es dass die beiden dort eingekehrt waren, sei es dass die Pferde versorgt werden mussten. Judtmann zitiert in diesem Zusammenhang eine Meldung im *Berliner Tagblatt* vom 13. Februar 1889, die genauere Details nennt: „Am Dienstag 29.1. soll ein Onkel der Baronesse, Herr Baltazzi in Mayerling erschienen sein, um seine Nichte zu deren Mutter zurückzubringen. Er fragte den Prinzen von Coburg, sowie den Grafen Hoyos nach der jungen Dame. Beide aber konnten der Wahrheit gemäß ihr Wort geben, dass sie dieselbe nicht gesehen, so kehrte Herr Baltazzi unverrichteter Dinge nach Wien zurück."[282] Die Unterredung mit Coburg und Hoyos mag erfunden sein, denn beide waren ja an diesem Nachmittag auf der Jagd, aber die Anwesenheit eines Baltazzi in Mayerling am Tag vor dem Drama hat damit eine hohe Wahrscheinlichkeit.

Als dann am nächsten Tag (30. Jänner) der Tod des Kronprinzen bekannt wurde, fuhren die beiden abermals nach Mayerling, um die Leiche Marys abzuholen. Da aber eine zweite Leiche im Schloss seitens der Hofbeamten vertuscht werden sollte, ließ man sie gar nicht an die Tote heran. Dr. Widerhofer klärte sie aber auf, dass die Giftversion nicht stimme und beide erschossen vorgefunden wurden sind.[283]

Doblhoff und andere Autoren nennen Heinrich Baltazzi als vermutlichen Schlossbesucher. Kaum ein Zeitgenosse hatte damals einen Überblick über die vielfachen Geschwister der Familie. Der wegen seiner Rennsiege und seinem Ansehen in der Gesellschaft berühmte Heinrich/Henry eignete sich für diese Unterstellung wohl am besten. Sehr wahrscheinlich hat man

---

[281] Krauß, a.a.O., S. 38.
[282] Judtmann, a.a.O., S. 111 f.
[283] Baltazzi-Swistun, a.a.O., S. 205 und Swistun, a.a.O., S. 166. Beide scheinen sich auf die gleiche Quelle zu berufen, die heute verschollen ist (Tagebuch der Tante Seraphine?).

Alexander, der weniger bekannt war, mit Heinrich verwechselt. Jedenfalls lag es für jene, die die Zusammenhänge nicht kannten naheliegend, diese Anwesenheit eines Baltazzi mit dem Ableben des Kronprinzen in Verbindung zu bringen, zumal kaum jemand die offizielle Todesversion eines Herzschlags glauben wollte. An Selbstmord wagte vorerst niemand zu denken, der war unvorstellbar und undenkbar. Daher erschien der Tod des Kronprinzen aus zweiter Hand im Zuge einer vermuteten Auseinandersetzung über Baltazzis Nichte als eine mögliche Ursache. Ernst von der Planitz verbreitete diese Version, die bald eifrig kolportiert und ausgeschmückt wurde, was auch an Zerzawys Überlieferung ersichtlich ist.

Am 31.1., als die „Beseitigung" der Leiche entschieden worden war, kamen Baltazzi und Stockau abermals nach Mayerling, um die Leiche Marys in der geschilderten makabren Weise zur Beerdigung nach Heiligenkreuz zu bringen, was sicherlich einem größeren Personenkreis bekannt war, als den in den Dokumenten Genannten. Die wiederholte Anwesenheit „eines Baltazzi" in Mayerling in den Tagen des Geschehens mag der Anlass für die Vermutung seiner Beteiligung daran gewesen sein.

Der starke Kopfverband des aufgebahrten Prinzen war Anlass für die mehrfach geäußerte Annahme, er sei durch einen Hieb auf den Kopf getötet worden. Dazu noch folgende Überlegungen: Dem überlieferten Protokoll nach hatte der Kronprinz eine schwere Schädelverletzung durch eine Schusswaffe, höchstwahrscheinlich von einem Offiziersrevolver Modell Gasser-Kropatschek, Kal. 9 mm, verursacht; dieser war seit 1872 bei der Armee in Verwendung (er musste von den Offizieren selbst angekauft werden). Bei diesem Revolver bestand das Geschoss aus einer Bleikugel, die sich beim Auftreffen auf einen Widerstand verformt und zu einer großen Verletzung führt (im Gegensatz zu einem Stahlmantelgeschoss, das eine glatte Einschussöffnung verursacht). Tatsächlich spricht der Obduktionsbericht von „einer Zertrümmerung des Schädels und der vorderen Hirnpartien". Je nach dem genauen Eintrittswinkel des Geschosses ist bei dessen Austritt eine derartige Absprengung der Schädeldecke möglich.[284] Von einer solchen spricht Dr. Slatin in seinem Bericht, Blut und Gehirnteile waren herausgequollen und teilweise gegen die Wand geschleudert worden. Für die Aufbahrung des Kronprinzen musste daher eine entsprechende Kaschierung der Wunde erfolgen, was zu vielen Spekulationen führte. Es handelte sich jedoch eindeutig um eine Schussverletzung und nicht um eine durch Hiebwirkung erfolgte Fraktur, wie gerüchteweise vermutet wird. Der Schädel Marys wies hingegen keine Zertrümmerung auf, vermutlich weil der Revolver direkt an den Schädel gedrückt worden war.

---

[284] Dankenswerter Hinweis vom Gerichtsmediziner Univ.-Prof. Dr. Christian Reiter, Wien.

Der Chronist von St. Helena hat festgehalten, dass man bei seinem Eintreffen im Gasthaus in Mayerling am Abend des 30. Jänner 1889 als erste Version von Selbstmord sprach, noch bevor eine offizielle Todesursache bekannt gegeben wurde. Es war eben die Tatsache, dass nicht der Kronprinz allein, sondern mit ihm seine junge Begleiterin in Mayerling den Tod gefunden habe der große Skandal, der unbedingt vertuscht werden sollte. Dadurch entstanden auch die anfangs widersprechenden offiziellen Todesmeldungen. Wenn schließlich auf Drängen der obduzierenden Ärzte der Selbstmord bekannt gegeben wurde, so galt es doch den Mord an Mary Vetsera durch den Kronprinzen zu verheimlichen. Die bei der Aufbahrung sichtbare Kopfverletzung Rudolfs und seine in Handschuhen steckenden Hände, sowie die großen Blutspuren in Mayerling (es handelte sich eben um den Blutverlust zweier Opfer), waren willkommene Ansatzpunkte, um seinen Tod aus fremder Hand zu behaupten.

Ein anderer, der ebenfalls von einem gewaltsamen Tod Rudolfs überzeugt war (oder dieser Überzeugung Ausdruck gegeben hat), war sein Seelsorger, der Hofpfarrer Dr. Laurenz Mayer. Ein anonymer Autor bezeichnet ihn als Verfechter einer Mordversion, wonach Mary den Kronprinzen getötet habe, worauf diese von einem seiner anwesenden Freunde niedergemacht worden sei.[285] Wenn dieser Priester „… zähe an dieser Auffassung festhielt", dann wohl deswegen, weil es für ihn als Kirchenmann grässlich war, seinen ehemaligen Schützling (er begleitete Rudolf im Jahre 1880 auch auf seiner Reise nach Jerusalem) als Mörder und Selbstmörder zu erleben.

Auch die Witwe von Kaiser Karl, Kaiserin Zita (1892–1989), und ihr Bruder Prinz Xavier von Bourbon-Parma haben bis an ihr Lebensende an der Version vom Tod Rudolfs durch fremde Hand festgehalten, ihrer Überzeugung nach durch unbekannte Verschwörer, die von Clémenceau gedungen worden waren.[286]

Alle vorhin genannten Annahmen lassen die Tatsache beiseite, dass Rudolf schon monatelang Selbstmordabsichten geäußert hat. Auch die Abschiedsbriefe aus seiner und aus Marys Hand belegen eine vorgefasste Todesabsicht. Schließlich bezeugen auch die fortlaufenden Eintragungen im Mayerlingakt des Polizeipräsidenten Krauß, die bis 1955 unbekannt waren, den Mord und den Selbstmord. Krauß hatte keinen Grund, ein allfälliges Mordkomplott, von dem immer wieder gesprochen wird, in

---

[285] Kaiser Franz Joseph I. und sein Hof. Erinnerungen und Schilderungen aus den nachgelassenen Papieren eines persönlichen Ratgebers. Übersetzt und herausgegeben von Dr. Josef Schneider. Berlin 1922, S. 54.
[286] Erich Feigl (Herausgeber): Kaiser Karl. Persönliche Aufzeichnungen, Zeugnisse und Dokumente. Wien 1984, S. 7 ff. Abermals in der ergänzten und überarbeiteten Neuauflage: „Gott erhalte …" Kaiser Karl. Wien 2006, S. 521 ff.

irgendeiner Weise zu verschleiern oder zu verbergen, zumal eine große Zahl von Personen unmittelbar nach der Tat als Augenzeugen am Ort des Geschehens anwesend waren. Auch der Kaiser hätte wohl Nachforschungen nach allfälligen Mördern seines Sohnes verlangt.

Für viele Menschen, insbesondere in Kirchenkreisen und in der Familie, war die überraschende Tat so unglaublich und furchtbar, dass man darüber nicht sprechen konnte und anfänglich eben nach einer anderen Todesursache als dem Selbstmord suchte. Erst nachdem Dr. Widerhofer am Tag nach der Obduktion den Kaiser über den wahren Sachverhalt aufgeklärt hatte, gab dieser Order, der Öffentlichkeit den Selbstmord mitzuteilen. Allerdings war dies wieder nur eine halbe Tatsache, denn Mary Vetera durfte nicht erwähnt werden.

Wenn bis heute der Tod Rudolfs durch fremde Hand behauptet wird, dann soll damit der Vorwurf entkräftet werden, er sei ein Mörder gewesen. Denn darin lag „das Schreckliche", das von einigen Zeitzeugen so benannt wird, ohne es genau zu beschreiben. Alle Hypothesen und Mutmaßungen über tätliche Auseinandersetzungen mit Kontrahenten oder eine Verschwörung entlasten den Kronprinzen zu Gunsten eines unverschuldeten Endes. Die Frage nach der Schuld verdeckt aber die Frage nach den Ursachen der Tragödie, die vielfältige Hintergründe hat.

Ein Arzt sucht Spuren: Dr. med. Gerd Holler

Dr. Gerd Holler gehört zur nachfolgenden Generation von Zerzawy und Baltazzi-Scharschmid. Er war als praktischer Arzt in Baden tätig, wo er beide als Patienten hatte. Durch sie angeregt, beschäftigte er sich mit der Mayerling-Problematik, über die er zwei Aufsehen erregende Bücher geschrieben hat.

Hollers Eltern stammten aus Mährisch Trübau/Moravská Treboná nahe Pardubice. Sein Vater, Ernst Holler, war bis 1918/19 Gymnasiallehrer für Deutsch und Geschichte in Znaim, ab dem Schuljahr 1919/20 in Waidhofen an der Thaya, wo sein Sohn Gerhard (Gerd) am 5. Oktober 1922 geboren wurde. 1928 nahm er auf Vorschlag des Unterrichtsministeriums eine Lehrstelle am Gymnasium in der Biondekgasse in Baden an. Hier kaufte er in Leesdorf das Haus Braunstraße 10, das bis nach 1945 Heimstätte der Familie blieb. 1938 wurde er als regimekritisch eingestuft und nach Wiener Neustadt strafversetzt.

Sein Sohn Gerd, ein begabter Schüler, lernte auch das Geigenspiel und war lange Jahre Privatschüler des in Baden lebenden Geigenvirtuosen Jaro Schmid. Bei zahlreichen öffentlichen Konzerten, die damals vor allem in der Trinkhalle des Kurhauses (heute Casino) stattfanden, wurde er als Geigenwunderkind bestaunt. 1939 machte er am Badener Gymnasium die sogenannte Kriegsmatura und wurde sofort zur deutschen Wehrmacht eingezogen, wo er den gesamten Weltkrieg als Soldat miterlebte. 1940 absolvierte er einen Unteroffizierslehrgang für Flugmelder und Richtkanoniere, nahm am Frankreichfeldzug bei der Fliegerabwehr und als Kraftfahrer teil, wo er nach der Einnahme von Paris auf der Place de la Concorde mit dem EK II (Eisernes Kreuz 2. Kl.) ausgezeichnet wurde. Er machte dann den Russlandfeldzug mit, kam bis vor Stalingrad, wo er an Hepatitis erkrankte und im letzten Moment ausgeflogen wurde. Im April 1943 wieder genesen (Sanatorium im Allgäu), kam er am 1. Mai nach Sylt, wo er in Norderney zum Marineflieger für Rettungsflüge ausgebildet wurde. Es folgten ein Bordmechanikerlehrgang in Parnow bei Kiel, ein Flugzeugführerlehrgang zur See in Bug auf Rügen, darauf der Einsatz bei der Seenotstaffel in Kiel, wo er sogar einen Flugzeugabsturz in die Nordsee überlebte. Zu Kriegsende kam er in britische Gefangenschaft, konnte aber bereits im September 1945 nach Baden zurückkehren. Sein Vater war inzwischen von Wiener Neustadt nach Baden zurückberufen und zum Direktor des Mädchengymnasiums in der Frauengasse ernannt worden.

Gerd Holler, der schon früh Interesse an der Medizin gezeigt hatte, schwankte nun, ob er Musiker oder Mediziner werden sollte. Schließlich entschied er sich für Letzteres und begann im Wintersemester 1945/46 das Medizinstudium an der Universität Wien, wo er bei Univ.-Prof. Dr. Karl Fellinger an der II. Universitätsklinik seinen Studienabschluss machte. In Bad Schallerbach führte Fellinger eine Rheumaklinik, wo Holler eine Zeit lang tätig war und Erfahrungen in der Rheumabehandlung gewinnen konnte. Von dort kam er an die chirurgische Abteilung des Krankenhauses in Baden, wo er schon während des Studiums unter Primararzt Dr. Lothar Biener gearbeitet hatte. 1962 eröffnete er eine eigene Ordination in der Wassergasse Nr. 37. 1965 wurde er Leiter des Hotelsanatoriums „Esplanade" in der Helenenstraße und verlegte seine Ordination in die Pergerstraße 10 (unweit davon, auf Nr. 11a, führte Heinrich Baltazzi-Scharschmid sein Milchgeschäft). Nach Schließung des „Esplanade" war er bis zu seiner Pensionierung im Bauernsanatorium für Rheumakranke in der Renngasse tätig.

Seine Frau Dorrit stammt mütterlicherseits aus der in Baden bekannten Familie des Barons Alfred Fries, Ministerialrat im Handelsministerium. Dieser hatte zwei Töchter, Karoline („Lola", 1886–1965) und Helene („Elly", 1893–1990). Karoline war bis an ihr Lebensende für ihre „Sprachschule Fries" in der Wassergasse 3 berühmt. Helene Fries heiratete den Schauspieler und Regisseur Alfred Stöger (1900–1962) und war die Mutter der Zwillingsschwestern Marlene und Dorrit.

Letztere studierte Deutsch und Geschichte an der Universität Wien, schloss mit dem Doktorat („Gestalten und Probleme der österreichischen Novelle um 1900") und dem Lehramt ab und machte ihr Probejahr bei ihrem künftigen Schwiegervater im Mädchengymnasium (ihre Schwester Marlene Stöger war dort später Mathematiklehrerin). Der Religionslehrer dieses Gymnasiums war Johannes Ressel, zugleich Rektor in der mit dem Schulgebäude verbundenen Frauenkirche. Er betreute nach 1945 in Baden die katholische Hochschuljugend und vermittelte den geistig leeren jungen Menschen der unmittelbaren Nachkriegszeit durch seine Seelsorge neue Inhalte. In diesem Kreis lernte Gerd Holler seine künftige Frau kennen, heiratete 1950, welcher Ehe zwei Kinder, Angelika (1951) und Nikolaus (1952) entstammen. Ab 1960 lebte er in seinem Haus Lechnergasse 8 in Baden, unweit des Schlosses Leesdorf.

Holler war als Arzt vielfach publizistisch tätig, veröffentlichte wissenschaftliche Arbeiten zur Gastroenterologie, Rheumatologie und Balneologie in medizinischen Fachzeitschriften. Daneben widmete er sich – von Vater und Gattin zusätzlich angeregt – historischen Studien.

1980 erschien im Verlag Fritz Molden sein erstes Buch „Mayerling. Die Lösung des Rätsels", dessen Präsentation im Palais Auersperg im Rahmen

Dr. Gerd Holler 1980 im Palais Auersperg vor der Vitrine mit der Kronprinz-Rudolf-Sammlung von Dr. Zerzawy (Lederhose und Vogelbild Rudolfs in der Vitrine)

der dort von KR Weiß in Wandvitrinen präsentierten Kronprinz-Rudolf-Sammlung (von Hermann Zerzawy stammend) stattfand. 1988 folgte auf Drängen des Amalthea-Verlages Wien ein zweites Buch: „Mayerling. Neue Dokumente zur Tragödie 100 Jahre danach", praktisch eine erweiterte Neuauflage des ersten Buches. Es wurde am 7. März 1989 vom Autor in der Badener Buchhandlung Moor-Breininger in der Pfarrgasse vorgestellt.

Ab 1987 war Gerd Holler in Pension und widmete sich nun völlig seiner schriftstellerischen Tätigkeit. Insgesamt schrieb er fünf Biografien über Mitglieder des österreichischen Kaiserhauses und dessen Umkreis, wobei er insbesondere medizinische Aspekte und Erfahrungen berücksichtigte. Seine Darstellungen sind von einer Auseinandersetzung mit der gesamten

Epoche geprägt, womit er einen wertvollen Beitrag zum Geschichtsbild Österreichs der jeweiligen Zeit liefert. Bei den Biografien handelt es sich um folgende: „Franz Ferdinand von Österreich-Este" (1982), „Gerechtigkeit für Ferdinand. Österreichs gütiger Kaiser" (1986), „Napoleons Sohn: Der unglückliche Herzog von Reichstadt" (1987), „Louise von Sachsen Coburg: Ihr Kampf um Liebe und Glück" (1991), „Sophie. Die heimliche Kaiserin, Mutter Franz Josephs I." (1992; auch in tschechischer Übersetzung erschienen). Weitere Werke sind: „Für Kaiser und Vaterland. Offizier in der alten Armee" (1990), „Getreu dem Eid des Hippokrates. Österreichs große Ärzte" (1990, als Herausgeber), „Josef Meinrad: Da streiten sich die Leut' herum" (1995; er war ein enger Freund des Schauspielers).

Für dieses reiche schriftstellerische Schaffen erhielt Holler 1997 den Kulturpreis der Stadt Baden, der ihm am 13. März 1998 übereicht wurde. Seine Gesundheit war damals nach Entfernung einer Niere (Zyste) schon stark geschwächt, er starb an den Folgen seiner Raucherkrankheit am 22. Juni 1999, also genau hundertzehn Jahre nach Kronprinz Rudolf. Holler ist auf dem Badener Stadtpfarrfriedhof beerdigt.

(Frau Dr. Dorrit Holler sei an dieser Stelle für ihre bereitwillige Hilfe zur Erstellung dieser Biografie gedankt.)

Die Mayerling-Forschungen von
Dr. Gerd Holler und seine These

Wie Holler selbst angibt, fand er die Anregung zur Beschäftigung mit den Vorgängen in Mayerling durch Hermann Zerzawy, der wie seine Eltern aus Mähren stammte. Holler betreute auch Heinrich Baltazzi-Scharschmid, und viele Fakten in seinen Büchern entstammen Informationen, die er bei Zusammenkünften mit den beiden Herren erhielt. Er gibt an, insbesondere seit April 1978 mit Baltazzi ausführliche Gespräche über die Lebensumstände seiner Familie geführt zu haben.[287] Weiters sprach Holler mit den damals noch lebenden Zeugen der 1959 erfolgten Umbettung von Mary Vetsera in Heiligenkreuz und machte darüber Aufzeichnungen.

Etwa 1978 entdeckte er die persönlichen Erinnerungen von Julius Schuldes im Badener Stadtarchiv, die er in seinem Buch als „bisher unveröffentlichte Originaldokumente des Jahres 1889" bezeichnet. Genau genommen handelt sich nicht um ein Originaldokument aus 1889, weil die Aufzeichnungen erst 1929 geschrieben worden sind, wohl aber um ein glaubwürdiges Dokument über die Vorgänge im Jahre 1889. In seinem Buch „Mayerling: Die Lösung des Rätsels", Wien 1980 (der Titel wurde von Fritz Molden gewählt, in dessen Verlag das Buch erschien), wertete Holler erstmals diesen bisher unbeachteten Schuldes-Bericht aus (Brigitte Hamann lässt ihn unerwähnt, auch in der Neuauflage ihrer Rudolf-Biografie 2005). Durch ihn sind diese kaum bekannten Notizen von den Vorgängen in Mayerling und den von Schuldes angefertigten Zeichnungen des Jagdschlosses erstmals einer breiten Öffentlichkeit bekannt geworden. Dadurch wurden mancherlei Details über das Schlossgebäude und den Alltag in Mayerling anschaulich.

Auf Grund der bekannten Schwierigkeiten für die kirchliche Beerdigung des Kronprinzen bestand mehrfach die Vermutung, dass im vatikanischen Geheimarchiv Aufzeichnungen über den Tathergang in Mayerling vorhanden seien. Holler stellte daher auch dort Nachforschungen an, gemeinsam mit seiner Frau Dorrit, die mir darüber Folgendes berichtet hat:

Am Mädchengymnasium in der Frauengasse lehrte ein Musikprofessor namens Walter Kukacka, welcher der Cousin eines gewissen Pater André

---

[287] Holler, Die Lösung des Rätsels, a.a.O., S. 322.

Marquis im vatikanischen Geheimarchiv war. Mit ihm trat Holler in Verbindung, doch der Zugang zu diesem Archiv gestaltete sich schwierig. Erst ein Empfehlungsschreiben des Wiener Kardinals Dr. Franz König, das auf Vermittlung des Verlegers Fritz Molden ausgestellt worden war, öffnete die Pforten.

Holler konnte dann in diesem sogenannten Geheimarchiv feststellen, dass gemäß dem Inhaltsverzeichnis des betreffenden Faszikels zwar die Korrespondenz zwischen dem päpstlichen Nuntius in Wien und dem Kaiserhaus eingetragen ist, die angeführten Aufzeichnungen und Seiten über Mayerling aber fehlten oder herausgeschnitten worden waren. Die Gründe dafür sind geheimnisvoll und unlösbar – es gibt nur Vermutungen über den Grund dafür (Intervention kaiserlicher Stellen?).

Holler geht von der Annahme aus, dass Mary Vetsera von Kronprinz Rudolf schwanger gewesen und nach einem in Wien durchgeführten fehlgeschlagenen gynäkologischen Eingriff in Mayerling verblutet sei. Rudolf zog daraufhin als Ehrenmann die letzte Konsequenz und erschoss sich.

Mit dieser Grundannahme steht Holler nicht alleine. Bereits 1971 hat der Historiker Adam Wandruszka in seinem Vorwort zur Neuauflage der Kronprinzenbiografie des Oskar von Mitis die Möglichkeit einer Schwangerschaft von Mary Vetsera als auslösendes Moment für die Tragödie von Mayerling angedeutet. Er sagt: „In diesem Zusammenhang (gemeint ist die Frage nach der Rettung des guten Namens des Kronprinzen) verdienen die zahlreichen Gerüchte und Hinweise auf eine eingebildete oder tatsächliche Schwangerschaft der Baronesse Mary Vetsera doch wohl eine stärkere Beachtung, als sie bisher von Seiten der ernsten Forschung […] gefunden hat."[288]

Holler hat vermutlich diesen Hinweis aufgegriffen, als Arzt Nachforschungen in diese Richtung angestellt und darauf seine These aufgebaut. Der medizinisch ausgebildete Autor schildert dabei ausführlich die Möglichkeiten und Konsequenzen eines Schwangerschaftsabbruches in der damaligen Zeit, die nicht notwendigerweise mit der Tragödie in Zusammenhang stehen.

Natürlich bedurfte es eines klaren Beweises, dass Mary nicht erschossen worden, sondern an einer verunglückten Abtreibung gestorben ist. Holler wollte daher 1978 eine Exhumierung der Leiche Marys erwirken, um seine These durch eine entsprechende Untersuchung der Leichenreste sichern zu können. Dazu wäre die Zustimmung des damaligen Abtes von Heiligenkreuz, Dipl.-Ing. Franz Gaumannmüller, erforderlich gewesen, da der Friedhof dem Stift untersteht. Dieser verweigerte aber eine neuerliche

---

[288] Mitis/Wandruszka, a.a.O., Vorwort S. 22.

Graböffnung. Holler befragte daher die drei bei der Neubestattung Mary Vetseras am 7. Juli 1959 Anwesenden (den Prior und damaligen Pfarrer von Heiligenkreuz, Gerhard Hradil, den Leiter der städtischen Bestattung Baden, Eduard Halbwachs, sowie Heinrich Baltazzi-Scharschmid) und schrieb darüber ein Gedächtnisprotokoll.[289]

Hradil und Halbwachs hatten erklärt, am Schädel von Mary keine Einschussöffnung gesehen zu haben, wohl aber ein scharf umgrenztes ovales Loch. Dieses stammte nach Hollers Meinung von einer im Sarg gefundenen Gartenhaue (ein „Heinl"), mit welcher dieser 1945 vermutlich aufgehaut und der Schädel beschädigt worden war (es erscheint allerdings fraglich, ob mit diesem relativ kleinen Gartengerät tatsächlich der Kupfersarg aufgerissen worden ist). Diese Gartenhaue hat der Archivar des Stiftes in Verwahrung genommen.[290] Sie war für Holler jedenfalls der Beweis, dass Mary auf eine andere Weise als durch einen Kopfschuss gestorben ist – seiner Meinung nach eben durch Blutungen infolge eines unsachgemäßen gynäkologischen Eingriffes.

Als weiteres Indiz für seine These interpretierte Holler vermutlich das von einem Konfidenten überlieferte Gerücht, das bereits im erwähnten Mayerling-Akt des Polizeipräsidenten Krauß zu finden ist.[291] Dort liest man am 5. Februar 1889 folgende Eintragung: „X.Y.! Soeben wird mir eine ganz neue Version puncto meyerling zugetragen. Die bereits zum 4. Monat gediehene Schwangerschaft einer Baronesse Wecera(?) welche ein Ideal von Schönheit galt soll am 26. v. Mts. zu einem fürchterlichen Auftritt zwischen Vater und Sohn geführt haben, in Folge dessen Letzterer erklärte, auf Alles zu verzichten, eventuell sich zu erschießen, er könne nun einmal seine Frau nicht leiden usw. – In M. trafen dann die Baronesse und der Kronprinz zusammen; erstere wurde von ihm erschossen, dann der Selbstmord. Die Baronesse soll in M. in aller Stille begraben worden sein." Baron Krauß fügte diesen Bericht seinem Geheimakt bei, der, wie schon erwähnt, erst nach 1955 bekannt wurde. Man sieht jedenfalls aus dieser Eintragung, dass bereits unmittelbar nach der Tragödie von einer Schwangerschaft als Ursache des Dramas gesprochen worden ist.

Holler fand sich in seiner Annahme auch durch die Aussagen von Gräfin Zoe Wassiliko-Serecki bestärkt (sie war übrigens eine Enkelin des Polizeipräsidenten Baron Krauß), die 1955 im Staatsarchiv aus der Erinnerung ein Protokoll niederschrieb. Darin gibt sie an, dass sie 1919 (also 36 Jahre zuvor), als 22-jähriges Mädchen bei ihrer Cousine Aglaja, der zweiten Frau von Heinrich Graf Taaffe (Sohn des seinerzeitigen Ministerpräsidenten

---

[289] Der Text des Protokolls von Halbwachs bei: Holler, Neue Dokumente, a.a.O., S. 363 f.
[290] Das Foto davon in: Holler, Neue Dokumente, a.a.O., S. 368.
[291] Holler, Das Mayerling-Original, a.a.O., S. 150.

Eduard Graf Taaffe, dem von Kaiser Franz Joseph Dokumente über Mayerling übergeben worden waren), auf Schloss Ellischau in Böhmen Einsicht in die „Taaffe-Papiere" nehmen konnte. Dabei habe sie u. a. von der Schwangerschaft Marys gelesen. Auch Wandruszka führt diese Aussage an.

Eine weitere Bestätigung seiner These glaubte Holler in den Memoiren der Gräfin Larisch gefunden zu haben. Sie berichtet, am 27. Jänner 1889 im Grand Hotel in Wien den Besuch von „Frau Müller, eine liebe alte Dame" erhalten zu haben, die auch von der Liebschaft des Kronpinzen wusste.[292] Holler war der Meinung, dass es sich hier um die Hebamme Theresia Miller gehandelt hat,[293] und wertete diesen Besuch als Indiz für den beabsichtigten Eingriff, auf dem er den weiteren – vermuteten – Ablauf des Dramas aufgebaut hat.

Die Larisch-Biografin Brigitte Sokop hat allerdings darauf hingewiesen, dass Larischs Mitteilungen unzuverlässig und geschönt sind. Wiederholt hat sie den Namen Müller/Miller zur Kaschierung anonym bleibender Personen verwendet.[294]

Zuletzt fand Holler noch ein weiteres Indiz für seine These: Er berichtet[295], dass er kurz nach dem Erscheinen seines zweiten Buches Unterlagen aus Frankfurt erhalten habe (ohne genaue Angabe von wem) mit dem Hinweis, „eine Frau Satzeder oder Sageder" habe wiederholt behauptet, sie wäre am Nachmittag (des 29. Jänner 1889) in Mayerling gewesen. Tatsächlich fand Holler in *Lehmanns Wohnungs-Anzeiger 1889* eine Frau Maria Satzeder als Hebamme in Wien, II. Bezirk, Schüttelstraße 11 (das ist genau jene Adresse, an der die Vetseras einst wohnten). Auch die *Münchner Neuesten Nachrichten* brachten am 3. Februar 1889 die Meldung, dass am Dienstag, 29. Jänner, nachmittag eine einzelne weibliche Person in das Schloss gekommen sei. Das deckt sich wieder mit einer Aussage von Julius Schuldes, der diese Beobachtung vom Hauspersonal in Mayerling erzählt bekam, in dieser Person aber Mary vermutet hat. Holler meinte, das sei der Besuch der Hebamme gewesen.

Eine weitere Untermauerung seiner These sah Holler in einem Bericht über die Anwesenheit des Badener Militärarztes Dr. Josef Ritter von Mülleitner am Nachmittag des 29. Jänner in Mayerling, den er als Hilfeleistung für Mary interpretierte. Ein Arztbesuch wird sowohl von Franz Hantschel in seinem Buch „Weiland Kronprinz Rudolf" (Leipa 1889) erwähnt als auch von Anton Schwarz in seiner Artikelserie im *Neuen Wiener Tagblatt*.[296] Schwarz behauptet, dass ein Dr. Mülleitner den beim vermuteten Hand-

---

[292] Maria Freiin von Wallersee: Meine Vergangenheit. Leipzig o. J., (1913), S. 178.
[293] Holler, Die Lösung des Rätsels, a.a.O., S. 116 ff.
[294] Sokop, a.a.O., S. 185f.
[295] Holler: Neue Dokumente, a.a.O., S. 173.
[296] Anton Schwarz: „Der Tod des Kronprinzen Rudolf", *Neues Wiener Tagblatt*, Wochenausgaben 12. Mai bis 11. August 1928.

gemenge mit dem Kronprinzen schwer verletzten Heinrich (!) Baltazzi versorgt habe.

Franz Hantschels Werk wird in der Rudolf-Literatur erstmals von Judtmann genannt. Aus dem Kontext ist ersichtlich, dass sein Bericht im Februar 1889, unmittelbar nach Rudolfs Tod, geschrieben worden ist (er erwähnt zum Beispiel, dass der Kronprinz bis zur Lieferung des repräsentativen Metallsarkophages in einem Holzsarg in der Kapuzinergruft liege. Tatsächlich wurde dieser Sarg am 20.4.1889 in den heute sichtbaren Prunksarkophag gestellt).[297] Hantschel war Militärarzt, seit 1879 praktischer Arzt und Heimatforscher in seiner Heimatstadt Leipa, dessen sachliche Darstellung trotz mancher Fehler eine verblüffende Detailkenntnis über das Ende des Kronprinzen zu diesem Zeitpunkt aufweist, und der einen Dr. Mühlleitner [sic!] (neben Dr. Widerhofer) als Mitglied der Hofkommission in Mayerling anführt. Ungeklärt bleibt, wieso dieser in Nordböhmen lebende Autor den in Baden tätigen Arzt nennt. Von Mary Vetsera spicht er nicht, womit er der offiziellen Sprachregelung folgt.

Holler war jedenfalls der Erste, der nach einem Dr. Mülleitner suchte, den Judtmann unter dem Namen Mühlbauer erwähnt. Hier seien die wenig bekannten Ergebnisse der Holler'schen Nachforschungen[298] angeführt: Dr. Josef von Mülleitner wurde am 2. September 1819 als Sohn eines Wundarztes in Rassing, Bezirk St. Pölten, geboren. Nach dem Gymnasium in Krems absolvierte er die Medicinisch-Chirurgische Josephs-Akademie in Wien und war ab 21. Oktober 1845 Oberarzt im k.u.k. Heer. 1848/49 machte er als Chefarzt den Feldzug in Italien im k.k. Infanterieregiment Nr. 14. mit. Im November 1851 kam er als Chefarzt in die Militär-Badeanstalt nach Baden (Sauerhof), dem späteren Garnisonsspital Nr. 3. Er wurde 1870 zum Stabsarzt, 1874 zum Oberstabsarzt 1. Klasse befördert. Ab 16. Oktober 1888 war Mülleitner Chefarzt und Leiter der Filiale Baden des Garnisonsspitals Nr. 2 Wien. 1891 wurde er zum General-Stabsarzt befördert und bald darauf pensioniert. Am 17. Dezember 1893 verübte er in Baden Selbstmord und wurde am 30. Dezember am Stadtpfarrfriedhof begraben (das Grab wurde am 11. Juli 1957 aufgelassen). Holler meinte, man habe Mülleitner deswegen zu Hilfe gerufen, weil dieser in zweifacher Hinsicht zu Diskretion verpflichtet war: als Arzt und als Offizier.

Auch Clemens M. Gruber[299] ging dieser Spur nach und fand die Erwähnung von Mülleitners Anwesenheit in Mayerling in einem Bericht des *Pester Lloyd* vom 1. Februar 1889. Gruber suchte auch einen Urenkel dieses Arztes auf, der ihm bestätigte, dass in der Familie von einer nächtlichen

---

[297] Lars Friedrich: Das Mayerling-Sammelsurium, a.a.O, S. 68.
[298] Holler: Die Lösung des Rätsels, a.a.O., S. 144 f. und S. 326.
[299] Gruber, a.a.O., S. 104 f.

Fahrt des Urgroßvaters nach Mayerling öfters gesprochen worden sei, doch habe dieser selbst nie ein Wort darüber gesagt oder Aufzeichnungen darüber hinterlassen. Auch in diesem Fall steht man vor Überlieferungen, über deren wahre Zusammenhänge nur spekuliert werden kann. Es war bisher nicht möglich, sie mit den dokumentarisch belegten Fakten in Übereinstimmung zu bringen. Auch das *Badener Bezirks-Blatt* hat am 31. Jänner 1889 die Ankunft von zwei Ärzten berichtet. Es ist möglich, dass die beiden in Mayerling beobachteten Herren – wie im Kapitel über den Ursprung des Totschlaggerüchtes schon dargestellt – Alexander Baltazzi und Graf Stockau gewesen sind, die dann nach Bekanntwerden der Tat als Ärzte interpretiert worden sind. Allerdings waren tatsächlich zwei Ärzte in Mayerling anwesend, aber nicht am selben Tag: Dr. Widerhofer am 30.1. zur Leichenbeschau von Kronprinz Rudolf, Dr. Auchenthaler am 31. 1. zu jener von Mary Vetsera, die es aber offiziell nicht gab. Das ist also Grund genug für Verwechslungen und Konfusionen.

Holler sah den Besuch zweier Ärzte als Beistand für Mary Vetsera, andere Überlieferungen beziehen ihn auf den verletzten Baltazzi. Der Pfarrprovisor von St. Helena schreibt von dem Gerücht, dass Alexander Baltazzi den Kronprinzen getötet habe und am 3. Februar in Mayerling an den Folgen seiner Verletzung bei dem Handgemenge gestorben sei. Auch Planitz schildert ausführlich diese Episode, kann aber keine schlüssige Erklärung für die Richtigkeit dieser Behauptung finden. Er schreibt: „Weiters soll nicht unerwähnt bleiben, daß ich in Gemeinschaft mit einem in Baden lebenden Herrn der besten Gesellschaftsklasse noch im Jahre 1899 [!] mehrere Monate hindurch die ausgreifendsten Recherchen anstellte, welche den Zweck hatten, das Grab dieses geheimnisvollen Mannes […] zu ermitteln. Alle Bemühungen in dieser Richtung endeten jedoch bisher negativ. Nur die schroffen Gerüchte […] wiederholten sich immer wieder, wo immer man anklopfte."[300] Er sagt dann abschließend: „Von hochangesehener unantastbarer Seite ist mir direkt aus Baden, nachdem mehr als neun Jahre über die Affaire verstrichen waren, mitgeteilt worden, dass Baltazzi ‚tatsächlich in Baden nach der Katastrophe in Pflege gelegen' habe, daß ‚Professor Widerhofer noch wochenlang täglich von Wien nach Baden zu dem schwer Kranken gefahren' sei, ‚bis letzterer daselbst verstarb.'"[301] Er sagt aber auch, dass die auf die Affaire Baltazzi bezüglichen Unterlagen ‚bis heute' [d. i. 1901] einer amtlichen Kundmachung entbehren, kann lediglich die wiederholte und hartnäckige Überlieferung dieser Geschichte feststellen. Wer die „hochangesehene Seite" in Baden war, von der Planitz diese Geschichte

---

[300] Planitz 2.. Bd., S. 123.
[301] Planitz 2. Bd., S. 133.

erfahren hat, sagt er nicht. Da Heinrich Baltazzi damals in Pardubitz, Aristides in Napajedl, Hektor in Wien und seine Schwester Helene in Payerbach lebten, könnte mit diesem angesehenen Badener Informanten der Autor der Aufzeichnungen in der Pfarrchronik von St. Helena gemeint sein, der ebenfalls dieses Gerücht niedergeschrieben hat. Es erscheint wie eine abenteuerliche Kriminalgeschichte: dem Opfer steht ein Täter gegenüber, und dieser büßt nach herkömmlichem Erzählmuster für seine Tat mit dem eigenen Leben. Möglicherweise wurde das Gerücht über die Verletzung und den Tod eines Baltazzi von fremder Seite bewusst verbreitet, um von der Tat des Kronprinzen abzulenken. Eine Klärung ist bisher nicht möglich gewesen.

Kehren wir nochmals zur angenommenen Schwangerschaft von Mary Vetsera zurück. Die Kontroverse darüber unter den Historikern beruht auf unterschiedlicher Interpretation der erhalten gebliebenen Nachrichten. Mary schrieb in einem Brief an ihre Schwester, dass die erste intime Begegnung am 13. Jänner 1889 stattgefunden habe, also 17 Tage vor der Tragödie. Anderen Berichten zufolge sei ein solches Beisammensein schon im September 1888 erfolgt. Auf Grund der vorhandenen Dokumente ist dies aber unwahrscheinlich, doch diese Unklarheit ist eben der Anlass für spekulative Schlüsse.

Holler weist in seinem Buch[302] auf die unterschiedlichen Beschreibungen der beiden Leichen im Bericht von Dr. Slatin hin, demzufolge der Schädel Rudolfs „grässlich" zugerichtet war, die Leiche Marys aber als „schöner weiblicher Leichnam" bezeichnet wird. Angeblich habe man die Kugel vom Todesschuss des Kronprinzen in der Holzleiste unter der Marmorplatte seines Nachtkästchens gefunden, aber es wird von keiner zweiten aufgefundenen Kugel berichtet, was Holler abermals in der Annahme bestärkt hat, dass Mary nicht erschossen, sondern auf andere Weise ums Leben gekommen sei.

Er fand seine Annahme auch in der Rechtfertigungsschrift von Helene Vetsera bestätigt, wo diese sagt, aus dem Munde Marys sei ein gestockter Blutstrom hervorgequollen, der einen Teil des Körpers bedeckte, was in Hollers Augen nur durch eine Verletzug der Halsschlagader habe entstehen können. Es ist unklar, wieso Helene Vetsera zu dieser Aussage kommt, denn sie war bei der Auffindung des Leichnams nicht zugegen. Der Obduktionsbericht von Dr. Auchenthaler stellt ausdrücklich einen Kopfschuss fest. Eine andere Todesursache, wie etwa Verbluten infolge einer misslungenen Abtreibung, wäre für die Hofbehörden sicherlich willkommener gewesen, weil damit der Kronprinz vom Vorwurf, ein Mörder zu sein, entlastet worden wäre. Auch aus dieser Perspektive erscheint Hollers Version unwahrscheinlich.

---

[302] Holler: Die Lösung des Rätsels, a.a.O., S. 182.

Bei der ersten Lektüre wirkt sein gut recherchiertes Buch überzeugend und wurde zu einem Sensationserfolg. Bald nach dem Erscheinen publizierte das deutsche Nachrichtenmagazin Der Spiegel eine von Holler verfasste Kurzform in einer dreiteiligen Artikelserie (7.4., 14.4. und 21.4.1980), die den Verkaufserfolg des Werkes noch steigerte. Im selben Jahr erschien eine italienische Übersetzung von Enrico Arioso im Verlag Longhanesi in Mailand unter dem Titel „La clamorosa soluzione del dramma d'amore e di morte che sconvolsa la corte degli Absburgo". In Italien besteht ein großes Interesse an der Mayerlinggeschichte, die vor allem auf den Historiker Giuseppe Antonio Borghese zurückgeht. Sein 1925 in Mailand erschienenes Buch „La tragedia di Meyerling" (deutsch 1927), das eine ungarische Verschwörung des Kronprinzen als Ursache seines gewaltsamen Endes vermutet, fand zu seiner Zeit große Beachtung.

Holler hat tatsächlich eine Reihe bisher unbekannter Fakten gefunden sowie medizinische Überlegungen und Vergleiche angestellt, die seiner Darstellung Bedeutung geben. Das Buch gibt auch wertvolle Einblicke in das Umfeld des Kronprinzen während seiner letzten Tage. Aber Hollers These ist mehrfach bezweifelt worden, weil er von einer schlecht untermauerten Annahme ausgeht (erkennbare Schwangerschaft, Besuch einer Hebamme, Besuch eines Arztes in Mayerling, unklare Kopfverletzung) und eine Reihe von Schlussfolgerungen anfügt, welche den Tathergang zwar als logische Aufeinanderfolge bisher unbeachteter Einzelaspekte erscheinen lassen, in ihrer Gesamtheit aber nicht zusammenstimmen. Auch Rudolfs und Marys Abschiedsbriefe legen andere Gründe für ihren Tod nahe.

Schon früh setzte daher mehrfach Kritik an Hollers Buch ein, insbesondere durch den Baltazzi/Vetsera-Forscher Hermann Swistun, der sich ebenfalls intensiv mit den Quellen beschäftigt hat. Hollers Buch und das von Baltazzi/Swistun sind kurz hintereinander 1980 erschienen. Swistun publizierte sofort „Kritische Betrachtungen" zu Hollers Überlegungen, die er als Begleitbroschüre seinem Buch beilegte.[303] Dort listet er eine Reihe ärgerlicher Flüchtigkeiten, Verwechslungen und falscher Zitate Hollers auf und übt heftige Kritik an seiner These vom misslungenen Schwangerschaftsabbruch als Ursache von Marys Tod. Er wirft ihm vor, „nicht die Mosaiksteinchen der vorhandenen Materialien (gesammelt zu haben) um zu einem Bild der damaligen Geschehnisse vom 30. Jänner 1889 zu gelangen, sondern er nahm von den vorhandenen Steinen jene Farben, die zu seiner vorgefaßten Version irgendwie passen könnten". In der Neuauflage von

---

[303] Kritische Betrachtungen zu den letzten Mayerling-Publikationen aus der Sicht der Chronik „Die Familien Baltazzi-Vetsera im kaiserlichen Wien", Wien 1980, Eigenverlag.

Judtmanns „Mayerling ohne Mythos"[304] wiederholt er seine Kritik. Soviel ich herausfinden konnte, führte das aber zu keiner weiteren Erörterung unter Historikern. Brigitte Hamanns epochemachende Biografie über Kronprinz Rudolf war 1978 erschienen und überstrahlte mit mehreren Auflagen alle weiteren Bücher mit dieser Thematik. Holler nahm Swistuns Kritik offenbar nicht zu schwer, denn ohne Rücksichtnahme darauf und ohne Erwähnung von dessen Biografie über Mary Vetsera (1983) publizierte er 1988 ein zweites Buch (genau genommen eine überarbeitete Fassung des ersten): „Mayerling. Neue Dokumente zur Tragödie 100 Jahre danach" (Wien, 1988).

Darin wertet Holler einige bis dahin unentschlüsselte Telegramme im Schuldes-Nachlass aus. Es war ihm mit Hilfe des Nachrichtendienstes des österreichischen Bundesheeres gelungen, den seinerzeit verwendeten Schlüssel zu finden, und konnte dadurch die Texte entziffern. Allerdings enthalten auch diese keine neuen Details über den Tathergang in Mayerling und tragen nichts zur Klärung bei. Trotz manch wissenswerter Details über das Umfeld der Tragödie erscheinen Hollers Erklärungen als eine konstruierte Hypothese. Am 25. Jänner 1989 hatte er in der ORF-Fernsehdiskussionsrunde „Club 2" abermals die Gelegenheit, diese darzustellen, fand aber wenig Echo.

Die Manuskripte und Materialien zu seinen Büchern sind leider nicht mehr vorhanden. Laut Friedrich[305] habe sie der Autor selbst noch zu seinen Lebzeiten vernichtet, da es ihm „selbst eine Belastung (bedeutete), was sich so angehäuft hat im Laufe der Jahre". Die wenigen erhaltenen Teile des Nachlasses schenkte die Witwe dem „Mayerling-Archiv" des Lars Friedrich, der dieses inzwischen (laut eigener Mitteilung) in andere Hände weitergegeben hat.

Abschließend noch ein Wort zu Hollers Biografie von Louise von Sachsen-Coburg.[306] Sie war nicht nur die Schwester von Rudolfs Gattin Stephanie, sondern steht mittelbar auch mit Hollers Familie in Zusammenhang. 1895 lernte Louise ihren neuen Liebhaber, Géza Graf Mattachich-Keglevich kennen, einen kroatischen Ulanenoberleutnant. Der Skandal führte nicht nur zur Scheidung von ihrem Mann Philipp von Coburg, sie wurde entmündigt und in eine Irrenanstalt gesteckt. Mattachich, der – um ihr zu helfen – Wechsel gefälscht hatte, kam in das Militärgefängnis von Möllersdorf nahe Baden. Dort verliebte sich in ihn die Angestellte der Anstaltskantine, Maria Stöger, und verhalf ihm und Louise zur Flucht. Der gemeinsame Sohn, Alfred (Stöger/Mattachich) war der Großvater von Hollers

---

[304] Fritz Judtmann: Mayerling ohne Mythos. Ein Tatsachenbericht. Neu bearbeitet von Margit Judtmann, Wien 1982, S. 409–426.
[305] Lars Friedrich, Mayerling-Sammelsurium, a.a.O., S. 97.
[306] Gerd Holler: Louise von Sachsen-Coburg. Ihr Kampf um Liebe und Glück. Wien 1991.

Gattin Dorrit. Maria Stögers Ehemann Karl anerkannte zwar das Kind, ließ sich aber scheiden. Louise war im August 1913 eine der ersten Gäste im damals neu eröffneten Hotel „Esplanade" in Baden. Die abenteuerliche und aufsehenerregende Liebesgeschichte von Louise von Coburg, die jahrelang den Wiener und den Brüsseler Hof beschäftigt und die Skandalpresse der Zeit genährt hat, wurde von Holler authentisch dokumentiert.

Hermann Swistun – ein Journalist im Mayerling-Netz

Hermann Swistun wird in der Literatur über Kronprinz Rudolf und über Mayerling kaum erwähnt. Das hängt wohl damit zusammen, dass er nicht über den Kronprinzen selbst, sondern über Mary Vetsera und deren Familie publiziert hat. Aber gerade durch ihn werden Zusammenhänge einzelner Überlieferungen und Gerüchte deutlich, die anderswo unberücksichtigt geblieben sind.

Über seine Lebensumstände ist wenig bekannt, viele können nur aus Berichten von Zeitzeugen erschlossen werden. Er wurde 1914 in Wien geboren, absolvierte ein Musikstudium am Konservatorium der Stadt Wien und dürfte als Schauspieler das Pseudonym Swistun gewählt haben. Er war später freier Mitarbeiter, dann Regieassistent und Redakteur beim ZDF und beim ORF. Beim ZDF war auch Oliver Hector Krauss als Fernsehdramaturg tätig, der sich ab Mitte der 1960-er Jahre intensiv für die Lebensgeschichte seines Großvaters, Hector Baltazzi, interessierte. Darum trat er damals mit dessen Neffen, Heinrich Baltazzi-Scharschmid, in Kontakt. Möglicherweise ist über Krauss ein Kontakt zu Swistun erfolgt, der dann durch Baltazzi auch mit Judtmann bekannt geworden ist. In der Folge hat auch er sich genau mit der Mayerlinggeschichte beschäftigt.

Als Judtmanns Witwe 1982 dessen Buch „Mayerling ohne Mythos" neu herausgab schrieb sie im Vorwort: „…mit dem Baltazzi-Vetsera-Forscher Hermann Swistun wurden kleine Fehler und Irrtümer ausgemerzt." Swistun selbst hat das Kapitel „Ergänzungen zur zweiten Auflage" beigesteuert, wo er neben der Kritik an Holler die seit der Erstauflage (1968) erschienen Publikationen erläutert. Er zeigt sich dabei als ein intimer Kenner der Familiengeschichten Baltazzi und Vetsera, war mit der vorhandenen Literatur über Mayerling gut vertraut und sicherte sich damit einen Namen in der Forschung.

Durch Baltazzi-Scharschmid scheint er auch den Kontakt zu dessen beiden damals noch lebenden Nichten (Töchter von Helene Vetseras Sohn Feri) gefunden zu haben. Es waren dies Eleonore („Nora", verheiratet mit Josef Andreas Graf Hoyos-Stichsenstein, 1888–1964), die in der Schwindstraße 13, 1040 Wien wohnte, und Ferdinanda („Nancy") in der Uferstraße 108 in Salzburg. Beide hatten aus dem Besitz ihrer Großmutter Helene zahlreiche Dokumente zur Familiengeschichte. 1980 publizierte Swistun gemeinsam mit Heinrich Baltazzi-Scharschmid das Buch „Die Familien Baltazzi-Vetsera im kaiserlichen Wien". Die Arbeit an diesem Erinnerungsbuch blieb aber von seiner Familie unbemerkt, auch vom Kontakt zu den beiden Nichten wusste man nichts. Da nach Baltazzis Tod nur mehr wenige Familiendokumente vorhanden waren vermutet seine Tochter, dass Swistun ihrem Vater Vieles abgeluchst oder abgekauft hat.

1983 publizierte Swistun sein Buch „Mary Vetsera. Gefährtin für den Tod", wo er als Quelle das „Archiv Swistun-Vetsera Wien-Salzburg" anführt, was ein Hinweis auf die Dokumente der Vetsera-Schwestern ist. Seine ausführliche Darstellung ist durch 37 Fotos und Reproduktionen von Originaldokumenten ergänzt, die sich offenbar in seinem Besitz befanden. Wiederholt erwähnt er Mitteilungen von Heinrich Baltazzi-Scharschmid. Er berichtet auch, dass er 1971 von den beiden Enkeln des Georg Graf Stockau, Franz und Victor Graf Wimpffen, persönliche Mitteilungen über ihren Großvater erhalten habe. Unter dem gleichen Titel wie sein Buch schrieb er ein Kapitel für den Katalog der Kronprinz-Rudolf-Ausstellung in der Hermesvilla 1989.[307]

1999 erfolgte eine erweiterte Neuauflage seines Werkes, in dem er auch die Umstände der illegalen Graböffnung von 1991 ausführlich schildert. Dabei bezeichnet er sich als „Nachlassverwalter von Mary Vetsera" und verweist mehrfach auf das „Privatarchiv Swistun-Vetsera", was die in seinem Besitz befindlichen Familiendokumente belegt. Eine wichtige Grundlage für die Familiengeschichte war für ihn die wenig bekannte Studie von Herbert Fuhst (sieh. Anm. 180), die erstmals von Judtmann genannt wird. Swistun unterschlägt sie aber im Literturverzeichnis. Aus einem im Familienarchiv Holleman erhaltenen Brief von Robert Pachmann am 1. Juli 1967 ist ersichtlich, dass Baltazzi-Scharschmid ein Exemplar dieser seltenen Publikation besessen hat.

Auch ein Brief vom 3. Juli 1990 an den in Innsbruck lebenden Vetsera- und Baltazziforscher Dr. jur. August Heller gibt Aufschluss über den Verbleib der in Frage stehenden Dokumente. Er sagt dort: „Aus den Archiven Vetsera und Dr.[sic!] Judtmann […], die mir übergeben wurden […] kann ich mitteilen […] Und von ihr (Ferdinanda Vetsera) habe ich in Anerkennung unserer jahrelangen Freundschaft, sowie auch mit ihrem Onkel Heinrich Baltazzi jun., alle [!] noch vorhandenen Familiendokumente und Schriften übernommen."[308] Im gleichen Brief erwähnt Swistun auch, dass er mit Baltazzi-Scharschmid das Du-Wort gewechselt habe.

---

[307] Katalog Hermesvilla, a.a.O., S. 104–110.
[308] Brief im Familienarchiv Hollemann.

Damit ist auch kar, wohin der Judtmann-Nachlass und die im Familienarchiv der Tochter Baltazzis fehlenden Tagebücher der Tante Seraphine gekommen sind. In der Neuauflage seines Buches im Jahre 1999 bezeichnet er sich sogar als „Nachlaßverwalter von Mary Vetsera".

Der Wiener Journalist Hans Werner Scheidl hat 1993 eine aufschlussreiche Reportage unter dem Titel „Mary Vetseras Nachlass in Meidling – Ein Geheimtipp" publiziert.[309] Er berichtet darin über seine Begegnung mit Swistun in dessen Wohnung, in einem „palaisartigen Bürgerhaus in der Schönbrunner Straße" (es war Schönbrunner Straße 179/7, 1120 Wien). Swistun habe dort eine Fülle von Dokumenten, alten Fotos und Zeitungsartikeln aufbewahrt, auch eine Standuhr aus dem Arbeitszimmer von Kaiser Franz Joseph in Schönbrunn, die sogenannte „Hubertusuhr". Erzherzogin Valerie hatte diese nach dem Tod des Kaisers seinem Leibarzt, Dr. Joseph Ritter von Kerzl, geschenkt. Dessen Tochter, Frau Ella Graf (Witwe des Regierungsrates Rudolf Graf, 81-jährig am 4. Jänner 1957 verstorben), vermachte die Uhr testamentarisch dem Ehepaar Dr. Fritz und Margot Judtmann.[310] Swistun dürfte also schon längere Zeit mit Judtmann in Kontakt gestanden sein, denn er konnte diese – heute verschollene – Uhr offensichtlich nach dem Tod von Fritz Judtmann (1969) von dessen Frau erwerben (er stand damals bereits mit Heinrich Baltazzi-Scharschmid in Baden in Verbindung).

Swistun behauptete, dass er durch die in der nationalsozialistischen Zeit betriebene Ahnenforschung auf seine Verwandtschaft mütterlicherseits mit der Familie des Grafen Stockau gestoßen sei. Von diesem Verwandtschaftsverhältnis leitete Swistun sein berechtigtes Interesse an Mary Vetsera ab. Er erzählte dem Journalisten Hans Werner Scheidl bei dessen Vorarbeiten für eine Zeitungsreportage, er habe durch einen Zufall auf dem Zentralfriedhof in Wien eine alte Dame kennen gelernt, die Haushälterin beim Adjutanten des Kronprinzen gewesen sei. Durch sie sei er mit den Schwestern Ferdinanda und Eleonore Vetsera bekannt geworden, die seinen Angaben nach „sämtliche Dokumente der Baronesse" (Vetsera) besessen haben.

Fritz Judtmann berichtet allerdings, er habe im Zuge der Vorarbeiten zu seinem Buch mit Nancy Vetsera eine ausführliche Unterredung gehabt und dabei erfahren, ihre Großmutter (Helene Vetsera) habe „anscheinend vor ihrem Tod alle Dokumente über die Tragödie vernichtet".[311] Noch vorhandene Familiendokumente gelangten in ihren Besitz. Jedenfalls erscheint Swistuns Geschichte mit der Dame vom Zentralfriedhof sehr zweifelhaft.

---

[309] *Die Presse* 14.1.1993.
[310] Judtmann, a.a.O., S. 7.
[311] Judtmann, a.a.O., S. 33.

Lars Friedrich berichtet[312], dass beide Vetsera-Schwestern „nachgelassene Gegenstände der Familien Vetsera und Baltazzi" besessen hätten, „Familienalben, Adelsbriefe, Poststücke, Manuskripte, Bücher". Als er Swistun Ende der 1990er Jahre in seiner völlig verwahrlosten Wohnung besuchte, seien in dessen Archiv „unzählige Originalfotografien von Familienmitgliedern, mehrbändige Tagebuchaufzeichnungen aus den 80er und 90er Jahren des 19.Jh., sowie Pretiosen der Geschwister Vetsera" vorhanden gewesen. Bei den erwähnten mehrbändigen Tagebuchaufzeichnungen handelte es sich vermutlich um jene der Tante Seraphine aus der Zeit vor 1895, die heute verschollen sind. Weiters waren Teilnachlässe von Fritz Judtmann (Manuskripte, Bilder, Informationen zu seinen Forschungsfahrten) und von Fregattenkapitän a. D. Hans Sokol vorhanden. Was die Familienarchivalien anbelangt, so berichtet Swistun, dass er auch im Besitz der Notizen, Aufzeichnungen und Zeitungsberichte der Zeit von 1889 bis 1935 aus dem Besitz des Arthur Freiherrn Giesl von Gieslingen war (Hauptmann und Ordonnanzoffizier ab 1887 im Hofstaat des Kronprinzen), die er von den Erben nach dem Tod von dessen Gattin Helene (gest. 1944) erhalten hatte.[313] Die Zeitungsberichte beinhalteten schlagwortartige Randbemerkungen Giesls. Dieser hatte 1923 gegen die Darstellungen von General Albert von Margutti Stellung genommen, der im selben Jahr in seinen Büchern „Vom alten Kaiser" und „Die Tragödie der Habsburger" pamphletartige Gerüchte und Angaben über den Tod des Kronprinzen unter dem Deckmantel eines Eingeweihten publiziert hatte, obwohl er 1889 gar nicht Flügeladjutant des Kaisers und im Hofdienst gewesen war. Weiters gab es Briefe Bombelles, Stephanies, Telegramme und Fotos.

Swistun konnte auch eine Abschrift der Berichte des Dr. Heinrich Freiherrn von Slatin herstellen, die ihm von dessen Nachkommen und von Judtmann zur Verfügung gestellt worden waren. Slatins Bericht, der 51 beschriebene Kanzleibogen umfasste, fußt auf dessen eigenhändigen stenografischen Aufzeichnungen aus dem Jahr 1889 und bildete die Grundlage für eine Artikelserie über die Vorgänge in Mayerling, die in der Sonntagsbeilage des *Neuen Wiener Tagblattes* im Jahre 1931 publiziert wurden. Auch eine Abschrift der Denkschrift von Helene Vetsera kamen in seine Hände (höchstwahrscheinlich jene von Hanna Vetsera für Hermine Tobis). Teile aus dem Nachlass Judtmanns sind angeblich in der Internetauktionsbörse eBay aufgetaucht, wo Lars Friedrich einige für sein Archiv erworben hat. Aber schon vor Swistuns Tod sollen Objekte aus dem Familienarchiv Bal-

---

[312] Persönliche Mitteilung.
[313] Hermann Swistun: „Kritische Betrachtungen zu den letzten Mayerling-Publikationen aus der Sicht der Chronik ‚Die Familien Baltazzi-Vetsera im kaiserlichen Wien'", Wien 1980, S. 14.

tazzi und Vetsera in Auktionen im Wiener Dorotheum angeboten, andere an Privatpersonen verkauft worden sein.

Swistun war verheiratet, hatte zwei Söhne und eine Tochter. Dann lernte er eine andere Frau kennen, ließ sich scheiden und hatte mit dieser eine weitere Tochter. Kränklich geworden kam er in ein Spital (oder Pflegeheim?), worauf seine Lebensgefährtin sogleich das Wohnungsschloss auswechseln ließ. Es wird auch erzählt, ein Großteil der Bücher und Papiere mussten aus der von den Katzen arg verschmutzen Wohnung einfach entsorgt werden, anderes sei schon vorher von Unbekannten fortgebracht worden. Eine Kontaktnahme mit seiner Witwe im Jahre 2004 zur Feststellung allfällig noch vorhandener Unterlagen zu seinen Büchern ergab, dass davon nichts mehr vorhanden war. Sie erklärte, dass ihr Mann seit der Scheidung erhebliche Finanzprobleme gehabt habe und daher Vieles veräußert habe, oder später von der Stieftochter verkauft worden sei. All die vorhin genannten Archivmaterialien und Unterlagen, die Swistun selbst noch ausgewertet hat, müssen daher bis auf Weiteres als verschollen gelten.

Er ist am 26. Juni 1999 gestorben und wurde am 5. Juli am Wiener Zentralfriedhof begraben. Auf seiner Sterbeparte ist er mit seinem Doppelnamen „Swistun-Schwanzer" angeführt. Neben seiner Frau Lieselotte werden dort sein Sohn Wolfgang Anton, sowie die Töchter Christine Göß, Barbara Hickl und Judith genannt. Bemerkenswert ist seine Grabstelle: es ist das Grab von Hector Batazzi, das ihm Heinrich Baltazzi-Scharschmid verkauft hatte. Swistun hatte ja behauptet, mütterlicherseits mit der Grafenfamilie Stockau verwandt zu sein, was möglicherweise der Wunsch nach dieser Grabstelle war. Baltazzi wiederum war der Sorge für das Gab seines Onkels enthoben.

Die „Förster-Geschichte" von Mayerling als Gerücht und Legende

𝒮chon unmittelbar nach dem Tod des Kronprinzen ist das Gerücht über seinen Totschlag in Baden und Umgebung verbreitet worden, worüber aus der Pfarrchronik von St. Helena und im Kapitel Zerzawy berichtet wurde. Ein anderes ist die sogenannte „Förster-Geschichte", wonach der Kronprinz von einem eifersüchtigen Förster in Mayerling erschossen worden sei. Diese Geschichte gibt es in vielfachen Varianten.

Grund für diese Annahme mag die Tatsache sein, dass der Kronprinz tatsächlich bei seinen Jagden in Alland und Mayerling mit vielen Förstern in Kontakt stand, was die Ursache für Mutmaßungen über die Beteiligung eines solchen in der Todesnacht gewesen sein könnte. Denn wie am Beginn des Buches erwähnt, kam er schon vor dem Erwerb von Mayerling zur Jagd in die Reviere seines Onkels Erzherzog Karl Ludwig in Alland und Umgebung. Als der Kronprinz 1886 den Gutshof vom Stift Heiligenkreuz erwarb und für seine Jagdaufenthalte umbauen ließ, wurde der Allander Forstmeister Ludwig Hornsteiner (1834–1893) mit der Oberaufsicht der Jagdgründe von Mayerling beauftragt. Mit diesem sollte der Leibjäger Rudolf Püchel nach eigenen Angaben die Jagd am 29. Jänner 1889 vorbereiten. Der Kronprinz hatte ihn am Nachmittag des 26. Jänner beauftragt, am Vormittag des 28. zu diesem Zwecke nach Alland zu fahren. Ein anderer, dem Kronprinzen nahestehender Gehilfe, war der Hof-Kammer-Büchsenspanner Franz Wodicka, der am 29. Jänner 1889 ebenfalls in Mayerling weilte.

Ein weiterer Förster war Wenzel Oberhofer aus Glashütten, der von dort über Auftrag mit zwölf Treibern am 29. Jänner nach Mayerling gekommen war, wo er um 8:30 Uhr vergeblich auf die Jagdgesellschaft wartete.[314]

Vom k.k. Förster Mauriz(io) Löffler (1861–1954) wurde im Jahre 1943 eine Denkschrift verfasst, die sich in Händen seiner Schwiegertochter Käthe Löffler im Forsthaus von St. Christophen, Leitenstraße 30, befunden hat. Eine von einem gewissen Herrn Roch abgeschriebene Kopie befindet sich in Händen von Mag. Peter Seeberg, Wien, der in St. Christophen ein Landhaus besitzt und eine Abschrift dieser Kopie zur Stellungnahme an Karl Ferdinand Graf Kuefstein in Greillenstein geschickt hat (sein Verwandter, Carl Graf

---

[314] Gruber, a.a.O., S. 171.

Kuefstein, war 1889 politischer Referent für den Hl. Stuhl im Ministerium des Äußeren). Aus seinen Händen erhielt ich 2010 eine Kopie davon. Löffler war zur Zeit der Tragödie in Groß Krottenbach bei Klausen-Leopoldsdorf stationiert und kam am 29. Jänner 1889 ebenfalls mit zwölf Treibern zur Jagd nach Mayerling. Auch er berichtet von zertrümmerten Sesseln und Flaschen im blutbefleckten Zimmer des Kronprinzen, was seiner Meinung nach auf einen gewaltsamen Tod schließen lässt.

Wieder ein anderer war der Hofjäger 1. Klasse Karl Ratschek, der oftmals an Jagden mit Kronprinz Rudolf teilgenommen hatte und später das zur Laxenburger Hofhaltung gehörende Revier Wr. Neudorf-Biedermannsdorf betreute. Dort hatte er 1904 den späteren Stiftsförster von Lilienfeld, Eduard Stock, als Forsteleven. Dieser berichtete von einer Hofjagd im selben Jahr in Münchendorf mit Erzherzog Franz Ferdinand, wo er und Ratschek im Einsatz waren. Letzterer erwähnte im Gespräch bei einer Jägerjause, dass Kronprinz Rudolf erschlagen worden sei („Mit einem Hieb war er erledigt."). Stock wohnte nach seiner Pensionierung in Baden, Göschlgasse 7 (nahe dem Schloss Leesdorf) und hat in einem Erinnerungsblatt vom 22. August 1954 diese Überlieferung festgehalten.[315]

Auch Julius Schuldes erwähnt einen Jäger als mutmaßlichen Täter. Er berichtet in seinen Erinnerungen, dass er in Mayerling am 30. Jänner 1889 eine Depesche mit der Anfrage erhielt, ob es in Mayerling einen Förster namens Weidinger gebe, da in Wien das Gerücht umging, der Kronprinz sei von einem eifersüchtigen Förster dieses Namens erschossen worden. Schuldes kannte keinen solchen und antwortete daher, dass es keinen Förster mit diesem Namen gebe, worauf Zeitungen und Telegramme beschlagnahmt wurden, die dieses Gerücht verbreitet hatten. Aber es war eben einmal in die Welt gesetzt und tauchte wiederholt auf. Im Nachlass Oser befindet sich ein Telegramm nach Paris, in dem es heißt, Rudolf sei von einem Förster namens Weber erschossen worden, mit dessen Frau er ein Verhältnis gehabt habe.

Eine weitere Variante ist in Schuldes' Nachlass unter seiner Korrespondenz mit dem Heimat- und Habsburgforscher Anton Mailly (1874–1950) zu finden. In einem Brief vom 17. Juli 1933 verwahrt sich Mailly dagegen, er hätte behauptet, dass er den Förster Weidinger oder den Forstgehilfen Karl der Tat verdächtige. Seiner Meinung nach war der Mörder der Förster Bauer. Rudolf soll am 29. Jänner abends bei Frau Bauer „eingestiegen" und von dem zurückkehrenden Förster überrascht worden sein. Rudolf floh durch das Fenster, der eifersüchtige Förster lief ihm nach und schoss auf ihn. Danach habe er sich erhängt. Sterbend brachte man Rudolf auf einer

---
[315] Gruber, a.a.O., S. 81 f.

Bahre zurück ins Schloss, wo sich die bereits wartende und nun entsetzte Mary aus Verzweiflung erschoss. Als Beweis seiner Annahme führt Mailly an, dass nur *eine* Kugel, jene von Mary, in Mayerling gefunden wurde und dass die Schwestern im Karmel angeblich „für die drei Toten" beten.

Die Geschichte mit dem Förster Bauer hat laut Mitis[316] auch Adam Müller-Guttenbrunn in *Westermanns Monatsheften*, September 1921, S. 54 ff. berichtet, doch ist unter dem in der kritischen Zeit in Mayerling angestellten Forstpersonal keiner dieses Namens zu finden. Aber die Schauergeschichte hat dadurch weite Verbreitung gefunden.

Von einer weiteren Variante dieser Förstergeschichte erfuhr ich 2009 von Frau Ingeborg Zweymüller (gest. 2011), Witwe des angesehenen Badener Buchhändlers Carl Zweymüller. Die damals in ihrem Besitz befindliche Aufzeichnung dieser Geschichte geht auf einen Bericht von Frau Maria Albrecht zurück (Marktgasse 56/6, 1090 Wien). Sie hat diese Version Frau Fanny Schwarzer (Schubertgasse 16/17, 1090 Wien), am 31. März 1954 in die Schreibmaschine diktiert mit dem Titel „Bratfisch beichtet seiner Freundin das Geheimnis von Mayerling". Sie bestätigt, dass Frau Schwarzer das alleinige Verfügungsrecht über dieses Manuskript besitze, und bekräftigt ausdrücklich den Wahrheitsgehalt ihrer Aussage.

Frau Albrecht berichtet, dass sie in der Lichtentaler Kirche in Wien eine 77-jährige Frau kennen gelernt habe, die 15-jährig Ohrenzeugin einer Erzählung von Bratfisch an ihre Stiefmutter gewesen war. Diese hatte in der Rötzergasse in Hernals ein Geschäft mit Ausschank (sog. „Maria Theresien-Konzession"). Ihre Mutter starb früh und hinterließ acht Kinder. Der Vater heiratete abermals, starb aber 1890, worauf die Witwe das Geschäft allein weiterführte. Die älteste Tochter (eben die Erzählerin) war Zeugin oftmaliger Besuche des Josef Bratfisch in der Wohnung ihrer Stiefmutter, mit der er ein Verhältnis hatte. Längere Zeit kam Bratfisch nicht mehr, tauchte aber 1890 wiederum auf, war ganz verstört und erzählte von einem vorangegangenen Nervenzusammenbruch wegen der Katastrophe von Mayerling. Gefragt, wie denn das war, erzählte er die Geschichte vom Tod des Kronprinzen. Er habe Mary Vetsera nach Mayerling gebracht, die den Kronprinzen dort in den Armen einer Förstergattin angetroffen habe. Mary eilte daraufhin zu diesem Förster, der mit seinem Gewehr in das Schloss eindrang und die versperrte Tür von Rudolfs Zimmer aufbrach. Voll Wut feuerte er auf den Kronprinzen und seine Frau, schlug noch mit dem Gewehrkolben gegen Rudolfs Kopf und erschoss sich dann selbst. Durch die Schüsse erschreckt eilten Bratfisch und Mary herbei, die blitzschnell aus einer Lade einen Re-

---

[316] Mitis/Wandruszka, a.a.O., S. 432.

volver herausnahm und sich mit einem Schuss gegen die Schläfe das Leben nahm.

Bratfisch kam später nur noch selten zu dieser Frau, erzählte aber einmal sehr aufgeregt, dass er vor Honoratioren des Bezirkes Hernals-Dornbach die Tragödie von Mayerling offenbaren solle. Noch am selben Abend erlag er einem Schlaganfall (16.12.1892).

Dieses maschinschriftliche Manuskript, das angeblich „den wahren Grund" vom Tod des Kronprinzen angibt, kam später in die Hände einer gewissen Frau Dr. Martinek, einer angeblichen Nichte von Heimito von Doderer. Sie behauptete, Doderer sei angeblich mit Bratfisch verwandt gewesen, sein Neffe wohne im Hause seines Onkels in der Prein bei Reichenau. Frau Zweymüller war mit Frau Dr. Martinek befreundet, die ihr von diesem Manuskript erzählt und ihr auf Verlangen davon eine Kopie ausgehändigt hat, die sich heute in Händen ihres Sohnes befindet, des Architekten Albert Zweymüller (Baden).

In diesem Falle ist also der Werdegang einer These (eines Mythos) Schritt für Schritt nachzuverfolgen. Eine Frau, die 1891 als 15-jähriges Mädchen von Bratfisch eine Erzählung gehört hat, berichtet darüber einer anderen Frau, einer Kirchenbesucherin in der Lichtentaler Kirche (Maria Albrecht) im Jahre 1954 (!), die wiederum das Gehörte einer Freundin (Fanny Schwarzer) in die Schreibmaschine diktiert. Das Manuskript gelangt zu angesehenen Leuten (Frau Dr. Martinek, angeblich eine Nichte von Heimito von Doderer). Im Rahmen ihrer Tätigkeit als Buchhändlerin lernt Frau Zweymüller diese Nichte kennen, die ihr von dem Manuskript und dem „wahren Grund" berichtet. Frau Zweymüller wiederum erzählt hinter vorgehaltener Hand, sie wisse nun um die wahre Ursache des Todes von Kronprinz Rudolf Bescheid, und führt als Beweis die beglaubigte Kopie dieses Manuskriptes aus dem Jahre 1954 an. Damit scheint eine Kette von Gewährsleuten gegeben zu sein, die den Wahrheitsgehalt untermauern. Andere, die davon hören, erzählen die Geschichte wieder weiter und so fort und so fort – die Geschichte wird zur Legende. In diesem konkreten Fall konnte also das Netz einer vermuteten Geschichte nachgezeichnet werden, die zum Teil in Baden ihren Ursprung hat. Allen Förstergeschichten ist gemeinsam, dass sie an Stelle des Selbstmordes des Kronprinzen seinen Tod aus fremder Hand behaupten, womit seine Entlastung vom Vorwurf des Mordes möglich war.

IV.
Zeugnisse der Erinnerung

Ein Kloster zum Gedächtnis

*D*as bedeutendste Denkmal der Erinnerung an die Ereignisse in Mayerling – und damit die Gedächtnisstätte an den Tod des Kronprinzen Rudolf schlechthin – ist das heute dort befindliche Kloster der Karmelitinnen.

Laut Judtmann gab der Militärbischof Anton Josef Gruscha (ab 1890 Erzbischof von Wien) die Anregung, an der Unglücksstätte in Mayerling zur Sühne ein Kloster der Unbeschuhten Karmelitinnen zu schaffen. Die Entscheidung für diesen Orden mag auch damit zusammenhängen, dass Erzherzogin Maria Beatrix von Österreich-Este (Modena) nach der Großjährigkeit ihrer beiden Söhne ab 1872 als Schwester Maria Ignatia im Karmel von Graz lebte.

Nach christlicher Auffassung ist Sühne die stellvertretende Wiedergutmachung von Schuld vor Gott und den Menschen durch eine gute Tat, womit auch Gottes Gericht abgewendet werden soll. Diese gute Tat besteht in Gebet und Gottesdienst. Die Sühne wird im Bewusstsein der Demut Jesu geleistet, die von den Karmelitinnen nicht nur für den Kronprinzen, sondern für alle Mitmenschen erbeten wird, was die Besonderheit dieses Gnadenortes ausmacht. Mit dem Karmelkloster ist Mayerling wiederum zu einer Gnadenstätte geworden, ähnlich wie zuvor durch die Laurenziuskirche. Auch die Verbindung mit dem Stift Heiligenkreuz ist bis heute erhalten, da die tägliche Messfeier im Karmel von einem ihrer Patres gehalten wird und das Stift den Schwestern in vielen Belangen Hilfestellung gibt.

Der Ursprung des Karmeliterordens liegt auf dem dicht bewaldeten Berge Karmel in Israel, unweit von Haifa, wo sich Anfang des 13. Jahrhunderts Einsiedler zu einer Ordensgemeinschaft zusammengetan haben. Wenige Jahrzehnte später mussten sie auf Grund der religiös-politischen Umstände nach Europa übersiedeln.

Der Orden ist eine in Zurückgezogenheit, Stille und Armut lebende Gemeinschaft, die seit 1829 in Graz ein Kloster hatte und von dort 1880 eine Zweigstelle in Wien-Baumgarten gegründet hat. Das hebräische Wort „Karm el" bedeutet übrigens so viel wie „Baumgarten" (Wald) – ob das der Grund für die Wahl des neuen Klosterstandortes in Wien war?

Unter der tatkräftigen Leitung der Ordensmutter (Priorin) von Kloster Baumgarten, Maria Euphrosina Kaufmann, sollte das Jagdschloss entsprechend den Klosterregeln umgebaut werden. Es war der Wunsch von Kaiserin Elisabeth, dass die zu errichtende Kirche am Ort des Schlafzimmers des

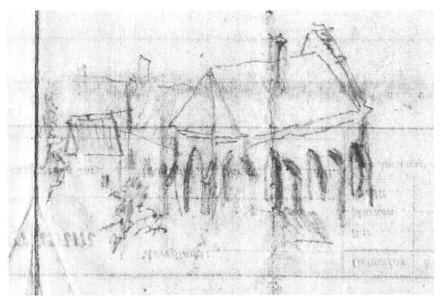
Nordansicht der Laurenziuskirche nach einer Zeichnung von Schuldes

Kronprinzen, der Altar genau an der Stelle des Bettes stehen sollte, wo die beiden Toten aufgefunden worden sind. (So ungewöhnlich, wie es scheint, war diese Widmung auch wieder nicht, denn schon die Kaiserinwitwe Carolina Augusta hatte in der Hofburg 1836, an der Stelle des Sterbebettes von Kaiser Franz I., einen Altar errichten lassen). Auch der Luftraum über dem Todesort sollte unverbaut bleiben (kein darüber liegendes Geschoß). Es war daher nicht möglich, die auf dem Gelände des Jagdschlosses seit Jahrhunderten bestehende Laurenziuskirche in den neuen Klosterbau zu integrieren, auch weil die strenge Ordensregel zwei Innenhöfe, mit der Klosterkirche im Mittelpunkt der Anlage, erforderlich machte. Diese, in neugotischem Stil erbaute Gedächtniskirche, ist ebenso breit wie das zuvor hier befindliche quadratische Schlafzimmer des Kronprinzen (7 × 7 m), hat aber die doppelte Länge.

Kronprinz Rudolf hatte testamentarisch seine Tochter Elisabeth als Universalerbin eingesetzt. Um ihr Erbe ungeschmälert zu erhalten, kaufte daher Kaiser Franz Joseph das Anwesen um 60.000 Gulden aus der Erbmasse und stiftete es dem Orden (das Stift Heiligenkreuz verzichtete zu Gunsten des Kaisers auf sein Vorkaufsrecht). Das Obersthofmeisteramt erwarb um weitere 12.426 Gulden das Schlossmobiliar. Die Laurenziuskirche wurde dem Stift Heiligenkreuz um 1000 Gulden abgelöst und ab 5. März 1889 demoliert.

Am 3. April kam Priorin Euphrosina in Begleitung der Subpriorin und des Klosterverwalters von Baumgarten sowie dem Baumeister Josef

Ansicht des Karmel von Mayerling um 1900. Im Vordergrund der zum Greisenasyl für k.u.k. Förster umgebaute Mayerlinghof, der 1893 bis 2007 von den Hartmannschwestern geführt wurde (heute Pflegeheim). Man baute daher links davon 1895 ein kleines Klostergebäude mit Kapelle hinzu. Rechts im Vordergrund ist das Kronprinz-Rudolf-Denkmal erkennbar. In der Gartenanlage des Karmel ist die ehemalige Kegelbahn des Jagdschlosses zu sehen, dahinter das so genannte Südtor. Links hinter der Mauer, an Stelle der abgerissenen Laurenziuskirche, das Kolumbarium des Karmel, die Grablege für die Ordensschwestern.

Schmalzhofer, der bereits den Karmel in Baumgarten gemeinsam mit dem Hofsekretär und Architekten Heinrich Schemfil erbaut hatte, nach Mayerling, um sich ein Bild von den Räumlichkeiten und den für die Klosteranlage notwendigen Veränderungen zu machen. Rasch wurde mit dem Umbau begonnen, am 9. Oktober konnte die Ordensmutter mit sechs der Gründungsschwestern von Baumgarten in den Karmel einziehen und die Klausur schließen. Die Ausstattung der Kirche erfolgte auf Kosten von Kaiser Franz Joseph, die Votivgemälde und Kirchenfenster können aber als ein Denkmal der Freunde des Kronprinzen gewertet werden. Sie wurden sämtlich von Stiftern bereitgestellt, die nicht wegen ihres adeligen Ranges, sondern wegen ihrer inneren Nähe zu Rudolf bemerkenswert sind. Darunter sind alle Persönlichkeiten, die bei der Eröffnung des Jagdschlosses 1886 anwesend waren, zahlreiche Mitarbeiter am Kronprinzenwerk, wie

Arenth, Dumba, Wilczek, Wurmbrand, der Maler Pausinger, Prof. Billroth, schließlich auch sein Erzieher Latour.[317]

Am 1. November wurde die Kirche vom Hofburgpfarrer Laurenz Mayer eingeweiht, dem wenig glückhaften Seelsorger Rudolfs.[318] Die Zeremonie geschah auf Wunsch von Kaiser Franz Joseph in aller Stille. Er besuchte am 2. November, dem Allerseelentag, das Stift, gemeinsam mit seinem Generaladjutanten Eduard Graf Paar und wohnte einer Totenmesse für seinen Sohn bei. Die Kirche war noch ohne Bildschmuck, die Wände mit schwarzen Vorhängen drapiert (das Altargemälde wurde 1891 vom Wiener Historienmaler Josef Kastner geschaffen). Nach einer eingehenden Besichtigung des neuen Klosters ging der Kaiser zu Fuß in die ehemalige Villa Leiningen, besichtigte dort alle Räume und ging dann zu den übrigen Wirtschaftsgebäuden, die er sich ebenfalls ausführlich zeigen ließ. Am Tag darauf berichtete er Katharina Schratt in einem Brief von diesem Besuch.[319]

Erinnerungsstücke von der abgebrochenen Laurenziuskirche sind das Altarbild mit dem Martyrium des hl. Laurenzius und einige Heiligenfiguren, die im Stift Heiligenkreuz erhalten sind. Die Kanzel und ein Vortragskreuz kamen in die Pfarrkirche der Nachbargemeinde Raisenmarkt. Zwei dorthin verbrachte Kirchenbänke befinden sich heute ebenfalls im Stift Heiligenkreuz. Weitere Erinnerungsstücke bewahrt das Badener Stadtmuseum auf, die der damalige Leiter, Hermann Rollett, für die Sammlungen erbeten hat. Es sind dies ein Säulenfragment, ein Putto mit Geldsack und einer mit einem Delfin (beide 18. Jahrhundert), zwei Steinwappen des Stiftes Heiligenkreuz mit einer Wappenkartusche des Abtes Georg Weixelberger (Abt von 1705–1728) und ein Steinkapitell.

---

[317] Die gesamte Liste bei Mitis/Wandruzka, a.a.O., S. 427.
[318] Details in: Peter Rückl: Mayerling im Verlauf seiner Geschichte. Diplomarbeit Wien, 2002.
[319] Judtmann, a.a.O., S. 407 f.

Mündlich überlieferte Erinnerungen in der Umgebung von Mayerling

In der Umgebung von Mayerling haben sich auch einige mündliche Überlieferungen erhalten, die Zeugnis von der Erinnerung an den Kronprinzen geben.

Zwei davon stammen aus dem Schwechattal am Wege von Baden nach Mayerling. Im Spätherbst 1888 ging die aus Raisenmarkt stammende und in Schwechatbach lebende Birkner-Nandl einmal beim Eisernen Tor Holz klauben. Dabei lud sie so viel Holz auf ihren Rücken, dass sie nicht mehr aufstehen konnte und um Hilfe rief. Kronprinz Rudolf war in der Nähe auf Pirsch, hörte sie und half ihr auf. Er schenkte ihr 100 Gulden und gab ihr den guten Rat: „Kauf' sie sich künftig ihr Holz und geh' nicht mehr aufs Eiserne Tor!" Die Frau bedankte sich für das großzügige Geschenk, hob die hundert Gulden gut auf – und ging weiterhin Holz klauben.

Die *Badener Zeitung* berichtete in ihrer Ausgabe vom 25. Juli 1925 über die „Augustiner Hütte" im Schwechattal am Fuße des Eisernen Tores. Der Anlass war ein Doppeljubiläum: 45 Jahre zuvor (also 1880) hatte die Pächterin Maria Haslinger, geb. Mödl, den guten Ruf dieser Ausflugsstation begründet, und es waren 25 Jahre, seitdem die damaligen Eigentümer, die in Baden geschätzten Eheleute Ferdinand und Rosa Steurer, die Gastwirtschaft führten. In der weiteren Folge des Artikels ist zu lesen: „In den 80er und 90er Jahren des vorigen Jahrhunderts war die Augustinerhütte abermals ein Treffpunkt des Adels, und bei einem der dort veranstalteten Feste waren sämtliche in Baden weilende Erzherzoge, fremde Fürstlichkeiten, Kronprinz Rudolf und der deutsche Kronprinz Wilhelm anwesend."

In einer anderen Version, die der Badener Musiker (Klarinettist) und Lokalforscher Kurt Drescher (1925–2006) aufgezeichnet hat, lautet die Geschichte wie folgt:

„1888 hatte Kronprinz Rudolf zu einer seiner beliebten Fischotter-Jagden im Helenental geladen, wo auch einer der Jagdgäste der Kronprinz Wilhelm war. In der Augustinerhütte wurde für drei Tage Station gemacht. Von der Straße her wurden Teppiche gelegt und die damalige Besitzerin Maria Haslinger und ihr Gatte, der Jagdaufseher war, mussten für diese Zeit aus ihrem Haus ausziehen. Da sie aber gut entlohnt wurden, hernach viele

Vorräte und neue Federbetten in ihrem Haus vorfanden, hatten sie diese Vermietung auf wenige Tage nicht zu bereuen."[320]

Sehr wahrscheinlich hat Maria Haslinger selbst diese Geschichte erzählt. Beide Male ist vom deutschen Kronprinzen (Wilhelm) die Rede, der aber im Oktober 1888 als neuer deutscher Kaiser zu einem Antrittsbesuch bei Kaiser Franz Joseph in Wien weilte und nicht an einer Jagd mit Kronprinz Rudolf im Schwechattal bei Baden teilnahm. Dies war im April 1883 der Fall, wo er noch als Thronfolger in Wien zu einem Gegenbesuch bei Kronprinz Rudolf war (dieser hatte im Februar 1883 Berlin besucht). 1888 statt 1883 könnte ein Lese- oder ein Schreibfehler sein. Und eine Fischotterjagd wird es wohl auch nicht gewesen sein, da die Schwechat damals keinen reichen Fischbestand hatte. In einem zeitgenössischen Werk heißt es dazu: „An Fischen und Krebsen ist die Schwechat arm, weil im oberen Laufe das jährliche Holzschwemmen die junge Brut zum Teil vernichtet."[321] Diese Holzschwemme erfolgte von Klausen Leopoldsdorf bis zum Holzrechen in Baden, St. Helena, wo die Scheiter zum Trocknen und zum Weitertransport gestapelt worden sind. Allerdings gab es tatsächlich an der Schwechat Fischotter, die auch gejagt wurden, aber das war in Laxenburg, wo sich ausgedehnte Auwälder des Flusses befanden. So hat etwa Kaiser Franz Joseph am 16. Mai 1883 in Laxenburg anlässlich eines Besuches beim Kronprinzenpaar an einer Fischotterjagd teilgenommen.[322] Also Schwechat, Fischotter und Kronprinz stimmen, aber nicht im Bereich des Helenentales. Auch das ist ein Beispiel für mündlich überlieferte Ereignisse, deren wahre Einzelteile in einen falschen Zusammenhang gebracht wurden.

Eine weitere Überlieferung berichtet, dass der Kronprinz in Schwechatbach oft den Wildwechsel vom nördlich gelegenen Heiligenkreuzerwald in den südlich der Schwechat gelegenen Kaiserwald (heute Bundesforste) beobachtet hat. Tatsächlich ist dies die engste Stelle an der Schwechat im Helenental, was den Wildwechsel erklärt, zumal die damalige Schotterstraße viel weniger befahren war als die heutige Zubringerstraße zum Autobahnanschluss Alland. Der seinerzeitige Besitzer der an dieser Stelle befindlichen Pension „Helenenstüberl", Rudolf Zeman, ließ auf seinem Grundstück anlässlich des 100. Todesjahres des Kronprinzen über einem dort befindlichen Felsblock eine kleine, hölzerne „Kronprinz- Rudolf-Kapelle" errichten. Hinter diesem Felsblock stand einst ein Baum, davor eine Bank, von der aus der Kronprinz den Wildwechsel zu beobachten pflegte. Diese Geschichte stammt vom Landwirt Franz Edelbacher, von dem Zeman 1969 das An-

---

[320] Rudolf Maurer: Von Mönchen, Holzhackern und fürstlichen Jägern. Die Augustinerhütte in Sage und Geschichte. Baden 2011 (Katalogblätter des Rollettmuseums Nr. 77).
[321] Das Gebiet des Schwechatflusses in Niederösterreich etc., a.a.O., S. 5.
[322] Püchel, a.a.O., S. 66 ff.

wesen gekauft hat. Edelbacher wiederum hatte es vom Stift Heiligenkreuz erworben.

2011 konnte ich selbst bei einem Lokalaugenschein im Försterhaus in Alland eine Erfahrung mit mündlicher Überlieferung machen: Das Haus war verschlossen, aber im Nebengebäude traf ich einen Forstarbeiter bulgarischer Herkunft, der dort lebte und im Dienste der Bundesforste stand. Er verstand aber kaum Deutsch. Seinem zu Besuch weilenden Neffen erklärte ich, dass ich das Försterhaus besichtigen wolle, da angeblich Kronprinz Rudolf hier einst geweilt habe. Der Neffe übersetzte meine Frage, worauf sein Onkel sofort lebhaft zustimmend nickte. Ja, hier hat Kronprinz Rudolf gewohnt. Auf meine weitere Frage, wieso er das wisse, antwortete er, das erzähle man hier im Ort, und er wüsste das schon lange. Ich war erstaunt über diese lange, über 125 Jahre dauernde mündliche Überlieferung.

Poetische Erinnerungen an die Mayerlingtragödie

Bereits kurz nach der Geburt von Kronprinz Rudolf wurde der „Kaiserhymne" eine ihm gewidmete Strophe hinzugefügt. Wie auch für andere Habsburger, sind auf ihn zeit seines Lebens eine Reihe patriotischer Gedichte verfasst worden.[323]

Hier seien drei in Baden publizierte poetische Nachrufe angeführt:
Der erste stammt vom Badener Lokaldichter Ferdinand Haberl (1859–1924), dem Sohn eines Bindermeisters in der Ruppertgasse 11, unmittelbar neben dem Schloss Leesdorf. Er war am Bezirksgericht Baden tätig, später in Groß-Enzersdorf. Durch die Freundschaft mit dem Badener Publizisten Gustav Calliano konnte er seine Gedichte (teils in Mundart) in Badener Lokalblättern publizieren.[324]

Im *Badener Boten* vom 3. Februar 1889 und im *Badener Bezirks-Blatt* vom 5. Februar erschien sein Gedicht auf den Tod des Kronprinzen, das die enttäuschten Hoffnungen ausdrückt, aber auch voll der damals üblichen dynastischen Gesinnung ist:

---

[323] „Die Habsburger im Liede". Gesammelt und herausgegeben von Wladimir Kuk, Wr. Neustadt 1908 (dem „Kaiserjubiläumsjahr"), wo fünf auf Kronprinz Rudolf bezügliche Gedichte wiedergegeben sind (S. 429–435).

[324] Rudolf Maurer: Das neue Leesdorf. Baden 2011, S. 64–66. (Katalogblätter des Rollettmuseums Nr. 87).

Kronprinz Rudolph

Kanonendonner dröhnte laut
Voll Jubel durch die Weite!
Des Volkes lauter Hochruf gab
Dem Donnerschlag Geleite!

„Ein Prinz ist uns geboren!" scholl
Ringsum die frohe Kunde,
Und Dankgebete stiegen auf
Zu Gott aus jedem Munde!

Die Bitte von ganz Oesterreich
Um einen Kaisersprossen –
Hat Gott erhört und helles Licht
Ob Oesterreich ergossen:

Am Himmel aller Fürsten ist
Ein Stern uns aufgegangen,
Der leuchtet ganzvoll weit und breit
In wunderhellem Prangen!

Der Stern, er schwebte höher stets,
Und bald ward er zur Sonne,
Die sanft die ganze Welt bestrahlt
Mit Licht und Herzenswonne!

Und unser liebes Baden war
Bevorzugt schier vor Allen,
Denn hier warf Rudophs Sonnenpracht
Die allerwärmsten Strahlen!

Da fuhr aus klaren Himmels Blau
Ein Blitzstrahl jäh hernieder,
Die Kund: „Erloschen ist die Sonn
Und kehret nimmer wieder!"

Im grünen Wald in Badens Näh'
Ist sie herabgesunken,
Und ausgezittert haben hier
Die letzten Geistesfunken!

Ein echtes, wahres Sonnenbild!
Im Osten sich erhoben,
Gestrahlt, geleuchtet, mild erwärmt –
Im Westen dann zerstoben!

Vernichtend traf die Kunde All'
Die Herzen beben, bluten!
Und wehmutsvolle Klage herrscht
Um Rudolph, unsern Guten!

Was leidet unser Kaiser wohl
– Vor Schmerz schützt keine Krone! –
Jetzt, da sein letztes Lebewohl
Er nachweint seinem Sohne!

Drum wollen wir, die immerfort
Zu unserm Kaiser halten,
Zu einem brünstigen Gebet
Die Hände heute falten:

„O lind're doch, Du großer Gott
Des edlen Kaisers Schmerzen,
So wie er selbst oft Trost gebracht
In seiner Völker Herzen!"

Am 9. Februar 1889 publizierte das *Badner Bezirks-Blatt* ein Trauergedicht von dem bereits erwähnten Gustav Calliano, das die allgemeine Stimmung wiedergibt:

Oesterreich in Trauer

Noch bebt das Herz uns wild erregt,
„U n g l a u b l i c h" klingt die Kunde,
Die unserem schönen Oesterreich
Wohl schlug die größte Wunde.
Und ringsherum im weiten Land
Da herrscht die tiefste Trauer;
Kein Schicksal traf das Reich so schwer
In aller Zeiten Schauer.
Der arme Rudolph, Oesterreichs Stolz,
Ging viel zu früh zu Grabe;
Die Frühlingsblüthen seines Seins
Gab er dem Land als Gabe.-
Und was sein Herbst uns wohl gebracht,
Das ruhet nun in Grabesnacht.
Das Edelreis, aus Habsburgs Stamm,
Es ward zu früh gebrochen,
Es hat zu prächtig aufgeblüht,
Und ach! zu viel versprochen.-
Und Ach! Im schönen Meer von Licht,
Sollt es erstarken für uns nicht.
Noch ist das Herz uns schmerzerregt,
„Unfassbar" noch die Kunde,
Die unserm alten Oesterreich
Wohl schlug die größte Wunde.
Und überall im weiten Land
Welch Jammer, Thränenschauer!
Kein Unglück traf ein Reich so schwer,
Wie Oesterreich in Trauer.

Die Zeile „Und Ach! Im schönen Meer von Licht" ist eine Anspielung auf die berühmte Rede des Kronprinzen bei der Eröffnung der „Elektrischen Ausstellung" in der Rotunde in Wien am 16. August 1883. Dort sprach der Kronprinz den programmatischen Satz: „… ein Meer von Licht strahle aus dieser Stadt, und neuer Fortschritt gehe aus ihr hervor!", der als Ausdruck seiner zukunftsfrohen Haltung oftmals zitiert worden ist. Der Schriftstellerverein „Concordia" legte 1889 auf Rudolfs Sarg einen Kranz mit der Aufschrift: „Ein Meer von Licht über sein Andenken."[325]

Am 16. Februar 1889 brachte das *Badener Bezirks-Blatt* abermals ein Gedicht des nicht weiter bekannten Salzburgers Ludwig Binder, Ritter von Degenschild, in dem die verlorene Hoffnung zum Ausdruck kommt:

Kronprinz Rudolf

Jeder Österreicher kannte
Ihn als Zukunftsherrscher schon.
Jedes Kind den Namen nannte:
„Rudolf! – Oesterreichs Kaisersohn.
Doch er ist dahin geschieden,
Nicht erreichte er den Thron,
Für sein Streben stets hinieden
Nur der Tod! – ist jetzt sein Lohn.
Oesterreich setzte all sein Hoffen
Für die Zukunft nur auf Ihn,
Furchtbar hat der Schlag getroffen,
Oesterreich's Hoffnung – ist dahin!-
Der Ostmark Gaue wiederhallen
Von dem Jammer, von dem Schmerz,
Denn die Trauerkund' hat Allen
Im Innersten verletzt das Herz.
Und in Hütten und Palästen
Manch krystall'ne Thräne weint
Für den Edelsten der Besten,
Wer es gut und ehrlich meint.

Rudolf! – höre unser Flehen,
Dort, in Gottes großem Reich
Hoch von blauen Himmelshöhen
Blick herab – auf Oesterreich!-

Besonders bemerkenswert erscheint ein poetischer Nachruf aus der Feder des in Graz lebenden österreichischen Dichters Robert Hamerling

---

[325] *Neue Freie Presse* vom 3. und 5.2.1889.

(1830–1889).[326] Ihn verband eine enge Freundschaft mit Peter Rosegger, der wiederum Kronprinz Rudolf persönlich gut kannte (im März 1887 war er bei Rudolf und Stephanie in Abbazia zu Gast mit einer Lesung). Ein anderer Freund von ihm war der Schriftsteller Fritz Lemmermayer (1856–1932), dessen Schwester Marie mit dem Musiker Karl Udel verheiratet war, der, wie berichtet, ebenfalls zum Freundeskreis von Kronprinz Rudolf zählte. Dadurch hatte auch Hamerling einen persönlichen Bezug zu ihm, was vermutlich der Anlass zu diesem Nachrufgedicht gewesen ist. Hamerling war damals bereits schwer krank und starb am 13. Juli 1889, wenige Monate nach Rudolfs Tod. In dem Text geht er von der ersten, offiziellen These aus (Herzschlag), nennt aber dann als Motiv für den Selbstmord „eine Wunde, die das Herz ihm schlug", was er als Warnung an die Zeitgenossen sieht („Kehrt ein in euch – des Unheils Woge steigt!"). Der kritische Unterton macht verständlich, warum das Gedicht in einer deutschen Zeitschrift veröffentlicht wurde und nicht in Österreich.

Am Herzschlag

Am Herzschlag, sagten sie, sei er gestorben.
Ganz recht! Sein junges Herz hat ausgeschlagen
Ein blut'ger Spalt, ha, klafft in seinem Haupt
So wie ihn gräbt das mitleidslose Blei –
Lasst euch nicht irren dies; es bleibt dabei:
Der blut'ge Spalt, den seine Stirne trug,
War eine Wunde, die das Herz ihm schlug.

Ein grelles Licht wirft dieser Tod ins Leben
Ein Fatum herrscht in Höhen, herrscht in Tiefen
Das unsere Kraft zermürbt und dann
Gebiet'risch heischt, was nur der Starke kann.
Der Held, der Mann.
So ging auch er dahin. Als Scheidegruß
Hat er die Mahnung uns entboten:
„Kehrt ein in Euch – des Unheils Woge steigt!"
Und fragt ihr sonst noch etwas ihn – er schweigt.
Denn Schweigen ist das große Recht der Toten.

---

[326] *Schorers Familienblatt*, 1. Beilage zu Heft 3, Berlin und Leipzig 1889.

Für Mary Vetsera hat ein weiter nicht bekannter Dr. Ernest Faber das folgende Gedicht geschrieben, das zusammen mit ihrem Bild als Postkarte unter dem Ladentisch gehandelt wurde. Da weder der Name des Kronprinzen, noch der gemeinsame Tod erwähnt wird, konnten die Behörden gegen den Vertrieb nicht einschreiten.

Mary Vetsera

Schön warst Du wie ein Märchentraum,
Nach tiefer Liebe ging Dein Streben;
Erfüllung krönt Dein junges Leben,
So ruhst Du sanft am Waldessaum.

Im Frühling grüßen Dich die Blüten
Der Lindenbäume am Wiesenrande.
Die Blumen der Fluren im grünen Gewande,
Die Falter, die eben in Liebe erglühten.

Es kommen Menschen aus weiter Ferne,
Um Deine letzte Ruhstatt zu schauen –
Du thronst jetzt golden im Himmel, im blauen,
Als Engel im Reiche der ewigen Sterne!

Das Kronprinz-Rudolf-Denkmal von Korfu

In Andenkenheften, Leporellobildern oder auf Postkarten von Mayerling nach 1918 ist immer wieder ein dort befindliches Kronprinz-Rudolf-Denkmal ohne nähere Erläuterungen abgebildet. Man konnte annehmen, es handle sich um ein Monument, das eigens für diese Stätte geschaffen worden sei. Tatsächlich handelte es sich aber um jenes Denkmal, das Kaiserin Elisabeth am 22. April 1895 im Garten ihres Schlosses „Achilleion" auf Korfu zur Erinnerung an ihren Sohn errichten ließ. Es war nach einem Entwurf des Schweizer Bildhauers Antonio Chiattone (1856–1904 in Lugano) geschaffen, der die Bildhauerschule in Mailand absolviert hatte. Von ihm stammt auch das 1902 geschaffene Denkmal für Kaiserin Elisabeth in Monteux-Territet am Genfer See, wo sie oft weilte.

Das Kronprinzendenkmal war aus Carrara-Marmor gebildet und hatte einen zweistufigen Sockel (die untere Stufe auf Eckdelfinen ruhend) mit der Inschrift: „RUDOLFUS/Coronae-Princeps/Archidux Austriae-Hungariae/Natus die 21 Augusti 1858. Obiit 30 Januarii 1889." Darauf war ein würfelförmiger Block mit einem marmornen runden Porträtrelief (sog. Tondo) des Kronprinzen angebracht. Auf diesem Würfel lagerte, auf einem Teppich mit dem Christusmonogramm auf der Bordüre (auffallend bei der kirchenfernen Haltung des Kronprinzen), ein geflügelter Genius mit herabbaumelndem rechten Bein, der an eine abgebrochene kannelierte Säule gelehnt war, mit einer auf den linken Oberschenkel aufgestützten, umgekehrten Trompete – der Genius des Ruhms, der nichts mehr zu verkünden hat. Ähnlich wie der Kronprinz selbst hat auch dieses Denkmal eine schicksalshafte Geschichte.

Kaiser Franz Joseph ließ es noch im Todesjahr der Kaiserin 1898 von Korfu nach Mayerling bringen, wo es im Garten des Asyls für greise Jäger aufgestellt wurde. Das Schloss Achilleion erbte Elisabeths Tochter Gisela, die in München mit Leopold Prinz von Bayern verheiratet war. Sie legte aber keinen Wert auf das entfernte Gut, das dann Kaiser Wilhelm II. kaufte.

1935 brachte man das Denkmal von Mayerling nach Wien in den Garten des Krankenhauses „Rudolfsstiftung" (Juchgasse, 1030 Wien), das aus Anlass der Geburt des Kronprinzen errichtet worden war. Ein genauer Grund für diese Übertragung konnte nicht gefunden werden. Vermutlich war es eine Geste der habsburgfreundlichen Ständeregierung, welche 1935 die Habsburgergesetze von 1919 außer Kraft gesetzt hatte. Bei den schweren Bombenangriffen im April 1945 auf den 3. Bezirk (das Arsenal und der Aspangbahnhof waren die Hauptziele) wurde das Denkmal schwer beschädigt und 1951 abgetragen.

Das Kronprinz-Rudolf-Denkmal aus Korfu in Mayerling

Die Reste kamen angeblich in die Obhut des Bezirksmuseums des 3. Bezirkes, waren dort aber nie vorhanden.[327] Das Rundrelief mit dem Porträt des Kronprinzen erwarb später der Bürgermeister von Laxenburg, Herbert Rauch-Höphffner – angeblich vom genannten Museum –, der als erklärter Monarchist Relikte aus der Kaiserzeit und Erinnerungsstücke an Kronprinz Rudolf sammelte (heute bis auf Weniges verschwunden). Er ließ dieses Relief 1979 an seinem Wohnhaus in Laxenburg, Wienerstraße 17, anbringen (es ist dies übrigens jenes Haus, von wo aus der junge Kronprinz 1873 bei einem verheerenden Brand in Laxenburg den Einsatz der Feuerwehren geleitet hatte). Die übrigen Teile des Denkmals galten als verschollen.

Tatsächlich sind sie aber in den Hof der Bildhauerklasse der Akademie der bildenden Künste im Prater gelangt (es handelt sich um Gebäude der Weltausstellung von 1873, die zu Künstlerateliers umgestaltet worden sind) und verblieben dort. Vielleicht dachte man, dass künftige Bildhauer die marmornen Reste dieses Objektes verwenden können. Um 2002 konnte der Kunsthistoriker und Ausstellungsmacher Dr. Otmar Rychlik nach eigenen Angaben von Prof. Bruno Gironcoli, der von 1977 bis 2004 Leiter der Bildhauerschule der Akademie der bildenden Künste war, diese Teile übernehmen, angeblich als Entgelt für geleistete Dienste. Heute befinden sie sich im Garten von Rychliks Haus in Gainfarn nahe Baden, wo sie in rekonstruierter Form aufgestellt sind. Vorhanden sind der Sockel des Denkmals mit der Inschrift, darüber ein rekonstruierter Block (darauf befand sich das Rundrelief mit dem Porträt des Kronprinzen), auf dem sich der auf einem Teppich lagernde Torso des Genius befindet (seine Arme, Kopf und Flügel, die Trompete und die Säule sowie die Sockeldelfine fehlen). Das bruchstückhafte Denkmal repräsentiert förmlich das Schicksal Rudolfs, erscheint als ein Symbol seines Scheiterns.

---

[327] Mitteilung 2012 von Prof. Karl Hauer, Direktor des Bezirksmuseums Wien-Landstraße.

Stammbäume

Habsburg-Lothringen und Sachsen-Coburg

Die beiden Stammbäume geben einen Überblick über die verwandtschaftlichen Verflechtungen von Kronprinz Rudolf und seinen familiären Zeitgenossen.
Nach: Brigitte Sokop, Stammtafeln europäischer Herrscherhäuser, Wien-Köln-Weimar, 1993

Habsburg-Lothringen

Maria Theresia * 1717 † 1780
Kgn. v. Ungarn 1741, v. Böhmen 1743
∞ Franz Stephan v. Lothringen
* 1708 † 1765 Ks. 1745
Hz. v. Lothr. 1729 Ghz. v. Toscana 1737

- **Joseph II.**
  * 1741 † 1790 Ks. 1765
  1. ∞ Isabella v. Parma * 1741 †1763
  2. ∞ Josepha Maria Antonia v. Bayern * 1739 † 1767

- **Leopold II.**
  * 1747 † 1792 Ks. 1790
  Ghz. v. Toscana 1765—1790
  ∞ Marie Luise v. Spanien * 1745 † 1792

  - **Franz I. (II.)** * 1768 † 1835
    röm. Kaiser 1792—1806
    Ks. v. Österr. 1804—1835
    ∞ Marie Therese v. Sizilien * 1772 † 1807

  - **Ferdinand III. v. Toscana**
    * 1769 † 1824 Ghz. 1790
    ∞ Luise v. Sizilien * 1773 † 1802

    - **Ferdinand I. d. Gütige**
      * 1793 † 1875
      Ks. 1835—1848
      ∞ Maria Anna v. Savoyen † 1884

    - **Franz Karl**
      * 1802 † 1878
      ∞ Sophie v. Bayern * 1805 † 1872

    - **Leopold II. v. Toscana**
      * 1797 † 1870 Ghz. 1824—1859
      1. ∞ Maria Anna v. Sachsen † 1832
      2. ∞ Maria Antonia v. Sizilien * 1814 † 1898

      1:
      - **Franz Joseph I.**
        * 1830 † 1916 Ks. 1848
        ∞ Elisabeth in Bayern * 1837 † 1898
      - **Ferdinand Maximilian** (Maximilian v. Mexiko)
        * 1832 † 1867
        ∞ Charlotte v. Sachsen-Coburg * 1840 † 1927
      - **Karl Ludwig** * 1833 † 1896
        2. ∞ Maria Annunziata v. Sizilien * 1843 † 1871
        3. ∞ Maria Theresia v. Braganza * 1855 † 1944
      - **Ludwig Viktor** * 1842 † 1919

      2:
      - **Auguste Ferdinande** * 1825 † 1864
        ∞ Luitpold v. Bayern † 1912 s. Bayern
      - **Ferdinand IV.** * 1835 † 1908 Ghz. 1859
        ∞ Alix v. Parma * 1849 † 1935

        - **Sophie** * 1855 † 1857
        - **Gisela** * 1856 † 1932 ∞ Leopold v. Bayern † 1930
        - **Rudolf** * 1858 † 1889 ∞ Stephanie v. Belgien * 1864 † 1945
        - **Marie Valerie** * 1868 † 1924 ∞ Franz Salvator v. Toscana * 1866 † 1939

        2:
        - **Franz Ferdinand** * 1863 † 1914
          ∞ Sophie Gfn. Chotek * 1868 † 1914 (Fstn. v. Hohenberg)
        - **Otto Franz Joseph** * 1865 † 1906
          ∞ Maria Josepha v. Sachsen * 1867 † 1944

        - **Leopold Salvator** * 1868 † 1935 (Leopold Wölfling)
        - **Luise v. Toscana** * 1870 † 1947
          1. ∞ Friedrich August I v. Sachsen † 1932
          2. ∞ Enrico Toselli * 1883 † 1926

        - **Elisabeth** * 1883 † 1963
          1. ∞ Otto v. Windisch-Graetz * 1873 † 1952
          2. ∞ Leopold Petznek † 1956

        - **Karl I** * 1887 † 1922 Ks. 1916
          (zahlreiche Nachkommen)

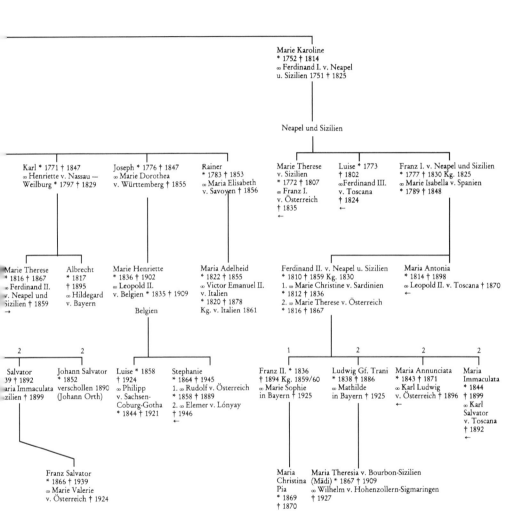

(zahlreiche Nachkommen)

Entgegen sonstiger genealogischer Gepflogenheit wurden auch die weiblichen Mitglieder des Hauses angeführt.

Sachsen-Coburg

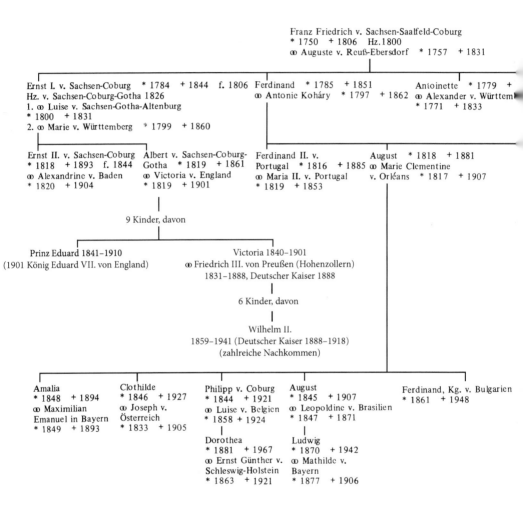

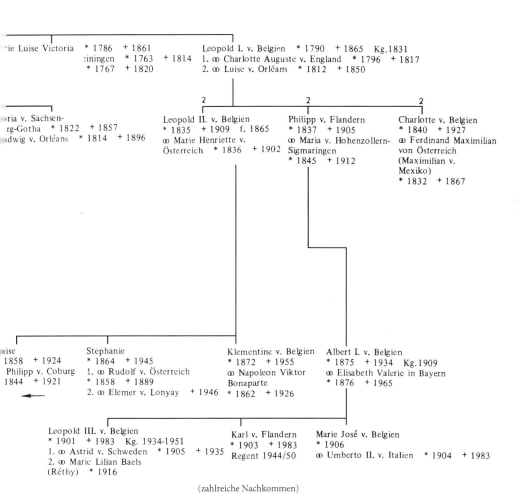

Anhang

Literatur

Schriften von Kronprinz Rudolf (chronologisch)

Fünfzehn Tage auf der Donau. Wien 1878.
Eine Orientreise. Wien 1885.
Die österreichisch-ungarische Monarchie in Wort und Bild. 2.Abt., Niederösterreich und Wien. Wien 1886. (Kronprinz Rudolf war der Herausgeber des 24-bändigen Werkes, das nach seinem Tod unter der Patronanz von Kronprinzessin Stephanie bis 1902 zu Ende geführt wurde.)
Jagden und Beobachtungen von Kronprinz Rudolf. Herausgegeben von Adolph W. Künast, Wien 1887.
Österreich-Ungarn und seine Allianzen. Offener Brief an S. M. Kaiser Franz Joseph I. Von Julius Felix. Paris 1888.
Kronprinz Rudolf. Politische Briefe an seinen Freund 1882–1889. Herausgegeben und eingeleitet von Dr. Julius Szeps. Wien 1922.
Kronprinz Rudolf von Österreich: Sein Briefwechsel mit Dr. G. A. Girtanner. Herausgegeben und kommentiert von Bernhard Schneider und Ernst Bauernfeind. Wien 1999.

Historische Werke

Bahr, Wolfgang: Tote auf Reisen. Ein makabrer Reisebegleiter. Wien 2000.
Baltazzi-Scharschmid, Heinrich und Hermann Swistun: Die Familie Baltazzi-Vetsera im kaiserlichen Wien. Wien 1980.
Bankl, Hans: Woran sie wirklich starben. Wien 1989.
Barta, Ilsebill (Hg.): Kronprinz Rudolf, Lebensspuren. Wien 2008.
Bibl, Viktor: Kronprinz Rudolf. Die Tragödie eines sinkenden Reiches. Leipzig 1938.
Biographisches Lexikon des Kaiserthums Österreich.Wien 1856–1891.
Bled, Jean-Paul: Kronprinz Rudolf. Wien 2006.
Brettner, Friedrich: Die letzten Kämpfe des II. Weltkrieges (Steinfeld-Wienerwald-Tullnerfeld-Traisental). 6. Panzerarmee. Gloggnitz 2002.
Brook-Shepherd, Gordon: Slatin Pascha. Ein abenteuerliches Leben. Wien 1972.
Cars, Jean de: Rodolphe et les secrets de Mayerling. Paris 2007.
Chronik des hohen Reyches Aquae Thermae, Bd. IV., S. 49–60, Baden o. J. (Chronik der Schlaraffia Baden, ca. 1997).
Clarke, Stephen: 1000 years of ennoying French. New York 2010.
Das Gebiet des Schwechatflusses in Nieder-Oesterreich. Topographisch-statistisch dargestellt von der Handels- und Gewerbekammer Wien. Wien 1978.
Das Mayerling-Original. Offizieller Akt des k.k. Polizeipräsidiums. Facsimilia der Dokumente. Der authentische Bericht. Wien/Zürich 1955.
Der Mord an Kronprinz Rudolf von Österreich. Von einem Eingeweihten. Frankfurt a.M. o.J. (1898?).
Dorffner, Erich und Christl: Allerhand über Alland. Alland 1989.
Exl, Engelbert M.: Mistelbach – 125 Jahre Stadt. Mistelbach 1998.
Feigl, Erich: „Gott erhalte …" Kaiser Karl. Persönliche Aufzeichnungen und Dokumente. Wien 2006.
Festschrift „50 Jahre Pfarre St. Christoph". Baden 2007.

Fischer, Lisa: Liebe im Grünen. Kreative Sommerfrischen im Schwarzatal und am Semmering. Wien 2014.
Flatzelsteiner, Helmut: Meine Mary Vetsera. Mayerling: Die Tragödie gibt ihr Geheimnis preis. Authentische Schilderung der Entführung aus der Gruft. Wien 1993.
Flesch-Brunningen, Hans: Die letzten Habsburger in Augenzeugenberichten. Düsseldorf 1967.
Franzel, Emil: Kronprinzen-Mythos und Mayerling-Legenden. Wien 1973.
Friedrich, Lars: Kronprinz Rudolf. Erinnerungen an einen Thronfolger 1858–1889. Hattingen a.d. Ruhr 2008.
Friedrich, Lars: Mayerling. Chronik eines Dorfes. Hattingen a. d. Ruhr 2008.
Friedrich, Lars: Das Mayerling-Sammelsurium. Kurioses aus 20 Jahren Mayerling-Archiv. Hattingen a.d. Ruhr 2009.
Fritsche, Victor von: Bilder aus dem österreichischen Hof- und Gesellschaftsleben. Wien 1914.
Fuhst, Herbert: Mary Vetsera im Lichte ihrer Abstammung und Verwandtschaft. Wien 1937.
Gehrlein, Thomas: Die Grafen zu Leiningen-Westerburg. 900 Jahre Gesamtgeschichte und Stammfolge. Mannheim 2012.
Gruber, Clemens: Die Schicksalstage von Mayerling. Neue Erkenntnisse zum Tod Kronprinz Rudolfs und Mary Vetseras. Judenburg 1989.
Haider, Edgard: Verlorenes Wien. Wien 1990.
Hamann, Brigitte: Rudolf. Kronprinz und Rebell. Wien 1978, (5. erw. Aufl. 2005).
Hamann, Brigitte (Hg.): „Majestät, ich warne Sie ..." Geheime und private Schriften von Kronprinz Rudolf. Wien 1979.
Hamann, Brigitte: Der Weg nach Mayerling. Wien 1988.
Hamann, Brigitte: Die Habsburger. Ein biographisches Lexikon. Wien 1988.
Haslinger, Ingrid: Tafeln mit Sissy. Wien 1998.
Haslinger, Ingrid: „Rudolf war immer ein guter Sohn". Mayerling war ganz anders. Wien 2009.
Heiberger, Hans: Das Ende der Grafen zu Leiningen-Westerburg. Grünstadt 2000.
Holler, Gerd: Mayerling: Die Lösung des Rätsels. Wien 1980.
Holler, Gerd: Mayerling. Neue Dokumente zur Tragödie 100 Jahre danach. Wien 1988.
Höfler, Olga: Hermann Zerzawy: „Eine Welt ging unter. Erinnerungen, Erlebnisse, Augenzeugenberichte aus dem Ersten Weltkrieg". Gänserndorf 1997.
Hugo's Jagdzeitung. Wien, Jg. 1889.
Judtmann, Fritz: Mayerling ohne Mythos. Ein Tatsachenbericht. Wien 1968.
Kielmansegg, Erich: Kaiserhaus, Staatsmänner und Politiker. Aufzeichnungen des k.k. Statthalters Erich Graf Kielmansegg. Mit einer Einleitung von Walter Goldinger. Wien-München 1966.
Kodek, Günter K.: Unsere Bausteine sind Menschen. Die Mitglieder der Wiener Freimaurerlogen (1869–1938). Wien 2009.
Koller-Glück, Elisabeth (Hg.): Meine Jagderlebnisse mit Kronprinz Rudolf. Die bisher unveröffentlichten Memoiren des Leibjägers Rudolf Püchl sowie 13 Zeichnungen desselben. St. Pölten 1978.
Kuk, Wladimir (Hg.): Die Habsburger im Liede. Wr. Neustadt 1908.
Künzel, Joachim: Kottingbrunn. Vom Einst ins Jetzt. Kottingbrunn 2010.
Lafaurie (Baron): Mes Souvenirs. La vérité sur Meyerling. Paris 1937.
Lehmann's Allgemeiner Wohnungs-Anzeiger. Wien 1889.
Léopold de Belgique (futur Leopold II): Voyage à Constantinople 1860. Bruxelles 1997.
Lesebuch für Bürgerschulen, 1. Teil. Wien 1912.
Loehr, Clemens: Mayerling. Eine wahre Legende. Wien 1968.
Lonyáy, Stephanie (Fürstin von): Ich sollte Kaiserin werden. Leipzig 1935.
Markus, Georg: Kriminalfall Mayerling. Leben und Sterben der Mary Vetsera. Wien 1993.
Markus, Georg: Was uns geblieben ist. Wien 2013.

Markus, Georg und Katrin Unterreiner: Das Original-Mayerling-Protokoll der Helene Vetsera: „Gerechtigkeit für Mary". Wien 2014.
Maroszy, Stephan: Ungeschminkte Wahrheit über das Liebesdrama des Kronprinzen Rudolf und der Baronesse Mary Vetsera. Leipzig 1903.
Maurer, Rudolf: Das neue Leesdorf. Baden 2011.
Maurer, Rudolf: Von Mönchen, Holzhackern und fürstlichen Jägern. Die Augustinerhütte in Sage und Geschichte. Baden 2011.
Meissner, Hans: Die Doblhoffs und Baden-Weikersdorf. Neue Badener Blätter. 4. Jg., Heft IV, Baden 1993.
Meissner, Hans und Kornelius Fleischmann: Die Juden von Baden und ihr Friedhof. Baden 2002.
Meysels, Luciano M.: In meinem Salon ist Österreich. Berta Zuckerkandl und ihre Zeit. Wien/München 1984.
Mitis, Oskar Freiherr von: Das Leben des Kronprinzen Rudolf. Mit Briefen und Schriften aus seinem Nachlaß. Neu herausgegeben und eingeleitet von Adam Wandruszka, Wien 1971.
Moritz, Verena und Hannes Leidinger: Oberst Redl. Der Spionagefall. Der Skandal. Die Fakten. Wien 2012.
Niederhauser, Emil: 1848 – Sturm im Habsburgerreich. Wien/Budapest 1990.
Odescalchi, Prinzessin: Kronprinz Rudolf und das Verbrechen der Vetsera. Leipzig 1900.
Ortega y Gasset, José: Signale unserer Zeit. Zürich o. J.
Österreichische Kunsttopographie Band XVIII; Der Bezirk Baden. Wien 1924
Planitz, Ernst Edler von der: Die volle Wahrheit über den Tod des Kronprinzen Rudolf von Österreich nach amtlichen und publicistischen Quellen sowie den hinterlassenen Papieren. 1. Bd., Berlin (48. Aufl., ca. 1901), 2. Bd., 47. Aufl., ca. 1900).
Pöldinger, Walter und Wolfgang Wagner: Aggression, Selbstaggression, Familie und Gesellschaft. Das Mayerling-Symposion. Berlin/Heidelberg/New York/London/Paris/Tokyo. Hong Kong 1989.
Polzer, Wilhelm: Licht über Mayerling. Graz 1954.
Polzer-Hoditz, Arthur: Kaiser Karl. Aus der Geheimmappe seines Kabinettchefs. Wien 1929.
Richter, Werner: Kronprinz Rudolf von Österreich. Zürich 1941.
Richter, Werner: Historia Sanctae Crucis. Beiträge zur Geschichte von Heiligenkreuz im Wienerwald. Heiligenkreuz 2008.
Rückl, Peter: Mayerling im Verlauf seiner Geschichte. Von der Laurentius-Kapelle zum Karmel St. Josef. Diplomarbeit, Wien 2002.
Rudolf. Ein Leben im Schatten von Mayerling. Katalog der 119. Ausstellung des Historischen Museums der Stadt Wien. Wien 1989/90.
Salvendy, John T.: Rudolf. Psychogramm eines Kronprinzen. Wien 1987.
Schaeffer, Camillo: Mayerling. Die Tragödie und ihre Deutungen. Wien 1987.
Schiel, Irmgard: Stephanie. Kronprinzessin im Schatten von Mayerling. Wien 1978.
Schneider, Bernhard und Ernst Bauernfeind (Hg.): Kronprinz Rudolf von Österreich. Sein Briefwechsel mit Dr. G. A. Girtanner. Wien 1999.
Schneider, Dr. Josef (Hg.): Kaiser Franz Joseph I. und sein Hof. Erinnerungen und Schilderungen aus den nachgelassenen Papieren eines persönlichen Ratgebers. Berlin 1922.
Schnitzler Arthur: Tagebuch 1917–1919. Wien 1985.
Schnitzler, Arthur: Jugend in Wien. Wien, München, Zürich 1968.
Siegmund, Erika: Harbach. Ein Edelmannsitz bei Klagenfurt. Linz/Klagenfurt 1999.
Sokop, Brigitte: Jene Gräfin Larisch. Marie Louise Gräfin Larisch-Wallersee. Vertraute der Kaiserin – Verfemte nach Mayerling. Wien 1985.
Swistun, Hermann: Kritische Betrachtungen zu den letzten Mayerling-Publikationen aus der Sicht der Chronik „Die Familien Baltazzi-Vetsera im Kaiserlichen Wien". Wien 1980.

Swistun, Hermann: Mary Vetsera. Gefährtin für den Tod. Wien 1983. (Erweiterte Neuauflage 1999.)
Tausig, Paul: Berühmte Besucher Badens. Wien 1912.
Toplitsch, Norbert: Payerbacher Kulturwege. Ternitz 1999.
Toplitsch, Norbert: Die Habsburger in Reichenau. Ternitz 2003.
Unterreiner, Katrin: Kronprinz Rudolf. „Ich bin andere Wege gegangen". Wien 2008.
Vogelsberger, Hartwig A.: Kaiser von Mexiko. Ein Habsburger auf Montezumas Thron. Wien 1992.
Wallersee, Maria Freiin von: Meine Vergangenheit. Wahrheit über Kaiser Franz Josef/Schratt/Kaiserin Elisabeth/Andrassy/Kronprinz Rudolf/Vetschera. Berlin o. J. (1913).
Wallersee, Louise von, vormals Gräfin Larisch: Kaiserin Elisabeth und ich. Leipzig 1935.
Wallner, Viktor: Rendezvous in Mayerling. Baden 1990.
Wallner, Viktor: Kaiser, Kuren und Kommandos. Baden von 1804 bis 1918. Baden 1999.
Wallner, Viktor: Häuser, Menschen und Geschichte. Ein Badener Anekdotenspaziergang. Baden 2002.
Wilczek, Hans Graf: Hans Graf Wilczek erzählt seinen Enkeln Erinnerungen aus seinem Leben. Hg. von seiner Tochter Elisabeth Kinsky-Wilczek. Graz 1933.
Zerzawy, Hermann: Vor hundert Jahren: Eine Welt ging auf – und bald unter. Artikelserie in der *Neuen illustrierten Wochenschau*, Juli bis September 1958.
Zweig, Stefan: Die Welt von gestern, Zürich o. J. (Stockholm 1944).

Weitere Quellen

Archiv des Altlaxenburger Kulturvereines.
Haus-, Hof- und Staatsarchiv Wien: Nachlass Kronprinz Rudolf.
Staatsarchiv (ehem. Kriegsarchiv): Nachlass Hermann Zerzawy.
Stadtarchiv und Biographisches Archiv Baden.
Neue Deutsche Biografie
Badener Häuser-Schematismus 1885 und 1892
Badener Bote, Jg. 1889.
Badener Bezirks-Blatt, Jg. 1889.

Namenregister

Abdülmecid I. 155
Albrecht, Erzherzog 12, 15, 179
Albrecht, Maria 266
Alexander von Serbien 14
Alison, Charles 158
Altenberg, Hermann (recte: Kittl Otto) 27
Altenberg, Peter 85
Andrássy, Gyula Graf von 108, 186
Angeli, Heinrich von 16, 84, 197
Anna Maria von Sachsen 219
Arenth, Alfred von 273
Attems, Erich, Karl und Toni, Graf 199
Auchenthaler, Dr. Franz 56, 115, 118, 139, 255
Auersperg, Adolph Fürst 196
Auersperg, Aglaia von 101 f
Auersperg, Karl Graf 193
Auersperg, Leopold Graf 145
Avanzo, Dominique 135

Bach, Alexander von 198
Bach, Robert Freiherr von 198
Bachrach, Adolf 110
Bahr, Anna, geb. Mildenburg 196
Bahr, Hermann 85
Baltazzi, Alexander 103 f, 116 ff, 127 f, 134, 166 f, 193, 225
Baltazzi, Aristides 102 ff, 166 f, 179, 193 f, 222
Baltazzi, Charlotte (Lolo), geb. Sarell, verh. Erdödy 166
Baltazzi, Elisabeth (Lizzi), verh. Nugent 165
Baltazzi, Eliza, geb. Sarell 155
Baltazzi, Epaminondas 155 f
Baltazzi, Evangheli/Evangelos 155 f
Baltazzi, Eveline geb. Stockau 166
Baltazzi, Franziska, verh. Bébis 200
Baltazzi, Hector 127, 168 f, 194
Baltazzi, Heinrich (Henry) 170 f, 195
Baltazzi, Helene, verh. Vetsera 155 ff, 164, 175 ff, 186 ff, 190 ff
Baltazzi, Julia 165
Baltazzi, Leonidas 157
Baltazzi, Maria Theresia Gräfin von, geb. Stockau 167

Baltazzi, Marie Virginie (Bibi), gesch. Saint-Julien-Wallsee, verh. Stockau 161, 165
Baltazzi, Paula, geb. Scharschmid-Adlertreu, Freiin 196 ff
Baltazzi, Pauline, verh. Skrbensky von Hrzistie 200
Baltazzi, Spiridon 156
Baltazzi, Themistokles 157
Baltazzi, Theodor 155 f
Baltazzi-Scharschmid Christine, verh. Hollemann 202
Baltazzi-Scharschmid, Heinrich 7, 9, 138 f, 201 ff, 249
Baltazzi-Scharschmid, Johanna, geb. Kögl 202 f
Bankl, Dr. Hans 80, 139
Bauqué, Amand Louis 163, 190, 193
Bausek, Hermine und Ludwig 31
Bayer, Eduard 67 f
Bayer von Thurn, Rudolf 214
Bébis, Constantin Dimitri 200
Bébis, Franziska, geb. Baltazzi 200
Beck, Friedrich Graf 229
Bellegarde, Franz Graf 145
Benedikt, Heiliger 131
Benedikt, Dr. Moritz 28
Berchtold, Leopold Graf 194
Beschorner, Alexander Matthias 134
Bibl, Viktor 210, 223 f
Biel, Karl 186
Biener, Dr. Lothar 246
Bilko, Franz 147
Billroth, Dr. Theodor 72, 83, 98, 273
Binder von Degenschild, Ludwig 280
Bissingen und Nippenburg, Margit von, Gräfin, verh. Vetsera 190
Blaas, Julius 197 f
Böhm, Josef Ritter von 32
Böhm, Josefa von, geb. Lergetporer 32
Böhm, Karl Ernst Ritter von 32
Bombelles, Charles René 41
Bombelles, Heinrich Franz 41
Bombelles, Karl Graf 14, 38 ff, 55 f, 90, 96, 115
Bombelles, Ludwig Philippe 40
Bombelles, Marc Marie Marquis de 40

Bornemisza, Tivadar Baron 55
Boulanger, Georges 74
Bourbon-Parma, Xavier von, Prinz 243
Bourbon-Parma, Zita Maria von, Prinzessin/ Kaiserin 163, 183, 243
Bourgoing, Jean und Paul de 163
Bourgoing, Othon de 162, 181
Bourgoing, Therese, Gräfin, geb. Kinsky
Brady („Pradi") Philipp 55
Braganza, Maria Amalia von 182
Braganza, Maria Teresia von 16
Braganza, Maria Theresia, Prinzessin, geb. Löwenstein-Wertheim-Rosenberg 182
Braganza, Miguel I., Herzog von (König v. Portugal) 103, 182
Braganza, Miguel II., Herzog von 26, 102f, 181 ff
Bratfisch, Josef 55, 60, 67 ff, 96, 101, 225
Bresci, Alessandro 157
Breuner, August Graf 111
Breyer Franz 93
Bruvry, Sissy 36
Buska, Johanna, verw. Török von Szendrö, Gräfin, verh. Neumann 32, 176
Bylandt-Rheydt, Hendrik Graf 190
Bylandt-Rheydt, Johanna (Hanna), geb. Vetsera 190, 199

Calliano, Gustav 277, 279
Canon, Hans 28
Cappy, Albert Graf 91
Cappy, Heinrich Graf 91
Cappy, Philipp Graf 91, 100
Carolina Augusta, Kaiserinwitwe 271
Caspar, Mizzi 32, 73 f, 81, 240
Chiattone, Antonio 283
Chotek von Chotkowa, Bohuslav Graf 24, 27
Chotek, von Chotkowa, Sophie Gräfin 27
Chotek, Zdenka (Sidonie) 27
Christ, Johann 216
Christalnigg, Oskar Alexander Graf von 13 f
Clam-Martinic, Gottfried Markus Graf von 166
Clarson-Jeschek, Herma, geb. Himmelstoß 147
Clémenceau, Georges 73, 101
Clémenceau, Paul 72
Clémenceau, Sophie, geb. Szeps 72
Clémentine von Orléans 26

Coburg-Gotha – siehe: Sachsen-Coburg-Gotha
Coudenhove-Kalergi, Franz Graf 162
Coudenhove-Kalergi, Heinrich und Richard, Graf 162
Croy, Alexander Marie Prinz von 166

Danelli, Paulus D. 17, 44
Decker, Georg 219
Décrais, Albert 180
Dedic, Malachias 120, 126
Demmer, Andrew 217
Depréz, Marcel 73
Doblhoff, Heinrich Freiherr von 198, 227
Doblhoff, Josef Freiherr von 24, 227 f
Doblhoff, Marietta von, Baronin 199
Doblhoff, Robert 227 ff
Doblhoff, Rudolf Freiherr von 198, 227
Doblhoff-Dier, Anton von 41, 227
Doblhoff-Meran, Karoline, Baronin 199
Doderer, Heimito von 267
Douda, Franz 203 f
Drescher, Kurt 274
Dubray, Marie-Gabriel 163, 181, 191
Dubsky, Alfred Graf 166
Dubsky, Sophie Gräfin, geb. Stockau
Dumba, Constantin 231
Dumba, Nikolaus 196, 231

Ebenhöh, Eugenie, verh. Schuldes 143
Edelbacher, Franz 276
Eder, Johann 120
Eder, Karl 120
Eduard Prinz von Wales (Eduard VII.) 76, 230
Eichner, Rosa 28
Elisabeth (Amalie Eugenie, „Sisi"), Kaiserin 27, 167 f, 283
Erdödy, Charlotte Gräfin, geb. Baltazzi 166
Erdödy, Georg Graf 166
Esterházy, Nikolaus (Niki) Graf 170, 180
Eugen, Erzherzog 12
Eugénie de Montijo, Gräfin, verh. mit Napoleon III., 232

Faber, Ernest 282
Fellinger, Dr. Karl 246
Ferdinand IV., Großherzog von Toscana 219
Ferdinand Max, Erzherzog (Kaiser Maximilian v. Mexiko) 26, 38, 41

Ferdinand Salvator Habsburg-Lothringen, Erzherzog 13
Ferstl, Heinrich 15
Festetics, Marie Gräfin 168
Fischer, Michael 34
Flatzelsteiner, Helmut 140f
Fliesser-Thierstenberg, Karl von 123
Fontane, Theodor 176
Franz I., Kaiser 15, 26, 44, 77, 166, 271
Franz Ferdinand d'Este, Erzherzog 58
Franz Joseph I., Kaiser 12, 15, 24, 77, 83, 166, 271f
Franz Karl, Erzherzog 42
Franzel, Emil 223
Fraser, Sophie Marie Jeanne 41
Freud, Dr. Sigmund 85
Friedrich III., dt. Kaiser 76
Friedrich, Erzherzog 12
Fries, Alfred von 246
Fries, Helene (Elly), verh. Stöger 246
Fries, Karoline (Lola) 246
Frischauer, Berthold 81, 186
Fritsche-Fritschen, Victor von 178, 229
Fuchs, Hermine 202
Fuhst, Herbert 154, 260

Ganglbauer, Joseph Cölestin 15
Gathmann, Dr. Peter 79
Gaumannmüller, Franz 139, 250
Giesl von Gießlingen, Arthur von 93, 262
Ginzkey, Franz Karl 209f
Gironcoli, Bruno 284
Girtanner, Dr. Georg 84
Gisela, Erzherzogin 283
Glaser, Heinrich 190
Gold, Carl 135
Gorup, Ferdinand von Besánez 116ff, 149
Göß, Christine, geb. Swistun 263
Graf, Ella 263
Grandl, Karl und Mathilde 36
Grimburg, Adolf Grimus Ritter von 94
Groß, Jenny 173
Gruber, Clemens M. 152, 221
Grünbeck, Heinrich 118, 136
Gruscha, Anton Josef 270

Haase, Philipp Freiherr von 170
Haber von Linsberg, Louis 196
Haberl, Ferdinand 277f
Habrda, Johann 116

Habritter, Ernst 152
Halbwachs, Eduard 251
Hallegger, August 261
Hallenstein, Elisabeth, geb. Reich 212
Hamann, Brigitte 7, 60, 80f
Hamerling, Robert 281
Hammerstein, Isolde, Baronin 199
Hantschel, Franz 252f
Harbach, Franziska Rainer von 199
Haslinger, Ingrid 239
Haslinger, Maria 274f
Hawlik, Clothilde, verh. Löffler 225
Hawlik, Robert Leopold 225
Helfer, Johann 99, 106f
Hellmesberger, Josef jun. und sen. 196
Henckel-Donnersmarck, Gregor 140
Herzog von Reichstadt 159, 163
Hickl, Barbara, geb. Swistun 263
Hirsch auf Gereuth, Moritz von 101, 169, 194
Hochstetter, Ferdinand von 184
Höffler, Josef 90, 93
Hofmannthal, Hugo von 196
Hollemann, Bernhard 20
Holler, Angelika und Nikolaus 246
Holler, Ernst 245
Holler, Dr. Gerd 8, 139, 245ff
Holzmeister, Clemens 211
Hornsteiner, Ludwig 55, 264
Hoyos Eleonora (Nora), geb. Vetsera 259ff
Hoyos, Hanus Graf von 227
Hoyos-Sprinzenstein, Heinrich, Graf 57
Hoyos-Sprinzenstein, Ernst Karl d. Ältere, Graf 56
Hoyos-Sprinzenstein, Ernst Karl d. Jüngere, Graf 56, 172
Hoyos-Sprinzenstein, Johann Ernst, Graf 56
Hoyos-Sprinzenstein, Josef Theodor, Graf 56f, 61, 64f, 89, 96, 104f
Hoyos-Stichsenstein, Josef Andreas, Graf 260
Hradil, Gerhard 139, 251
Hrdliczka, Camilla 29f
Hübner, Alexander Graf von 43
Hüttemann, Gustav 214

Jahoda, Agnes 178, 186
Jahoda, Josef 178
Jauner, Franz 180
Jellacic, Josef Graf 166
Jenny, Fritz, Ritter von
Jobst, Franz 135

Johann, Erzherzog 41, 228
Johann Salvator, Erzherzog (J. Orth) 105 f, 184
Johann VI. von Portugal 182
Jókai, Moritz 101
Joseph Anton, Erzherzog 26
Judtmann, Fritz 7, 60, 142, 203, 259

Kaiser, Eduard 172
Kalergi, Marie von 162
Kálnoky, Gustav Sigmund Graf von 75, 273
Karabaczek, Joseph von 225
Karl, Erzherzog 12, 196
Karl, Kaiser 163
Karl Ludwig, Erzherzog 15 f, 183
Karl Salvator Habsburg-Lothringen, Erzherzog 13
Karl Theodor, Herzog in Bayern 183
Karolina, Erzherzogin 12
Kastner, Josef 273
Kaufmann, Maria Euphrosina 270
Kerzl, Dr. Joseph von 263
Kielmansegg, Erich Graf von 13 f, 36
Kinsky, Eugen jun. und sen., Graf 163
Kinsky, Rudolf, Graf 163, 180
Kinsky, Therese, Gräfin, verh. Bourgoing 163
Kirschner, Ferdinand 91
Kisch, Egon Erwin 176
Klaudy, Ritter Claudius von 90, 96
Klein, Alois 137
Klimacek, Hilde 203 f
Klimt, Gustav 85
Klinger, Rosa 191
Koch, Josef 99
Köchel, Ludwig Ritter von 196
Kocourek, Kurt 214
Kögl, Anton 202
Kögl, Johanna, verh. Baltazzi-Scharschmid 202
Kögl, Leopoldine, verw. Stoisser, geb. Faist 202
König-Aradvár, Carl Emil 108
Koerber, Ernest von 145
Koháry, Ferenc József, Graf 26
Koháry, Maria Antonie Gabriele von 26
Koller, Alexander von 80
Komaromy, Edmund 135 f
Konhäuser, Antonia, geb. Bratfisch 215
Kossuth, Lajos 108
Krahl, Ernst August 209
Kraupp, Josef 216
Krauss, Clemens 194

Krauss, Clementine 194
Krauss, Oliver Hector 195, 259
Krauß, Franz, Freiherr von 6, 23, 67, 114 f, 187
Kreysa, Karl 212
Kriehuber, Josef 8
Krimsandl („Xandl"), Karl 55
Kubasek, Rudolf 90
Kuefstein, Carl Graf 265
Kuefstein, Karl Ferdinand Graf 265
Kuhn von Kuhnenfeld, Franz 76
Kukacka, Walter 249
Künast, Adolph Wenzel 84 f

Lange, Paul Rudolph 135
Langer, Friedrich von 224
Langer, Robert von 224
Larisch-Moennich, Franz Joseph Graf 173
Larisch-Moennich, Georg Graf 172
Larisch-Moennich, Georg Heinrich Graf 173 f
Larisch-Moennich, Johann Graf 172
Larisch-Moennich, Marie Henriette (Mary) Gräfin 173
Larisch-Moennich, Marie-Louise Gräfin, geb. Mendel (Freiin v. Wallersee) 59, 164, 173 f, 252
Lars, Friedrich 55, 217 f, 221, 226, 234, 257, 262
Larisch-Moennich, Marie Valerie Gräfin 173
Latour von Thurmburg, Joseph 214, 273
Laufaurie, Baron 109
Leeb, Josef 151
Leiningen-Westerburg, Reinhard August Graf zu 22
Leiningen-Westerburg, Victor August, Graf zu 34 ff
Leitner, Moritz 89
Lemmermayer, Fritz 281
Lemmermayer, Marie, verh. Udel 281
Leopold I. von Belgien s. Sachsen-Coburg und Gotha, Leopold Georg Christian
Leopold II. von Belgien s. Sachsen-Coburg und Gotha, Leopold Ludwig Philipp
Leopold Salvator Habsburg-Lothringen, Erzherzog 103
Leschantz, Anna 190
Leuchtenberg, Amélie von, verh. Braganza 182
Lewisch, Johann Calasanz 31 f
Liechtenstein, Johann I., Josef, Fürst 77
Lobanoff, Alexei, Fürst 180
Lobkowitz, Zdenko, Prinz 199

Löffler, Mauriz(io) und Käthe 264
Löffler, Wolfgang 225
Lorenz, Dr. F. 138
Loschek, Johann jun. 214
Loschek, Johann sen. 59, 68 f
Louis-Philippe, frz. König 26
Louis-Robert, Herzog von Orléans 109
Louise Marie von Orléans 26
Löwenstein-Wertheim-Rosenberg, Adelheid von, Prinzessin 182
Löwenstein-Wertheim-Rosenberg, Maria Theresia zu, Prinzessin, verh. Braganza 185
Ludwig, Herzog in Bayern 172
Ludwig II., König von Bayern 27
Ludwig Victor, Erzherzog 24, 41, 56

Mahler, Gustav 85
Mailly, Anton 265
Maisch, Eduard 110
Managetta, Albert – siehe: Nowotny-Managetta
Margutti, Albert von 262
Maria II. von Portugal, Königin 26, 182
Maria Antonia von Portugal, Infantin, 2. verh. Herzogin von Parma 183
Maria Beatrix von Österreich-Este, Erzherzogin 270
Maria Immaculata Rainiera, Erzherzogin 13
Maria Josefa, Erzherzogin 58
Maria Josepha von Portugal, Infantin 183
Maria Karoline, Erzherzogin 40
Maria Leopoldine, Erzherzogin (Königin/Kaiserin v. Brasilien) 182
Marie, geb. Herzogin in Bayern (Königin beider Sizilien) 168
Marie Antoinette von Toscana, Erzherzogin 219
Marie-Dorothée, Erzherzogin in Ungarn 109
Marie-Henriette von Österreich, Erzherzogin 26
Marie-Louise von Orléans 26
Markart, Hans 175 f
Markus, Georg 140, 221
Maroszy, Stephan 30
Marquis André 250
Marschall, Godfried 215, 219 f
Martino, Giuseppe de 164
Marx, Friedrich 224
Mathilde, Erzherzogin 13

Matsch, Franz 85
Mattachich-Keglevich, Geza Graf 257
Maurer, Rudolf 31
Mavrogordato, Vierou, verh. Baltazzi 155
Mayer, Albert 59
Mayer, Laurenz 90, 96, 243
Mayerhofer („Hungerl"), Karl 55
Meißner, Florian 73 f
Mendel, Henriette 172
Metternich, Pauline Fürstin 175, 180
Metternich, Richard Fürst 161, 195
Metternich, Wenzel, Fürst 40 f, 182
Michel, Franz 54
Mießriegler, Franz 136
Milarov 23
Miller, Theresia 252
Mitis, Oskar Frh. von 6, 148, 220
Molden, Fritz 249
Moltheim, Walter von 198
Mondel, Friedrich Frh. von 14
Montenuovo, Alfred Fürst 194
Mor von Sunnegg und Morberg, Erich Ritter 209
Mülleitner, Dr. Josef von 98, 252 f
Müller, Laurenz 225
Müller, Matthias 138
Müller, Theresia, verh. Zar 138
Müller-Guttenbrunn, Adam 148, 266

Nákó de Szent Miklos, Koloman Graf 163
Napoléon III., frz. Kaiser 232
Nathalie, Königin von Serbien, 14
Nehammer, Carl 59, 213
Nehammer, Marie, verh. Seidl 213
Neumann, Angelo 176
Neumann, Franz 12
Newlinsky, Philipp Michael Ritter von 186, 191
Nikolaus, König von Montenegro 14
Nissel, Eduard 90
Nohl, Barbara (geb. Oser) und Hermann 127
Nostiz-Rinek, Sita, Gräfin 14
Nowotny-Managetta, Albert 118, 132
Nugent, Albert Llewellyn, Baron de 165
Null, Eduard van der 172

Oberhofer, Wenzel 264
Obrenovic von Serbien, Milos, Fürst 176
Odescalchi, Arthur, Fürst 109
Odelscalchi-Zichy, Julia, Prinzessin 108 f, 188

Oertl, Edmund 223
Orsini und Rosenberg, Graf Maximilian von 55, 93, 144, 199
Orsini und Rosenberg, Gräfin Marianne von 199
Ortega y Gasset 88
Oser, Barbara, geb. Edlinger 111
Oser, Ernst 8, 56, 89 f, 91, 93, 111 ff, 118 f, 124 f
Oser, Johann Nepomuk 127
Oser, Dr. Wolfgang 7, 128
Otto, Erzherzog 98

Paar, Eduard Graf 57, 122, 273
Paar, Eleonore 57
Pachmann, Robert 219
Pachmann, Theodor Rudolf (auch Carl Rudolf Salvator) 205, 219
Paget, Sir August 180
Palisch, Karl 214
Paul, Oskar 166
Pausinger, Franz Xaver von 56, 82, 231, 273
Pedro I. 182
Peichl, Gustav 211
Petrak, Josef 5
Pick, Jakob 31 f
Pick Maria, geb. Weissberger 32
Pick, Mina (Hermine), verw. Böhm, verh. Leiningen 23, 31 f, 35
Pio, Albert Emilio 163, 190, 193
Plachutta, Mario 138
Planitz, Ernst Alfons, Edler von der 6, 109, 222
Pöck, Gregor 122
Pöldinger, Dr. Walter 79
Poliakovits, Nikolaus 91
Polzer, Wilhelm 138
Polzer-Hoditz, Arthur Graf 150
Polzer-Hoditz, Ludwig Graf 151
Portois & Fix (Auguste Portois und Anton Fix) 54
Potocki, Arthur Graf 55
Prechtler, Anton 61
Prikopa, Herbert 56
Prokesch-Osten, Anton von, Baron 157, 159 ff, 162, 165, 229
Püchl, Rudolf 17, 59 f

Rainer, Erzherzog 12, 198
Rainer-Josef, Erzherzog 12

Rainer von Harbach, Bruno 205
Rainer von Harbach, Franz Anton 205
Rainer von Harbach, Franziska Seraphine, geb. Baltazzi-Scharschmid 205
Rampolla von Tindaro, Mariano 225
Ratschek, Karl 265
Rauch-Höpffner, Herbert 284
Razga, Pál 159
Rechberg, Bernhard Graf 156
Redl, Alfred 209 f
Reich, Carl 212
Reiter, Dr. Christian 242
Ressel, Johannes 246
Reuß, Heinrich, Prinz 180
Rhazis, Euphrosyne 155
Richter, Hans 196
Richter, Werner 141
Ringel, Dr. Erwin 79
Robert von Parma, Herzog 183
Rohan, Arthur Fürst 169 f
Rohan, Louis Fürst 170
Rollett, Hermann 273
Rónay, Hyazinth 105, 108
Rosegger, Peter 281
Rosensteiner, Leopold 62
Rostthorn, Josefa Maria, verh. Oser 111
Rosty, Zsigra Graf von 164
Rothschild, Nathaniel, Baron 16, 89, 101, 163
Rychlik, Otmar 284

Sachsen-Coburg-Saalfeld, Ferdinand Georg August von 26
Sachsen-Coburg-Saalfeld, Franz Friedrich von, Herzog 25
Sachsen-Coburg-Saalfeld, Leopold Christian Georg von 26
Sachsen-Coburg und Gotha, Charlotte 226
Sachsen-Coburg und Gotha, Ferdinand (Ferdinand II. von Portugal) 26
Sachsen-Coburg und Gotha, Ferdinand (König/Zar von Bulgarien) 26
Sachsen-Coburg und Gotha, Leopold Georg Christian (Leopold I. von Belgien) 26
Sachsen-Coburg und Gotha, Leopold Ludwig Philipp (Leopold II. von Belgien) 26
Sachsen-Coburg und Gotha, Louise von, Prinzessin 25
Sachsen-Coburg und Gotha, Philipp von, Prinz 25 f, 55 f, 63 ff, 92, 96 ff, 104 f, 109, 225

Sachsen-Coburg und Gotha, Stephanie von, Prinzessin 24f, 27, 87
Saint-Julien-Wallsee, Albert Graf 165
Salm-Reiferscheidt, Hugo Karl Graf 164
Salm-Salm, Alfred Fürst 170
Sarell, Charlotte von, verh. Baltazzi 155
Sarell, Elizabeth (Eliza), verh. Baltazzi 155
Sarell, Sir Richard 155
Satzeder, Maria 252
Scharschmid-Adlertreu, Franz von 196
Scharschmid-Adlertreu, Maximilian Frh. von 196
Scharschmid-Adlertreu, Paula von, verh. Baltazzi 173, 196 ff
Scharschmid-Adlertreu, Seraphine von, verh. Rainer von Harbach 205, 261
Scheidl, Hans Werner 126, 263
Schell, Eduard 90
Schemfil, Heinrich 272
Schmalzhofer, Josef 272
Schmid, Jaro 245
Schnitzler, Arthur 85, 190
Schober, Ferdinand 211
Schönborn-Buchheim, Franz Graf 60
Schratt, Katharina 127, 169
Schuldes, Julius 7f, 48, 62ff, 71, 81, 142ff
Schuldes, Eugenie, geb. Ebenhöh 143
Schuldes, Kajetan, Carolina und Karl 142
Schultes von Felzdorf, Karl Ritter von 92
Schwanda, Ferdinand 211
Schwarz, Anton 253
Schwarzenberg, Eleonore (Lori) von, Fürstin, geb. von und zu Liechtenstein 165, 175
Schwarzenberg, Johann Adolph von, Fürst 165
Schwarzenberg, Karl zu, Fürst 159
Schwarzer, Fanny 266
Seeberg, Peter 264
Seher, Josef 13
Seidl, Marie, geb. Nehammer 215
Seipel, Ignaz 228
Senft, Anna 214
Seyff, Arthur 90
Siccardsburg, August von 172
Sieben, Gottfried 93
Siebenrock von Wallheim, Robert, Edler von 70, 90
Skrbensky von Hrzistie, Otto Frh. von und Pauline, geb. Baltazzi 200
Slatin, Heinrich Frh. von 66, 92, 115ff, 262
Slatin, Rudolf („Slatin Pascha") 66

Solms-Braunfels, Mathilde und Esperance zu 199
Sommaruga, Guido von 196
Sophie, Kaiserin, geb. Herzogin in Bayern 41
Spindler, Heinrich von 56, 65
Stephanie - siehe: Sachsen-Coburg und Gotha
Steurer, Ferdinand und Rosa 274
Stock, Eduard 265
Stockau, Eveline Gräfin von, geb. Baltazzi 166, 175
Stockau, Franziska, Gräfin von, verh. Wimpffen 166
Stockau, Georg Adolf Graf von 115f, 162, 166, 170, 179, 201, 225
Stockau, Maria Theresia Gräfin von, verh. Baltazzi 167, 179
Stockau, Mathilde Gräfin von, verh. Croy 166
Stockau, Otto Graf von 166, 170, 175
Stockau, Sophie Gräfin von, verw. Jellacic, verh. Dubsky 166
Stockau, Sophie Gräfin von, verh. Clam-Martinic 166
Stöger, Alfred 246
Stöger, Dorrit, verh. Holler 246
Stöger, Karl 258
Stöger, Maria 257
Stöger, Marlene 246
Stoisser, Leopoldine, geb. Faist 202
Straaten, Rudolf Graf van der 191
Strauss, Johann 212
Stürgkh, Karl Graf 194
Swistun, Barbara, verh. Hickl 263
Swistun, Christine, verh. Göß 263
Swistun, Hermann 7, 9, 140, 203, 256, 259 ff
Swistun, Judith und Lieselotte 263
Swistun, Wolfgang Anton 263
Szeps, Moriz 45, 72, 81 ff, 86, 101
Szeps, Sophie, verh. Clémenceau 72
Szilvassy, Dr. Johann 140
Szögyény-Marich, Ladislaus Graf 16, 56, 75f, 229

Taaffe, Eduard Graf 74, 114, 123, 233
Taaffe, Heinrich Graf 251
Tarnocky-Sprinzenberg, Ritter von 89
Thun, Felix Graf 180
Thurn und Taxis, Elisabeth von, Fürstin, verh. Braganza 183
Tobis, Hermine 188

Tomanzik, Anton 212
Török von Szendrö, Nikolaus Casimir Graf 175f
Tristan, Flora 170

Udel, Karl 55, 281
Udel, Marie, geb. Lemmermayer 281
Ugarte, Josef und Anna, Graf 169

Valerie, Erzherzogin 101, 106, 108, 261
Vernay, Johann Nepomuk 186
Vetsera, Albin 159ff
Vetsera, Alexandrine (Alitschi) 162
Vetsera, Carolina und Georg Bernhard 159, 169
Vetsera, Eleonora (Nora), verh. Hoyos-Stichsenstein 259
Vetsera, Ferdinanda (Nancy) 7, 140, 188, 259
Vetsera, Franz Albin (Feri) 123, 190
Vetsera, Helene, geb. Baltazzi 8, 67, 122, 155f, 186ff, 190ff
Vetsera, Johanna (Hanna), verh. Bylandt-Rheydt 190
Vetsera, Ladislaus (Lazi) 161, 179
Vetsera, Margit, geb. Gräfin von Bissingen und Nippenburg 190
Vetsera, Marie Alexandrine (Mary) 5, 78, 100, 134ff, 165
Vita, Wilhelm A. 214
Vock, Clara 35
Vock, Hans 215, 234f
Vodicka, Franz 59, 68, 149

Wagner, Otto 12
Wagner, Dr. Wolfgang 79
Wagner-Jauregg, Julius 85
Wagner-Latour, Wilhelm
Waldstein, Josef, Graf 101f
Wallersee, Karl Emanuel Frh. von
Wallersee, Marie-Louise Freiin von, geb. Mendel, verh. Larisch-Moennich Gräfin 172ff
Wallner, Karl 140
Wallner, Viktor 80, 216
Wandruszka, Adam 6f, 250
Wasserburger, Paul 12
Wassiliko-Serecki, Zoe Gräfin 251
Watzl, Hermann 138
Weilen, Joseph von 105
Weiß, Alfred 217

Weisberger/Weisgerber, Ignaz, Edler von Ecksteinhof 33
Weisberger, Salomon 31
Weissensteiner, Friedrich 28
Weixelberger, Georg 273
Werkmann, Karl 224
Widerhofer, Dr. Hermann 68f, 123, 162
Wilczek, Hans Graf 72, 100, 198, 232f, 273
Wilflinger, Alberich 118, 122, 136
Wilhelm, Erzherzog 12, 14, 60, 175, 180
Wilhelm II., dt. Kaiser 76, 108, 181, 275
Wiligut, Carl 60
Wimpffen, Franz und Victor, Graf von 260
Witzmann, Josef 94
Wodicka, Franz 264
Wolf, Franz (recte: Friedrich) 215, 234
Wolkenstein, Anton Graf 108
Wollner Leopold 60
Wurmbrand-Stuppach, Ferdinand Graf von 168
Wurmbrand-Stuppach, Hugo Graf von 184
Wurmbrand, Ladislaus Gundakar, Graf von 184, 273
Wurmbrand-Stuppach, Gundakar Ferdinand Karl Heinrich, Graf von 183f
Wurmbrand-Stuppach, May Gräfin von, geb. Baltazzi 168, 185
Württemberg, Maria Dorothea von, Prinzessin 26
Württemberg, Wilhelm Nicolaus, Herzog von 229
Wyslouzil, Joseph 91, 93, 118, 125

Zar, Theresia, geb. Müller 138
Zeller, Friedrich 221
Zeman, Rudolf 275
Zenker, Franz Frh. von 194
Zerzawy, Artur, Fritz, Oskar, Richard 209
Zerzawy, Hermann 8f, 99, 205, 209ff, 249
Zerzawy, Leopoldine, geb. Schwanda 211
Zita Maria von Bourbon-Parma, Kaiserin, 183, 243
Zuckerkandl, Berta, geb. Szeps 72ff, 78
Zuckerkandl, Dr. Emil 72
Zweig, Stefan 84, 88
Zwerger, Alois 55, 68, 132f
Zweymüller, Albert 198
Zweymüller, Carl 203
Zweymüller, Ingeborg 266f
Zweymüller, Dr. Karl 17

Bildnachweis

Die Bilder auf S 16, 19, 22, 50, 52, 53, 54, 64, 92, 94, 97, 146, 149, 271 und das Umschlagbild stammen aus dem Stadtarchiv Baden,
die Bilder auf S 116, 119, 177, 181, 197, 204 aus dem Familienarchiv Hollemann,
die Bilder auf S 25, 39, 57 aus dem Bildarchiv der Österreichischen Nationalbibliothek,
die Bilder auf dem Vorsatz, S 208, 247, 272, 284 aus der Sammlung des Verfassers,
das Bild S 45 aus Judtmann, a.a.O., Tafel zu S 161,
das Bild S 113 aus dem Familienarchiv Werner Oser,
das Bild S 216 aus dem Nachlass Hermann Zerzawy im Österreichischen Staatsarchiv.

Umschlag nach einem Ölbild (36 x 27 cm) von Herrn Ponfickl in Alland, das von seiner Frau 1920 dem Stadtarchiv Baden übergeben wurde.

Danksagung

Am Ende dieser Studie ist es mir ein Anliegen jenen Personen zu danken, die an meinen Nachforschungen fördernden Anteil genommen haben. Es sind dies Herr Dr. Leopold Auer, seinerzeitiger Direktor des Haus-, Hof- und Staatsarchivs in Wien, Frau Dominique Brichard in Brüssel, Frau Sissy Brouvry, Herr Dr. Edgard Haider, Frau Mag. Christine Hollemann (geb. Baltazzi-Scharschmid), Frau Dr. Dorrit Holler und ihr Sohn Nikolaus Holler, Frau Elisabeth Magyar-Hallenstein, Herr Dr. Rudolf Maurer, Direktor des Stadtarchivs und des Rollettmuseums in Baden, sowie seinen beiden Mitarbeitern Frau Regina Luxbacher und Herr Mag. Dominik Zgierski, Herr Werner Oser, Frau Edda Pöldinger, Herr Prof. Helge Reindl, Herr Dr. Michael S. Habsburg-Lothringen, Frau Dr. Brigitte Sokop, Herr Helfried Steinbrugger, Herr Mag. Peter Steiner, Frau Dr. Traude Tanner-Banndorff und Herr Dr. Norbert Tanner, Frau Erika Tanzer, Frau Mag. Katrin Unterreiner, Herr Botschafter i.R. Dr. Vetter von der Lilie, Frau und Herr Elisabeth und Ernst Wurmbrand-Stuppach, Herr Architekt Dipl.-Ing. Albert Zweymüller und Herr Univ.-Prof. Dr. Karl Zweymüller. Sie alle haben in zahlreichen Gesprächen mitgeholfen, verwischte Spuren oder wenig bekannte Details im Leben des Kronprinzen Rudolf, seiner Epoche, von Zeitgenossen oder ihren Nachfahren zu entdecken und damit jene Dimension eines Beziehungsnetzes darzustellen, das die Bedeutung dieser Arbeit ausmacht.

Rudolf R. Novak

Der aus Baden bei Wien stammende Germanist und Romanist war nach seiner Arbeit als Lektor an der Universität Bukarest ab 1976 im Kulturdienst des österreichischen Außenministeriums tätig.

Viele Jahre arbeitete er als Kulturattaché am Österreichischen Kulturinstitut in Paris und an der Österreichischen Vertretung bei der UNESCO in Paris, weiters am Generalkonsulat in Mailand, bei der EU-Vertretung in Brüssel und zuletzt als Gesandter der Leiter des Kulturforums an der Österreichischen Botschaft in Bern. Bei seinen Auslandsverwendungen hielt er oftmals Vorträge zu Themen der österreichischen Kulturgeschichte.

Von ihm stammen zahlreiche Publikationen zur Badener Stadtgeschichte, militärhistorische und waffengeschichtliche Studien. Seit 1988 beschäftigt er sich intensiv mit dem Leben von Kronprinz Rudolf, nennt eine umfangreiche Sammlung über ihn sein eigen und hat 2009 die Ausstellung „Kronprinz Rudolf – ein Laxenburger" in Laxenburg kuratiert.

Im vorliegenden Buch berichtet er über bisher unbekannte Hintergünde des Erwerbs von Mayerling durch den Kronprinzen, über Mary Vetsera und deren familiären Hintergrund, über das Beziehungsgeflecht der Personen im Umfeld der Tragödie von Mayerling und die mit ihnen zusammenhängende Legendenbildung.